COLLECTION
DES MÉMOIRES

RELATIFS

A L'HISTOIRE DE FRANCE.

MÉMOIRES DE LA COUR DE FRANCE, PAR MADAME DE LA FAYETTE.

MÉMOIRES DU MARQUIS DE LA FARE.

MÉMOIRES DU MARÉCHAL DE BERWICK, TOME I.

DE L'IMPRIMERIE DE A. BELIN.

COLLECTION
DES MÉMOIRES

RELATIFS

A L'HISTOIRE DE FRANCE,

DEPUIS L'AVÉNEMENT DE HENRI IV JUSQU'A LA PAIX DE PARIS
CONCLUE EN 1763;

AVEC DES NOTICES SUR CHAQUE AUTEUR,
ET DES OBSERVATIONS SUR CHAQUE OUVRAGE,

PAR MESSIEURS
A. PETITOT ET MONMERQUÉ.

TOME LXV.

PARIS,
FOUCAULT, LIBRAIRE, RUE DE SORBONNE, N° 9.
1828.

MÉMOIRES

DE LA COUR DE FRANCE

POUR LES ANNÉES 1688 ET 1689.

MÉMOIRES

DE

LA COUR DE FRANCE.

[1688] La France étoit dans une tranquillité parfaite : l'on n'y connoissoit plus d'autres armes que les instrumens nécessaires pour remuer les terres et pour bâtir ; on employoit les troupes à ces usages, non-seulement avec l'intention des anciens Romains, qui n'étoit que de les tirer d'une oisiveté aussi mauvaise pour elles que le seroit l'excès du travail, mais le but étoit aussi de faire aller la rivière d'Eure contre son gré (1), pour rendre les fontaines de Versailles continuelles. On employoit les troupes à ce prodigieux dessein, pour avancer de quelques années les plaisirs du Roi ; et on le faisoit avec moins de dépenses et moins de temps que l'on n'eût osé l'espérer.

La quantité de maladies que cause toujours le remuement des terres mettoit les troupes qui étoient campées à Maintenon, où étoit le fort du travail, hors d'état d'aucun service ; mais cet inconvénient ne paroissoit digne d'aucune attention, dans le sein de la tranquillité dont on jouissoit. La trêve étoit faite pour vingt ans (2) avec toute l'Europe. Les Impériaux, quoi-

---

(1) *Contre son gré* : Il falloit détourner de onze lieues le cours de la rivière d'Eure, et réunir deux montagnes auprès de Maintenon : trente mille soldats furent employés à ces travaux. — (2) *Pour vingt ans* : Une trêve de vingt ans avoit été signée à Ratisbonne entre la France et l'Espagne le 10 août 1684, et entre la France et l'Empire le 16 du même mois.

que victorieux des Turcs, avoient encore assez d'occupation pour nous laisser en repos, et l'on espéroit que des conquêtes quasi sûres auroient plus d'appas pour eux que le plaisir d'une vengeance douteuse; l'Espagne étoit trop abaissée pour nous donner une ombre d'appréhension; l'Angleterre trop tourmentée dans ses entrailles, et les deux rois trop liés pour qu'il y eût rien à craindre. L'on étoit fort persuadé des mauvaises intentions du prince d'Orange (1), mais nous étions rassurés par l'état de la république de Hollande, dont le souverain bonheur consiste dans la paix : nous étions donc persuadés que si la guerre commençoit, ce ne pourroit être que par nous.

Tout ce que je viens de dire laissoit au Roi le plaisir tout pur de jouir de ses travaux. Ses bâtimens, auxquels il faisoit des dépenses immenses, l'amusoient infiniment, et il en jouissoit avec les personnes qu'il honore de son amitié, et celles que ces personnes distinguent par dessus les autres. Il étoit bien persuadé que si la paix du Turc se pouvoit faire, ses ennemis se rassembleroient tous contre lui; mais cette pensée-là étoit trop éloignée pour lui faire de la peine : cependant cet éloignement n'empêchoit pas que la politique ne lui fît prendre des précautions. Une de celles que l'on jugea la plus utile fut de s'assurer de l'électorat de Cologne, sans s'en saisir. Nous étions déjà les maîtres de tout le Haut-Rhin par la possession de l'Alsace; il n'y avoit que Philisbourg que nous n'avions pas : mais l'on bâtissoit une place à Landau, pour

---

(1) *Prince d'Orange :* Guillaume-Henri de Nassau, prince d'Orange, élu stathouder en 1672, et proclamé roi d'Angleterre en 1689. Mort en 1708.

rendre celle-là inutile aux Impériaux. Luxembourg nous mettoit tout le pays de Trèves dans notre dépendance; et une place appelée le Mont-Royal, que nous faisions sur la Moselle, nous en rendoit entièrement les maîtres. Par là l'électeur de Trèves, celui de Mayence et le Palatin étoient entièrement sous notre couleuvrine, et les ennemis du Roi ne pouvoient pas aisément se faire un passage par ces endroits-là. L'électorat de Cologne étoit donc le seul dont nous ne fussions pas les maîtres. Nous l'avions été par la liaison que M. l'électeur de Cologne (1) avoit toujours eue avec le Roi; mais on le voyoit dépérir, et il ne pouvoit vivre encore long-temps. Comme les chanoines de cette église sont tous allemands, et qu'il en faut nécessairement élever un à la dignité d'électeur, le Roi n'en trouvoit aucun dans ses intérêts que le prince Guillaume de Furstemberg (2), qui y avoit toujours été, à qui il avoit donné l'évêché de Strasbourg après la mort de son frère, qu'il avoit fait cardinal, et à qui il avoit donné quantité de bénéfices en France. Il avoit été de tout temps attaché au Roi, et c'étoit son frère et lui qui avoient ménagé tous les commencemens de la guerre de Hollande. Le Roi jugea donc qu'il lui étoit nécessaire de l'élever à cette dignité; et l'on crut que l'on y réussiroit plus aisément en le faisant du vivant de M. l'électeur, qu'en attendant après sa mort. On fit donc consentir l'élec-

(1) *De Cologne :* Maximilien-Henri, archevêque de Cologne et de Liége, évêque d'Hildesheim et de Munster. Il avoit donné asyle a Mazarin en 1651. — (2) *De Furstemberg :* Guillaume Egon, prince de Furstemberg. Il s'attacha à la France, fut évêque de Strasbourg en 1681, et cardinal en 1686. Le Roi lui donna l'abbaye de Saint-Germain-des-Prés à Paris, où il mourut en 1704, à l'âge de soixante-quinze ans.

teur à demander un coadjuteur. On s'assembla; et après beaucoup de difficultés que formèrent les partisans de l'Empereur(1) et de l'Empire, M. de Furstemberg fut élu coadjuteur. On crut en ce pays-ci que c'étoit une affaire faite, et que rien ne pouvoit plus empêcher qu'il ne le fût. On dépêcha des courriers à Rome et à Vienne : à Rome, pour avoir les bulles; à Vienne, pour l'investiture. Toutes les deux furent refusées : l'Empereur refusa par son intérêt particulier, et le Pape (2) par une opiniâtreté épouvantable, mêlée d'une haine pour la France, et le tout couvert du voile de religion et de zèle pour l'Eglise. On ne peut pas dire que le Pape ne soit homme de bien, et que dans les commencemens il n'ait eu des intentions très-droites; mais il s'est bien écarté de cette voie d'équité et de justice que doit avoir un bon père pour ses enfans. Je crois que l'on ne doit pas trouver mauvais qu'il ait aidé l'Empereur, le roi de Pologne (3) et les Vénitiens dans la guerre qu'ils avoient contre les Infidèles; on peut même soutenir le parti qu'il a pris sur l'affaire des franchises, et il est excusable d'avoir été offensé contre les ministres de France sur tout ce qui s'est passé dans les assemblées du clergé, car c'est son autorité, qui est la chose dont l'humanité est plus jalouse, que l'on attaque; et quand l'humanité n'y auroit point de part, et qu'un pape en seroit défait en montant sur le trône de saint Pierre, ce seroit l'Eglise et ses droits qu'il défendroit : mais un endroit où le Pape n'est pas pardonnable ni même excusable, c'est la manière dont il s'est comporté dans l'affaire de Co-

---

(1) *L'Empereur :* Léopold 1. — (2) *Le Pape :* Innocent xi. — (3) *Le roi de Pologne :* Jean Sobieski, mort en 1696.

logne. Pendant le reste de vie de M. l'électeur de Cologne, il refusa les bulles à M. de Furstemberg, qui avoit pourtant été élu coadjuteur canoniquement, et qui avoit eu toutes les voix nécessaires, sans que le parti de l'Empereur, qui proposoit un frère de M. de Neubourg, l'eût pu empêcher. Le Pape savoit l'état où étoit M. de Cologne, et qu'en ne donnant point de bulles au coadjuteur il falloit recommencer l'élection à la mort de l'électeur. La raison du Pape pour ne lui point donner de bulles fut que c'étoit un homme qui avoit mis le feu dans toute l'Europe, qui étoit cause des guerres passées ; que celles qui viendroient en seroient toujours une suite ; qu'un homme comme celui-là n'étoit pas digne de remplir une aussi grande place, et que s'il y étoit une fois, il entreprendroit encore plus aisément de troubler le repos de la chrétienté. Le Pape s'applaudissoit d'une raison qui paroissoit sortir des entrailles du père commun des chrétiens, et refusoit cette grâce au cardinal de Furstemberg parce qu'il étoit appuyé de la France, et que c'étoit prendre une vengeance grande et certaine du Roi, qu'il avoit trouvé opposé aux choses qu'il avoit voulues.

Dans le temps que le Roi sollicitoit le plus fortement les bulles du coadjuteur, et que le Pape y étoit le plus opposé, l'électeur de Cologne vint à mourir (¹), et laissa vacant, outre l'archevêché de Cologne, l'évêché de Munster, celui de Liége et celui d'Hildesheim. L'intention du Roi étoit que M. de Furstemberg en remplît le plus qu'il se pourroit ; mais il s'attachoit le plus fortement à ceux de Cologne et de Liége, comme les plus voisins de ses Etats, et par conséquent les

(1) *Vint à mourir :* Il mourut le 3 juin 1688.

plus nécessaires. L'obstination du Pape à refuser les bulles faisoit qu'il falloit refaire une nouvelle élection, et que la coadjutorerie que l'on avoit donnée au cardinal de Furstemberg étoit entièrement inutile : il demeuroit seulement, pendant le siége vacant, administrateur de l'archevêché; et comme il avoit gouverné pendant toute la vie du feu électeur, il étoit entièrement maître des places, et avoit un assez grand crédit parmi les chanoines. On fut, après la mort de l'électeur, un temps assez considérable sans procéder à l'élection; mais pourtant, selon l'usage ordinaire, l'évêque de Munster et celui d'Hildesheim furent nommés, sans qu'il fût question de M. de Furstemberg : aussi ne s'étoit-on donné, du côté de la cour, qu'un médiocre mouvement pour lui faire remplir ces deux places. Il n'en étoit pas de même de celle de Cologne : on y avoit envoyé le baron d'Asfeld, homme de beaucoup d'esprit, que M. de Louvois emploie souvent dans des négociations. On fit avancer des troupes sur les frontières; on envoya de l'argent dans l'archevêché de Cologne, pour distribuer aux chanoines, et à des prêtres qui sont au-dessous des chanoines, et qui ont une voix élective, mais qui ne peuvent jamais être élus. L'Empereur opposa pour négociateur à Asfeld le comte de Launitz, homme, à ce que l'on dit, de peu d'esprit, mais qui avoit pourtant réussi à mettre M. l'électeur de Bavière dans les intérêts de l'Empereur : il est vrai que sa femme y avoit eu plus de part que lui, car M. l'électeur en étoit devenu amoureux; et il est difficile de trouver des gens qui persuadent mieux que les amans ou les maîtresses. M. de Launitz proposa aux chanoines l'évêque de Breslaw, fils de l'électeur palatin et frère de l'Impératrice, pour archevêque de Cologne : il fut peu écouté, et l'on espéroit une heureuse négociation à l'égard du cardinal de Furstemberg. Quand l'Empereur vit que l'affaire ne pouvoit pas réussir pour l'évêque de Breslaw, on fit proposer le prince Clément de Bavière, frère de M. l'électeur. Il n'avoit pas l'âge (1), et il ne pouvoit pas y avoir une plus grande opposition ; mais on couvrit ce défaut d'un prétexte spécieux d'avantage pour l'électorat, qui fut que M. le prince Clément n'en jouiroit que quand il auroit l'âge ; que l'on en donneroit l'administration à des chanoines jusqu'à ce temps-là, et que les revenus seroient employés à rétablir l'archevêché, qui étoit en désordre. En même temps on présenta des brefs du Pape qui dispensoient M. le prince Clément d'âge. Le Pape y représentoit les services de M. l'électeur pour la chrétienté, et l'avantage de l'archevêché. Il ne falloit pas être trop éclairé pour discerner les mouvemens qui le faisoient agir : aussi les regarda-t-on en France comme on devoit. Les Hollandais n'étoient pas encore entrés fort avant dans cette négociation, et le prince d'Orange surtout avoit peu paru, et ne s'étoit pas pressé de faire beaucoup de pas, de peur qu'on ne les détruisît ; mais afin qu'on n'eût pas le temps il envoya, la surveille de l'élection, à Cologne, un nommé Isaac, qui est son maître d'hôtel, et le seul qui partage sa confiance avec le comte de Benting (2) ; mais pourtant avec cette différence que l'un se trouva là comme son ami, et l'autre presque

(1) *Il n'avoit pas l'âge* : Il étoit né le 5 décembre 1671, et avoit dix-sept ans. — (2) *Le comte de Benting* : Connu depuis sous le nom de milord Portland.

comme son premier ministre, et comme un homme qui lui est très-utile. Ils se rendirent à Cologne avec des lettres de change considérables, qui déterminoient entièrement ceux qui balançoient, qui pourtant avoient donné leurs voix au cardinal quand il avoit été question de le faire coadjuteur. On procéda à l'élection le jour que l'on avoit assigné, et on la fit avec toutes les voix ordinaires de vingt-quatre chanoines, dont est composé le chapitre de Cologne. Le cardinal de Furstemberg eut treize voix, le prince Clément huit, et deux autres en eurent chacun une. Il y en eut une de ces deux-là qui se joignit ensuite à celles qu'avoit déjà le cardinal, de manière qu'il en eut quatorze. Comme celui qui a le plus de voix doit l'emporter selon les apparences, on proclama le cardinal électeur. Ceux qui étoient dans le parti du prince Clément firent une espèce de protestation, et se retirèrent chacun chez eux, sans vouloir assister à la proclamation (1). Cependant le voilà déclaré électeur : pour l'être parfaitement, il lui manquoit et les bulles du Pape et l'investiture de l'Empereur. M. le cardinal de Furstemberg eut d'abord recours au Roi pour le soutenir. Le Roi lui envoya des troupes, qui pourtant prêtèrent le serment entre les mains du cardinal, comme électeur : il en remplit les places de l'archevêché, et y mit des commandans français.

Pendant tout ce temps-là, une grande partie de l'infanterie du Roi étoit à Maintenon; sa cavalerie étoit campée en différens endroits. M. de Louvois (2)

(1) *A la proclamation :* L'affaire fut soumise au Pape, qui, par un bref du 20 septembre 1688, déclara valide l'élection du prince Clément de Bavière. — (2) *M. de Louvois :* Michel Le Tellier, marquis de Lou-

étoit malade, et prenoit les eaux à Forges pour rétablir sa santé. Les maladies de Maintenon commençoient d'une si grande violence, que l'on étoit obligé de mettre les troupes dans des quartiers, et l'on comptoit que le travail continueroit encore six semaines ou deux mois : il ne paroissoit pas que l'on dût prendre des partis violens pour cette année. M. de Louvois revint de Forges, et deux jours après on envoya au marquis d'Huxelles (1), qui commandoit le camp de la rivière d'Eure, des ordres pour en faire décamper toutes les troupes. Le bruit se répandit alors qu'on alloit déclarer la guerre; on parla d'augmentation de troupes, et on donna peu de temps après des commissions pour de nouvelles levées. On apprit en même temps la nouvelle de la prise de Belgrade (2); on jugea les Turcs dans une impuissance entière de soutenir encore la guerre : il étoit extrêmement question de paix entre eux et l'Empereur, et l'on ne pouvoit pas douter que si elle se faisoit une fois, toutes les forces de l'Empire ne retombassent sur nous.

Les affaires de Rome alloient de mal en pis : personne ne pouvoit vaincre l'opiniâtreté du Pape (3);

vois, ministre de la guerre; il eut la surintendance des bâtimens après la mort de Colbert. Il mourut en 1691.

(1) *Au marquis d'Huxelles* : Nicolas Du Blé, marquis d'Huxelles, maréchal de France. — (2) *La prise de Belgrade* : Cette ville fut prise d'assaut par l'électeur de Bavière le 6 septembre 1688. — (3) *L'opiniâtreté du Pape* : Le Pape avoit voulu abolir les franchises dont les ambassadeurs jouissoient à Rome, non-seulement pour leur hôtel, mais encore pour le quartier où ils demeuroient. Toutes les puissances y consentirent, à l'exception du Roi, qui avoit à se plaindre du Pape. Après la mort du duc d'Estrées, ambassadeur de France à Rome, Innocent XI crut la circonstance favorable pour supprimer toutes les franchises par une bulle du 12 mai 1687 : mais M. de Lavardin fut envoyé à Rome avec

elle étoit trop bien fomentée par les gens en qui il avoit le plus de confiance, et ceux qui eussent pu lui parler pour le faire changer de sentiment lui étoient trop suspects. Le Roi se résolut d'y envoyer Chamlay, homme en qui M. de Louvois a une très-grande confiance, et qu'il emploie volontiers. Le Roi le chargea d'une lettre de sa main pour le Pape, avec ordre de n'avoir aucun commerce avec M. de Lavardin son ambassadeur, ni avec M. le cardinal d'Estrées [1], qui faisoit toutes les affaires du Roi. Son instruction étoit de s'adresser à Cassoni, le favori du Pape, et puis au cardinal Cibo. Il s'acquitta de ses ordres en homme d'esprit, mais il eut le malheur de ne pas réussir. Cassoni et Cibo se moquèrent de lui; ils se le renvoyèrent l'un à l'autre, et il s'en revint sans avoir vu que l'Italie. Son voyage ne servit qu'à donner du chagrin au cardinal d'Estrées et à M. de Lavardin, et à grossir le manifeste que le Roi fit publier dans le temps que l'on partit pour le commencement de la guerre.

Quand l'élection de Cologne fut faite, les chanoines de Liége s'assemblèrent pour la leur. Nous avions un très-grand besoin d'un homme qui fût dans

---

une suite nombreuse, et avec ordre de maintenir les droits de la France. Le Pape, connoissant les instructions dont il étoit porteur, interdit l'église Saint-Louis, où M. de Lavardin avoit fait ses dévotions le jour de Noël. L'ambassadeur fit sur-le-champ afficher ses protestations par toute la ville de Rome. Le procureur général du parlement de Paris appela à un concile général de la bulle du 12 mai, et le parlement lui donna acte de son appel. Le Roi s'assura du nonce, et s'empara du comté d'Avignon. Ces différends se prolongèrent jusqu'à la mort d'Innocent XI (12 août 1689).

[1] *Le cardinal d'Estrées:* César, cardinal d'Estrées, abbé de Saint-Germain-des-Prés, né en 1628, mort en 1714.

nos intérêts, et le Roi voulut absolument que ce fût le cardinal de Furstemberg; mais à peine fut-il seulement question de lui dans l'élection. On offrit au Roi d'élire le cardinal de Bouillon (1); mais Sa Majesté étoit trop malcontente de lui et de toute sa famille pour en souffrir l'élévation. Le Roi dit qu'il ne le vouloit pas, et en même temps donna ordre au cardinal de Bouillon de donner sa voix et d'engager celles de ses amis pour Furstemberg. Il y a apparence qu'il ne fit pas ce que le Roi avoit souhaité de lui, et il fit en très-malhabile homme, car d'abord il s'engagea, et promit tout ce que le Roi voudroit; et puis il écrivit une lettre au père de La Chaise, confesseur du Roi, où il lui demandoit son conseil, et prétendoit que sa conscience l'engageoit à d'autres intérêts que ceux qui lui étoient prescrits par le Roi. Enfin on vit clairement, peu de temps après, que l'on n'avoit pas lieu d'être content de sa conduite; car on fit arrêter son secrétaire chez M. de Croissy (2), et peu de temps encore après un sous-secrétaire. On élut donc un autre évêque de Liége que Furstemberg : c'est un gentilhomme du pays, un très-saint homme, que l'esprit ne conduit pas à de grands desseins, et qui peut-être, à l'heure qu'il est, est très-fâché d'avoir été élu. Le Roi fut offensé que le chapitre de Liége n'eût pas suivi

(1) *Le cardinal de Bouillon* : Emmanuel-Théodose de La Tour, cardinal de Bouillon, fils de Frédéric-Maurice, duc de Bouillon, que l'on a vu figurer dans les troubles de la Fronde, et neveu du maréchal de Turenne, qui lui fit obtenir le chapeau de cardinal à l'âge de vingt-cinq ans. Il fut abbé de Cluny, de Saint-Ouen, de Rouen, de Saint-Vaast d'Arras, grand aumônier de France, et ambassadeur à Rome. Au retour de cette ambassade en 1700, il fut disgracié et exilé; il se retira à Rome, et y mourut en 1715, à l'âge de soixante-douze ans. — (2) *M. de Croissy* : Charles, marquis de Croissy, frère de Colbert; mort en 1696, à soixante-sept ans.

ses intentions; mais il s'en consola par la quantité de contributions qu'il espéra tirer de tout le pays.

On ne songea plus qu'à soutenir l'élection du cardinal de Furstemberg à Cologne. On y fit marcher plus de troupes qu'il n'y en avoit déjà; et l'on envoya M. de Sourdis (1) pour commander dans le pays. On fit des propositions à M. l'électeur de Bavière (2), et on espéroit qu'il les pourroit accepter, parce qu'on prétendoit que sa femme ne pouvoit point avoir d'enfans, et que le prince Clément n'avoit point envie de s'engager dans l'état ecclésiastique : mais la grossesse de madame l'électrice, qui vint quelque temps après, ne laissa plus d'espérance.

En même temps que l'on apprit que les élections avoient mal réussi, le Roi eut avis que le prince d'Orange faisoit un armement de mer prodigieux qui regardoit l'Angleterre. Il avoit eu des conférences avec M. l'électeur de Brandebourg (3) et avec M. de Schomberg (4). D'abord on avoit cru que ces entrevues n'étoient que pour nous empêcher d'être maîtres de l'é-

(1) *M. de Sourdis* : François d'Escoubleau, marquis de Sourdis, lieutenant général. — (2) *De Bavière* : Maximilien-Emmanuel, électeur de Bavière, né en 1662, mort en 1726. — (3) *De Brandebourg* : L'électeur de Brandebourg, Frédéric-Guillaume, surnommé le Grand, étoit mort le 29 avril 1688. Frédéric III lui succéda, et se fit proclamer roi de Prusse en 1701. — (4) *De Schomberg* : Frédéric-Armand de Schomberg, né en Allemagne. Après avoir servi d'abord en Hollande, il entra au service de France, obtint le bâton de maréchal, quoiqu'il fût protestant; se retira auprès de l'électeur de Brandebourg lors de la révocation de l'édit de Nantes; passa en Portugal, de là en Hollande; suivit le prince d'Orange en Angleterre en 1688, et fut tué au combat de la Boyne le 11 juillet 1690. « Ne trouvez-vous pas bien extraordinaire, disoit « Louis XIV au duc de Villeroy, que M. de Schomberg, qui est né « Allemand, se soit fait naturaliser Hollandais, Français, Portugais et « Anglais? »

lectorat de Cologne, mais le prince d'Orange achetoit des troupes de tous côtés pour charger ses vaisseaux ; enfin on disoit que depuis l'armée navale de Charles-Quint on n'en avoit pas vu une plus formidable. Sa Majesté donna avis au roi d'Angleterre que tous ces apprêts-là le regardoient : le roi d'Angleterre (1) n'en fut pas plus ému, parce qu'il ne le crut pas. Quand le prince d'Orange vit son dessein découvert, il se pressa plus qu'il n'avoit fait, et répandit de très-grandes sommes d'argent pour être en état de partir au plus tôt, étant bien persuadé que les grands desseins réussissent difficilement quand ils sont éventés, et longs dans l'exécution. Sa Majesté ne laissa pas d'offrir au roi d'Angleterre de le secourir toutes les fois qu'il en auroit besoin.

Pendant ce temps-là on se préparoit à faire une campagne ; on avoit fait une grande promotion d'officiers généraux, on en avoit fait marcher en différens endroits : on voyoit bien qu'il y auroit quelque chose avant la fin de l'année. Les courtisans étoient dans un grand embarras si le Roi marcheroit lui-même, ou s'il n'enverroit qu'un maréchal de France aux expéditions que l'on méditoit. L'embarras étoit aussi grand pour eux de quel côté l'on marcheroit. Le Roi avoit fait dire aux Hollandais qu'en cas que le prince d'Orange entreprît quelque chose contre l'Angleterre, il leur déclareroit la guerre. Il avoit fait la même menace à M. le marquis de Castanaga, gouverneur des Pays-Bas. Beaucoup de gens trouvoient que Namur étoit une place absolument nécessaire au Roi, et croyoient que l'on s'en saisiroit ; enfin chacun

---

(1) *Le roi d'Angleterre* : Jacques II.

jugeoit selon sa fantaisie, ou selon ses connoissances. Tout ce qui paroissoit sûr étoit qu'il y avoit un dessein considérable. La cour devoit partir pour Fontainebleau dans cinq ou six jours, quand le Roi déclara qu'il ne marcheroit pas, mais qu'il envoyoit Monseigneur (1) pour prendre Philisbourg et le Palatinat (2); et que M. de Duras (3), que l'on avoit déjà envoyé à son gouvernement de Franche-Comté il y avoit du temps, commanderoit l'armée sous lui. Monseigneur partit trois jours après que son voyage fut déclaré, et se rendit en douze jours devant Philisbourg (4). M. de Boufflers (5) avoit un corps de troupes considérable en deçà du Rhin, et le maréchal d'Hu-

(1) *Monseigneur*: Louis, dauphin, né le premier novembre 1661. Il étoit le seul enfant que Louis xiv eût conservé de son mariage avec Marie-Thérèse d'Autriche. Dans les Mémoires du temps, on le désigne toujours sous le nom de *Monseigneur*. Mort le 14 avril 1711. — (2) *Philisbourg et le Palatinat*: « Le Roi a dit à madame la Dauphine qu'il « envoyoit Monseigneur commander ses armées en Allemagne. Elle se « mit à pleurer, et lui dit que quoiqu'elle fût très-affligée de voir partir « Monseigneur, elle le remercioit de l'occasion qu'il lui donnoit d'ac- « quérir de la gloire. — Le Roi a dit à Monseigneur : *En vous envoyant* « *commander mon armée, je vous donne les occasions de faire con-* « *noître votre mérite : allez le montrer à toute l'Europe, afin, quand* « *je viendrai à mourir, qu'on ne s'aperçoive pas que le Roi est* « *mort.* — Sa Majesté a donné à Monseigneur sept mille pistoles et des « diamans, pour faire des présens. » (Mémoires de Dangeau.) — (3) *De Duras*: Jacques-Henri de Durfort, duc de Duras, mort en 1704, à l'âge de soixante-quatorze ans. — (4) *Devant Philisbourg*: Le maréchal de Berwick prétend qu'au lieu d'assiéger Philisbourg il auroit fallu attaquer Maëstricht. « Les Hollandais, dit-il, alarmés de voir la « guerre portée dans leur pays, n'auroient jamais permis au prince « d'Orange de passer en Angleterre avec leurs troupes, en ayant besoin « pour la défense de leurs propres frontières. » (Mém. de Berwick. Ils font partie de cette série). — (5) *De Boufflers*: Louis-François, duc de Boufflers, pair et maréchal de France, mort en 1711, à l'âge de soixante-huit ans.

mières (1) avoit marché avec un autre dans le pays de Clèves et de Luxembourg, afin que si les troupes que l'on disoit toujours qui s'assembloient auprès de Cologne faisoient le moindre mouvement, il fût en état de se porter où il seroit nécessaire. M. de Boufflers prit d'abord avec son armée une petite place à M. le palatin dans la Lorraine allemande, appelée Kayserslautern. Le marquis d'Huxelles, qu'on avoit envoyé devant en Alsace pour servir dans l'armée de Monseigneur, en prit une autre appelée Neustadt, et vint ensuite se rabattre sur un ouvrage à corne de Philisbourg, qui étoit en deçà du Rhin; et dans le même temps M. de Montclar, qui commandoit en Alsace, investit la ville de l'autre côté du Rhin. Le Roi partit de Versailles pour aller à Fontainebleau, et fit publier en même temps un manifeste où il rendoit raison de toute sa conduite avec l'Empereur, avec le Pape, et avec tous ses voisins. Madame la Dauphine n'y fut que trois jours après lui, parce qu'elle étoit très-incommodée, et depuis long-temps. Monseigneur fit son voyage en onze jours, et le fit dans sa chaise jusqu'à Sarrebourg. Sa cour étoit composée de peu de personnes par le chemin, les officiers se rendant devant à leurs emplois, et ses courtisans n'ayant pas aussi eu le temps de faire des équipages. Le Roi lui avoit donné M. de Beauvilliers (2) pour modérateur de sa jeunesse. A Sarrebourg il monta à cheval, et fit une très-grande journée : il avoit appris à Dieuze que l'on avoit ouvert quelques boyaux devant la place; il

(1) *D'Humières :* Louis de Crevant d'Humières, maréchal de France, mort en 1694. — (2) *De Beauvilliers :* Paul, duc de Beauvilliers, mort en 1714.

apprit en même temps la prise de Kayserslautern par M. de Boufflers. Il fut en trois jours de Sarrebourg à Philisbourg (1), et eut un vilain chemin, et très-long. En arrivant devant Philisbourg, quoiqu'il fût très-fatigué, il ne laissa pas d'aller voir la disposition de tout avec M. de Duras, qui commandoit l'armée sous lui, et qui étoit venu au devant de Monseigneur un peu par delà le pont, qui étoit à une lieue et demie au-dessus de Philisbourg. Saint-Pouange (2), qui représentoit M. de Louvois à cette armée, y vint aussi avec M. de Duras. Tout le monde fut assez long-temps sans équipage, et même Monseigneur, parce que le temps étoit très-avancé pour un siége aussi considérable que celui-là, et que l'on faisoit passer les troupes et les choses nécessaires pour le siége préférablement à tout. On continua la tranchée, qui avoit été commencée en l'absence de Monseigneur, où il montoit d'abord deux bataillons de garde, et on l'appela *la tranchée du haut Rhin,* parce qu'elle suivoit le cours de la rivière. Trois jours après que Monseigneur fut arrivé, on ouvrit une autre tranchée à l'opposite de celle-là, que l'on appela *le bas Rhin,* et l'on y envoya un des bataillons qui montoit à l'autre. Six jours après l'arrivée de Monseigneur, on ouvrit encore une autre tranchée qui fut appelée *la grande attaque,* où il montoit deux bataillons, avec un lieutenant général et le brigadier de jour : aux deux autres, montoit un maréchal de camp. Deux jours avant que l'on ouvrît cette tranchée, un ingénieur nommé La Lande, qui avoit

---

(1) *A Philisbourg :* Il arriva devant cette ville le 5 octobre. — (2) *Saint Pouange :* Gilbert Colbert, marquis de Saint-Pouange, secrétaire du cabinet du Roi, mort en 1706.

été dans la place pendant que les Impériaux l'avoient assiégée, fut emporté d'un coup de canon, en allant reconnoître le travail qu'il devoit faire faire. Sa mort ne laissa pas que de fâcher M. de Vauban (1), parce que c'étoit lui qui avoit le plus de connoissance de la place; encore étoit-elle changée depuis qu'il en étoit sorti. Les assiégés firent toujours un feu de canon prodigieux. Il ne se passa rien du tout à l'ouverture de la tranchée, et il n'y eut personne de considérable ni de tué ni de blessé. Le premier homme qui le fut, ce fut Sarcé, qui, en venant du quartier où étoit campé son régiment et celui de Monseigneur, eut le poignet emporté d'un coup de canon.

Pendant que Monseigneur étoit occupé au siége, il détacha M. de Montclar, mestre de camp général de la cavalerie et lieutenant général, avec une partie de la cavalerie, pour entrer dans le Palatinat. Il se saisit de quelques petites villes où il n'y avoit aucune fortification, et y demeura pour entreprendre quelque chose de plus considérable quand l'occasion s'en présenteroit. Les trois ou quatre premières nuits de tranchée se passèrent très-doucement. On avançoit pourtant beaucoup le travail; mais notre canon fut tout ce temps-là à mettre en batterie. La quatrième nuit, on emporta aux ennemis un petit retranchement l'épée à la main. Le régiment d'Auvergne étoit de tranchée : Presse, qui en est le colonel, y fut blessé. Le matin, les ennemis firent semblant de faire une sortie : ils trouvèrent des travailleurs avec la tête du régiment d'Auvergne, qui s'ébranla parce que les tra-

---

(1) *De Vauban* : Sébastien Le Prestre, seigneur de Vauban, maréchal de France, mort en 1707, à l'âge de soixante-quatorze ans.

vailleurs s'étoient renversés sur eux; mais la plupart des hommes qui étoient sortis furent tués et faits prisonniers. Catinat (1), qui étoit de tranchée ce jour-là, eut une balle dans son chapeau, et se donna beaucoup de mouvement, comme il fit pendant tout le siége. Après M. de Vauban, ce fut sur lui aussi que le siége roula le plus : c'est un homme en qui M. de Louvois a beaucoup de confiance, et en qui il n'en peut trop avoir. D'un commun consentement, personne n'a plus d'esprit ni de mérite que lui.

Pendant ce temps-là Monseigneur envoya ordre à M. de Montclar de tâcher de prendre Heidelberg, capitale du Palatinat. La ville est d'une conquête aisée; elle est le long du Necker, entre deux collines fort élevées. D'un côté est le château, résidence ordinaire des électeurs palatins, qui est assez beau et assez bon. M. de Montclar n'avoit pas d'infanterie, et n'avoit que quelques pièces de canon; ainsi il eût difficilement réussi en l'attaquant par les règles. Le grand maître de l'ordre Teutonique, fils de M. l'électeur palatin, étoit dedans, avec peut-être sept à huit cents hommes

(1) *Catinat :* Nicolas, fils du doyen des conseillers au parlement de Paris. Il commença par plaider : ayant perdu une cause qu'il croyoit juste, il renonça au barreau, entra au service, et ne laissa échapper aucune occasion de se distinguer. Louis XIV l'ayant remarqué à l'attaque de Lille, lui donna une lieutenance dans le régiment des gardes. Il fut élevé successivement aux premiers grades militaires, obtint le bâton de maréchal de France en 1693, et mourut en 1712, à l'âge de soixante-quatorze ans. Louis XIV parcourant un jour la liste de ses maréchaux, s'arrêta à son nom, et s'écria : « C'est bien la vertu récom-
« pensée. » En 1701, le prince Eugène ayant su qu'on hésitoit à Versailles entre Villeroy, Vendôme et Catinat pour commander l'armée française qu'on devoit lui opposer en Italie, dit : « Si c'est Villeroy qui
« commande, je le battrai; si c'est Vendôme, nous nous battrons; si
« c'est Catinat, je serai battu. »

des troupes de son père. On trouva que la voie de l'honnêteté étoit la meilleure; et Chamlay, qui étoit avec M. de Montclar, se chargea du compliment. Il lui dit qu'il venoit de la part de Monseigneur pour savoir sa résolution; qu'il seroit fâché qu'il lui arrivât du mal. Enfin Chamlay, par ses bonnes raisons, fit que M. le grand maître, tout malade qu'il étoit, se résolut d'abandonner le château, et de s'en aller trouver son père, qui étoit allé dans le duché de Neubourg. Chamlay fit la composition pour la garnison telle qu'il plut au grand maître, qui demanda qu'elle fût conduite à Manheim, place du Palatinat. On le lui accorda; mais comme le dessein étoit d'assiéger Manheim aussitôt que Philisbourg seroit pris, et que par conséquent il ne nous convenoit pas qu'il y entrât un renfort aussi considérable, on fit partir Rubentel, lieutenant général, avec ce qui restoit de cavalerie dans le camp, hors ce qui étoit nécessaire pour le garder, et on l'envoya faire semblant d'investir Manheim. Quand la garnison de Heidelberg, qui étoit déjà beaucoup diminuée, se présenta pour y entrer, on lui dit que l'on ne laissoit pas entrer des troupes dans une place investie : ainsi il fallut qu'elle prît son chemin pour s'en retourner dans le pays de Neubourg. Quand il l'eut vue partir, Rubentel s'en revint au camp devant Philisbourg. Cependant les attaques du haut et du bas Rhin devinrent les bonnes : on prit l'ouvrage à corne sans aucune difficulté, et on leur prit quelque monde dedans, entre autres un neveu de M. de Staremberg, gouverneur de la place, nommé le comte d'Arcos. On y perdit très-peu de monde : de personnes de marque il n'y eut que le fils de

M. Courtin, qui étoit à la suite de M. de Vauban, qui y fut tué (1); et il le fut par nos gens, parce qu'il ne savoit pas le mot de ralliement. La grande attaque alloit très-foiblement, parce qu'il y avoit une flaque d'eau assez considérable à passer, qui faisoit une espèce d'avant-fossé. M. de Vauban n'étoit occupé que d'épargner du monde, et craignoit extrêmement les actions de vigueur. On avoit fait des batteries fort considérables de canons et de bombes, mais elles ne faisoient pas grand mal aux assiégés, et au contraire leurs canons, dont ils avoient quantité, et qui étoient bien servis, rasoient absolument la queue de la tranchée, et nous tuoient toujours des gens; mais ils faisoient un feu si médiocre de leurs mousquets, qu'ils ne nous détruisoient pas par ce moyen beaucoup de monde. Le Bordage, qui étoit maréchal de camp, et qui s'étoit converti depuis peu, fut tué d'un coup de mousquet par la tête, et ne vécut que deux heures après l'avoir reçu. Trois jours après, Nesle (2), qui étoit aussi maréchal de camp, en reçut un au même endroit, et mourut un mois après à Spire. C'étoit un fort honnête garçon, d'un esprit médiocre, mais assez aimé, malheureux, et ses malheurs lui étoient une sorte de mérite. Le marquis d'Huxelles, lieutenant général, fut aussi blessé dans le même temps d'un coup de mousquet entre les deux épaules; mais le coup fut heureux. On passa la flaque d'eau. A la

(1) *Y fut tué* : « Le pauvre M. Courtin est mort en bon chrétien et en « véritable homme de bien. Je suis aussi touché de sa perte que si « c'étoit mon propre fils : cela sera cause que je ne me chargerai jamais « de gens de condition en pareille affaire. » (Lettre de Vauban à Louvois, du 23 octobre 1688). — (2) *Nesle* : Louis de Mailly, marquis de Nesle. Le Dauphin lui envoya trois cents louis à Spire.

grande attaque, on prit une redoute que les ennemis abandonnèrent d'abord qu'ils furent attaqués, et les jours suivans on prit quelque angle de la contre-escarpe : cependant on voyoit bien que ce n'étoit pas la bonne attaque. On avoit fait des batteries dans l'ouvrage à corne, et on avoit fait aussi une brèche très-considérable à l'ouvrage à couronne, dont le revêtement n'étoit pas bon. Le lieutenant général changea de poste, et prit l'attaque du Rhin; car ces deux-là n'étoient devenues qu'une. M. le duc du Maine (1), qui étoit volontaire, et qui avoit été obligé de suivre l'exemple des autres volontaires (2), dont le nombre étoit excessif, c'est-à-dire de choisir un régiment pour monter à la tranchée, avoit choisi le régiment du Roi, qui a trois bataillons. Il avoit monté d'abord au premier, qui montoit avec le troisième à la grande; et le second montoit à celle du Rhin. Il demanda permission à Monseigneur de monter au second, croyant qu'il y auroit plus à voir. Le duc (3), dont le régiment montoit aussi à la grande attaque, demanda en grâce à Monseigneur que son régiment montât aussi à celle-là, et que l'on envoyât le régiment de Grancey, dont le colonel étoit absent, qui y devoit monter naturellement à sa place, à la grande attaque. Monseigneur l'accorda aussi : les officiers en furent très-scandalisés, et voulurent rendre leurs

---

(1) *Le duc du Maine :* Louis-Auguste de Bourbon, fils naturel de Louis XIV et de madame de Montespan, mort en 1736. — (2) *Des autres volontaires :* Le fils de madame de La Fayette servoit comme volontaire au siége de Philisbourg. — (3) *Le duc :* Louis de Bourbon, petit-fils du grand Condé. Dans les Mémoires du temps, on le désigne sous le nom de *M. le duc ;* on désigne Henri-Jules de Bourbon, son père, sous celui de *M. le prince.* Louis de Bourbon mourut en 1710.

commissions. Dans ce temps-là Grancey arriva, qui représenta ses raisons : elles furent inutiles pour le soir, mais le lendemain matin Monseigneur envoya prier M. le duc de ne se pas servir de la permission qu'il lui avoit donnée; ainsi M. le duc ne monta pas. Mais quand Monseigneur ne le lui auroit pas ordonné, ce petit avantage ne lui auroit pas servi; car toute la nuit on combla le fossé, et on fit un pont de fascines pour pouvoir passer commodément à la brèche. Dès la nuit précédente on avoit fait reconnoître en quel état elle étoit; et le comte d'Estrées, qui fut le seul des volontaires blessés, l'avoit été à la cuisse par un coup d'une décharge que les ennemis avoient faite sur deux sergens que l'on avoit envoyés pour regarder un peu exactement. Dans la même nuit, Harcourt, maréchal de camp, en allant visiter quelque chose, tomba de huit ou dix pieds de haut, et se déhancha, dont il a été très-long-temps incommodé.

Pour revenir donc à M. du Maine, il monta avec le second bataillon du régiment du Roi; mais il quitta la tranchée vers les dix ou onze heures du matin, croyant qu'il n'y auroit rien à faire. Vauban, dont le dessein étoit d'attaquer l'ouvrage à couronne la nuit, dit qu'il falloit envoyer tâter les ennemis. On fit deux ou trois petits détachemens de grenadiers du côté du régiment d'Anjou, qui montoit à ce que l'on appeloit l'attaque du haut Rhin; et pendant que M. de Vauban passoit à celle du bataillon du régiment du Roi, ils montèrent. Ils ne virent presque personne dans l'ouvrage, qui est d'une grandeur prodigieuse : ils descendirent dedans, et dans le temps qu'ils descendoient il vint à eux une trentaine d'ennemis; mais à mesure que les détachemens avançoient on avoit fait avancer aussi le gros du bataillon, tellement que les piqueurs même étoient sur le haut de la brèche. Pendant ce temps-là M. de Vauban avoit passé de l'autre côté, et il faisoit marcher les détachemens, quand il entendit un grand bruit du côté qu'il avoit quitté. Il jugea ce que c'étoit, et fit dépêcher de marcher. Les grenadiers du régiment du Roi arrivèrent sur le haut de leur brèche, que les ennemis étoient déjà poussés de l'autre côté. Comme on travailloit au logement avec l'impatience ordinaire aux soldats de se mettre à couvert du feu, on entendit battre la chamade. On ne put jamais soupçonner que ce fût pour se rendre; il falloit encore emporter la contre-escarpe de la ville, passer un très-grand et très-profond fossé, et le corps de la place n'étoit pas entamé : on voyoit bien aussi que ce n'étoit pas pour retirer les morts, car les ennemis n'avoient eu que cinq ou six hommes de tués. On se trouvoit donc dans un assez grand embarras de ce que ce pouvoit être, lorsqu'ils déclarèrent que c'étoit pour capituler (1). L'étonnement fut grand : on l'alla dire à Monseigneur, avec tout l'empressement que méritoit une si bonne nouvelle. Monseigneur s'en alloit, selon sa coutume ordinaire, voir monter la tranchée aux bataillons qui en étoient (2). Sa surprise fut extrême, d'autant que M. de Vauban comptoit que la place dureroit encore dix

(1) *Pour capituler :* Philisbourg capitula le 29 octobre 1688. — (2) On trouve dans les Mémoires de Dangeau divers détails sur la conduite du Dauphin pendant le siége de Philisbourg: « 8 *octobre.* M. de Beauvilliers
« a écrit au Roi que deux coups de canon étoient tombés fort près de
« Monseigneur, qui n'en mande rien au Roi; et M. de Beauvilliers ajoute
« que Monseigneur n'en avoit point du tout été ému, et que tous les
« officiers sont charmés des honnêtetés de Monseigneur, qui prend tous
« les soins d'un bon général. Il se leva la nuit du samedi au dimanche

jours. Cependant les pluies nous incommodoient extrêmement, et la saison étoit si avancée qu'il n'y avoit pas d'espérance d'autre temps. On avoit aussi mandé à la cour que l'on seroit encore une dixaine de jours à prendre la place; mais dans le moment on fit partir un courrier, pour apporter la nouvelle qu'elle capituloit. On délivra les otages de part et d'autre : ceux qui vinrent de la ville furent chez Monseigneur. Comme Allemands, ils étoient tout fiers de leur belle défense, et se moquoient fort de nous de ce que nous ne les avions pas pris plus tôt. Ils tinrent vingt-six jours de tranchée ouverte, et l'on en fut sept ou huit que l'on n'avoit rien du tout encore. Dans la capitulation, nous leur accordâmes toutes les choses honorables; on leur

« sans en avertir personne, et alla visiter le travail que fait le régi-
« ment de M. le duc. Il y fut très-long-temps, et il fallut que Vauban
« l'en arrachât. — 19 *octobre*. Monseigneur alla cette nuit voir M. du
« Maine, qui étoit de garde; et pendant qu'il étoit à la tranchée un
« coup de canon donna dans le parapet, et le couvrit de terre. Le Roi
« a su cela par les lettres de M. de Beauvilliers, car Monseigneur,
« dans les siennes, ne se nomme point; mais il parle avec soin et dis-
« tinction de tous les officiers qui font leur devoir. »

Vauban écrivoit à Louvois : « Il ne tient pas à Monseigneur qu'il
« n'aille tous les jours à la tranchée; mais le canon a été si dangereux,
« que je me suis cru obligé de faire toutes sortes de personnages pour
« l'en détourner. Je n'ai osé vous mander que, la seconde fois qu'il a
« été aux grandes attaques, un coup de canon donna si près de lui, que
« M. de Beauvilliers, le marquis d'Huxelles et moi, qui marchions
« devant lui, en eûmes le *tintoin* un quart-d'heure; ce qui n'arrive
« jamais que quand on se trouve dans le vent du boulet. » — « Monsei-
« gneur est adoré, écrivoit madame de Sévigné à sa fille; il est libéral,
« il donne à tous les blessés; il donne à ceux qui n'ont point d'équi-
« page, il donne aux soldats, mande au Roi du bien de tous les officiers,
« et le prie de les récompenser; il donne beaucoup, dit-il, parce qu'il
« trouve la misère grande. » — « Il fallut tenir Monseigneur à quatre,
« écrit-elle le 25 octobre; il vouloit être à la tranchée. Vauban le prit
« par le corps et le repoussa, avec M. de Beauvilliers. »

Le Roi, justement effrayé des dangers auxquels le Dauphin s'exposoit sans donna deux pièces de canon, et trois jours pour se préparer. M. de Staremberg s'avisa de dire qu'il étoit bien malade, et envoya demander fort sérieusement en grâce à Monseigneur de lui envoyer un confesseur et un médecin. Il pouvoit bien se passer de l'un, et n'avoit guère besoin de l'autre; car sa maladie n'étoit qu'une fièvre quarte très-simple. On fit partir dès le lendemain des troupes pour aller investir Manheim, et le régiment de cavalerie de M. le duc y marcha. M. le duc marcha avec; et M. le prince de Conti (1), volontaire dans l'armée, qui avoit monté la tranchée avec M. le duc, qui outre cela n'avoit pas manqué un seul jour d'aller voir ce qui s'étoit fait la nuit, et dont le défaut étoit d'en vouloir trop faire, marcha aussi,

nécessité, lui envoya le 23 un courrier pour lui défendre d'aller à la tranchée; mais le courrier n'arriva que peu de jours avant la capitulation de la place, et déjà les soldats avoient surnommé le Dauphin *Louis-le-Hardi*. La Fontaine a fait à ce sujet une ballade qui commence par ces vers:

> Un de nos fantassins, très-bon nomenclateur,
> Du titre de *Hardi* baptisant Monseigneur,
> Le fera sous ce nom distinguer dans l'histoire.
> Ce soldat par chacun fut d'abord applaudi, etc.

J'aime, dit le poëte,

> J'aime les sobriquets qu'un corps-de-garde impose:
> Ils conviennent toujours.

Après la prise de Philisbourg, le duc de Montausier, qui avoit été gouverneur du Dauphin, lui écrivit: « Monseigneur, je ne vous fais pas « de compliment sur la prise de Philisbourg, vous aviez une bonne « armée, des bombes, du canon, et Vauban; je ne vous en fais pas « aussi sur ce que vous avez été brave, c'est une vertu héréditaire dans « votre maison. Mais je me réjouis avec vous de ce que vous êtes « libéral, généreux, humain, faisant valoir les services de ceux qui « font bien. »

(1) *De Conti*: François-Louis, prince de La Roche-sur-Yon, prince de Conti en 1685, après la mort de son frère aîné. Il fut élu roi de Pologne en 1697, et mourut en 1709.

croyant que ceux de Manheim auroient plus de courage qu'il n'en avoit paru à ceux de Philisbourg. Cela fut à peu près égal : ainsi messieurs les princes n'eurent d'autre plaisir que de se faire tirer quelques coups de canon. Quand la capitulation de Philisbourg fut signée, d'Antin (1) partit pour en aller porter la nouvelle au Roi; mais M. de Saint-Pouange l'avoit fait précéder de cinq ou six heures par un courrier qui arriva à Fontainebleau comme l'on disoit le sermon. M. de Louvois, qui savoit l'impatience où étoit le Roi de savoir des nouvelles, lui alla porter celle-là au sermon. Le Roi fit taire le prédicateur, dit que Philisbourg étoit pris, et lut la lettre que Monseigneur lui écrivoit. Le prédicateur, qui étoit le père Gaillard (2), jésuite, au lieu d'être troublé par l'interruption, n'en parla que mieux, et fit au Roi, sur cet heureux événement, un compliment qui attira l'applaudissement de l'assemblée. Pour madame d'Antin, qui savoit que son mari devoit apporter cette nouvelle à Sa Majesté, elle fit la bonne femme, et s'évanouit à l'autre bout de l'église, croyant qu'il étoit arrivé quelque chose à son mari, puisque c'étoit un autre qui apportoit la nouvelle. Quand d'Antin partit, on avoit déjà rapporté tous les articles; et dans le moment on livra une porte de la ville au régiment de Picardie, qui est le plus ancien, et on songea à faire partir les choses nécessaires pour le siége de Manheim. Le lendemain, les bataillons montoient encore la tranchée, et étoient occupés à la raser. Un officier du régiment

(1) *D'Antin* : Louis-Antoine de Pardaillac, duc d'Antin, fils de madame de Montespan. — (2) *Le père Gaillard* : Honoré Gaillard. Il avoit de la réputation comme prédicateur; ses sermons n'ont pas été conservés.

du Roi, qui étoit de tranchée ce jour-là, s'ennuyant, prit un fusil de soldat pour tirer des bécassines. Monseigneur arriva dans le moment, et tous les officiers qui étoient assis se levèrent pour le voir venir. Cet autre, qui ne prenoit pas garde à ce mouvement, vit en même temps partir une bécassine : il tira, et donna d'une balle, qui étoit dans le fusil avec du menu plomb, au travers du corps du chevalier de Longueville (1), qui étoit un bâtard de feu M. de Longueville. Sa vie, coupée dans sa première jeunesse (car il n'avoit que vingt ans) par un accident aussi funeste, donna de la pitié à tout le monde.

Le jour de la Toussaint, jour de la naissance de Monseigneur, M. de Staremberg sortit de sa place dans son carrosse à la tête de sa garnison, qui étoit composée de son régiment, dont il y avoit encore dix-huit cents hommes en état de servir, et soixante dragons à cheval. Les officiers jetoient la faute sur les soldats, disant qu'ils n'avoient pas voulu leur obéir; les soldats disoient qu'ils n'avoient jamais vu leurs officiers pendant le siége : enfin on jugea que ni les uns ni les autres ne valoient guère. Il leur paroissoit une si grande gaieté, que l'on pouvoit assurer qu'ils avoient également part à la mauvaise défense de la place. M. de Staremberg descendit de son carrosse pour saluer Monseigneur, qui étoit à voir sortir la garnison. On leur donna une escorte pour les conduire

(1) *De Longueville*: Il étoit fils naturel du chevalier de Longueville, tué au passage du Rhin en 1672, et de la maréchale de La Ferté. Il avoit été légitimé, quoique né du vivant du maréchal; ce qui étoit sans exemple. L'arrêt du parlement ne fit aucune mention de la mère. Cette légitimation avoit été provoquée pour préparer celle des enfans naturels de Louis XIV.

jusqu'à moitié chemin d'Ulm, où ils devoient s'embarquer pour s'en aller à Vienne. Le lendemain que la garnison fut sortie, Monseigneur alla dans la place faire chanter le *Te Deum*.

Pendant que l'on étoit devant Philisbourg, le prince d'Orange avoit voulu mettre sa flotte en mer; mais les vents lui avoient toujours été contraires, et il avoit été obligé de rentrer dans le port avec quelques vaisseaux maltraités et d'autres perdus. Son armée étoit composée de troupes qu'il avoit achetées de toutes les nations. Il lui en étoit même venu de Suède, et le prince régent de Wirtemberg lui en avoit aussi vendu; mais on a bien fait payer au double à celui-ci le profit qu'il en avoit retiré, car tout son pays a été au pillage des troupes du Roi. Le prince d'Orange avoit une armée nombreuse, une grande quantité de bons officiers français huguenots, qui avoient quitté le royaume pour la religion. M. de Schomberg, qui avoit joint le prince, étoit le meilleur général qu'il y eût dans l'Europe. Tout ce que l'on peut s'imaginer non-seulement de nécessaire mais de propre pour faire une défense considérable étoit chargé sur ces vaisseaux, et l'entreprise avoit été conduite pendant long-temps avec un secret impénétrable; le reste dépendoit de Dieu. Elle ne donnoit pas moins de jalousie à la France qu'à l'Angleterre.

Peu de jours après que l'on fut parti pour Philisbourg, le Roi eut avis que cet apprêt étoit pour faire une descente sur les côtes de Normandie. On voulut fortifier Cherbourg, ville sur le bord de la mer, et l'on commença; mais elle n'étoit pas en état de résister, et il n'y avoit pas assez de troupes dedans pour la défendre quand même elle eût été bonne. On voulut aussi faire marcher deux bataillons qui étoient à Versailles, et revenoient de travailler à Maintenon; mais ils étoient en si mauvais état qu'il fût impossible de les y envoyer, car on ne put jamais trouver que cent hommes qui pussent marcher. On commanda la noblesse de la province et les milices; on envoya Artagnan, major des gardes, avec des officiers et des sergens du même régiment; et Sonelle, commandant la seconde compagnie des mousquetaires, pour y commander. On envoya d'autres officiers aux gardes et des mousquetaires à Belle-Isle, de peur que la descente ne fût de ce côté-là. On envoya aussi de grosses garnisons à Calais et à Boulogne; enfin on fit tout ce qu'on auroit pu faire si l'on eût été assuré d'une descente.

Pendant le siége de Philisbourg, M. de Boufflers avoit fait entrer des troupes dans Worms, ville assez considérable sur le Rhin. Il s'étoit saisi de Mayence, moitié du consentement de M. l'électeur, moitié par force et par adresse. On étoit entré en quelque négociation avec M. l'électeur de Trèves pour avoir Coblentz : on ne lui demandoit point sa forteresse d'Hermanstein, mais on vouloit être assuré de tous les passages du Rhin de notre côté. M. l'électeur de Trèves même sembloit y pencher assez; et l'on espéroit une heureuse négociation, quand on apprit tout d'un coup qu'il étoit entré dans Coblentz des troupes de M. l'électeur de Saxe et des princes voisins. Francfort, qui étoit dans une appréhension horrible, reçut aussi une grosse garnison de ces mêmes troupes. Le déplaisir de n'avoir pu avoir Coblentz, et d'avoir été amusé par une négociation, fut certainement violent.

On s'en dépiqua du mieux que l'on put en ravageant les terres de l'électorat de Trèves, et en prenant prisonnier le grand maréchal de l'électeur, que l'on croyoit avoir fait changer son maître de parti ; après quoi enfin on se résolut à bombarder Coblentz.

Après que tout ce qui étoit nécessaire pour le siége de Manheim fut parti du camp de Philisbourg, Monseigneur partit à la tête de ce qui restoit de troupes de son armée (car il y en avoit beaucoup qui avoient pris les devants), et alla camper à un château de chasse de M. l'électeur palatin, qui appartient à madame l'électrice palatine douairière. Le lendemain, Monseigneur arriva devant Manheim. Le temps étoit épouvantable, et l'on fut obligé de faire cantonner les troupes dans les villages. Le gouverneur de Manheim n'étoit qu'un bourgeois de Francfort, vendeur de fer, anobli par l'Empereur. Quand Monseigneur fut arrivé, on fit dire à ce gouverneur qu'on le feroit pendre s'il laissoit ouvrir la tranchée, et qu'il n'étoit point à M. l'électeur palatin. Il ne répondit que rodomontades à ce discours, et fit tirer fréquemment du canon. On ne fit point de lignes de circonvallation : la plus grande partie de l'armée étoit couverte du Necker et du Rhin, dont nous étions les maîtres ; et il n'y avoit guère d'apparence que les ennemis vinssent attaquer ce qui étoit par delà cette première rivière. Nous avions un pont de bateaux dessus, et le quartier de Monseigneur étoit à la portée du canon de la place, mais extrêmement couvert d'arbres. Manheim est de la plus parfaite situation qu'il y ait au reste du monde, après celle du fort de Kelh : elle est au confluent du Necker et du Rhin, et couverte d'un côté par un marais. Il y a une citadelle belle et grande, et parfaitement bien bâtie en dedans. L'électeur y avoit un fort vilain palais. La ville est jolie, les rues tirées au cordeau : cependant tout y a l'air pauvre. Elle étoit très-moderne, car il n'y avoit pas quarante ans que le feu électeur, c'est-à-dire le père de Madame, l'avoit fait commencer. Quand on eut reconnu la place, on fit ouvrir la tranchée du côté de la ville; on l'avança extrêmement, et on fit en même temps une batterie de bombes. Le matin, M. de Mornay, qui étoit aide de camp de Monseigneur et fils de M. de Montchevreuil, y fut tué. Son père, qui avoit suivi M. du Maine, eut ce déplaisir, qui fut grand, parce que c'étoit un fort honnête garçon et bien établi, qui pourtant ne promettoit pas d'aider beaucoup à la fortune pour son avancement : elle l'étoit venu chercher, et l'auroit tiré d'un état au-dessous du médiocre pour le mettre dans une assez grande opulence, sans aucun éclat. Il fut emporté d'un coup de canon avec le lieutenant des gardes de M. du Maine, et deux soldats. Le soir, on ouvrit la tranchée devant la citadelle, et on commanda quatorze cents hommes pour le travail de la nuit. On poussa la tranchée jusqu'à trente toises de la contre-escarpe, et on commença à travailler à une batterie de quatorze pièces de canon. Il y en avoit une de l'autre côté du Rhin, que l'on avoit faite avant que d'ouvrir la tranchée, qui incommodoit extrêmement une batterie que les ennemis avoient sur la tranchée; si bien qu'en très-peu de temps elle la rendit presque inutile, et eût beaucoup incommodé. Monseigneur alla ce jour-là voir Heidelberg, et on le fit boire sur ce muid si célèbre (1) qui est l'admiration de toute l'Allemagne. A son retour, il apprit que Manheim vouloit capituler. On voulut quelque temps tenir bon, et ne la point recevoir que la citadelle ne se rendît : cependant à la fin on jugea à propos de la recevoir, parce qu'on prétendoit faire une attaque à la citadelle par le côté de la ville. Les ennemis, le jour que l'on avoit ouvert la tranchée devant la ville et la citadelle, avoient passé leur nuit avec des violons et des hautbois sur les remparts ; mais cette gaieté ne leur dura pas longtemps. Enfin on reçut la ville à capitulation (2). Le feu que les bombes avoient mis à un côté avoit causé quelque dissension entre le gouverneur et la bourgeoisie, et de son côté le gouverneur menaçoit ceux-ci de les brûler s'ils se rendoient : cependant, comme il n'étoit pas trop le maître de sa garnison, il fallut qu'il fît ce que les bourgeois vouloient. On leur conserva tous leurs priviléges, et le régiment de Picardie entra dans la ville. Le matin, on alla reconnoître le côté de la citadelle du côté de la ville. On la trouva plus mauvaise que par aucun autre endroit, et l'on se préparoit le soir à y faire une attaque, quoique le gouverneur mandât qu'il alloit mettre le feu par toute la ville ; mais vers les quatre heures du soir sa fierté se ralentit, et il demanda à composer. Sa garnison,

---

(1) *Si célèbre* : Cette tonne occupoit à elle seule une des caves du palais électoral. Elle fut vidée et brisée par les Français lorsqu'ils s'emparèrent d'Heidelberg. L'électeur Charles-Louis la fit réparer et remplir ; quelque temps après il en fit construire une nouvelle, qui avoit trente pieds de haut, et trente pieds de diamètre : elle étoit, comme la première, surmontée d'une plate-forme, où l'on traitoit les étrangers de distinction. — (2) *A capitulation* : Manheim capitula le 11 novembre 1688.

qui s'étoit beaucoup diminuée en entrant de la ville dans la citadelle, dit qu'elle vouloit de l'argent, ou qu'elle ne tireroit pas. Il n'avoit point d'argent, et n'en pouvoit plus tirer de la bourgeoisie : enfin il capitula. On lui accorda qu'il sortiroit enseignes déployées, avec tous les vains honneurs que l'on demande, et que l'on obtient aisément quand on s'est mal défendu. On lui accorda aussi deux pièces de canon que l'on ne lui donna pas, et deux fois vingt-quatre heures pour se préparer à son départ. Pendant ces deux fois vingt-quatre heures il pensa être assassiné par ses soldats, et il fallut qu'il demandât une garde des troupes de la ville. Ce gouverneur sortit, comme on étoit convenu, à la tête de cinq ou six cents hommes, entre lesquels il y avoit soixante dragons, et s'en alla coucher dans une petite ville du Palatinat. Monseigneur le vit sortir, et lui donna une escorte de quarante maîtres, commandés par le chevalier de Comminges. Il demanda en partant son canon, et trois chariots de pain qu'on lui avoit promis; mais il n'eût ni l'un ni l'autre. Quand la garnison fut à la petite ville où elle devoit aller coucher, elle fit un complot de la piller, sous prétexte qu'elle lui devoit encore de l'argent sur ce qui leur avoit été assigné pour leur subsistance. Le chevalier de Comminges en fut averti, qui se trouva assez embarrassé avec sa petite troupe; mais il fit partir un homme pour en avertir M. de Duras, et se retrancha avec ses quarante hommes. On lui envoya la nuit trois cents chevaux, qui arrivèrent avant la pointe du jour, et qui empêchèrent le complot. La garnison fut obligée de se remettre en marche : elle devoit aller jusqu'à Dusseldorf.

La route étoit fort longue, et les soldats murmuroient toujours contre leur commandant : enfin il fut obligé de les laisser et de prendre la poste, de peur qu'ils ne l'assommassent; il leur laissa son équipage, qui étoit une très-médiocre ressource. Monseigneur envoya Sainte-Maure porter au Roi la nouvelle de la reddition de la place, et donna tous les ordres nécessaires pour la disposition du siége de Franckendal, où le Roi lui avoit mandé qu'il falloit qu'il allât encore, et au retour duquel il lui avoit promis de grands plaisirs à la cour. Monseigneur fit son entrée dans Manheim, et fit chanter le *Te Deum* dans l'église de la citadelle, qui étoit la seule catholique, et encore y faisoit-on trois exercices de différente religion dans la journée. Le régiment de Picardie demeura pour garnison à Manheim, et le lieutenant colonel pour y commander.

Toutes les troupes qui devoient hiverner au-delà du Rhin partirent du camp devant Manheim pour se rendre dans leurs quartiers, et celles qui devoient demeurer en deçà suivirent Monseigneur au siége de Franckendal. La journée étoit très-petite de Manheim à Franckendal. Le lendemain que Manheim fut rendu, on fit partir la cavalerie qui étoit au-delà du Rhin avec M. de Joyeuse [1], pour aller investir la place. On l'investit; et le lendemain on envoya le chevalier de Courcelles, major du régiment des cuirassiers, pour parler au gouverneur de se rendre, et l'assurer que sans cela il n'auroit point de quartier. Il répondit en brave homme. Le jour que Monseigneur arriva,

---

(1) *De Joyeuse*: Jean-Armand, marquis de Joyeuse, maréchal de France, mort en 1713, à l'âge de soixante-dix-neuf ans.

on voulut renouer quelque traité, et le gouverneur y entroit tout-à-fait; mais son major le fit changer d'avis, en l'assurant qu'il seroit perdu de réputation s'il ne se faisoit pas tirer au moins du canon. Il donna dans cette fausse bravoure, et dit qu'il se rendroit quand il lui conviendroit. Au bout de deux jours, on ouvrit la tranchée. Le second jour de la tranchée ouverte, on travailla aux batteries de canons et de bombes. Tout cela tira le troisième au matin. La ville fut enflammée depuis sept heures du matin jusqu'à midi; le grand clocher fut brûlé. Le feu dura jusqu'à dix heures du soir. A onze heures et demie du matin, ils battirent la chamade, et demandèrent à capituler [1]. La joie fut grande dans l'armée; car quoique l'on eût beaucoup de plaisir à servir sous Monseigneur, cependant il étoit le vingtième de novembre, et l'on redoutoit extrêmement le vilain temps.

On bombardoit encore Coblentz pendant le siége de Franckendal. Les ennemis avoient dans cette dernière un ouvrage à couronne, d'où ils incommodoient extrêmement les troupes. Barbesière, à la tête de son régiment de dragons, l'emporta très-bravement, malgré le feu de toute la ville, qui fut grand. Monseigneur accorda une fort honnête composition au gouverneur de Franckendal, et vit sortir la garnison, qui étoit de sept ou huit cents hommes. Il demeura trois jours pour voir séparer toutes les troupes de son armée, envoya M. de Caylus porter la nouvelle de la prise de la ville au Roi, et fit donner ordre qu'on lui tînt des chevaux de poste prêts depuis Verdun jusqu'à Paris. Le lendemain de la prise de la place, il y eut

---

[1] *A capituler :* Franckendal capitula le 18 novembre.

beaucoup de gens qui le quittèrent, et M. le duc entre autres, qui en fut assez mal reçu du Roi, aussi bien que ceux qui l'avoient suivi.

Monseigneur vint en cinq jours de Franckendal à Verdun sur ses chevaux, et en deux jours de Verdun à Versailles en poste. Le Roi, madame la Dauphine et toute la cour le vinrent attendre à Saint-Cloud, et l'on avoit mis du canon à Saint-Ouen, que l'on devoit tirer quand il arriveroit, afin de partir en même temps, et d'aller au devant de lui jusqu'au bois de Boulogne. Cela fut exécuté. Le Roi, madame la Dauphine, Monsieur, Madame et les princesses, descendirent de carrosse. Quand il arriva, le Roi l'embrassa; mais lui très-respectueusement lui embrassa les genoux (1). Le Roi lui fit une infinité de caresses, et l'accabla de douceurs. Il avoit été si content de toutes les lettres qu'il lui avoit écrites, et tout le monde avoit mandé tant de bien de Monseigneur, à quoi ni le Roi ni le public ne s'attendoient pas parce qu'il étoit peu connu, que le Roi avoit peur de ne lui pas faire assez d'honneur. M. le prince de Conti arriva avec Monseigneur, et fut le seul, avec les officiers qui lui étoient nécessaires, qui le suivit. Il n'y avoit pas long-temps que ce prince étoit marié, et sa femme avoit pour lui tout l'amour que peut inspirer un homme aussi aimable et aussi estimable dans le cœur d'une jeune personne vive, et qui n'a pu encore rien aimer. Elle n'avoit pas

(1) *Les genoux :* « Monseigneur lui embrassa les genoux; le Roi lui
« dit : *Ce n'est pas ainsi que je veux vous embrasser ; vous méritez*
« *que ce soit autrement.* Et sur cela, bras dessus, bras dessous, avec
« tendresse de part et d'autre; et puis Monseigneur embrassa toute la
« carrossée, et prit la huitième place. » (Lettre de madame de Sévigné à
sa fille, du 30 novembre 1688.)

seulement souri pendant tout le temps de son absence, et à peine avoit-elle parlé. M. de Beauvilliers, qui avoit marché comme modérateur de la jeunesse de Monseigneur, n'arriva que deux jours après lui. La joie fut extrême à la cour de voir arriver Monseigneur, et de le voir triomphant. Tous les poëtes laissèrent couler leur veine bonne ou mauvaise, et l'accablèrent de louanges qui toutes retomboient sur le Roi.

On laissa des officiers généraux sur toutes les frontières. Montclar, qui commandoit naturellement en Alsace, y demeura, avec deux maréchaux de camp et des brigadiers sous lui : son commandement s'étendoit jusqu'au Necker. Le marquis d'Huxelles demeura à Mayence, avec deux maréchaux de camp aussi sous lui, et des brigadiers : son commandement s'étendoit depuis le Necker jusqu'au Mein, et par delà. M. de Sourdis commandoit dans tout l'électorat de Cologne; M. de Montal, le long de la Moselle; M. de Boufflers, dans son gouvernement. M. de Duras demeura à l'armée devant Franckendal, jusqu'à ce que la dernière troupe fût partie. Il eut ordre de laisser son équipage en ce pays-là, et de s'en revenir à Paris. Cependant on avoit nouvelle que les troupes de l'Empereur s'avançoient : ainsi il ne falloit pas perdre de temps pour tirer les contributions, dont M. de Louvois fait un cas extraordinaire. En partant de Philisbourg, on avoit envoyé Feuquières (1) avec son régiment dans Heilbronn, ville impériale. M. de Bade-Dourlach avoit livré à Monseigneur une petite ville de son pays, à l'entrée du Wirtemberg, que l'on appelle Pforzheim,

(1) *Feuquières :* Antoine de Pas, marquis de Feuquières, lieutenant général en 1693, mort en 1711, à l'âge de soixante-trois ans.

où l'on mit garnison. On en mit une grosse à Heidelberg, et les troupes d'en deçà le Rhin furent dispersées dans les autres garnisons.

On n'avoit point eu à l'armée de nouvelles sûres du prince d'Orange : seulement on avoit appris son nouveau rembarquement(1), et qu'une seconde tempête l'avoit encore obligé de relâcher, par laquelle il avoit perdu beaucoup de chevaux que l'on avoit été obligé de jeter dans la mer; mais il y avoit déjà du temps, et tout le monde étoit dans l'impatience d'en savoir d'une aussi grande catastrophe qu'il paroissoit que celle-là devoit être. En arrivant à Paris, on apprit que le prince avoit fait sa descente fort heureusement; qu'il étoit entré dans le pays; qu'il s'étoit saisi d'une ville; mais qu'aucune personne ne l'étoit allé trouver. Chacun jugeoit de cette entreprise selon son inclination. Le Roi avoit fait dire aux Hollandais qu'en cas que le prince d'Orange entreprît quelque chose contre le roi d'Angleterre, il leur déclareroit la guerre (2). Il n'y manqua pas. Tous les princes protestans d'Allemagne étoient joints d'intérêt au prince d'Orange, et cette guerre étoit un effet de haine pour le Roi et de zèle pour la religion. Le prince d'Orange donna ordre à l'envoyé des Hollandais auprès de l'Empereur de travailler très-sérieusement à faire conclure la paix entre le Turc et l'Empereur, afin que les forces de l'Empire fussent toutes jointes ensemble contre la France. Il y a quelque apparence que le Roi, de son côté, fit in-

---

(1) *Nouveau rembarquement :* Le prince d'Orange avoit mis une première fois à la voile le 30 octobre 1688 : les vents contraires le forcèrent à rentrer dans les ports de la Hollande; il repartit le 11 novembre, et débarqua à Torbay le 15. — (2) *La guerre :* Le Roi déclara la guerre aux Hollandais le 3 décembre.

former la Porte, par son ambassadeur, qu'il attaqueroit l'Empire, afin qu'elle ne fît pas la paix; et Tékély même, de qui l'on n'avoit parlé depuis long-temps, commença à se vouloir un peu remuer.

La situation du prince d'Orange ne demeura pas long-temps dans le même état. Le premier qui commença à quitter le roi d'Angleterre pour l'aller trouver fut un lieutenant de ses gardes, avec quelques gardes. On apprit dans le même temps qu'il y avoit une révolte dans le nord de l'Angleterre, et que milord Delamer assembloit des troupes. Peu de jours après, presque tout un régiment alla trouver le prince d'Orange; mais il en revint beaucoup le lendemain. Le roi d'Angleterre sortit de Londres, et prit un poste très-avantageux, par où il falloit que le prince d'Orange passât pour venir à Londres. Milord Feversham, frère de M. de Duras, commandoit l'armée, qui étoit nombreuse, et qui eût accablé le prince d'Orange si elle eût été aussi fidèle qu'elle étoit belle; mais beaucoup de lords l'abandonnèrent, et allèrent trouver le prince d'Orange: entre autres un nommé Churchill(1), capitaine des gardes du Roi, son favori, et qu'il avoit élevé d'une très-petite noblesse à de hautes dignités, ne s'étoit pas contenté de vouloir aller joindre le prince d'Orange, mais vouloit lui livrer aussi le Roi. Un saignement de nez, qui prit au Roi en allant dîner chez lui, empêcha l'effet de la trahison. Le prince de Danemarck, qui avoit épousé la princesse Anne, seconde fille du Roi (2), l'abandonna aussi; sa

---

(1) *Churchill*: Depuis duc de Marlborough. — (2) *Du Roi*: Anne Stuart; elle épousa le prince Georges de Danemarck, et devint reine d'Angleterre après la mort de Guillaume III.

fille même suivit son mari; et le Roi fut obligé de s'en revenir à Londres, de peur qu'il n'y eût quelque émeute, et qu'il ne fût plus le maître dans la ville.

Ces nouvelles étonnèrent fort la cour de France; car comme on avoit vu que peu de personnes s'étoient déclarées d'abord pour le prince d'Orange à son arrivée, on avoit presque compté qu'il avoit pris de fausses mesures. Sa Majesté déclara dans ce temps-là, au moment que l'on s'y attendoit le moins, qu'elle avoit résolu de faire des cordons bleus. La promotion fut grande; elle fut de soixante-treize. Les gens de guerre y eurent beaucoup de part, parce qu'on voyoit bien que l'on alloit avoir besoin d'eux, et que les autres récompenses eussent été plus chères que celles-là. Il parut aussi que M. de Louvois seul avoit décidé de ceux qui seroient faits cordons bleus. Madame de Maintenon eut, pour sa part, son frère et M. de Montchevreuil, et contribua peut-être à faire Villarceaux chevalier de l'ordre. Il y eut trois officiers de la maison du Roi qui ne le furent pas, le grand prevôt (1), le premier maître d'hôtel (2), et Cavoye (3), grand maréchal-des-logis. Le premier avoit, par-dessus sa charge, sa naissance, et son père qui l'avoit été; mais les deux autres n'avoient que leurs charges. A la vérité l'on en fit quelques-uns chevaliers, dont la naissance, aussi bien que la leur, faisoit grand tort à l'ordre; mais c'est où paroît le plus la grandeur des rois d'égaler les gens de peu aux grands seigneurs d'un royaume. Des ducs,

---

(1) *Le grand prevôt*: Du Bouchet, marquis de Sourches, prevôt de l'hôtel, et grand prevôt de France. — (2) *Premier maître d'hôtel*: Louis Sanguin, marquis de Livry, premier maître d'hôtel du Roi. — (3) *Cavoye*: Louis d'Oger, marquis de Cavoye.

il y en eut trois qui ne furent pas faits cordons bleus, messieurs de Rohan, de Ventadour et de Brissac. Ces trois-là étoient très-peu souvent à la cour, n'alloient point à la guerre, et étoient, chacun en leur espèce, des gens extraordinaires, quoique de très-différens caractères l'un de l'autre. M. de Soubise et le comte d'Auvergne refusèrent l'ordre, parce qu'on leur proposa de passer parmi les gentilshommes, puisqu'ils n'avoient pas de duché. Les princes lorrains avoient consenti de passer après M. de Vendôme, mais ils précédèrent tous les ducs. M. le comte de Soissons (1), que le Roi avoit nommé pour remplir une place, lui fit demander permission de ne la pas accepter, parce que son père n'avoit pas voulu passer après feu M. de Vendôme, et que comme il étoit mal avec la princesse de Carignan sa grand'mère, outre que M. de Savoie ne l'aimoit pas, cela les aigriroit encore contre lui. Le Roi eut la bonté d'entrer dans ces raisons, mais il fut piqué contre le comte d'Auvergne et contre M. de Soubise. La gloire des Bouillon, à qui il avoit donné le rang de princes, quoique naturellement ils ne fussent que des gentilshommes de très-bonne maison d'Auvergne, avoit été la cause de leur malheur. Le Roi fit mettre dans les archives que le comte d'Auvergne avoit refusé le cordon bleu, de peur de passer après les ducs, quoique ses grands-pères n'eussent été qu'au rang des gentilshommes; et que M. de Soubise avoit aussi refusé cet honneur, quoiqu'un homme de sa maison, appelé le comte de

---

(1) *De Soissons*: Louis-Thomas de Savoie, comte de Soissons. Il descendoit de la maison de France par les femmes, et Vendôme étoit d'une branche légitimée.

Rochefort, n'eût fait aucune difficulté de l'accepter aux conditions proposées. Pour M. de Monaco (1), qui a le même rang, il le reçut avec toute la soumission que l'on doit quand on reçoit des grâces de son maître, et il dit qu'il se contentoit de marcher au rang de son duché. Peut-être le fit-il parce qu'il ne se trouvoit pas à la cérémonie, et qu'il ne se devoit trouver à aucune. Il y eut bien des lieutenans de roi des grandes provinces qui comptoient que cet honneur leur étoit presque dû, mais qui en furent privés, entre autres les trois de Languedoc. C'étoit leur faute d'y compter; car depuis long-temps on leur avoit donné tant de dégoûts, et eux l'avoient souffert avec tant d'humilité, que l'on crut pouvoir encore leur donner celui-là. M. de La Trémouille fut très-favorisé, car il s'en falloit un an tout entier qu'il n'eût l'âge (2). Il y en eut beaucoup qui ne vinrent pas à la cérémonie, parce qu'ils étoient employés pour le service du Roi dans les provinces; et d'autres que le Roi dispensa, parce que comme il les avoit déclarés tard, et qu'à peine même ceux qui étoient à Paris avoient eu le temps de faire faire leurs habits, ceux qui seroient venus de si loin ne les eussent pu avoir : par exemple M. de Monaco, qui n'étoit parti pour aller chez lui que dix jours auparavant que l'on déclarât la promotion, et M. de Richelieu qui s'étoit fait

(1) *De Monaco* : Antoine de Grimaldi, prince de Monaco, duc de Valentinois. — (2) *Qu'il n'eût l'âge* : « Sa Majesté a demandé à M. de
« La Trémouille quel âge il avoit ; il a répondu qu'il avoit trente-trois
« ans. Le Roi lui a dit : *Dans deux ans je vous ferai chevalier*. Et un
« peu après il l'a rappelé, et lui a dit : *Vous êtes de bonne foi d'avouer*
« *que vous n'avez pas l'âge ; je vous dispense des deux ans qui vous*
« *manquent.* » (Mémoires de Dangeau.)

un exil volontaire à Richelieu, parce qu'il avoit perdu en une fois plus de cent mille francs, qu'il n'étoit pas en état de payer.

Le Roi paroissoit assez chagrin. Premièrement il étoit fort occupé, et l'étoit de choses désagréables; car le temps qu'un peu auparavant il passoit à régler ses bâtimens et ses fontaines, il le falloit employer à trouver les moyens de soutenir tout ce qui alloit tomber sur lui. L'Allemagne fondoit tout entière; il n'avoit aucun prince dans ses intérêts, et il n'en avoit ménagé aucun : les Hollandais, on leur avoit déclaré la guerre; les affaires d'Angleterre alloient si mal, que l'on craignoit tout au moins qu'il n'y eût un accommodement entre le Roi et le prince d'Orange, qui retomberoit entièrement sur nous; et on trouvoit même que c'étoit le mieux qui nous pût arriver. Les Suédois, qui avoient été nos amis de tout temps, étoient devenus nos ennemis. Le roi d'Espagne disoit qu'il vouloit conserver la neutralité; mais celui-là, par-dessus les autres, ne faisoit rien, et l'on s'attendoit qu'il ne conserveroit cette neutralité que jusqu'au temps que nous serions bien embarrassés : ainsi le Roi vouloit, ou que les Espagnols se déclarassent, ou qu'ils lui donnassent deux villes, qui étoient Mons et Namur, comme otages de leur foi. La proposition étoit dure, mais aussi nous ne pouvions avoir d'avantage considérable qu'en Flandre; et Namur nous étoit absolument nécessaire, parce que c'étoit le seul passage qu'eussent les Hollandais et les Allemands pour venir à notre pays. Nos côtes étoient fort mal en ordre : M. de Louvois, qui a la plus grande part au gouvernement, n'avoit pas trouvé cela de son district; il savoit l'union qui étoit entre les deux rois, et cela lui suffisoit. Les vues fort éloignées ne sont pas de son goût. Il falloit nécessairement que la Hollande et l'Angleterre se joignissent pour nous faire du mal. Cette jonction ne se pouvoit imaginer chez lui, et Dieu seul avoit pu prévoir que l'Angleterre seroit en trois semaines soumise au prince d'Orange. Tout cela faisoit qu'on avoit négligé nos côtes.

Le dedans du royaume n'inquiétoit pas moins le Roi. Il y avoit beaucoup de nouveaux convertis qui gémissoient sous le poids de la force, mais qui n'avoient ni le courage de quitter le royaume, ni la volonté d'être catholiques : leurs ministres, qui étoient dans les pays éloignés, les avoient toujours flattés de se voir délivrer de la persécution dans l'année 1689. Ils voyoient l'événement d'Angleterre, qui commençoit dans ce temps; ils recevoient tous les jours des lettres de leurs frères réfugiés, qui les fortifioient encore davantage; et quand ils songeoient que tout le monde étoit contre le Roi, ils ne doutoient point du tout qu'il ne succombât, et qu'il ne fût obligé de leur accorder le rétablissement de leur religion. Outre les nouveaux convertis, il y avoit beaucoup d'autres gens malcontens dans le royaume, qui se joindroient à eux si la fortune penchoit plus du côté des ennemis que du nôtre. Le Roi voyoit tout cela aussi bien qu'un autre, et l'on eût été inquiet à moins. Il ne falloit pas une moindre grandeur d'ame et une moindre puissance que la sienne pour ne pas se laisser accabler : le moyen d'avoir assez de troupes pour résister en même temps à tout cela? On avoit compté sur les Suisses, mais on se brouilla avec eux : ils ne vouloient pas nous permettre de levées dans leurs Etats;

au contraire, ils en permettoient à l'Empereur. Il y avoit un traité avec feu M. de Savoie pour avoir trois mille hommes, qui étoient un petit secours : celui-ci fit le difficile; le Roi se dépita, et dit qu'il n'en vouloit plus. Enfin M. de Savoie fut obligé de le prier de les prendre; mais ce fut un très-médiocre secours. Il falloit donc que le Roi tirât tout de son seul Etat. On délivra des commissions jusqu'au premier de janvier, et le Roi fit une ordonnance pour la levée de cinquante mille hommes de milices dans toutes ses provinces, qui se transporteroient où l'on le jugeroit à propos; et cela fut divisé par régimens. On mettoit pour officiers tous gens qui eussent servi; et les dimanches et les fêtes on exerçoit cette milice à tirer. Enfin le Roi devoit se trouver au printemps plus de trois cent mille hommes, sans ses milices; et c'étoit infiniment. Tout le mois de décembre s'étoit passé en Allemagne à tirer des contributions, qu'on avoit poussées jusque dans les Etats de l'électeur de Bavière; et Feuquières, qui commandoit dans Heilbronn, et qui avoit marché avec un gros détachement, avoit fait trembler tous ces pays. On s'étoit fait donner cinquante mille francs du côté de la Hollande, c'est-à-dire dans le Brabant hollandais. Baloride y avoit marché, et avoit brûlé un village au prince d'Orange, nommé Rosenthal, auprès de Breda, qui avoit refusé de payer la contribution. Elle étoit établie aussi dans les pays de Liége et de Juliers, et tout cet argent servoit très-utilement. Les troupes, à la vérité, en tiroient un très-médiocre avantage, car on ne leur en donnoit rien : mais c'est une habitude que l'on a prise en France, et dont on se trouve fort bien. On fut obligé, à la fin de décembre, de retirer les troupes que l'on avoit au-delà du Rhin; mais on pilla et démolit les places, comme Heilbronn, Stuttgard, Zinsheim, et beaucoup d'autres. On travailla à fortifier Pforzheim, qui est une place à l'entrée du Wirtemberg, et dont la situation est bonne, parce qu'elle est dans les montagnes. On travailloit aussi à la fortification de Mayence.

On fut quelque temps à la cour sans entendre parler des affaires d'Angleterre : il n'en venoit aucune nouvelle sûre; on savoit seulement que les affaires du roi de cette île alloient très-mal. Il en arriva un gentilhomme de M. de Lauzun (1), qui s'en étoit allé en Angleterre au commencement de toutes ces affaires : on eut par lui des nouvelles, mais le bruit ne se répandit point de ce que c'étoit. Peu de jours après, on sut que la reine d'Angleterre étoit passée en France avec le prince de Galles, sous la conduite de M. de Lauzun, et qu'ils étoient arrivés à Calais (2). On jugea que ce courrier avoit été dépêché pour apporter au Roi le projet de sa fuite, et pour savoir s'il l'approuvoit; on dit aussi que le roi d'Angleterre devoit arriver vingt-quatre heures après, mais on attendit son arrivée inutilement. Deux jours se passèrent sans que l'on dît rien du tout que le projet de sa fuite. On débitoit que les ports d'Angleterre étoient fermés; enfin il se répandit un bruit qu'il avoit été arrêté à Rochester, en se voulant sauver. Il n'avoit voulu dire

---

(1) *De Lauzun :* Antoine Nompar de Caumont, duc de Lauzun, mort en 1729, à l'âge de quatre-vingt-onze ans. Il fut fait duc en 1692. — (2) *A Calais :* La reine d'Angleterre débarqua à Calais le 21 décembre.

ni à la Reine ni à M. de Lauzun le projet de sa fuite. A l'égard de la Reine, la chose avoit été et bien projetée et bien exécutée. Le roi d'Angleterre avoit eu envie de faire sauver le prince de Galles, et l'avoit fait sortir de Londres, de peur de n'en être plus le maître. Il l'avoit confié à milord d'Ormond, qu'il avoit cru entièrement dans ses intérêts, et qui commandoit sa flotte. On conte qu'il lui ordonna de le faire sauver; que milord d'Ormond ne le voulut pas, et qu'il lui dit qu'il en seroit responsable à toute l'Angleterre; ajoutant que tout ce qu'il pouvoit faire c'étoit de lui renvoyer le prince, dont Sa Majesté feroit après ce qu'elle voudroit. Le roi d'Angleterre fut désolé de voir que tout le monde lui manquoit; car il douta que milord d'Ormond lui remît le jeune prince entre les mains, et il ne sut que le jour d'après qu'il l'avoit renvoyé. Le roi de la Grande-Bretagne avoit proposé à la Reine son épouse de partir sans le prince de Galles, mais elle n'y avoit pas voulu consentir : enfin on lui apporta la nouvelle qu'il étoit arrivé; on le laissa trois jours dans un faubourg de Londres. La Reine avec deux femmes, dont l'une étoit gouvernante du prince de Galles, appelée madame Fiden, son mari, M. de Lauzun et Saint-Victor, partirent à l'entrée de la nuit. D'abord le Roi se coucha, comme à son ordinaire, avec la Reine sa femme, et ils se relevèrent une heure après. Le Roi s'étant habillé, la fit descendre par un degré dérobé, et la remit entre les mains de M. de Lauzun, qui avoit publié depuis plusieurs jours qu'il s'en retourneroit en France, et à cet effet avoit retenu un yacht et un carrosse de louage pour les conduire. Quand il fut arrivé à son carrosse, le cocher jura qu'il ne vouloit point marcher : cependant le temps pressoit. M. de Lauzun lui donna de l'argent, qui lui fit entendre raison; mais dans le temps qu'il montoit sur son siége il vint une émeute sur ce qu'on disoit que des catholiques se sauvoient, qui les remit encore en danger d'être arrêtés; mais le cocher, qui eut peur, se dépêcha par le moyen de l'argent que lui donna encore M. de Lauzun : ainsi ils se sauvèrent de ce danger, et arrivèrent heureusement au yacht. On fit entrer le prince de Galles sans que le patron s'en aperçût; la Reine se cacha extrêmement, et remit son voyage entre les mains de Dieu. Cependant tous les périls n'étoient pas évités, car l'armée navale de Hollande croisoit dans la Manche, et le vent les pouvoit rejeter en Angleterre. Quand le yacht se mit en mer, le vent étoit excellent; mais il changea peu de temps après. La nuit venue, le vent fut si fort qu'il fallut plier toutes les voiles. Le patron ne savoit où il en étoit : il entendit du bruit, il crut être auprès de quelque port; mais peu de temps après il entendit les cloches dont on se sert pour appeler à la prière dans les vaisseaux : alors il jugea qu'il étoit au milieu de la flotte de Hollande, et jugea vrai. Le vent s'étant un peu abaissé, on mit les voiles, et le yacht arriva enfin heureusement à Calais vers les neuf heures du matin. La garde du port, qui vit arriver ce yacht, envoya avertir le gouverneur, qui étoit M. de Charost. Il envoya deux chaloupes pour reconnoître, selon la coutume.

L'affaire de M. de Charost et de M. de Lauzun a fait trop de bruit pour ne la pas rapporter ici. Quand on fut revenu de reconnoître, on vint dire à M. de Charost que c'étoit M. de Lauzun. Ils étoient amis. Le duc de Charost alla au devant de lui, et l'embrassa. M. de Lauzun le pria de lui donner un logement pour deux dames de ses amies qui s'étoient sauvées d'Angleterre avec lui. Le duc de Charost lui répondit qu'il étoit bien fâché de ne les pouvoir loger chez lui, parce que sa maison étoit toute percée, et qu'il y pleuvoit; mais qu'il lui alloit donner le meilleur logement de la ville. En même temps il pressa M. de Lauzun de lui dire qui étoient ces femmes. Celui-ci en fit quelque difficulté; enfin il lui dit que c'étoit la reine d'Angleterre, mais qu'elle ne vouloit pas être reconnue; qu'il ne falloit lui rendre ni honneur ni marque de distinction, et qu'autrement on la mettroit au désespoir. M. de Charost ne crut point M. de Lauzun, et s'en alla au devant d'elle, pour lui rendre, à ce qu'il dit, tous les honneurs qu'il put. Il lui envoya chez elle des gardes, reçut les ordres de Sa Majesté, et se retira ensuite pour en donner avis à la cour. Quand il eut dit à M. de Lauzun ce qu'il alloit faire, celui-ci lui répondit qu'il s'en donnât bien de garde, et qu'il alloit tout gâter, parce qu'elle ne vouloit pas de ces honneurs. Il se fâcha presque contre M. de Charost, qui, ne voulant pas entendre raison, dit qu'il faisoit son devoir, et que tout ce qu'il pouvoit lui accorder c'étoit de lui donner le temps d'écrire. Il fit ensuite fermer la porte de la ville, ordonna que l'on ne donnât point de chevaux de poste, et donna avis de l'arrivée de la Reine et du prince de Galles. Quand le patron du yacht vint demander permission de s'en retourner, M. de Lauzun dit encore au duc de Charost qu'il falloit absolument le retenir. M. de Charost répondit qu'il avoit ordre de ne faire aucune violence aux Anglais; que tout ce qu'il pouvoit faire seroit de l'amuser, et de lui conseiller de ne pas s'en retourner; mais qu'il ne l'arrêteroit pas autrement. Et il arriva que le patron ne voulut point adhérer aux conseils du duc.

Pendant tout le temps que la Reine demeura à Calais, M. de Charost fit servir trois tables pour elle et pour sa suite, et lui rendit toujours tous les honneurs qui étoient dus à une majesté. Cependant, après l'arrivée de M. de Lauzun, le bruit se répandit ici que M. de Charost avoit très-mal rempli son devoir à cet égard; que le service du Roi se faisoit fort mal à Calais, et que la place n'étoit pas seulement gardée : mais il s'en justifia, et à son retour il fut fort bien traité du Roi. Lorsque le courrier de M. de Charost arriva ici, ce fut une fort grande joie à la cour, où l'on attendoit avec impatience des nouvelles du roi d'Angleterre. On savoit qu'il devoit se sauver peu de temps après la Reine; mais on n'avoit point de nouvelles de son arrivée, et les ports d'Angleterre étoient fermés. Il vint un bruit que le Roi avoit été arrêté à Rochester déguisé, en se voulant sauver. Ce bruit vint sans que l'on sût par où : à celui-là succédèrent d'autres bruits, comme il arrive toujours dans les événemens extraordinaires; enfin on eut des nouvelles sûres, qui étoient que le Roi s'étant déguisé en chasseur, comme il alloit entrer dans un bateau qui le devoit conduire à des bâtimens français répandus sur la côte et cachés dans des rochers, des paysans ivres l'avoient arrêté, disant que des catholiques s'enfuyoient; et sous ce prétexte ils l'avoient conduit dans les prisons de Rochester. Il y fut reconnu, et la noblesse des environs vint l'en retirer, lui baiser la main, et lui rendre les soumissions qu'ils devoient à leur roi. Ces gentilshommes se plaignirent à Sa Majesté de ce qu'elle vouloit les abandonner. Comme l'on conduisoit le Roi à Rochester, il se souvint d'un certain milord du voisinage de cette ville, et il lui manda la peine où il étoit. Le milord lui fit réponse que Sa Majesté pouvoit se tirer d'affaire comme elle le jugeroit à propos; mais que puisqu'il ne lui étoit bon à rien, il ne l'iroit pas trouver. Le Roi fut reconduit à Londres, et logé comme à l'ordinaire dans son palais de Windsor, où ses peuples se vinrent plaindre à lui de ce qu'il les vouloit abandonner.

La reine d'Angleterre vint de Calais à Boulogne, où elle demeura quelque temps pour savoir des nouvelles de son époux. On peut croire qu'elle apprit ce qui se passoit avec un déplaisir mortel. On le lui avoit caché d'abord; mais, étant à la fenêtre, elle reconnut un des domestiques du Roi, qui s'étoit sauvé, et qui se devoit sauver avec lui. A l'égard de la cour de France, tout y étoit comme à l'ordinaire. Il y a un certain train qui ne change point : toujours les mêmes plaisirs, toujours aux mêmes heures, et toujours avec les mêmes gens. M. de Lauzun avoit écrit de Calais une lettre au Roi, où il lui avoit mandé qu'il avoit fait serment au roi d'Angleterre de ne remettre la Reine sa femme et le prince de Galles qu'entre ses mains; que comme il n'étoit pas assez heureux pour voir Sa Majesté Britannique, il le prioit de vouloir bien le dispenser de son serment, et de lui ordonner entre les mains de qui il remettroit la Reine et le prince de Galles. Le Roi fit réponse de sa main à M. de Lauzun, lui manda qu'il n'avoit qu'à revenir à la cour, envoya un lieutenant des gardes, un exempt, quarante gardes, M. le premier avec des carrosses, des maîtres d'hôtel, et ce qui étoit nécessaire pour la Reine fugitive. Le Roi dit ensuite qu'il venoit d'écrire à un homme qui avoit beaucoup vu de son écriture, et qui seroit bien aise d'en revoir encore. Cette attention du Roi pour M. de Lauzun en donna une grande aux ministres, qui ne l'aimoient pas, et les mit dans une furieuse appréhension que le goût du Roi pour M. de Lauzun ne recommençât. Sa Majesté envoya M. de Seignelay (1) à Mademoiselle, pour lui dire qu'après les services que M. de Lauzun venoit de lui rendre, il ne pouvoit s'empêcher en aucune façon de le voir (2). Mademoiselle s'emporta, et dit : « C'est donc là la reconnoissance de ce que j'ai fait « pour les enfans du Roi ! » Enfin elle fut dans une rage si épouvantable, qu'elle ne la put cacher à personne. Un des amis de M. de Lauzun fut chargé de lui présenter une lettre de sa part : elle la prit, et la jeta dans le feu en sa présence ; mais cet ami la retira, et représenta à Mademoiselle que du moins elle la devoit lire : mais Mademoiselle alla s'enfermer, et revint un moment après dans la chambre dire qu'elle l'avoit brûlée sans la lire.

(1) *De Seignelay* : Jean-Baptiste, marquis de Seignelay, fils aîné de Colbert, mort en 1690, à l'âge de trente-neuf ans. Il étoit ministre de la marine. — (2) *De le voir* : Mademoiselle avoit entièrement rompu avec le duc de Lauzun, et il paroît qu'en disposant de ses biens suivant les désirs du Roi, elle avoit demandé que Lauzun fût à jamais éloigné de la cour.

On fit alors des chevaliers du Saint-Esprit, avec le moins de cérémonies que l'on put, le Roi ayant une aversion naturelle pour tout ce qui le contraint : on les fit en deux fois, parce qu'autrement il eût fallu trop de temps. La moitié fut faite à vêpres la veille du jour de l'an, et l'on commença par les gens titrés. Le lendemain, on acheva le reste à la messe : il ne s'y passa rien de considérable. Deux jours auparavant, il y avoit eu une grande dispute entre les ducs de La Rochefoucauld et de Chevreuse. Le duc de Luynes, père du dernier, s'étoit défait de son duché en faveur de son fils, et ce duché étoit plus ancien que celui de La Rochefoucauld : par conséquent il prétendoit passer à la cérémonie. M. de La Rochefoucauld soutint qu'il n'étoit pas reçu duc de Luynes, mais seulement de Chevreuse ; qu'ainsi il ne passeroit qu'au rang de Chevreuse. Ils se disputèrent. Enfin le dernier obtint du Roi un ordre pour que le premier président le fît recevoir sans que les chambres fussent assemblées, et il fut reçu le jour même de la cérémonie. Le duché de Chevreuse fut cédé au comte de Montfort. On envoya porter l'ordre par des courriers aux gens éloignés que le Roi avoit honorés du cordon bleu. Je ne puis m'empêcher de dire ici la manière dont cet honneur fut reçu par deux personnes de différent caractère, dont l'une étoit M. de Boufflers, et l'autre le marquis d'Huxelles. Le premier le reçut en remerciant bien humblement Dieu et le Roi des grâces continuelles dont ils le combloient, et dans ses actions de grâces il cherchoit les termes de la plus profonde reconnoissance pour le Roi et pour M. de Louvois ; l'autre ne remercia que M. de Louvois, et recommanda au courrier de lui dire en même temps que si l'ordre l'empêchoit d'aller au cabaret et tels autres lieux, il le lui renverroit. Je dois ajouter ici que ces deux hommes, de caractère si différent, sont tous deux très-honnêtes gens. Voilà une petite digression un peu burlesque.

M. de Lauzun, après avoir reçu du Roi la permission de le saluer, vint à la cour. Dans les transports d'une joie extraordinaire, il jeta ses gants et son chapeau aux pieds du Roi, et tenta toutes les choses qu'il avoit autrefois mises en usage pour lui plaire. Le Roi fit semblant de s'en moquer. Quand Lauzun eut vu le Roi, il s'en retourna trouver la reine d'Angleterre, qui venoit se rendre à la cour, n'ayant point de nouvelles de son époux. On dit d'abord qu'on la logeroit à Vincennes; mais le Roi jugea plus à propos de lui donner Saint-Germain. Pendant qu'elle étoit en chemin, la nouvelle arriva que le prince d'Orange avoit fait arrêter le roi d'Angleterre. L'exemple de la mort tragique de Charles I, son père, fit trembler pour lui; mais le soir même le Roi dit, en s'en allant à son appartement, qu'il avoit des nouvelles que ce prince étoit en sûreté. Un valet de garde-robe français, que Sa Majesté Britannique avoit depuis long-temps, l'avoit vu s'embarquer proche de Rochester. De là ce prince étoit venu repasser à Douvres, et ensuite avoit passé à Ambleteuse, petit port auprès de Boulogne. Le valet de chambre étoit venu devant, et avoit rapporté qu'il avoit entendu tirer le canon à Calais; qu'apparemment c'étoit son maître qui y arrivoit. Toute la soirée se passa, sans que l'on fût étonné de n'avoir point d'autres nouvelles de l'arrivée du roi d'Angleterre; mais le lendemain on fut au lever fort consterné, quand on vit qu'il n'y en avoit point encore. On trouvoit que la nuit étoit trop longue pour que si le canon que l'on avoit entendu tirer à Calais eût été pour lui, le courrier n'en fût pas arrivé. On commença à raconter le matin que milord Feversham, frère de M. de Duras, avoit été arrêté par le prince d'Orange, comme il venoit lui parler de la part du roi d'Angleterre; que le prince d'Orange avoit mandé au roi d'Angleterre qu'il falloit qu'il sortît de Windsor, parce que tant qu'il y seroit on ne pouvoit pas travailler aux choses nécessaires pour le bien de l'Etat. Le Roi en fit quelque difficulté; mais peu de momens après le prince d'Orange lui renvoya dire qu'il le falloit, et qu'il se retirât à Hampton-Court, qui est une maison des rois d'Angleterre. Le Roi manda qu'il n'y pouvoit pas aller, parce qu'il n'y avoit aucun meuble; mais que s'il le lui permettoit, et qu'il le jugeât à propos, il iroit à Rochester. Le prince d'Orange y consentit, et lui manda en même temps que pour sa sûreté il lui donneroit quarante de ses gardes pour l'y conduire. Il fallut en passer par où le prince d'Orange voulut, et le Roi sortit ainsi en peu de momens de Windsor. Sa Majesté Britannique fut gardée très-étroitement. Le premier jour, le prince d'Orange lui avoit donné presque tous gardes catholiques, et un officier : ils entendirent la messe avec lui. Quand le Roi fut à Rochester, on le garda moins. Il y avoit des portes de derrière à son palais; un domestique qui étoit au Roi lui fit trouver des chevaux, dont il se servit. Il partit à l'entrée de la nuit, et se rendit à un endroit où l'attendoit un petit bateau pour le conduire à un plus grand bâtiment. En arrivant à la petite barque, il y trouva des paysans ivres, qui l'obligèrent de boire à la santé du prince d'Orange. Sa Majesté leur donna de l'argent pour y boire encore. On comptoit aussi toutes les particularités qu'avoit dites le valet de garde-robe le matin, et chacun raisonnoit selon sa portée. Les uns croyoient que le prince d'Orange lui avoit fourni les moyens de s'embarquer, afin de le faire ensuite jeter dans la mer; les autres, afin de le faire transporter en Zélande, où il le retiendroit prisonnier; enfin chacun donnoit pour bon ce qui lui passoit par la tête. Le Roi étoit triste, les ministres fort embarrassés.

[1689] Le Roi étoit à la messe, n'attendant plus que des nouvelles de la mort du roi d'Angleterre, quand M. de Louvois y entra pour dire à Sa Majesté que M. d'Aumont venoit de lui envoyer un courrier qui lui annonçoit l'arrivée du roi d'Angleterre à Ambleteuse. La joie fut extrême à la cour, et égale entre les gens de qualité et les domestiques. On dépêcha aussitôt un courrier à la reine d'Angleterre, qui étoit en chemin. M. le grand (1) étoit parti dès le matin pour aller la recevoir à Beaumont. Pour le roi d'Angleterre, à ce que conta le courrier, il étoit dans un très-petit bâtiment, où il avoit quelques gens armés avec lui, et quelques grenadiers. Il aperçut de loin un vaisseau plus gros que le sien; il donna ses ordres pour se défendre en cas qu'il fût attaqué; mais quand ils s'approchèrent il reconnut que c'étoit un vaisseau français. La joie fut grande de part et d'autre. Il se mit dans ce vaisseau, et arriva fort heureusement, mais pourtant

---

(1) *M. le grand*: Louis de Lorraine, comte d'Armagnac, de Charny, de Brionne, vicomte de Marsan, grand écuyer de France. En 1660, il avoit épousé Catherine de Neuville-Villeroy, fille du maréchal de Villeroy. Il mourut en 1718.

très-fatigué, car il y avoit bien du temps que ses nuits n'étoient pas bonnes.

Le Roi alla de Versailles à Chatou au devant de la reine d'Angleterre et du prince de Galles. Il y attendit, avec une fort grosse cour à sa suite, cette reine, qui arriva un moment après. Elle fut reçue parfaitement bien. Sa Majesté Britannique parla avec tout l'esprit et toute la politesse que l'on peut avoir, plus même que les femmes ordinaires n'en peuvent conserver dans des malheurs aussi grands qu'étoient les siens. Le Roi la conduisit à Saint-Germain, et fit ce qu'il put pour adoucir ses peines, qui étoient extrêmement diminuées par la joie d'avoir appris que le Roi son époux étoit en France, et en bonne santé. Après cela le Roi s'en retourna à Versailles, et envoya le lendemain chez la Reine une toilette magnifique, avec tout ce qu'il lui falloit pour l'habiller, et ce qui étoit nécessaire pour le prince de Galles; le tout travaillé sur le modèle de ce que l'on avoit fait pour M. de Bourgogne. Avec cela l'on mit une bourse de six mille pistoles sur la toilette de la Reine : on lui en avoit déjà donné quatre mille à Boulogne. Le lendemain, jour que le roi d'Angleterre arrivoit, le Roi l'alla attendre à Saint-Germain (1), dans l'appartement de la Reine. Sa Majesté y fut une demi-heure ou trois quarts-d'heure avant qu'il arrivât. Comme il étoit dans la garenne, on le vint dire à Sa Majesté, et puis on vint avertir quand il arriva dans le château. Pour lors Sa Majesté quitta la reine d'Angleterre, et alla à la porte de la salle des gardes au devant de lui. Les deux Rois s'embrassèrent fort ten-

(1) *A Saint-Germain* : Le roi Jacques II arriva dans cette ville le 7 janvier 1689.

drement, avec cette différence que celui d'Angleterre, y conservant l'humilité d'une personne malheureuse, se baissa presque aux genoux du Roi. Après cette première embrassade, au milieu de la salle des gardes, ils se reprirent encore d'amitié ; et puis, en se tenant la main serrée, le Roi le conduisit à la Reine, qui étoit dans son lit. Le roi d'Angleterre n'embrassa point sa femme, apparemment par respect.

Quand la conversation eut duré un quart-d'heure, le Roi mena le roi d'Angleterre à l'appartement du prince de Galles. La figure du roi d'Angleterre n'avoit pas imposé aux courtisans : ses discours firent encore moins d'effet que sa figure. Il conta au Roi, dans la chambre du prince de Galles, où il y avoit quelques courtisans, le plus gros des choses qui lui étoient arrivées ; et il les conta si mal, que les courtisans ne voulurent point se souvenir qu'il étoit Anglais, que par conséquent il parloit fort mal français, outre qu'il bégayoit un peu, qu'il étoit fatigué, et qu'il n'est pas extraordinaire qu'un malheur aussi considérable que celui où il étoit diminuât une éloquence beaucoup plus parfaite que la sienne.

Après être sortis de chez le prince de Galles, les deux Rois s'en revinrent chez la Reine. Sa Majesté y laissa celui d'Angleterre, et s'en revint à Versailles. Presque tous les honnêtes gens furent attendris à l'entrevue de ces deux grands princes. Le lendemain au matin, le roi d'Angleterre eut à son lever tout ce qui lui étoit nécessaire, et dix mille pistoles sur sa toilette. L'après-dînée, ce prince vint à Versailles voir le Roi, qui fut le recevoir à l'entrée de la salle des gardes, et le mena dans son petit appartement. Ensuite il fut voir madame la Dauphine, Monseigneur, Monsieur et Madame. Il demeura très-long-temps avec le Roi. Monseigneur et Monsieur furent rendre la visite à Saint-Germain. Il y eut de grandes contestations pour les cérémonies (1) : le Roi voulut que le roi d'Angleterre traitât Monseigneur d'égal, et le roi d'Angleterre y consentit, pourvu que le Roi traitât le prince de Galles de même. Enfin il fut décidé que le Dauphin n'auroit qu'un siége pliant devant le roi d'Angleterre, mais qu'il auroit un fauteuil devant la Reine. Les princes du sang avoient aussi leurs prétentions, disant que comme ils n'étoient pas sujets du roi d'Angleterre, ils devoient avoir aussi d'autres traitemens. A la fin tout cela se passa fort bien ; mais quand il fut question des femmes, cela ne fut pas si aisé. Les princesses du sang furent trois ou quatre jours sans aller chez Sa Majesté d'Angleterre, et quand elles y furent les duchesses ne les suivirent pas. Celles-ci prétendirent avoir les deux traitemens, celui de France, qui est de s'asseoir devant leur souveraine, et celui d'Angleterre, qui est de la baiser. La reine d'Angleterre, qui, quoique glorieuse, ne laisse pas d'être fort raisonnable, dit au Roi qu'il n'avoit qu'à ordonner; qu'elle feroit tout ce qu'il voudroit, et qu'elle le prioit de choisir lui-même le cérémonial qu'elle observeroit.

---

(1) *Les cérémonies :* « Il y avoit encore quelques difficultés à régler
« sur le cérémonial, sur la manière dont les princes seroient traités par
« Leurs Majestés Britanniques; mais le Roi veut qu'on rende plus de
« respect encore au roi d'Angleterre malheureux, que s'il étoit encore
« dans la prospérité. Le Roi a réglé ce qu'il donnera au roi d'Angleterre
« pour sa dépense : il lui donnera cinquante mille écus pour se mettre
« en équipage, et cinquante mille francs par mois. Le roi d'Angleterre
« n'en vouloit que la moitié. » (Mémoires de Dangeau.)

Enfin il fut décidé que les duchesses s'en tiendroient à celui de France. Quand la reine d'Angleterre vint à Versailles, la magnificence l'en surprit, et surtout la grande galerie, qui sans contredit est la plus belle chose de l'univers en son genre : aussi la loua-t-elle extrêmement, mais dans les termes qui convenoient, et qui pouvoient faire plaisir au Roi. Elle fit les mêmes visites qu'avoit faites le Roi son époux, et s'en retourna à Saint-Germain avec de très-grands applaudissemens.

Pendant ce temps-là il arrivoit toujours des troupes du côté du Rhin : les contributions diminuoient, et il falloit abandonner les villes où nous nous étions étendus. On commença par Heilbronn et par le pays de Wurtemberg. On le pilla bien auparavant; mais dans le temps que l'on sortit d'Heilbronn par une porte, les ennemis, qui y entroient par l'autre, donnèrent sur une petite arrière-garde, tuèrent des malades que l'on avoit laissés dans la ville, et que l'on n'avoit pas encore pu retirer. Toutes les troupes qui étoient de ce côté-là se retirèrent à Pforzheim, et celles qui étoient un peu plus avancées de l'autre côté se retirèrent à Heidelberg. On y rassembla une forte garnison : celle de Manheim fut aussi renforcée. La précipitation avec laquelle il fallut quitter tout cela ne fit honneur ni à la France ni à ses troupes, ni aux généraux qui avoient eu la conduite de cette retraite. On en donna le tort au comte de Tessé, et entre autres choses on trouva mauvais qu'un homme qui a servi ne sût pas que quand on se retire d'une place on en ferme les portes, hors celles par où l'on sort.

Le roi d'Angleterre étoit à Saint-Germain, recevant les respects de toute la France : les ministres y furent des premiers; l'archevêque de Reims, frère de M. de Louvois, le voyant sortir de la messe, dit avec un ton ironique : « Voilà un fort bon homme; il a quitté trois « royaumes pour une messe. » Belle réflexion dans la bouche d'un archevêque! On régla pour la maison du roi d'Angleterre six cent mille francs, et pendant le premier mois il eut toujours les officiers du Roi pour le servir. Tous les jours il arrivoit beaucoup de cordons bleus anglais. Le Roi voulut lever deux régimens de deux mille hommes chacun, qu'il donna aux deux enfans du roi d'Angleterre.

Malgré les fâcheuses circonstances de son état, Sa Majesté Britannique ne laissoit pas d'aller courageusement à la chasse avec Monseigneur, et piquoit comme eût pu faire un homme de vingt ans, qui n'a d'autre souci que celui de se divertir. Cependant ses affaires alloient fort mal, car le prince d'Orange avoit été reçu du peuple de Londres avec de très-grandes acclamations : presque tous les grands étoient pour lui. Il n'étoit question que de trouver la manière d'assembler un nouveau parlement; car le Roi, qui, un peu avant que de quitter son royaume, avoit convoqué le parlement, l'avoit cassé en partant, et avoit jeté les sceaux du royaume dans la mer. On rit beaucoup en France en songeant à cet expédient que Sa Majesté Britannique avoit trouvé; et cependant cela ne laissoit pas de faire quelque embarras en Angleterre, à cause de leurs lois. A la vérité l'embarras fut bientôt levé. On apprit ici que tout se disposoit à faire une élection du prince d'Orange à la royauté (1), bien qu'on ne laissât

(1) *A la royauté* : Le trône d'Angleterre fut déclaré vacant; le prince d'Orange fut proclamé roi le 17 février, et couronné le 21 avril suivant.

pas de proposer d'autres milieux ; mais ils ne convenoient pas au prince, qui vouloit être roi, quoi qu'il en pût être. L'Irlande tenoit toujours ferme pour son premier roi : seulement il y eut un petit parti de protestans irlandais qui s'éleva contre ; mais il fut abattu en très-peu de temps par Tirconel, qui étoit vice-roi d'Irlande, et avoit amassé beaucoup de milices, généralement mal disciplinées, sans armes et sans munitions. Cela ne témoignoit que de la bonne volonté. Tirconel pria le Roi de passer en Irlande, et l'assura que ce voyage lui seroit très-avantageux. Le Roi fut quelque temps à se résoudre ; et pendant ce temps-là l'on envoya un homme de confiance, nommé Pointis, capitaine de vaisseau, pour rendre compte de l'état où il avoit trouvé tout, et pour prendre des mesures plus justes.

Plus les Français voyoient le roi d'Angleterre, moins on le plaignoit de la perte de son royaume. Ce prince n'étoit obsédé que des jésuites. Il vint faire un voyage à Paris : d'abord il alla descendre aux grands jésuites, causa très-long-temps avec eux, et se les fit tous présenter. La conversation finit par dire qu'il étoit de leur société : cela parut d'un très-mauvais goût. Ensuite il alla dîner chez M. de Lauzun. On faisoit presque tous les quinze jours un voyage à Marly, de quatre ou cinq jours. C'est, comme on sait, une maison entre Saint-Germain et Versailles, que le Roi aime fort, et où il va faire de petits voyages, afin d'être moins obsédé de la foule des courtisans. Le roi et la reine d'Angleterre y furent. On représentoit à Trianon, qui est une autre maison que le Roi a fait bâtir à un bout du canal, un petit opéra sur le retour du Dauphin. La princesse de Conti, madame la duchesse (1) et madame de Blois (2) y dansoient, et en étoient assurément le principal ornement; car du reste les vers en étoient très-mauvais, et la musique des plus médiocres. Sa Majesté pria le roi et la reine d'Angleterre d'y venir, et leur donna ce plaisir.

Madame de Maintenon, qui est fondatrice de Saint-Cyr (3), toujours occupée du dessein d'amuser le Roi, y fait souvent faire quelque chose de nouveau à toutes les petites filles qu'on élève dans cette maison, dont on peut dire que c'est un établissement digne de la grandeur du Roi, et de l'esprit de celle qui l'a inventé et qui le conduit : mais quelquefois les choses les mieux instituées dégénèrent considérablement; et cet endroit, qui, maintenant que nous sommes dévots, est le séjour de la vertu et de la piété, pourra quelque jour, sans percer dans un profond avenir, être celui de la débauche et de l'impiété. Car de songer que trois cents jeunes filles qui y demeurent jusqu'à vingt ans, et qui ont à leur porte une cour remplie de gens éveillés, surtout quand l'autorité du Roi n'y sera plus mêlée; de croire, dis-je, que de jeunes filles et de jeunes hommes soient si près les uns des autres sans sauter les murailles, cela n'est presque pas rai-

---

(1) *Madame la duchesse* : Mademoiselle de Nantes, fille naturelle et légitimée de Louis XIV et de madame de Montespan. Elle avoit épousé Louis III, duc de Bourbon-Condé, connu sous le nom de *M. le duc.* — (2) *Madame de Blois* : Autre fille naturelle de Louis XIV. — (3) *Saint-Cyr* : Les bâtimens destinés à la communauté de Saint-Cyr furent exécutés sur les dessins de Mansard, et terminés en 1686. Ils étoient destinés à recevoir deux cent cinquante jeunes demoiselles nobles, filles d'anciens militaires; on les y élevoit aux frais du Roi, qui avoit assigné quarante mille écus de rente à la communauté.

sonnable. Mais revenons à ce que je disois : madame de Maintenon, pour divertir ses petites filles et le Roi, fit faire une comédie par Racine, le meilleur poëte du temps, que l'on a tiré de sa poésie, où il étoit inimitable, pour en faire, à son malheur et celui de ceux qui ont le goût du théâtre, un historien très-imitable. Elle ordonna au poëte de faire une comédie, mais de choisir un sujet pieux; car, à l'heure qu'il est, hors de la piété point de salut à la cour, aussi bien que dans l'autre monde. Racine choisit l'histoire d'Esther et d'Assuérus, et fit des paroles pour la musique. Comme il est aussi bon acteur qu'auteur, il instruisit les petites filles. La musique étoit bonne; on fit un joli théâtre et des changemens. Tout cela composa un petit divertissement fort agréable pour les petites filles de madame de Maintenon : mais comme le prix des choses dépend ordinairement des personnes qui les font ou qui les font faire, la place qu'occupe madame de Maintenon fit dire à tous les gens qu'elle y mena que jamais il n'y avoit rien eu de plus charmant; que la comédie étoit supérieure à tout ce qui s'étoit jamais fait en ce genre-là; et que les actrices, même celles qui étoient transformées en acteurs, jetoient de la poudre aux yeux de la Champmêlé (1), de la Raisin, de Baron et des Montfleury. Le moyen de résister à tant de louanges!

(1) *La Champmêlé*. « On a représenté à Saint-Cyr la comédie d'*Es-*
« *ther* : le Roi l'a trouvée admirable, M. le prince y a pleuré. Racine
« n'a rien fait de plus beau ni de plus touchant : il y a une prière d'Es-
« ther à Assuérus qui enlève. J'étois en peine qu'une petite demoiselle
« représentât ce roi : on dit que cela est fort bien. Madame de Caylus
« fait Esther, et fait mieux que la Champmêlé. » (Lettre de madame
de Sévigné à sa fille, 18 janvier 1689.) Lorsque cette pièce fut imprimée, madame de Sévigné écrivoit à sa fille, le 9 mars 1689 : « Vous avez

Madame de Maintenon étoit flattée de l'invention et de l'exécution. La comédie représentoit, en quelque sorte, la chute de madame de Montespan et l'élévation de madame de Maintenon : toute la différence fut qu'Esther étoit un peu plus jeune, et moins précieuse en fait de piété. L'application qu'on lui faisoit du caractère d'Esther, et de celui de Vasthi à madame de Montespan, fit qu'elle ne fut pas fâchée de rendre public un divertissement qui n'avoit été fait que pour la communauté, et pour quelques-unes de ses amies particulières. Le Roi en revint charmé ; les applaudissemens que Sa Majesté donna augmentèrent encore ceux du public : enfin l'on y porta un degré de chaleur qui ne se comprend pas, car il n'y eut ni petit ni grand qui n'y voulût aller ; et ce qui devoit être regardé comme une comédie de couvent devint l'affaire la plus sérieuse de la cour. Les ministres, pour faire leur cour en allant à cette comédie, quittoient leurs affaires les plus pressées. A la première représentation où fut le Roi, il n'y mena que les principaux officiers qui le suivent quand il va à la chasse. La seconde fut consacrée aux personnes pieuses, telles

« *Esther*; l'impression a produit son effet ordinaire. Vous savez que
« M. de La Feuillade dit que c'est une requête civile contre l'approbation
« publique : vous en jugerez. » Et le 21 du même mois elle ajoutoit :
« Vous dites des merveilles sur *Esther*; il est fort vrai qu'il falloit des
« personnes innocentes pour chanter les malheurs de Sion : la Champ-
« mêlé vous auroit fait mal au cœur. C'est cette convenance qui char-
« moit dans cette pièce. Racine aura peine à faire jamais quelque chose
« d'aussi agréable, car il n'y a plus d'histoire comme celle-là ; c'étoit un
« hasard et un assortiment de toutes choses qui ne se retrouvera peut-
« être jamais : car Judith, Booz et Ruth, et les autres dont je ne me
« souviens pas, ne sauroient rien faire de si beau. Racine a pourtant
« bien de l'esprit : il faut l'espérer. »

que le père de La Chaise et douze ou quinze jésuites, auxquels se joignit madame de Miramion, et beaucoup d'autres dévots et dévotes. Ensuite cela se répandit aux courtisans (1). Le Roi crut que ce divertis-

(1) *Aux courtisans* : Madame de Sévigné, qui avoit assisté à une des représentations d'*Esther*, écrivoit à sa fille, le 21 février 1689 : « Je fis « ma cour l'autre jour à Saint-Cyr plus agréablement que je n'eusse ja- « mais pensé. Nous y allâmes samedi, madame de Coulanges, madame « de Bagnols, l'abbé Têtu et moi. Nous trouvâmes nos places gardées ; « un officier dit à madame de Coulanges que madame de Maintenon lui « faisoit garder un siége auprès d'elle : vous voyez quel honneur ! *Pour* « *vous, madame*, me dit-il, *vous pouvez choisir*. Je me mis avec ma- « dame de Bagnols au deuxième banc derrière les duchesses. Le maré- « chal de Bellefond vint se mettre par choix à mon côté droit, et de- « vant c'étoient mesdames d'Auvergne, de Coislin et de Sully. Nous « écoutâmes, le maréchal et moi, cette tragédie avec une attention qui « fut remarquée, et de certaines louanges sourdes bien placées. Je ne « puis vous dire l'excès de l'agrément de cette pièce : c'est une chose « qui n'est pas aisée à représenter, et qui ne sera jamais imitée ; c'est « un rapport de la musique, des vers, des chants, des personnes, si « parfait et si complet, qu'on n'y souhaite rien. Les filles qui font des « rois et des personnages sont faites exprès ; on est attentif, et on n'a « point d'autre peine que celle de voir finir une si aimable tragédie : « tout y est simple, tout y est innocent, tout y est sublime et touchant. « Cette fidélité de l'histoire sainte donne du respect ; tous les chants « convenables aux paroles, qui sont tirées des Psaumes ou de la Sa- « gesse, et mis dans le sujet, sont d'une beauté singulière : la mesure « de l'approbation qu'on donne à cette pièce, c'est celle du goût et de « l'attention. J'en fus charmée, et le maréchal aussi, qui sortit de sa « place pour aller dire au Roi combien il étoit content, et qu'il étoit « auprès d'une dame qui étoit bien digne d'avoir vu *Esther*. Le Roi vint « vers nos places ; et après avoir tourné il s'adressa à moi, et me dit : « *Madame, je suis assuré que vous avez été contente.* Moi, sans m'é- « tonner, je répondis : *Sire, je suis charmée ; ce que je sens est au- « delà des paroles.* Le Roi me dit : *Racine a bien de l'esprit.* Je lui dis : « *Sire, il en a beaucoup ; mais en vérité ces jeunes personnes en ont « beaucoup aussi : elles entrent dans le sujet comme si elles n'avoient « jamais fait autre chose.* — *Ah ! pour cela*, reprit-il, *il est vrai*. Et « puis Sa Majesté s'en alla, et me laissa l'objet de l'envie. Comme il n'y

sement seroit du goût du roi d'Angleterre : il l'y mena, et la Reine aussi. Il est impossible de ne point donner de louanges à la maison de Saint-Cyr et à l'établissement : ainsi ils ne s'y épargnèrent pas, et y mêlèrent celles de la comédie. Tout le monde crut toujours que cette comédie étoit allégorique; qu'Assuérus étoit le Roi; que Vasthi, qui étoit la femme concubine détrônée, paroissoit pour madame de Montespan; Esther tomboit sur madame de Maintenon; Aman représentoit M. de Louvois, mais il n'y étoit pas bien peint, et apparemment Racine n'avoit pas voulu le marquer.

La chasse, le billard, et la comédie de Saint-Cyr, partageoient les plaisirs innocens du Roi. Il alloit à Marly tous les quinze jours, et jouoit aux portiques, qui est un jeu de nouvelle introduction, où il n'y a pas plus de finesse qu'à croix et pile. Le Roi y étoit pourtant très-vif. Monseigneur donnoit un peu plus dans les plaisirs de la jeunesse, car il fut trois ou quatre fois au bal. Monseigneur en donna un; M. de La Feuillade (1) en fit un autre, d'une magnificence qui approchoit de la profusion. Monseigneur avoit fait une partie avec la princesse de Conti d'y aller; le Roi ne l'approuva pas, disant que jamais on n'alloit à ces sortes d'endroits qu'il n'y eût quelque conte désagréable, et que les femmes d'un certain air n'y devoient pas aller.

« avoit que moi de nouvelle venue, le Roi eut quelque plaisir de voir
« mes sincères admirations sans bruit et sans éclat. M. le prince et ma-
« dame la princesse vinrent me dire un mot; madame de Maintenon un
« éclair; elle s'en alloit avec le Roi. Je répondis à tout, car j'étois en
« fortune. »

(1) *De La Feuillade* : François d'Aubusson, duc de La Feuillade, maréchal de France. Il avoit succédé au maréchal de Gramont dans la charge de colonel des gardes françaises.

Cela fit que la princesse, qui aime bien les plaisirs, s'en priva à son grand regret.

A Versailles il y en eut aussi : Monseigneur donna le sien au public; M. le duc et M. le prince de Conti en donnèrent aussi à Monseigneur. Il n'y eut point d'aventure remarquable : madame la comtesse Du Roure s'y trouva; mais Monseigneur est un amant si peu dangereux, que l'on ne parla pas seulement de lui. Il n'y a que madame la Dauphine, qui se défie de la force de ses charmes, qui croie qu'il y ait autre chose que les lorgneries qu'elle lui voit : ainsi la pauvre princesse ne voit que le pire pour elle, et ne prend aucune part aux plaisirs. Elle a une fort mauvaise santé et une humeur triste, qui, jointes au peu de considération qu'elle a, lui ôtent le plaisir qu'une autre que la princesse de Bavière sentiroit de toucher presque à la première place du monde. Le goût de Monseigneur aux bals est de changer souvent d'habit, par le seul plaisir de n'être pas reconnu, et de parler à des personnes indifférentes. Les bals de la cour étoient si tristes, qu'ils ne commençoient qu'à près de minuit, et ils étoient toujours finis avant deux heures. La princesse de Conti ne s'y masquoit que pour un moment. Elle a des yeux qui la font reconnoître de tout le monde; et ces yeux-là, quelque beaux qu'ils soient, s'ils lui donnoient le plaisir de les entendre admirer, faisoient éloigner les personnes qui l'auroient pu amuser, par la peur d'avoir le lendemain une affaire auprès du Roi. Ainsi la pauvre princesse n'y prenoit guère de plaisir, et Monseigneur étoit assurément celui qui s'y attachoit le plus, sans prendre d'autre plaisir que celui du bal.

Les plaisirs n'étoient pas assez grands pour empêcher que l'on n'eût beaucoup d'attention aux affaires de la guerre. Vers ce temps-là M. de Bavière vint sur le Rhin, à l'heure que l'on s'y attendoit le moins, pour reconnoître un peu le pays où il devoit faire la guerre l'été, et pour se montrer à ses troupes. Il vint se faire tirer du canon à toutes les places que nous tenions, et s'avança avec beaucoup d'escadrons à la portée d'Heidelberg. Il se retira après s'être montré, et laissa un poste retranché à un quart de lieue de la ville : mais il n'y demeura pas long-temps; car Melac, qui est un vieux officier de cavalerie, sortit sur lui avec de la cavalerie, des dragons, et des grenadiers en croupe. On entra très-vigoureusement dans le retranchement, et on tua beaucoup d'ennemis : ce fut une assez jolie action.

Le maréchal de Lorges (1) partit dans ce temps-là pour s'en aller commander en Guienne, et le maréchal d'Estrées pour s'en aller commander sur les côtes de Bretagne. On fit marcher des troupes de tous ces côtés-là, parce qu'on avoit une très-grande appréhension que les Anglais, joints aux Hollandais, ne fissent des descentes; et cela étoit sûr, pour peu que les affaires d'Angleterre allassent au gré du prince d'Orange.

Vers les derniers temps du carnaval, lorsque les beaux jours commençoient, le Roi voulut faire voir son jardin et toutes ses fontaines au roi d'Angleterre avant son départ; car le passage de ce prince en Ir-

(1) *De Lorges* : Guise-Alphonse Durfort, duc de Lorges, maréchal de France. Il étoit fils d'Elisabeth de La Tour de Bouillon, sœur de Turenne.

lande commençoit à être certain. On avoit déjà nommé les officiers qui y devoient passer avec lui; et comme charité bien ordonnée commence par soi-même, ceux que l'on nomma étoient d'une habileté très-médiocre. On retira beaucoup de vieux officiers, de qui l'on croyoit que l'âge avoit diminué la force et le courage, des postes où ils étoient, pour en mettre de plus jeunes, en cas que les places fussent attaquées; et on les fournit généralement de ce qui étoit nécessaire. Calais entre autres fut celle pour laquelle on eut plus de peur : aussi y fit-on travailler très-vigoureusement, et l'on y mit deux ou trois commandans pour se succéder les uns aux autres, en cas qu'il y arrivât quelque chose. Il sembloit enfin que tout le monde attendoit avec une grande impatience de savoir sa destinée.

Mais sur quoi l'on étoit encore plus impatient, c'étoit sur les pensions, qui ne se payoient point du tout. La plupart des officiers n'avoient pourtant que cet argent de sûr et de solide. Cela faisoit appréhender la continuation de la guerre, quoique d'abord on l'eût souhaitée démesurément; car il paroissoit certain que puisque après dix ans de paix, ou peu s'en falloit, et le Roi jouissant d'un aussi grand revenu, on ne trouvoit pas un sou dans ses coffres, deux ans de guerre mettroient un tel désordre dans les finances, que l'on seroit obligé de prendre le bien de tout le monde. Pour trouver de l'argent, on commença par créer deux charges de trésorier de l'épargne : on obligea Bremont et Brunet, qui étoient les financiers les plus à leur aise, de prendre ces charges. C'étoit une taxe fort honnête : il leur en coûtoit à chacun sept cent mille livres. Ensuite on créa six nouvelles charges de maître des requêtes, que l'on vendit deux cent mille francs chacune. On rechercha les partisans, dont on tira beaucoup d'argent. M. Betan fut un des plus recherchés, et il paya quatre cent mille francs. Les villes firent des présens considérables au Roi : celle de Toulouse commença, et lui donna cent mille écus; celle de Paris suivit son exemple peu de temps après, elle donna quatre cent mille francs; et puis celle de Rouen donna aussi cent mille écus. Le Roi reçut ceux qui lui venoient porter la parole de ces présens avec une douceur et une humanité qui les payoient assez de leur argent.

On avoit averti, il y avoit déjà quelque temps, le maréchal de Duras qu'il falloit qu'il songeât à partir. Les ennemis se remuoient beaucoup sur le Rhin : il y en arrivoit tous les jours, et l'on étoit dans de grandes appréhensions à la cour que la paix de l'Empire ne se fît avec le Turc, et que tous les efforts ne tombassent de ce côté-là. Le maréchal sut profiter de l'occasion : il remplissoit la plus grande place de l'Etat, et il n'avoit jamais roulé sur M. le prince et sur M. de Turenne d'aussi grandes affaires qu'il en alloit rouler sur lui. De plus, il souhaitoit passionnément l'établissement de sa famille avant sa mort, sans quoi son fils demeuroit un très-médiocre gentilhomme de quinze mille livres de rente au plus. Mademoiselle de La Marck(1), qui étoit le plus grand parti de France, étoit déjà trop âgée pour une fille, car elle avoit passé trente ans; mais l'incertitude de sa mère en étoit cause. Il y avoit eu des propositions très-avancées; entre autres son

(1) *De La Marck* : Louise-Madeleine Echallard de La Marck, comtesse de Brienne, baronne de Serignan, morte en 1717.

mariage avoit presque été fait l'année précédente avec le duc d'Estrées. Rien n'étoit plus sortable, et cependant cela fut rompu tout d'un coup. Tout nouvellement son mariage avoit presque été conclu avec le comte de Brionne, fils aîné de M. le grand, que la naissance et les établissemens de son père rendoient le parti de France le plus considérable. L'affaire avoit été si avancée, que les deux partis l'avoient publiée faite; mais cela s'étoit rompu, et même avec beaucoup d'aigreur des deux côtés. On proposa donc au maréchal de Duras de faire épouser mademoiselle de La Marck à son fils (1), s'il pouvoit avoir le duché passé au parlement. Il se servit de la conjoncture; il obtint du Roi le duché à cause du mariage, et la fille à cause du duché. Ainsi, quelque disproportion d'âge qu'il y eût (car le fils de M. de Duras n'avoit que dix-sept ans), le mariage se fit, au grand contentement du maréchal de Duras de voir son fils si bien établi; et à celui de la fille d'être mariée, et d'avoir pour mari un aussi joli garçon que le petit Duras: c'étoit de tous les jeunes gens le plus joli et le mieux fait.

Vers la fin du carnaval (il n'en restoit plus que trois jours, qui étoient destinés à passer en cérémonie, c'est-à-dire un jour un grand souper dans l'appartement du Roi, et le mardi-gras un grand bal en masque dans le grand appartement), l'on apprit la mort de la reine d'Espagne, fille de Monsieur (2). Toute la cour

---

(1) *Son fils :* Henri de Durfort, depuis duc de Duras. — (2) *Fille de Monsieur :* Marie-Louise d'Orléans, fille de Monsieur et d'Henriette d'Angleterre, sa première femme. Elle avoit épousé Charles II, roi d'Espagne, et mourut le 12 février 1689.

en fut affligée, et cela retrancha les plaisirs sérieux dont je viens de parler. La nouvelle en vint le soir assez tard. M. de Louvois, qui est toujours mieux informé de tout que M. de Croissy, quoique celui-ci ait les affaires étrangères, vint l'apprendre au Roi une demi-heure avant que M. de Croissy eût reçu son courrier. Le Roi n'en voulut rien dire à Monsieur le soir, et ne le dit à personne ; mais le lendemain à son lever il le dit tout haut, et quand il fut habillé il se transporta à l'appartement de Monsieur, le fit éveiller, et lui apprit cette triste nouvelle. Monsieur en fut affligé autant qu'il est capable de l'être. Dans le premier mouvement ce furent des transports, et quatre ou cinq jours après tout fut calme. Monsieur l'aimoit naturellement ; mais il étoit encore plus flatté de voir sa fille reine, et d'un aussi grand royaume que l'Espagne. A la vérité la manière dont elle mourut ajoutoit quelque chose à la douleur de Monsieur, car elle mourut empoisonnée. Elle en avoit toujours eu du soupçon, et le mandoit presque tous les ordinaires à Monsieur. Enfin Monsieur lui avoit envoyé du contre-poison, qui arriva le lendemain de sa mort. Le roi d'Espagne aimoit passionnément la Reine ; mais elle avoit conservé pour sa patrie un amour trop violent pour une personne d'esprit. Le conseil d'Espagne, qui voyoit qu'elle gouvernoit son mari, et qu'apparemment si elle ne le mettoit pas dans les intérêts de la France tout au moins l'empêcheroit-elle d'être dans des intérêts contraires ; ce conseil, dis-je, ne pouvant souffrir cet empire, prévint par le poison l'alliance qui paroissoit devoir se faire. La Reine fut empoisonnée, à ce que l'on a jugé, par une tasse de chocolat. Quand on vint dire à l'ambassadeur (1) qu'elle étoit malade, il se transporta au palais; mais on lui dit que ce n'étoit pas la coutume que les ambassadeurs vissent les reines au lit. Il fallut qu'il se retirât, et le lendemain on l'envoya querir dans le temps qu'elle commençoit à n'en pouvoir plus. La Reine pria l'ambassadeur d'assurer Monsieur qu'elle ne songeoit qu'à lui en mourant, et lui redit une infinité de fois qu'elle mouroit de sa mort naturelle. Cette précaution qu'elle prenoit augmenta beaucoup les soupçons, au lieu de les diminuer. Elle mourut plus âgée de six mois que feu Madame, qui étoit sa mère, et qui mourut de la même mort, et eut à peu près les mêmes accidens. Cette princesse laissa par son testament, au Roi son mari, tout ce qu'elle lui put laisser, donna à la duchesse de Savoie sa sœur ce qu'elle avoit de pierreries, avec une garniture entière de toutes pièces; et à M. de Chartres et à Mademoiselle ce qu'elle avoit apporté de France.

Dans le temps que la reine d'Espagne mourut, on assuroit qu'il alloit se faire un échange de places considérables de Flandre, qui nous étoient nécessaires, contre des places de Catalogne. Cet échange ne devoit pas être à perpétuité; mais il servoit de gage de fidélité entre les deux rois. Tout cela fut démanché par la mort de la Reine. On envoya ordre à l'ambassadeur de se retirer le plus tôt qu'il pourroit.

Pendant ce temps-là le roi d'Angleterre songeoit à son départ pour l'Irlande. M. de Tirconel, qui en

---

(1) *L'ambassadeur :* François de Feuquières, dit le comte de Rubenac, du nom de sa femme.

étoit le vice-roi, lui manda qu'il croyoit que sa présence étoit nécessaire. Cela fut fort débattu dans le conseil; enfin on jugea à propos que Sa Majesté Britannique s'y en allât incessamment. Elle fit partir le duc de Berwick (1), un de ses enfans naturels, avec ce qu'il y avoit ici d'Anglais, d'Ecossais et d'Irlandais, pour se rendre à Brest, où ils devoient s'embarquer. Les officiers généraux que l'on avoit nommés pour servir avec lui s'y rendirent aussi. M. de Lauzun avoit envie d'y suivre le roi d'Angleterre; mais il vouloit faire ses conditions bonnes. Les ministres n'étoient point fâchés de le voir partir : ils appréhendoient toujours le goût naturel que le Roi avoit eu pour lui. Ils opinèrent fort à ce qu'il suivît le roi d'Angleterre; mais quand il fut question de partir il demanda qu'on le fît duc, et en fit la première proposition à M. de Seignelay, pour la porter au Roi. M. de Seignelay lui dit de bien songer à ce qu'il faisoit. Le Roi reçut très-mal cette proposition; et quand Lauzun parla au Roi, Sa Majesté lui répondit très-rudement. Lauzun s'excusa en disant que le roi d'Angleterre lui avoit dit de le faire, et prévint le roi et la reine d'Angleterre, afin qu'ils dissent la même chose au Roi; ce qu'ils ne manquèrent pas de faire l'un et l'autre. M. de Lauzun s'étant vu refusé, ne voulut plus aller en Irlande, et trouva que ce voyage ne lui convenoit plus. On nomma Rosen pour y aller en qualité de lieutenant général. Les autres officiers que l'on y avoit envoyés étoient Maumont, capitaine aux

---

(1) *De Berwick* : Jacques de Fitz-James, duc de Berwick, fils naturel de Jacques II et d'Arabelle Churchill, sœur du duc de Marlborough. Ses Mémoires font partie de cette série.

gardes, pour maréchal de camp; Pusignan, colonel du régiment de Languedoc, pour brigadier d'infanterie; Lezy-Girardin, brigadier de cavalerie; et Boeslo, capitaine aux gardes, pour major général. Ils étoient tous fort honnêtes gens, mais des plus médiocres officiers des troupes du Roi. Le seul Rosen, qui est Allemand, étoit celui sur qui l'on pouvoit se confier pour faire tenter quelque chose par lui. Avec cela l'on envoya cent capitaines et cent lieutenans des corps qui n'étoient pas destinés à servir en campagne, et deux cents cadets. Cela ne laissoit pas d'être considérable, et pouvoit en peu de temps servir à discipliner des troupes. On travailla à l'équipage du roi d'Angleterre. Le Roi lui fit tenir prêt tout ce qui lui étoit nécessaire, et avec profusion, meubles, selles, housses; enfin tout ce que l'on peut s'imaginer au monde. Le Roi lui donna même sa cuirasse.

Le roi d'Angleterre voulut, avant que de partir, laisser quelque marque à M. de Lauzun de sa reconnoissance. Sa Majesté Britannique vint à Paris faire ses dévotions à Notre-Dame, et y donna à M. de Lauzun l'ordre de la Jarretière; en le lui donnant, il mit à son ruban bleu une médaille de Saint-Georges enrichie de diamans, qui étoit la même que le roi d'Angleterre, qui eut le cou coupé, avoit donnée à son fils le feu Roi en se séparant de lui : les diamans en étoient très-considérables. Comme il n'y a que vingt-cinq personnes qui aient cet ordre, il n'y en avoit qu'un de vacant, qui étoit celui de l'électeur de Brandebourg. Le Roi le donna ici à M. de Lauzun, et le prince d'Orange le donna en Angleterre à M. de

Schomberg ; à quoi il ajouta vingt mille écus de pension, avec la charge de grand-maître de l'artillerie du royaume. Il dispensa beaucoup d'autres grâces à ceux qui l'avoient suivi.

Le roi d'Angleterre, après avoir donné l'ordre à M. de Lauzun, alla dîner chez lui avec le nonce du Pape qui résidoit à sa cour, M. l'archevêque de Paris, et beaucoup d'autres gens. Ses amis les jésuites y vinrent lui dire adieu. Ensuite il alla chez les religieuses anglaises, où il toucha des écrouelles, qu'il ne touche et dont il ne prétend guérir qu'en qualité de roi de France. Il vint ensuite voir Mademoiselle au Luxembourg, qui n'alloit point à la cour, parce qu'elle étoit fort mécontente du Roi sur le sujet de M. de Lauzun. Elle prenoit le prétexte de la mort de madame de La Menuille, qui étoit morte de la petite vérole dans sa maison de la ville à Versailles. Il est vrai qu'elle en étoit tombée malade dans le château, au sortir de chez Mademoiselle. Le roi d'Angleterre alla aussi aux Filles de la Visitation de Chaillot, qui étoient ses amies du temps qu'il avoit demeuré en France, parce que la reine d'Angleterre sa mère y faisoit d'assez longs séjours ; et il repassa ensuite par Saint-Cloud pour faire compliment à Monsieur sur la mort de la Reine sa fille, et pour voir Saint-Cloud, qu'il n'avoit jamais vu. De là il alla à Versailles dire adieu au Roi, et s'en retourna à Saint-Germain, où il faisoit son séjour ordinaire. Le lendemain, le Roi lui alla aussi dire adieu à Saint-Germain. Leur séparation fut fort tendre : le Roi dit au roi d'Angleterre que tout ce qu'il pouvoit lui souhaiter de meilleur étoit de ne le jamais revoir (1). Il nomma M. d'Avaux (2) pour le suivre comme ambassadeur, et le comte de Mailly, qui avoit épousé une nièce de madame de Maintenon, pour l'accompagner jusqu'à Brest, où il s'embarquoit. La reine d'Angleterre demeura avec son fils le prince de Galles à Saint-Germain, et pria qu'on ne lui allât faire sa cour que les lundis, trouvant qu'il ne lui étoit pas convenable de se livrer beaucoup au public dans le temps que, selon les apparences, son mari alloit essuyer de grands périls.

Le roi d'Angleterre alla en chaise jusqu'à Brest (3), mais sa chaise se rompit à Orléans : les gens supers-

(1) *Jamais revoir :* « En lui disant adieu et en l'embrassant, Louis XIV « lui a dit : *Vous ne sauriez dire que je ne sois touché de vous voir « partir ; cependant je vous avoue que je souhaite de ne vous revoir « jamais : mais si par malheur vous revenez, soyez persuadé que vous « me retrouverez tel que vous me voyez.* Rien n'est mieux dit, rien « n'est plus juste. » (Lettre de madame de Sévigné au président de Moulceau, 2 mars 1689.) — (2) *M. d'Avaux :* Jean-Antoine de Mesmes, comte d'Avaux, marquis de Givry, mort en 1709 à l'âge de soixante-neuf ans, neveu de Claude de Mesmes, comte d'Avaux. Ils furent tous deux très-habiles négociateurs. — (3) *Jusqu'à Brest :* « M. le duc de Chaulnes « a fait en toute perfection les honneurs de son gouvernement au roi « d'Angleterre : il avoit fait préparer deux soupers sur la route, l'un à « dix heures, l'autre à minuit. Le Roi poussa jusqu'au dernier à La « Roche-Bernard ; il embrassa fort M. de Chaulnes : il l'a connu autre-« fois. M. de Chaulnes voulut le mener dans une chambre pour s'y re-« poser ; le Roi dit : *Je n'ai besoin de rien que de manger.* Il entra « dans une salle où les fées avoient fait trouver un souper tout servi, « tout chaud, des plus beaux poissons de mer et de rivière, toutes « choses de même, c'est-à-dire beaucoup de commodités ; et pour la « compagnie, une nombreuse noblesse en hommes et en femmes. M. de « Chaulnes lui donna la serviette, et voulut le servir à table : le Roi ne « le voulut jamais, et le fit souper avec lui, et plusieurs personnes de « qualité. Il mangea, ce roi, comme s'il n'y avoit point de prince d'O-« range dans le monde. » (Lettre de madame de Sévigné à sa fille, du 11 mars 1689.)

titieux trouvèrent cela de mauvais augure. Il arriva un autre malheur à son équipage, qui s'étoit embarqué : il y eut un bateau qui se rompit contre les arches du pont de Cé; et un de ses valets de garde-robe, nommé La Bastie, qui étoit celui qui l'avoit toujours suivi fidèlement, se noya. Il prit, à sa place, un des valets de chambre de Mailly. Sa Majesté Britannique arriva à Brest sans avoir souffert d'autre accident : elle y trouva une escadre de treize vaisseaux toute prête à la transporter; mais le temps fut si mauvais, qu'il fallut demeurer un assez long temps à Brest. Le vent ayant tourné, le Roi s'embarqua; mais à peine l'étoit-il, que dans le moment il changea si bien, qu'il fallut rentrer dans le port. Comme il y rentroit, un autre vaisseau qui sortoit à pleines voiles vint donner sur celui du roi d'Angleterre, et ce prince courut grand risque, sans l'habileté du capitaine, qui dans le moment fit faire une manœuvre excellente; et le vaisseau du Roi en fut quitte pour le mât de beaupré, qui fut rompu.

Après que le grand deuil de la reine d'Espagne fut passé, on recommença les comédies, et l'on croyoit que les appartemens recommenceroient aussi; mais le Roi retrancha ses plaisirs, et dit qu'il avoit beaucoup d'affaires; que l'heure des appartemens étoit celle qui lui convenoit le plus pour travailler, et qu'il aimoit mieux employer le beau temps à aller à la chasse. Ainsi ce fut là une occupation de moins pour les courtisans. M. de Duras partit alors avec Chamlay pour se rendre sur les bords du Rhin, et prendre toutes les mesures pour la campagne. Il y avoit de temps en temps de petites escarmouches entre les troupes du Roi et celles des Allemands, et le plus souvent nous n'y trouvions pas notre avantage. On jugea que l'on ne pourroit pas soutenir les places du pays de Cologne, qui étoient Neuss, Kayserswerd, Lintz et Rhinberg : le Roi avoit besoin de ses troupes, et ne les vouloit pas exposer sans en tirer quelque avantage, outre que les places étoient si mauvaises que la prise en étoit sûre.

Le départ du roi d'Angleterre pour l'Irlande ne laissa pas une grande espérance au Roi de le voir remonter sur le trône. Il n'avoit pas été long-temps en France sans qu'on le connût tel qu'il étoit, c'est-à-dire un homme entêté de sa religion, abandonné d'une manière extraordinaire aux jésuites. Ce n'eût pas été pourtant son plus grand défaut à l'égard de la cour ; mais il étoit foible, et supportoit plutôt ses malheurs par insensibilité que par courage, quoiqu'il fût né avec une extrême valeur, soutenue du mépris de la mort, si commun aux Anglais. Cependant c'étoit quelque chose qu'il eût pris ce parti-là. On en étoit défait en France ; et, selon les apparences, les troupes que le prince d'Orange s'étoit engagé d'envoyer sur les côtes pour faire une diversion alloient passer en Irlande. On donna donc à Sa Majesté Britannique une escadre de dix vaisseaux, et il arriva enfin heureusement en Irlande avec beaucoup d'officiers français, et avec tous les Anglais et Irlandais qui l'étoient venus trouver, ou qui avoient demeuré en France. Le Roi les fit conduire tous à Brest par différentes routes, à ses frais, et ils y firent un désordre épouvantable. Le roi d'Angleterre, qui avoit été homme de mer étant duc d'Yorck, ne fut pas content de la marine, et le manda au Roi : cela donna des vapeurs à M. de Seignelay. Il y eut des ordres pour faire conduire à Brest toutes les choses nécessaires pour l'Irlande : elles y furent expédiées avec promptitude et en grande quantité, parce que M. de Louvois s'en mêla. On y envoya aussi tout ce qui étoit nécessaire pour un corps raisonnable de cavalerie, et pour armer l'infanterie. L'armée du roi d'Angleterre produisit une grande joie en Irlande dans l'esprit des peuples : il y avoit un temps infini qu'ils n'en avoient vu, et ils étoient comme les esclaves des Anglais. Le Roi leur conserva leurs priviléges, les augmenta même, et confisqua aux catholiques les biens que l'on avoit autrefois confisqués aux grands seigneurs de la religion anglicane. Il fit Tirconel duc, pour le récompenser du soin qu'il avoit pris de lui conserver cette île, et de sa fidélité personnelle.

La mort de la reine d'Espagne avoit entièrement indisposé la cour du roi Catholique contre la France. La passion que ce prince avoit pour son épouse l'avoit empêché de se déclarer contre nous, malgré les menées de la cour de l'Empereur, qui tenoit auprès du roi Catholique l'homme d'Allemagne qui avoit le plus d'esprit : c'étoit M. de Mansfeld, qui avoit épousé mademoiselle d'Aspremont, veuve du duc de Lorraine, et qui étoit maître de l'esprit du conseil d'Espagne. On sut à la cour à quoi l'on devoit s'attendre des Espagnols, et l'on prévint leurs desseins en leur déclarant la guerre. On ordonna à Rubenac, ambassadeur en Espagne, de revenir incessamment; et tout fut fini de ce côté-là.

La cour étoit fort occupée pour les affaires de la guerre. Il y avoit peu d'argent, il en falloit beaucoup; et le contrôleur général (1) étoit homme peu capable, et peu stylé à son emploi. Il falloit que M. de Louvois, qui l'avoit porté à cette place, l'y soutînt, et travaillât pour lui; et lui-même avoit déjà tant d'affaires, qu'il étoit étonnant comment il n'y succomboit pas. Cependant il n'y avoit point à reculer; il falloit cheminer, quoi qu'il en fût, car les ennemis se préparoient très-fortement. On fit la destination des armées : il y en devoit avoir une en Allemagne, commandée par M. de Duras; une en Flandre, par le maréchal d'Humières; une en Roussillon, par M. de Noailles (2), gouverneur de la province; et une au milieu de la France, pour prévenir les désordres dont on étoit menacé par les gens de la religion, et aussi pour qu'elle pût être transportée en quelque endroit que ce fût, en cas que les ennemis fussent assez forts pour faire une descente. Pour le Roi, il demeuroit à Versailles, afin d'être toujours dans le milieu du royaume, et de là pouvoir plus aisément donner ses ordres partout. On envoya M. le maréchal de Lorges commander en Guienne; M. le maréchal d'Estrées (3), dans les deux évêchés de Saint-Paul et de Cornouailles en Bretagne, où les ennemis pouvoient plus aisément faire des descentes; M. de Chaulnes (4), dans le reste de la Bretagne, qui étoit son gouvernement; M. de

---

(1) *Le contrôleur général :* Le Pelletier, contrôleur général des finances, fut remplacé par Pontchartrain en 1689. — (2) *De Noailles :* Anne-Jules, duc de Noailles, pair et maréchal de France, mort en 1708, à cinquante-neuf ans. — (3) *D'Estrées :* Jean d'Estrées, maréchal et vice-amiral de France, mort en 1707, à quatre-vingt-trois ans. — (4) *De Chaulnes :* Charles d'Albert d'Ailly, duc de Chaulnes, mort en 1698.

La Trousse (1) en Poitou et pays d'Aunis, quoique Gacé, qui étoit gouverneur de la province, y fût actuellement : mais afin de lui faire supporter plus patiemment ce désagrément, on le fit maréchal de camp. On laissa le commandement de la Normandie aux lieutenans généraux de la province Beuvron et Matignon, gens de qualité et honnêtes gens, mais fort peu capables pour la guerre. Beuvron étoit frère de madame d'Arpajon, que madame de Maintenon avoit faite dame d'honneur de madame la Dauphine. Les Beuvron s'étoient attachés à madame de Maintenon : cela suffisoit pour ne point recevoir de désagrément, et l'on ne pouvoit pas bien traiter l'un sans faire le même traitement à l'autre. Beuvron dont je parle étoit beau-frère de M. de Seignelay, et faisoit fort bien sa charge quand il n'y avoit rien à faire. On lui donna La Hoguette, officier des mousquetaires, pour maréchal de camp, qui étoit celui sur lequel rouloient les affaires de la guerre. On mit, pour commander en Languedoc, Broglio (2), lieutenant général, parce qu'il se trouvoit beau-frère de l'intendant, qui étoit homme d'esprit, et en qui la cour avoit beaucoup de confiance. On laissa en Provence Grignan (3), lieutenant de roi de la province, qui y avoit toujours bien fait ce qu'il avoit à faire. En Dauphiné l'on y mit Lassay, maréchal de camp, qui étoit d'une famille de robe, mais qui avoit toujours eu la réputa-

(1) *La Trousse* : Philippe-Auguste Le Hardi, marquis de La Trousse. — (2) *Broglio* : Victor-Maurice, comte de Broglio, maréchal de France, mort en 1745. — (3) *Grignan* : François-Adhémar de Monteil, comte de Grignan. Il avoit épousé en secondes noces la fille de madame de Sévigné.

tion de bon officier. En Béarn on envoya le duc de Gramont (1), pour représenter seulement; car l'on savoit bien qu'il n'y avoit rien à faire.

Telle étoit la disposition des commandemens. On changea beaucoup de gouverneurs de villes particulières; parce qu'ils étoient trop vieux, et que les affaires présentes demandoient des gens un peu plus actifs qu'ils ne pouvoient être. On fit faire le tour du royaume à M. de Vauban pour visiter les places maritimes, qui étoient en fort mauvais état, parce qu'elles n'étoient pas du district de M. de Louvois; outre que, tandis que la France n'avoit point d'affaire avec l'Angleterre, il ne pouvoit rien arriver de mauvais de ce côté-là. Cependant l'on y fit travailler très-vigoureusement. La Rochelle fut en fort peu de temps mise en bon état : on travailla à Bordeaux, et Brest fut mis en représentation de défense; car la place vaut si peu de chose par sa situation, que rien ne la peut rendre bonne. M. de Vauban ordonna aussi des redoutes le long des côtes, dans les endroits où l'on pouvoit faire des descentes, et fit planter des palissades en manière de cheval de frise le long des rivages de la mer; on posta beaucoup de pièces de canon, selon la situation des endroits, pour battre les bâtimens qui pourroient tenter la descente; enfin toutes les côtes furent, au mois de mai, en état de défense. On déclara la guerre au prince d'Orange et aux Anglais qui l'avoient suivi, et qui avoient contribué à chasser leur prince naturel; on fit marcher des troupes aux endroits de France où l'on croyoit en

(1) *Gramont*: Antoine, duc de Gramont, maréchal de France. (*Voy*. la Notice qui précède ses Mémoires, tome 56 de cette série.)

avoir le plus de besoin : tout en fourmilloit depuis le Béarn jusqu'à la Normandie.

Cependant chacun songeoit, à la cour, à son départ. Le prince de Conti, qui n'étoit pas encore rentré dans les bonnes grâces du Roi, lui avoit demandé dans le commencement de l'hiver, et avec instance, un régiment : le régiment lui fut refusé. Il demanda ensuite d'être brigadier, croyant qu'un régiment tiroit à conséquence parce que l'on s'y fait des créatures : sa demande lui fut aussi refusée. Enfin il demanda d'aller volontaire dans l'armée d'Allemagne : on ne lui put refuser, et il se prépara à y aller avec M. le duc, qui fut prêt à n'y avoir non plus aucun commandement, car l'on mit son régiment d'infanterie dans Bonn, et celui de cavalerie aussi ; et quand il s'en plaignit, on dit que c'étoit la faute de M. de Sourdis, à qui l'on avoit mandé d'y mettre un régiment de dragons, et qu'il avoit lu *Bourbon*. On crut que l'on ne pourroit pas aisément tirer le régiment de Bourbon de Bonn ; on lui donna un brevet pour commander le régiment de Condé. Cependant à la fin on l'en tira, et il servit à la tête de son régiment. M. du Maine, qui devoit aussi servir en Allemagne, n'y fut pourtant pas employé. On fit venir son régiment en Flandre ; mais en entrant en campagne on lui donna une brigade à commander, pendant que les princes du sang avoient à peine la simple permission de servir : encore fut-ce beaucoup que l'on leur épargnât le désagrément d'être dans la même armée.

Vers ce temps-là il ne se passa rien de considérable à la cour, que le combat du comte de Brionne avec Hautefort-Saint-Chamans, qui étoit exempt des gardes du corps, honnête garçon, et assez bien traité de tout le monde. Il avoit chez madame la princesse de Conti, la fille du Roi, une sœur qui étoit fort laide : cependant elle se fit aimer du comte de Brionne, et cette passion dura fort long-temps. Ils se brouillèrent et se raccommodèrent plus d'une fois, comme il arrive dans toutes les passions. Enfin la demoiselle, que l'exemple de la comtesse de Soissons avoit gâtée, comme bien d'autres qui croyoient que l'on ne les aimoit que pour les épouser, parla de mariage. Je crois que le comte de Brionne le sut : il s'en moqua. Le frère, en sortant du coucher de Monseigneur, attaqua le comte de Brionne de conversation. Ils allèrent sur le bord de l'étang auprès de l'hôtel de Soissons, qui étoit un chemin peu passant, surtout à l'heure qu'il étoit, et ils s'y battirent. Hautefort fut blessé d'abord; mais il donna un coup d'épée dans la cuisse du comte de Brionne, et lui laissa son épée. Le coup de Hautefort ne l'empêcha pas de paroître encore le soir; mais le lendemain tout se sut. Le grand prevôt fit des informations. Hautefort s'écarta, et fut cassé; on fit si bien que cela ne passa pas pour duel. Le parlement en prit connoissance, et on les mit tous deux en prison, le comte de Brionne à la Bastille, et l'autre à la Conciergerie. La demoiselle alla du château où elle demeuroit à l'hôtel de Conti. Elle fut trois semaines ou un mois sans paroître; ensuite elle revint, et voulut faire comme auparavant. On lui dit de se retirer : elle se mit dans le Port-Royal.

Il partit dans ce temps-là un secours considérable pour l'Irlande. Il y eut une escadre de vingt-deux ou vingt-trois vaisseaux commandés par le comte de Château-Regnault (1), qui sortirent de Brest avec beaucoup de bâtimens de charge, tous chargés de ce que l'on avoit pu assembler depuis trois ou quatre mois de choses nécessaires à une armée. Le prince d'Orange avoit aussi mis une flotte en mer, inférieure de deux ou trois vaisseaux à celle du Roi. Cette flotte étoit commandée par Herbert, dont la réputation et la capacité étoient beaucoup supérieures à celles de M. de Château-Regnault. On vouloit aller débarquer à Kinsale, petit port d'Irlande où le roi d'Angleterre avoit descendu quand il étoit arrivé dans l'île; mais l'on apprit que les ennemis étoient postés à portée de là. On tint conseil de guerre; on trouva le hasard trop grand de faire un débarquement à la vue des ennemis : on prit donc le parti d'aller chercher un autre port à l'occident de l'Irlande; on le trouva propre, et on travailla avec beaucoup de vitesse au débarquement à la baie de Bantry. Comme il n'y avoit plus que deux brûlots à décharger, les ennemis parurent : on appareilla pour aller au devant d'eux; on se canonna beaucoup, mais on ne s'approcha guère. Enfin les ennemis prirent le large, et voilà ce que l'on appela un combat gagné. Herbert s'y trouva blessé, et les ennemis confessèrent que si l'on avoit voulu on auroit mis leur flotte hors d'état de servir, et qu'on leur auroit pris quelques vaisseaux, quoique les Anglais soient beaucoup meilleurs voiliers que les nôtres. M. de Château-Regnault se contenta d'avoir fait

(1) *De Château-Regnault* : Paul-Louis Rousselet de Château-Regnault, vice-amiral et maréchal de France, mort en 1716, à l'âge de quatre-vingts ans.

heureusement son débarquement, et d'avoir par devers lui l'idée ou la représentation d'une bataille gagnée. Il s'en revint content avec un bon vent à Brest, ayant fort peu de monde de tué, et un seul de ses vaisseaux incommodé, qui étoit celui qu'avoit Coëtlogon, dont la dunette et la galerie avoient sauté en l'air. Quand le comte de Château-Regnault fut arrivé, il envoya son neveu à la cour. D'abord la joie y fut grande ; mais deux ou trois jours après que chaque officier général et les plus éveillés des particuliers eurent envoyé des relations, on ne fut plus du tout content. Ils se jetoient la faute les uns sur les autres de ce que l'on n'avoit pas davantage battu les ennemis : aussi en eurent-ils tous des réprimandes de la cour.

Cependant on travailloit dans les ports avec une grande activité à mettre une grosse flotte en mer ; on travailloit aussi à Toulon, où l'on devoit mettre vingt-deux vaisseaux, à ce que l'on disoit, pour la Méditerranée. A Brest et à Rochefort, on en devoit mettre plus de quarante. On envoyoit courriers sur courriers à Brest pour faire avancer ; et cependant cela alloit avec une lenteur extraordinaire. M. de Seignelay faisoit marcher Bonrepos son premier ministre, et tout manquoit.

Malgré cela, il y avoit déjà quelque temps que M. de Duras avoit eu ordre de partir pour se rendre en Allemagne, sur ce que les troupes de l'Empereur et celles de l'électeur de Bavière avoient marché sur le Rhin. Elles s'étoient déjà saisies des postes que les troupes du Roi avoient abandonnés de l'autre côté, et commençoient à se retrancher dans une île dans le

Rhin entre Philisbourg et le Fort-Louis, qui en ôtoit la communication. Ils nous eussent trop incommodés s'ils s'y fussent établis. Ils avoient encore un poste fort considérable à portée de là, qui étoit Hausen, où le prince Eugène de Savoie avoit pris poste avec beaucoup de troupes. Le reste de leurs troupes s'étendoit dans le Wirtemberg et dans le petit Etat de M. de Bade-Dourlach, jusques à Huningue. On avoit grand' peur qu'ils n'attaquassent cette place, qui est fort voisine des Suisses; et l'on n'étoit pas encore trop sûr de leur amitié. Le parti des ennemis y étoit très-puissant; la religion mettoit entièrement contre nous les cantons protestans. Le nonce du Pape affectoit de persuader aux catholiques que cette affaire-ci n'étoit point une affaire de religion, et se servoit de toutes sortes de raisons pour les mettre contre nous : de plus, nous avions déjà souvent abusé de leur bonne foi. Enfin tout les portoit à nous devenir contraires; et quoique les levées eussent été faites l'hiver, comme nous le souhaitions, cependant nous étions peu certains de leur amitié. On avoit fait revenir Tambonneau, qui y étoit ambassadeur il y avoit déjà quelque temps, parce qu'il parloit beaucoup, et ne faisoit que peu de chose. A sa place on y avoit envoyé M. Amelot(1), qui n'étoit pas un homme tout-à-fait consommé dans les négociations; mais aussi il avoit un esprit plus

(1) *M. Amelot :* Michel Amelot. Il avoit déjà été ambassadeur à Venise et en Portugal. La diète des cantons ordonna la levée de trois mille hommes pour défendre la neutralité de la Suisse. Ces troupes devoient être payées par la France et par l'Empereur. L'Empereur s'y étant refusé, les Suisses déclarèrent qu'ils lèveroient les trois mille hommes à leurs frais; et que si leur territoire étoit menacé, ils mettroient sur pied quarante mille hommes. (Dangeau.).

posé, plus froid, et par conséquent plus convenable à l'humeur et au naturel des Suisses. Peu de temps après qu'il y fut, il renvoya le traité ratifié et scellé de tous les cantons. Si nous eussions encore eu les Suisses contre nous, il eût été bien difficile de résister, parce que c'est l'entrée de France la moins fortifiée. Nous n'avions plus alors dans l'Europe que le Danemarck qui fût notre allié; mais il étoit trop séparé de nous pour se pouvoir soutenir l'un l'autre. Tous ses voisins étoient ligués contre lui, et parce qu'il étoit allié de la France, et parce qu'il s'étoit saisi des Etats du duc de Holstein-Gottorp par droit de bienséance. Mais ce seul allié, nous le pouvions perdre encore: les intérêts de son frère le prince Georges, qui naturellement devoit succéder au prince d'Orange parce qu'il avoit épousé la seconde fille du roi d'Angleterre, et que le prince d'Orange n'avoit point d'enfans, le pouvoient détacher en peu de temps de l'alliance qu'il avoit avec le Roi.

Le projet de la campagne fut très-sage. Les ministres supposoient que tant de différens princes ne pouvoient pas demeurer long-temps unis. La plus grande partie de ceux d'Allemagne sont très-pauvres, et ne peuvent subsister, quand ils ont des troupes, que par les quartiers d'hiver qu'ils prennent ou dans le pays ennemi, ou les uns sur les autres. Le Roi étoit bien sûr qu'en ne hasardant rien les ennemis ne pouvoient pas prendre de quartier dans son pays. En Allemagne il y avoit les pays des princes ecclésiastiques, qui d'ordinaire fournissent les quartiers aux princes protestans: nous tenions la plus grande partie des trois électorats; le Roi avoit Mayence, et toutes les petites villes qui

en dépendent en deçà du Rhin; le pays de Trèves
étoit au moins partagé, car le Mont-Royal d'un côté,
et Bonn de l'autre, nous laissoient un grand terrain
à notre disposition. A la vérité les ennemis avoient
Coblentz, que l'on avoit manqué l'hiver dernier. Pour
celui de Cologne, nous étions maîtres des quatre
places fortifiées de l'électeur, qui étoient Bonn, Rhinberg, Neuss et Kayserswerth. On avoit abandonné
Neuss au commencement de l'hiver; et ce fut en se
retirant que les ennemis battirent la garnison, et que
M. de Sourdis, qui commandoit dans tout ce pays,
la laissa battre, et s'enfuit. Kayserswerth demeura
sous le commandement de Marconié : c'étoit une mauvaise place, d'où l'on retira toute la garnison française
pour y en laisser une allemande. M. de Furstemberg
avoit mis dans Rhinberg un Allemand, domestique
de feu M. l'électeur de Cologne, en qui il avoit beaucoup de confiance ; mais l'Allemand le trahit, et avant
le commencement de la campagne prêta serment à
M. le prince Clément, concurrent de M. de Furstemberg pour l'électorat de Cologne, et appuyé par les
bulles du Saint-Père. Dans Bonn on avoit mis huit
bataillons de campagne, un régiment de cavalerie,
et un de dragons : Asfeld commandoit, et on lui avoit
donné de bons officiers subalternes. Mayence étoit
garni à foison; on y avoit mis le marquis d'Huxelles
pour y commander : M. d'Huxelles étoit l'officier d'infanterie à la mode, et la créature de M. de Louvois.
On dit qu'on lui avoit donné quatre cents milliers de
poudre, avec douze bataillons des meilleurs qui fussent en France, le régiment des bombardiers, la compagnie des mineurs, un régiment de cavalerie, un de

dragons; M. de Choisy, habile ingénieur, et qui avoit défendu Maëstricht sous M. de Caylus, pour commander sous lui ; et trois ou quatre autres bons officiers, en cas qu'il mésarrivât aux premiers. La place n'étoit pas excellente; mais on y avoit travaillé tout l'hiver, et on l'avoit assez bien raccommodée. Le Mont-Royal, qui étoit encore une place pour laquelle il y avoit beaucoup à craindre, d'autant plus qu'elle n'étoit pas encore achevée, étoit fourni de même, et avoit M. de Montal pour y commander. Philisbourg et Landau étoient encore pourvus de la même manière. Outre cela, le Roi avoit beaucoup de troupes répandues dans le Palatinat, pays qu'on avoit juré de ruiner entièrement parce qu'il étoit trop voisin de l'Alsace, et que celui qui avoit le plus de part à la guerre étoit M. l'électeur palatin. Quoiqu'on l'appelât alors le *Nestor germanique,* sa prudence s'étoit bien endormie d'aigrir le Roi au point qu'il l'avoit aigri : il devoit se reconnoître trop petit prince, et trop sous la couleuvrine de la France, pour ne pas s'accommoder au temps. Toutes les places du palatin étoient garnies des troupes du Roi, et pendant l'hiver on avoit tiré tout l'argent qu'on avoit pu du pays. D'abandonner ces places, et de les laisser dans leur entier, c'étoit presque mettre les ennemis du Roi dans son pays. On commença par évacuer la plus avancée, qui étoit Heidelberg, capitale du Palatinat; on fit sauter la moitié du château, qui avoit l'air grand et méritoit des égards; on brûla la moitié de la ville, avec des excès qu'une guerre moins vindicative auroit empêchés. Ensuite on évacua Manheim; on rasa la ville et la citadelle, en sorte qu'il n'y resta pas une maison, et les ruines même en furent jetées dans le Rhin et dans le Necker. On brûla Worms, qui étoit une petite république sur le Rhin. On en fit autant à Spire (1), ville appartenante à l'électeur de Trèves comme évêque de Spire, parce qu'on trouvoit qu'elle pressoit trop l'Alsace. Pour Franckendal, il fut rasé seulement, parce que, comme l'on avoit Mayence, il étoit difficile à nos ennemis de s'en rendre les maîtres. On fit un pareil traitement à un grand nombre de petits mauvais châteaux que les troupes du Roi avoient occupés pendant l'hiver, et qui pouvoient servir de postes aux ennemis. M. de Duras alla s'établir à Strasbourg, pour attendre le commencement de la campagne. Les Allemands ne s'y mettent jamais de bonne heure : mais nous ne pouvions rien faire pour les prévenir ; il falloit voir à quoi ils s'attacheroient. Il y avoit deux places qui n'étoient point achevées, qui étoient Béfort et Landau ; on y travailloit à force : ainsi il falloit laisser les troupes, et surtout l'infanterie, tout le plus long temps que l'on pouvoit dans les places. A l'égard de la cavalerie, il n'étoit pas bon non plus qu'elle campât de trop bonne heure, parce qu'il y en avoit beaucoup de nouvelle, et que même dans la vieille on avoit été obligé

---

(1) *A Spire* : « On a fait brûler Spire, Worms et Oppenheim, pour
« empêcher que les ennemis ne s'y établissent, et n'en tirassent des se-
« cours et des commodités, en cas qu'ils veuillent attaquer quelques
« places de ce côté-là. On en a fait avertir les habitans quelques jours
« auparavant, afin qu'ils aient le loisir de transporter leurs effets et leurs
« meubles les plus considérables. Ceux qui voudront s'établir en Lor-
« raine ou en Alsace seront exempts de toute imposition durant six ans,
« et on leur donnera des habitations et des terres à cultiver Tous les pa-
« piers de la chambre impériale de Spire ont été portés à Strasbourg il y
« a déjà quelque temps. » (Mémoires de Dangeau.)

d'y fourrer beaucoup de compagnies qui venoient d'être tout fraîchement faites. Ainsi tout demeura dans les places ou dans des quartiers, jusqu'à ce que les Allemands commencèrent à paroître du côté de la Flandre. M. le maréchal d'Humières, qui étoit à Lille, eut ordre de s'en aller à Philippeville, pour mettre de bonne heure l'armée en campagne. Il eut ordre de l'assembler auprès de Maubeuge, et le fit au commencement de mai, que les ennemis n'avoient pas encore songé à assembler leurs troupes. Il reprit quelques châteaux dont les ennemis s'étoient saisis pendant l'hiver, et les fit raser. Il eut le même ordre qu'ont tous les généraux en France : ce fut de ne pas combattre. M. de Waldeck, informé de cet ordre, assembla son armée, l'assembla foible, et donna au maréchal d'Humières de fort belles occasions de le battre : même le peu de précaution qu'il prenoit alloit ou à la malhabileté ou à l'insolence. Cependant le maréchal, suivant son ordre aveuglément, n'en profita point.

Le premier exploit qui se passa fut en Catalogne, où M. de Noailles, qui commandoit l'armée, composée de deux ou trois vieux régimens d'infanterie, avec quelque cavalerie nouvelle, des dragons de même, et le reste des milices de la province, se saisit de Campredon [1], mauvais village, et d'une tour qui étoit à deux lieues de là. Comme c'étoit là son premier exploit, il envoya un courrier en porter la nouvelle à la cour, et l'on y parla de cette conquête comme de quelque chose de fort considérable. Le poste étoit pourtant de lui-même fort mauvais : il y avoit peu de gens à le défendre, point d'armée à le se-

---

[1] Le 23 mai.

courir, les Espagnols n'étant pas assez puissans pour mettre deux mille hommes ensemble dans leur pays.

On espéroit toujours en France que l'humeur hautaine du prince d'Orange deviendroit insupportable aux Anglais; et comme nous nous flattons très-volontiers, on ne doutoit point de voir en très-peu de temps une révolte en Angleterre. Cependant le prince d'Orange avoit été couronné roi d'Angleterre, avec de très-grands applaudissemens; la Convention d'Ecosse lui avoit aussi envoyé la couronne, quoique le Roi eût encore des partis fort puissans dans le nord de l'Ecosse. Le prince d'Orange avoit fait assembler le parlement, qui lui avoit accordé généralement tout ce qu'il lui avoit demandé, c'est-à-dire de l'argent pour payer les troupes hollandaises et pour rembourser les avances que lui avoit faites la Hollande pour son dessein, de l'argent pour sa subsistance, et les moyens d'en tirer pour faire la guerre à la France. Tout cela s'étoit fait avec une tranquillité étonnante. Londres, qui n'étoit point accoutumée à avoir des troupes, en étoit remplie, sans oser souffler; et le prince d'Orange, en deux mois, étoit devenu plus maître de l'Angleterre qu'aucun roi ne l'avoit jamais été. Les Anglais, qui avoient chassé leur roi sous prétexte de défendre et conserver leur religion, la voyoient changer entièrement; car le prince d'Orange, tout en faisant semblant d'accommoder les deux religions, c'est-à-dire l'anglicane et la sienne, prétendue réformée, laissoit les ministres de la dernière entièrement les maîtres, et professoit publiquement son calvinisme, à quoi tous les Anglais applaudissoient.

Le prince d'Orange faisoit travailler avec un grand

soin à l'armement de la flotte anglaise, pour la joindre avec celle des Hollandais. On ne pouvoit pas s'imaginer dans ce pays-là qu'après les dépenses que le Roi avoit faites il fût en état de mettre sur pied une flotte assez considérable pour leur opposer, et ils comptoient d'être entièrement les maîtres de la mer. Dans les combats particuliers qui s'étoient donnés de vaisseau à vaisseau, les Français avoient presque toujours eu l'avantage, et on avoit fait plus de prises aux ennemis qu'ils ne nous en avoient fait. Ils ne comptoient pas que l'on laissât la Méditerranée entièrement abandonnée, et gardée seulement par les galères; ils savoient que nous avions la guerre contre les corsaires d'Alger, et jugeoient que cette guerre suffisoit pour occuper un nombre assez considérable de vaisseaux. On traitoit pourtant de la paix; mais en traitant nous continuions dans cette hauteur à quoi nous sommes si bien accoutumés, et depuis si long-temps. Quoique nous ne vissions que des ennemis autour de nous, nous voulions que les Algériens se contentassent d'une trêve, parce qu'il y avoit un grand nombre de leurs gens qui étoient esclaves sur nos galères qui nous servoient bien, et que par la trêve on ne rendroit pas : mais les Algériens n'y voulurent point consentir.

Le prince d'Orange comptoit donc que l'armée de mer n'apporteroit aucun obstacle à ses desseins, et par là il regardoit l'affaire d'Irlande comme une très-petite affaire. Ceux qui dans le commencement y avoient tenu son parti avoient été battus, et tous s'étoient réfugiés dans une place assez bien fortifiée pour une province comme l'Irlande, où il n'y en a aucune.

Les Anglais l'avoient fait bâtir pour la sûreté du commerce avec l'Irlande : elle s'appeloit Derry ; et comme c'étoient les marchands de Londres qui l'avoient fait bâtir, ils y avoient ajouté *London,* qui en anglais veut dire Londres ; de manière qu'elle s'appeloit Londonderry. Tous les partisans du prince d'Orange s'étoient jetés dedans, et en cédèrent le commandement à un Anglais qui avoit été ministre. Le roi d'Angleterre donna ses ordres pour la faire investir, sans pourtant quitter Dublin. Sa Majesté Britannique avoit deux officiers d'infanterie français que le Roi lui avoit donnés pour aller avec lui, qui étoient Maumont, capitaine aux gardes et maréchal de camp, et Pusignan, colonel d'infanterie et brigadier. Il y avoit long-temps qu'ils servoient tous deux, mais avec cela ils étoient au nombre des officiers de médiocre capacité : cependant ils pouvoient passer pour bons en Irlande, où il n'y en avoit point de meilleurs. Les troupes qu'ils commandoient étoient fort mal disciplinées, celles qui étoient dans Londonderry l'étoient tout aussi mal ; mais les Anglais ont pour la nation irlandaise un mépris qui leur donnoit un air de supériorité. Maumont fut tué en allant reconnoître la place ; et l'autre, peu de jours après, voyant une sortie que les ennemis faisoient assez en désordre, crut qu'il n'y avoit qu'à les pousser avec le peu de gens qu'il avoit. Il ne s'aperçut pas d'une embuscade que l'on avoit dressée : il fut coupé, et il y périt avec beaucoup de gens. Il ne restoit plus d'officiers sur qui l'on pût faire rouler le siége ; car Rosen, qui étoit le meilleur que le Roi eût envoyé en Irlande, étoit un Allemand, très-bon officier de cavalerie, mais qui en sa vie n'avoit rien su qui regardât l'infanterie. On se contenta de tenir bloqué Londonderry, dans l'espérance qu'il seroit obligé de se rendre, parce que la quantité de gens qui s'étoient retirés dedans ne pouvoient subsister long-temps; et l'on comptoit aussi qu'ils ne seroient pas secourus. On prit deux petits forts qui gardoient la rivière par où l'on y pouvoit jeter du secours : on fit faire ensuite une estacade pour empêcher les bâtimens de passer de nuit, et l'on employa le peu d'artillerie qu'il y avoit pour la défendre.

Tous les jours il nous venoit de fausses nouvelles de ce pays-là. Il y eut des vaisseaux anglais qui après le combat de Bantry se détachèrent : le bruit fut d'abord qu'ils s'étoient venus rendre au Roi ; mais il se trouva qu'ils étoient allés pour tenter le secours de Londonderry, qu'ils tentèrent d'abord fort inutilement ; mais dans la suite ils trouvèrent moyen de rompre l'estacade, et de porter dans la ville un secours considérable qui fit qu'on leva le blocus, et qu'on ne songea plus au siége de cette place. Il y eut même des révoltés qui se saisirent encore d'une autre petite place dans les marais ; mais le roi d'Angleterre y envoya Hamilton, qui étoit lieutenant général de ses armées, et qui avoit été long-temps colonel d'infanterie en France. On l'avoit chassé de la cour parce qu'il s'étoit rendu amoureux de la princesse de Conti, fille du Roi, et qu'il paroissoit qu'elle aimoit bien mieux lui parler qu'à un autre. Hamilton défit ces révoltés, qui étoient en fort petit nombre.

Cependant la reine d'Angleterre étoit à Saint-Germain, dans une tristesse et un abattement épouvantable. Ses larmes ne tarissoient pas. Le Roi, qui a l'ame bonne et une tendresse extraordinaire, surtout pour les femmes, étoit touché des malheurs de cette princesse, et les adoucissoit par tout ce qu'il pouvoit imaginer. Il lui faisoit des présens; et parce qu'elle étoit aussi dévote que malheureuse, c'étoient des présens qui convenoient à la dévotion. Il avoit aussi pour elle toutes les complaisances qu'elle méritoit : il la faisoit venir à Trianon et à Marly, aux fêtes qu'il y donnoit; enfin il avoit des manières pour elle si agréables et si engageantes, que le monde jugea qu'il étoit amoureux d'elle. La chose paroissoit assez probable. Les gens qui ne voyoient pas cela de fort près assuroient que madame de Maintenon, quoiqu'elle ne passât que pour amie, regardoit les manières du Roi pour la reine d'Angleterre avec une furieuse inquiétude. Ce n'étoit pas sans raison; car il n'y a point de maîtresse qui ne terrasse bientôt une amie. Cependant le bruit de cet amour ne fut que l'effet d'un discours du public, fondé sur les airs honnêtes que le Roi ne pouvoit s'empêcher d'avoir pour une personne dont le mérite étoit aussi avoué de tout le monde que celui de la reine d'Angleterre, quand même elle n'eût été que particulière.

M. de Lauzun étoit le seul Français considérable qui eût eu part à l'affaire d'Angleterre, parce qu'il étoit le seul qui y fût.

Cependant Sa Majesté Britannique crut lui avoir des obligations infinies, et le laissa en partant dans la confidence de la Reine. A proprement parler, M. de Lauzun étoit le ministre d'Angleterre en France. Il n'avoit jamais été aimé de M. de Louvois; mais il faisoit tout ce qu'il pouvoit pour gagner les bonnes grâces de madame de Maintenon. Il savoit bien qu'il n'y avoit que ces deux côtés pour pouvoir approcher le Roi, et peut-être comptoit-il celui de madame de Maintenon comme le plus sûr. Il jugeoit, avec tout le monde, que madame de Maintenon ne regardoit point M. de Louvois comme son ami : au contraire elle ne le regardoit que comme un ministre utile au Roi, un ministre qui étoit bien avec son maître sans qu'elle y eût contribué, et qui étoit bien dans son esprit avant elle. Mais M. de Seignelay, elle le regardoit comme sa créature : quoiqu'elle ne fût pas liée de droit fil avec lui, elle l'étoit par ses sœurs, madame de Beauvilliers et madame de Chevreuse. M. de Lauzun crut donc qu'il feroit un grand coup pour lui, et qui plairoit fort à madame de Maintenon, de tirer l'affaire d'Irlande des mains de M. de Louvois, pour la mettre dans celles de M. de Seignelay. Il persuada si bien la reine d'Angleterre, que cela fut fait, et peut-être au grand contentement de M. de Louvois, qui ne pouvoit pas être généralement chargé de tout. Sa santé n'étoit pas aussi robuste qu'elle paroissoit ; il n'étoit jamais long-temps sans avoir des accès de fièvre, et ne savoit ce que c'étoit que de se ménager dans un temps comme celui-ci. M. de Seignelay avoit la marine ; et il paroissoit probable que comme tous les passages d'Irlande dépendoient de lui, le roi d'Angleterre seroit mieux servi. Ce n'est pas que sous la direction de M. de Louvois, qui fut, à la vérité, pendant peu de temps, il n'y eût une grande profusion de toutes les choses nécessaires ; et cela étoit allé si loin qu'elles ne purent pas toutes passer avec le roi d'Angleterre, ni avec la flotte qui suivit : il en demeura même, encore quantité à Brest.

Il y avoit déjà long-temps que la Dauphine étoit malade, et qu'elle ne voyoit presque personne. On n'avoit aucune foi à son mal ; cependant elle étoit enflée, et maigrissoit fort. Les médecins ne lui faisoient rien du tout. A la fin de l'hiver, elle s'étoit mise entre les mains d'une femme qui lui avoit donné d'abord quelque soulagement, et qui en effet l'avoit fait désenfler ; mais cela étoit revenu : ensuite elle s'étoit remise encore une fois entre les mains des médecins. Enfin ils avouèrent leur ignorance. Madame la Dauphine voulut tâter des empiriques : on en consulta beaucoup. Enfin elle demanda au Roi la permission de se mettre entre les mains d'un prêtre normand dont le maréchal de Bellefond étoit entêté, et qui se donnoit pour un homme à divers secrets. Son premier métier avoit été, demeurant au collége de Navarre, d'apprendre à siffler à des linottes. Un de ses amis, souffleur de sa profession, lui laissa en mourant tous ses secrets, et le prêtre s'en servit heureusement : cela établit sa réputation. Il se trouva en Normandie auprès de chez le maréchal, qui est homme à s'entêter fort aisément. Il vanta le prêtre, et enfin lui établit une réputation d'habileté qu'il ne méritoit nullement. Ce fut l'homme dont madame la Dauphine se servit. Elle s'en trouva bien dans le commencement, et redevint ensuite dans le même état. Peu de gens se soucioient de cette princesse, parce qu'elle ne contribuoit ni à la fortune des personnes ni aux plaisirs de la cour. Il y avoit un temps assez considérable que M. de La

Trémouille (1) faisoit l'amoureux d'elle publiquement. Il étoit, à la vérité, parfaitement bien fait, mais d'une laideur choquante, et l'on peut dire non commune : on l'accusoit d'avoir l'esprit à l'avenant (2). On étoit si accoutumé à le voir lorgner, que personne n'y faisoit la moindre attention, et l'on ne s'avisoit pas de faire le tort à madame la Dauphine de croire qu'elle l'aimât : cependant quelques gens osèrent à la fin le penser. Madame la Dauphine lui parloit, même plus souvent qu'à un autre, parce qu'il se présentoit plus souvent à elle. On n'a pu savoir si M. de La Trémouille avoit pris la liberté de lui découvrir sa passion un peu plus évidemment que par des lorgneries; mais enfin la Dauphine lui fit dire par la d'Arpajon, sa dame d'honneur, de ne se plus présenter devant elle.

Cela se seroit passé entre eux trois, et peut-être Monseigneur, à qui madame la Dauphine pouvoit l'avoir dit, si M. de La Trémouille ne se fût avisé d'en aller porter sa plainte au Roi, qui lui répondit que madame la Dauphine étoit sage; qu'elle avoit ses raisons pour cette défense; et que peut-être le tort qu'elle avoit eu c'étoit de ne l'avoir pas faite plus tôt.

(1) *De La Trémouille* : Charles Belgique-Hollande, seigneur de La Trémouille, duc de Thouars, mort en 1709, à l'âge de cinquante-quatre ans. — (2) « Une jolie fille dit l'autre jour à Rennes une folie qui res-
« semble tout-à-fait aux épigrammes de madame de Coulanges : *Vous*
« *connoissez M. de La Trémouille, et sa belle taille et sa laideur :*
« *il regardoit une autre jolie personne dont il faisoit l'amoureux, et*
« *tournoit le dos à celle-ci; au lieu d'en être embarrassée, elle dit vi-*
« *vement : C'est à moi qu'il veut plaire assurément.* » (Lettre de madame de Sévigné à sa fille, du 27 novembre 1689.)

Dans ce temps-là il se passa une autre scène assez considérable à l'égard de madame la duchesse.

Elle étoit des plus jeunes et des plus éveillées, et rassembloit chez elle ce qu'il y avoit de plus jeunes femmes, à la tête desquelles étoit madame de Valentinois (1), fille de M. d'Armagnac, plus coquette elle toute seule que toutes les femmes du royaume ensemble.

Dès l'hiver, il y avoit eu une grande affaire : M. de Marsan, de qui madame la duchesse s'étoit moquée pendant qu'il étoit amoureux de la cadette Gramont (2), s'avisa de lorgner madame la duchesse, à ce qu'on dit pour se venger d'elle, et pour en faire un sacrifice à sa maîtresse. Madame la duchesse répondit aux lorgneries ; M. de Marsan écrivit, madame la duchesse fit réponse. Ces sortes de vengeances avec une aussi jolie personne, et du rang de madame la duchesse, retombent bien souvent sur les maîtresses. Je crois que cela fût arrivé ; car les deux meilleurs amis de M. de Marsan, qui étoient Comminges et Mailly, étoient amoureux chacun d'une fille de madame la duchesse : le premier, d'une mademoiselle de Doré, qu'il y avoit long-temps qui faisoit l'amour, et qui l'avoit fait avec le prince d'Harcourt avant que d'entrer chez madame la duchesse ; l'autre, d'une mademoiselle de La Roche-Aynard. Elles étoient toutes deux favorites de madame la duchesse, et lièrent ce commerce. Il fut dé-

---

(1) *De Valentinois* : Marie de Lorraine, fille de Louis, comte d'Armagnac, grand écuyer de France. Elle avoit épousé Antoine Grimaldi, prince de Monaco, duc de Valentinois. — (2) *Gramont* : Henriette-Catherine de Gramont, fille du maréchal de Gramont ; elle étoit veuve de Canonville, marquis de Raffetot, mort en 1682.

couvert : M. le prince s'en plaignit au Roi. Le Roi lui dit qu'il n'avoit qu'à faire ce qu'il voudroit; qu'il ne se mêloit plus de la conduite de madame la duchesse. Madame la duchesse fut bien grondée. Le Roi ne voulut pas lui en parler, mais il dit à madame de Maintenon de le faire. Madame de Maintenon en parla à madame la duchesse, qui se mit à lui rire au nez, et dit qu'elle n'avoit écrit que pour se moquer de M. de Marsan.

A cette affaire se mêla un autre incident. M. le prince, qui quand il veut savoir quelque chose y prend tous les soins imaginables, mit des gens en campagne pour savoir ce qui se passoit chez madame la duchesse. On lui vint rapporter que l'on avoit vu sortir de chez elle un homme qui se cachoit. M. le prince envoya querir madame de Mareuil, qui étoit la dame d'honneur, pour savoir qui étoit cet homme : madame de Mareuil jura qu'il n'en étoit point entré, et que madame la duchesse avoit demeuré tout le jour seule dans son cabinet avec madame de Valentinois. On fit de grandes perquisitions; enfin on trouva que c'étoit un peintre que madame de Valentinois avoit fait venir pour avoir un portrait en petit à donner, à ce qu'on dit, à M. de Barbezieux, qui étoit son amant. Elles furent grondées au dernier point; elles en fondirent en larmes, et l'on interdit à madame la duchesse tout commerce avec madame de Valentinois; mais elles se rejoignirent bientôt, et puis il n'en fut plus parlé.

Tout cela demeura pendant quelque temps dans une assez bonne intelligence; mais peu après le départ de M. le duc pour l'armée il y eut une nouvelle scène, ou plutôt une continuation de la première. M. le prince en reparla au Roi, mais avec plus de chaleur. Enfin les filles furent chassées : mesdemoiselles de Doré et de La Roche-Aynard allèrent dans des couvens ; mademoiselle de Paulmy demeura chez madame la princesse, et se maria peu de temps après. Le Roi ordonna que madame la duchesse seroit toujours avec madame la princesse ; que quand elle iroit à Chantilly, elle ne recevroit pas de visite dans son appartement. Rien de tout cela ne fut exécuté, hormis qu'elle n'eut plus la compagnie de ses filles.

Les armées étoient en campagne : celle de M. le maréchal d'Humières dans le pays ennemi ; M. de Duras dans le pays de Mayence, avec de la cavalerie seulement, ayant laissé toute son infanterie dans les places, et surtout à Landau. La disposition de celle des ennemis étoit que M. de Bavière devoit être à la tête du haut Rhin ; on donna de ce côté-là un corps de cavalerie à commander au comte de Choiseul ; M. de Lorraine devoit occuper le Palatinat et l'électorat de Mayence ; M. de Saxe devoit être dans le pays de Trèves, et joindre M. de Lorraine quand il en auroit besoin ; et M. de Brandebourg, avec les troupes de Munster et des troupes de Hollande, dans l'électorat de Cologne. L'Empereur avoit laissé M. de Bade en Hongrie, pour faire tête aux Turcs avec une armée médiocre.

L'électeur de Brandebourg fut le premier qui attaqua quelque chose. Il s'étoit déjà saisi de Neuss quand les troupes du Roi l'avoient abandonné. On avoit aussi retiré toutes les troupes françaises de Kayserswerth, et l'on y avoit laissé une garnison allemande. Ce fut à cette place, qui étoit mauvaise, que s'attaqua M. l'électeur de Brandebourg. Il ne fut que trois jours devant; le quatrième, la garnison allemande obligea Marconié, qui en étoit gouverneur, et qui étoit Français, de se rendre. Le Roi n'avoit plus de place où il y eût de ses troupes que Bonn. M. le cardinal de Furstemberg en étoit parti quand il avoit vu les troupes de M. l'électeur s'approcher du pays de Cologne, et étoit venu demeurer à Metz. Cependant M. l'électeur de Brandebourg, n'osant pas attaquer Bonn dans les règles avec son armée, se contenta de l'investir, et peu de temps après se résolut de la bombarder. M. de Lorraine étoit arrivé à Francfort, et tous les princes dont les troupes composoient l'armée qui devoit agir de ce côté-là s'y étoient rendus. On y tenoit force conseils de guerre, où l'on ne décidoit rien; chacun parloit selon son intérêt : tous vouloient que l'on attaquât une place, mais chacun vouloit que ce fût celle qui étoit la plus près de ses Etats, et par conséquent celle qui les pouvoit le plus incommoder. La ville de Francfort vouloit absolument Mayence, et offroit une somme considérable, et de fournir tout ce qui seroit nécessaire pour les frais du siége. Cela étoit tentant; mais M. de Lorraine n'y opinoit pas, parce qu'il avoit peur de risquer sa réputation : il savoit la quantité de troupes qu'il y avoit dans la place. Le marquis d'Huxelles avoit de la réputation, parce que M. de Louvois l'avoit élevé en très-peu de temps; M. de Duras étoit en Alsace avec une armée considérable. Tout cela faisoit douter du succès du siége.

L'Espagne avoit une envie démesurée de voir des enfans à son roi. Peu de jours après que la Reine fut morte, on proposa au roi Catholique de se remarier, et on lui fit voir les portraits de l'infante de Portugal, de la princesse de Toscane, et de la troisième fille de l'électeur palatin, dont l'aînée avoit épousé l'Empereur, et la seconde le roi de Portugal. On ne sait si ce fut le goût, dont il n'avoit guère, qui prévalut, ou les conseils de ses ministres, qui étoient l'écho de M. de Mansfeld; mais il choisit la fille de l'électeur palatin (1), qui étoit des trois la moins belle. On demanda des vaisseaux au roi de Portugal pour l'aller chercher. Le ministre du Roi obligea le roi de Portugal à n'en point donner. M. de Mansfeld fut choisi par le roi d'Espagne pour l'aller épouser. Il s'embarqua sur un vaisseau portugais, passa en Angleterre, vit le prince d'Orange comme roi (ce qu'avoient déjà fait l'ambassadeur d'Espagne et l'envoyé de l'Empereur), prit des ordres du prince d'Orange pour qu'on lui fournît en Hollande tous les vaisseaux qui seroient nécessaires pour la sûreté du passage de la Reine, et s'en alla à la cour de l'Empereur.

La flotte de la Méditerranée se mit en mer, sous le commandement du chevalier de Tourville (2). L'on publioit que ce n'étoit que pour la Méditerranée : cependant il ouvrit ses ordres secrets, et trouva que c'étoit pour passer dans l'Océan, et venir à Brest joindre le reste de l'armée navale. Elle étoit composée de vingt-deux vaisseaux de guerre : il y en avoit

(1) *De l'électeur palatin* : Marie-Anne de Neubourg, fille de Philippe-Guillaume, duc de Neubourg, électeur palatin, épousa le roi d'Espagne Charles II en 1690. Elle mourut en 1740. — (2) *De Tourville* : Anne-Hilarion de Costentin, comte de Tourville, vice-amiral et maréchal de France, mort en 1701, à l'âge de cinquante-neuf ans.

beaucoup parmi qui ne pouvoient soutenir ni un combat, ni l'effort d'une tourmente. On n'avoit voulu que paroître, et mettre beaucoup de vaisseaux sur mer. La flotte fut long-temps à passer. On pressoit extrêmement l'armement de Brest; on envoyoit courriers sur courriers au maréchal d'Estrées, qui étoit vice-amiral, et qui comptoit de commander toute cette flotte. Jamais la France n'en avoit mis une si nombreuse sur pied, et jamais elle n'avoit paru plus nécessaire. On savoit la jonction de beaucoup de vaisseaux hollandais avec les Anglais, et qu'ainsi ils ne manqueroient pas de mettre les premiers en mer. On avoit beau presser pour les nôtres, cela étoit inutile, parce qu'il manquoit une infinité de choses qu'il falloit qui vinssent de différens endroits, et l'on n'alloit pas commodément des ports de la Manche à ceux de l'Océan; de manière que les Anglais nous tenoient une infinité de choses bloquées. On attendoit un gros vaisseau de Dunkerque, qu'on n'osa faire joindre. Nos matelots n'étoient pas en grand nombre; la religion en avoit fait évader une infinité, et des meilleurs; et il en falloit un furieux nombre. On fut donc obligé de prendre des bateliers de la rivière de Loire pour les remplacer, mais il falloit les dresser; tout cela demandoit du temps, et à la cour on n'en vouloit pas donner. M. de Seignelay donna ses ordres pour que tout ce qui étoit nécessaire tâchât au moins d'arriver, et il partit de Versailles pour se rendre à Brest, où le maréchal d'Estrées le reçut fort bien, quoique dans le fond du cœur ils ne fussent nullement amis. Ils eurent une conférence sur la marine; et dans la conférence M. de Seignelay lui donna une lettre du

Roi, qui lui marquoit qu'étant informé des desseins des ennemis; il le croyoit plus nécessaire à commander le long des côtes les troupes qu'il avoit, qu'à commander l'armée navale. La lettre étoit fort douce, mais il n'y avoit miel qui pût faire avaler un tel poison. Le maréchal sentit le dégoût de celui-ci aussi vivement qu'on le peut sentir. On lui avoit fait toujours et dans tous les temps commander les flottes; il avoit toute l'expérience que l'on peut avoir; il étoit revêtu d'une grande dignité, et on lui ôtoit sa fonction dans le temps qu'elle étoit la plus brillante, sous un fort mauvais prétexte, pour la donner à un homme dont la dignité, le mérite et la naissance étoient fort inférieurs au maréchal : mais celui à qui on la donnoit étoit un homme soumis, qui de tout temps avoit été des plaisirs de M. de Seignelay, et qui étoit le seul homme de la marine pour qui il eût une sorte de confiance et d'amitié. Le maréchal soutint ce coup avec douleur, mais sans bassesse, et partit pour aller donner ses ordres où le Roi lui ordonnoit.

M. de Seignelay cependant trancha du maître dans la marine, comme font tous les ministres du Roi chacun dans leur district; donna des ordres signés Louis, et plus bas *Colbert*. Il étoit enfin général en tout, hors qu'il ne donnoit pas le mot; et même il en avoit et les habits et la mine. Dans sa pénible fonction, il parla d'aller attaquer les ennemis jusque dans leurs ports, exagéra le peu de cas que le Roi faisoit des combats de mer qui s'étoient donnés jusqu'à lui, et dit qu'il prétendoit que ces combats fussent dorénavant plus décisifs, et que l'on allât d'abord à l'abordage. Il s'embarqua, demeura quelque temps embarqué, et fit faire de grandes provisions. En un mot, il n'y eut personne qui n'eût cru qu'il alloit tout de bon commander l'armée. Quand on sut cette nouvelle à la cour, elle parut fort extraordinaire : tout le monde, grands et petits, s'y trouvoient intéressés, et il n'y avoit personne qui ne songeât que puisque l'on faisoit un aussi grand tort à un homme de la dignité du maréchal d'Estrées, on devoit s'attendre à pis. M. de Seignelay s'ennuya bientôt sur son vaisseau. On n'avoit nulle nouvelle de la flotte de la Méditerranée. Cependant les ennemis parurent à la hauteur d'Ouessant, qui est une petite île à huit lieues de Brest, et parurent au nombre de soixante vaisseaux. On avoit de petits bâtimens de garde, qui en vinrent avertir. Le maréchal d'Estrées s'en revint incessamment à Brest, parce que c'étoit la grande affaire. M. de Seignelay, qui n'avoit plus d'affaires, songea à ses plaisirs, joua gros jeu, fit l'amour aux dames de Brest, conserva peu le *decorum* de ministre, laissa promener les ennemis huit ou dix jours le long des côtes, et souffrit qu'il vînt une escadre de dix-huit ou vingt vaisseaux à demi-lieue de la côte, et à quatre de Brest. Pendant ce temps-là pourtant le convoi qu'il attendoit des ports de la Manche arriva fort heureusement : il lui vint aussi des vaisseaux de Rochefort, chargés de ce qui manquoit pour la flotte; il lui vint des matelots de tous côtés : enfin cette flotte, à qui tout manquoit huit jours avant qu'il arrivât, mais à un tel point que les officiers ne vouloient pas même monter sur leurs vaisseaux, fut pourvue de tout au-delà de ce qu'il falloit.

Malgré cette heureuse réussite, et les plaisirs que

prenoit M. de Seignelay, il ne laissoit pas d'avoir ses
heures de chagrin. La flotte de Provence n'arrivoit
pas; on avoit nouvelle qu'elle avoit passé à Cadix il
y avoit bien du temps. Celle des ennemis étoit justement au passage pour arriver à Brest; on avoit envoyé au devant des vaisseaux qui ne revenoient pas.
On lui rendoit aussi compte de l'inquiétude du Roi :
elle augmentoit la sienne, d'autant plus qu'il avoit
emporté l'armement du Roi à lui, et que tous les
autres ministres n'en avoient point été d'avis. Il se
lassa enfin de voir continuellement cette escadre des
ennemis s'avancer du côté de Brest; il en fit sortir une
de dix vaisseaux de la rade, pour donner la chasse aux
ennemis quand ils paroîtroient : cela leur fit tenir un
peu bride en main. Le vent avoit toujours été assez
bon aux ennemis : il changea un soir, et fut si violent qu'il les obligea de quitter Ouessant, et de se retirer aux côtes d'Angleterre. Ce vent, qui leur étoit
contraire, étoit bon à l'armée de Provence. Tourville, qu'il y avoit deux jours qui étoit à vingt lieues
de Brest, et qui avoit su, par un petit bâtiment anglais qu'il avoit pris, que l'armée des ennemis étoit
à la hauteur d'Ouessant, jugeant qu'ils n'avoient pas
pu demeurer en cet endroit, fit donner toutes les
voiles, et arriva dans l'endroit où se tenoit ordinairement leur escadre. Il y avoit vingt-quatre heures
qu'ils s'en étoient retirés. Ainsi son arrivée fut due
à un coup du Ciel; car il eût été obligé de s'en retourner, ou d'aller à Rochefort, si les ennemis eussent encore demeuré long-temps là. La joie de son
arrivée fut grande à Brest, et encore plus grande à la
cour, où l'on commençoit d'en désespérer.

On avoit déjà commencé à faire marcher en Flandre les troupes de Guienne ; le maréchal de Lorges avoit eu aussi avis qu'on l'en tireroit bientôt. Il n'y avoit plus d'autres troupes qu'en Bretagne et en Normandie. Elles eurent aussi ordre de marcher en Flandre aussitôt que le courrier eut apporté la nouvelle de l'arrivée de M. de Tourville.

La chose du monde que l'on souhaitoit le plus en France, et qui nous étoit la plus importante dans la conjoncture présente, étoit la mort du Pape. On apprit qu'il étoit malade à l'extrémité. Lavardin, qui avoit été envoyé ambassadeur à Rome parce qu'on n'en avoit pas pu trouver d'autre qui y voulût aller, dans l'assurance où l'on étoit à peu près de ne pas réussir à une si pénible négociation, avoit été rappelé. Ce ministre s'étoit fort mal gouverné avec le cardinal d'Estrées, et avoit pris des engagemens tout contraires aux siens, et à tous ceux que la France avoit. Avant que de partir de Paris, il avoit commencé à prendre des liaisons avec l'abbé Servien, qui avoit été envoyé par le Pape pour apporter la barette aux cardinaux nommés. L'abbé Servien étoit ennemi particulier du cardinal : il étoit Français, mais établi à Rome depuis long-temps avec une charge chez le Pape, et vouloit faire sa fortune indépendamment de la France. Cet abbé donna à Lavardin des vues toutes contraires à celles qu'il devoit prendre, d'autant plus que l'intention du Roi et de M. de Croissy, secrétaire d'Etat des étrangers, étoit que l'ambassadeur ne fît rien que de concert avec le cardinal, qui étoit un homme d'un esprit supérieur, qui depuis long-temps étoit à Rome, qui outre cela y avoit fait beaucoup de voyages, et par conséquent connoissoit beaucoup mieux cette cour qu'un homme qui n'y faisoit que d'arriver. Dans toutes les affaires qui se rencontrèrent pendant l'ambassade de Lavardin, il jetoit la faute sur le cardinal d'Estrées; mais lui, plus sage et plus posé, ne donnoit des coups à Lavardin que quand ils pouvoient bien porter. On avoit donné à l'ambassadeur beaucoup d'officiers de marine et des gardes pour l'accompagner à Rome, afin qu'il ne lui arrivât rien. Il rendit tous ces gens-là malcontens de ses manières, de sa mauvaise chère, de son peu d'apparat; au lieu que le cardinal d'Estrées gagnoit le cœur à tous par ses manières honnêtes et par sa magnificence. Enfin, pendant deux ans et demi que Lavardin fut ambassadeur à Rome, il ne s'attira que beaucoup de brocards, dépensa bien de l'argent, ne parut guère, et ne réussit à aucune de ses négociations. Cela n'étoit pas bien étonnant, vu l'obstination du Pape et la haine qu'il portoit au Roi et à la nation, haine qui n'a que trop paru par la manière dont il a engagé toute l'Europe contre nous, et par le peu de secours qu'il voulut accorder au roi d'Angleterre, qui perdoit son royaume parce qu'il étoit trop zélé catholique. Ce roi, en partant de France, avoit envoyé M. Porter, homme de beaucoup d'esprit, pour tâcher de tirer du secours de Sa Sainteté, qui ne lui donna, pour tout réconfort, que des chapelets et des indulgences : choses fort peu nécessaires à d'autres qu'à des dévots consommés, et qui n'étoient d'aucune utilité pour reconquérir un royaume. Porter s'en revint fort peu édifié de Sa Sainteté, qui disoit envoyer à l'Empereur, pour faire la guerre contre les

Turcs, un argent que l'Empereur employoit contre le Roi.

Quand on vit le peu de succès de l'ambassadeur dans ces affaires, la dépense furieuse qu'il faisoit au Roi, et le besoin qu'on avoit d'officiers, on lui envoya ordre de revenir. Le Pape ne se portoit pas bien. La reine de Suède, qui ne nous aimoit pas, et le cardinal Azolin, qui étoit ennemi déclaré de la France et avoit part à la confiance du Pape, étoient morts à peu de temps l'un de l'autre. Il y avoit eu, disoit-on, une prédiction sur leur mort, et l'on y joignoit aussi celle du Pape. Sa mauvaise santé et son âge, qui passoit quatre-vingts ans, étoient la plus sûre prédiction. Quelques gens ont cru que sa mort, que l'on prévoyoit prochaine, eut plus de part au rappel de Lavardin que son peu de progrès dans les négociations.

Dans toutes les petites affaires qui se passèrent en Flandre, les troupes du Roi, quoiqu'il y en eût beaucoup de nouvelles dans l'armée, avoient l'avantage sur celles des ennemis; mais ils en avoient un autre, qui étoit qu'il en désertoit un nombre infini des nôtres, et que des leurs il n'en désertoit point. L'affaire la plus considérable qu'il y eut fut un détachement où Saint-Gelais commandoit. On tomba sur une partie des gardes à cheval du roi d'Espagne aux Pays-Bas. Ils témoignèrent une bravoure extraordinaire, et revinrent jusqu'à cinq fois à la charge : ils furent pourtant tous tués ou faits prisonniers. Comme la cavalerie des Espagnols n'étoit pas montée, les gouverneurs des places faisoient ce qu'ils pouvoient pour la monter à nos dépens, et envoyoient beaucoup de partis pour prendre des chevaux au fourrage. Il y en eut un d'assez insolent pour venir se mettre entre les gardes pour prendre des chevaux dès le soir à l'abreuvoir, et il fut assez indiscret pour tirer. Rien ne le pouvoit mieux faire découvrir : aussi le fut-il, et le bruit en vint aussitôt au quartier général que les gardes étoient attaqués. Tous les jeunes gens qui y étoient montèrent à cheval, et poussèrent sans savoir ce que c'étoit : le prince de Rohan, fils de M. de Soubise, eut le genou cassé; Nogaret, un cheval tué sous lui, et le bras un peu égratigné. Tout le parti fut sacrifié ; il ne s'en sauva pas un seul. C'étoient là les grandes affaires du maréchal d'Humières, à cause des ordres qu'il avoit. Pour ce qui regardoit l'armée de M. de Duras, on n'y avoit point encore vu d'ennemis, et il n'y avoit eu que de la cavalerie rassemblée.

M. de Lorraine avoit envoyé à l'Empereur pour savoir s'il vouloit absolument que l'on assiégeât Mayence, et lui en remontrer les inconvéniens. Il en reçut l'ordre, et s'y disposa. La nouvelle vint à Versailles de cette résolution. La joie en fut grande ; le Roi même et M. de Louvois dirent que si les ennemis avoient pris un conseil d'eux, ils n'auroient pas fait autre chose. Il y eut beaucoup de paris à la cour qu'ils l'attaqueroient, ou qu'ils ne l'attaqueroient pas. Le maréchal de Bellefond, qui tient de l'extraordinaire en tout, paria encore, trois jours après que la nouvelle fut venue de l'ouverture de la tranchée, qu'ils ne l'attaqueroient pas. Mayence étoit un si grand événement, que tout le monde avoit les yeux attachés dessus [1].

(1) La ville de Mayence capitula le 8 septembre, après sept semaines

L'Empereur s'avança à Neubourg pour le mariage de la reine d'Espagne. Il devoit venir ensuite à Ausbourg pour tâcher de faire déclarer son fils roi des Romains, qui étoit déjà roi de Hongrie. Jamais il ne pouvoit prendre une plus belle occasion : toute l'Allemagne étoit dans ses intérêts, et protestans et catholiques, et c'étoit peut-être la seule fois que cela s'étoit ainsi rencontré; et s'il y avoit un temps où le Roi ne pût lui apporter d'obstacle, c'étoit celui-là.

M. de Bavière se rendit à Mayence. M. de Lorraine y disposa ses attaques, et en fit trois, qui furent celle de l'Empire, celle des Saxons, et celle des Bavarois. L'armée n'étoit composée que de quarante mille hommes : la quantité de troupes qu'il y avoit dans Mayence faisoit qu'ils étoient obligés de monter une tranchée très-forte, et leurs troupes en étoient fort fatiguées. Quand M. de Duras vit le siége en train, il commença à rassembler son armée, fit joindre la cavalerie et l'infanterie, passa le Rhin à Philisbourg, entra dans le Palatinat, et voulut occuper les postes que remplissoient des troupes de M. l'électeur de Bavière, commandées par M. de Serini, qui étoit son général. On en reprit d'abord quelques-uns, et l'on fut à Heidelberg, qui étoit l'endroit où il y en avoit davantage, ne doutant point que l'on ne l'emportât; mais cela ne réussit pas comme l'on avoit

de tranchée ouverte. Le marquis d'Huxelles, qui y commandoit, fut obligé de se rendre, faute de poudre. Il n'osa se plaindre, dans la crainte de déplaire à Louvois. On a prétendu, mais sans preuve, que Louvois, qui vouloit prolonger la guerre, avoit à dessein laissé incomplets les approvisionnemens de Mayence, et qu'il avoit fait charger de la défense de la place le marquis d'Huxelles, qui étoit sa créature et son confident.

espéré. M. de Serini jeta beaucoup de troupes dedans, et se retira dans les bois avec le reste. On voulut faire attaquer Heidelberg, mais l'on y trouva trop de résistance. M. de Duras jeta la faute de la réussite sur Tessé, maréchal de camp, qui avoit eu l'ordre de l'évacuer et de le raser, disant qu'il l'avoit assuré que cette place ne pourroit être en un moindre état de défense. Il fallut s'en revenir avec sa courte honte. On prit et brûla un assez gros bourg où il y avoit beaucoup de troupes, et tous les châteaux qui étoient à portée d'incommoder l'Alsace pendant l'hiver. On fit environ quatre mille prisonniers dans toutes ces places, et on les envoya en France, où ils furent dispersés dans les villes.

Dans le temps que l'on commença à parler du siége de Mayence par l'armée d'Allemagne, on eut peur que celle de Flandre n'attaquât Dinant, qui étoit une place de la dernière importance pour le Roi. On fit partir Guiscard, colonel de Normandie et brigadier, pour aller se jeter dedans avec ses deux bataillons. Il étoit très-brave garçon, et avoit beaucoup de mérite; mais six mois auparavant on ne le croyoit pas seulement digne d'être colonel de Normandie, et on lui avoit donné tous les dégoûts imaginables. Il paroissoit à la cour que l'on avoit envie de secourir Mayence : on en parloit beaucoup; on disoit aussi que le Roi avoit permis à M. le maréchal d'Humières de donner bataille : de manière que tout le monde étoit fort éveillé sur les événemens. On ne doutoit point aussi de voir un combat naval; de manière que tout étoit aussi en mouvement sur cela. On fut quelques jours à raccommoder les vaisseaux, et à faire prendre de l'eau à ceux de Provence, en attendant que le vent fût bon pour sortir de Brest. Il y avoit des officiers qui devoient passer en Irlande. Gacé, qui étoit gouverneur du pays d'Aunis et de La Rochelle, avoit eu le dégoût que l'on y avoit envoyé, à la fin de l'hiver, La Trousse pour y commander. La Trousse se trouva extrêmement mal, et par conséquent dans l'impossibilité de servir. On y envoya Saint-Ruth prendre sa place : ce dégoût-là fut plus violent pour Gacé que le premier. Il demanda à aller servir en Irlande, et il fut lieutenant général du roi d'Angleterre. Outre lui, le Roi envoya encore le marquis d'Escars, vieux brigadier, avec messieurs d'Hocquincourt, d'Amanse et de Saint-Pater, qui étoient de jeunes colonels. On fit appareiller un vaisseau pour les porter ; et quand le vent fut bon, la flotte mit à la voile. Le vaisseau destiné pour l'Irlande, et une grande flûte destinée à porter les équipages, se séparèrent de l'armée navale pour aller en Irlande ; mais la flotte, sur laquelle étoit M. de Seignelay, s'en alla descendre à Belle-Isle. Le vaisseau dont je viens de parler, destiné pour l'Irlande, fut attaqué par les Anglais à son retour à Belle-Isle, et le capitaine en fut tué.

Voilà à quoi se termina pour lors l'exploit de la plus formidable armée que le Roi eût jusqu'à présent mise sur mer.

FIN DES MÉMOIRES DE LA COUR DE FRANCE.

MÉMOIRES
ET RÉFLEXIONS

SUR

LES PRINCIPAUX ÉVÉNEMENS
DU RÈGNE DE LOUIS XIV,

ET SUR LE CARACTÈRE DE CEUX QUI Y ONT EU LA PRINCIPALE PART ;

PAR LE MARQUIS DE LA FARE.

NOTICE

SUR LE MARQUIS DE LA FARE

ET

SUR SES MÉMOIRES.

Charles-Auguste, marquis de La Fare, issu d'une des plus anciennes maisons du Languedoc, naquit en 1644 à Valgorge, dans le Vivarais.

Nommé dès l'âge de dix-huit ans mestre de camp du régiment de Languedoc, que son père avoit aussi commandé, il fut présenté au Roi au mois de décembre 1662. Un extérieur agréable, des manières nobles et douces, et l'accueil bienveillant de la duchesse de Montausier, lui procurèrent à la cour la réception la plus favorable, et toutes les petites distinctions qui ont tant de prix pour un jeune courtisan.

La Fare fut, en 1664, un des premiers gentilshommes qui demandèrent au Roi la permission d'accompagner, comme volontaires, le comte de Coligny, que Louis XIV envoyoit avec un corps de six mille hommes au secours de l'Empereur. Il se trouva au combat de Saint-Gothard; et la paix s'étant faite, il seroit revenu en France avec l'armée, si, blessé dans un combat singulier, il n'avoit pas été obligé de s'arrêter à Vienne. La rigueur avec laquelle on observoit alors l'édit sur les duels mettoit obstacle à son retour; mais le résultat des informations lui ayant été favorable, l'affaire fut qualifiée de simple rencontre, et La Fare, au mois d'avril 1665, put revenir à la cour.

Le Roi formoit alors la compagnie des gendarmes de M. le Dauphin; il en donna le guidon au marquis de La Fare, qui crut en recevant cette grâce qu'elle seroit pour lui le signal de la faveur. Devenu sous-lieutenant de cette compagnie, il se distingua avec elle aux combats de Senef, de Mulhausen et de Turckeim. On lui doit cette justice de dire que, par son courage et son sang froid, il contribua singulièrement à la victoire de Senef : il chargea avec la maison du Roi, et sa compagnie resta durant huit heures exposée au feu de l'ennemi, « sans autre mou-
« vement que celui de se presser à mesure qu'il y
« avoit des gens tués (1). » « Cette situation n'étoit
« pas bonne, dit La Fare, mais elle étoit néces-
« saire (2). » Le grand Condé lui témoigna sa satisfaction sur le champ de bataille. Le marquis raconte avec beaucoup de modestie les événemens de cette célèbre journée.

La Fare auroit vraisemblablement poussé fort loin sa carrière militaire, si, avant de s'engager dans des intrigues de galanterie, il avoit écouté davantage les conseils de la prudence. Il rendoit des soins assidus à la maréchale de Rochefort, tandis que Louvois aimoit cette dame en secret : on a même prétendu que le chancelier Le Tellier, dans la première

(1) Lettre de madame de Sévigné au comte de Bussy-Rabutin, du 5 septembre 1674. — (2) Mémoires de La Fare.

jeunesse de la maréchale, n'avoit pas été insensible à ses agrémens. La Fare attribue à cette cause l'aversion marquée que le père et le fils lui portoient. « Ils s'imaginèrent tous deux, dit-il, que j'en étois « amoureux, et mieux traité que je ne l'étois effec- « tivement. Il y avoit plus de coquetterie de ma part « et de la sienne que de véritable attachement : quoi « qu'il en soit, c'a été l'écueil de ma fortune, et ce « qui m'attira la persécution de Louvois. » La liaison de La Fare avec la maréchale n'étoit pas enveloppée de tant de mystère, qu'elle ne fût connue dans le monde ; madame de Sévigné en entretenoit sa fille. « Je suis dégoûtée, disoit-elle, de la passion de La « Fare : elle est trop grande et trop esclave ; sa maî- « tresse ne répond pas au plus petit de ses sentimens. « Elle soupa chez Longueil, et assista à une musique « le soir même qu'il partit. Souper en compagnie « quand son amant part, et qu'il part pour l'armée, « me paroît un crime capital (1). »

Louvois ayant refusé de lui accorder un avancement qui paroissoit mérité, La Fare quitta le service. « M. de Luxembourg, dit-il, ayant demandé que je « fusse fait brigadier, ... il me fut répondu sèche- « ment par Louvois que j'avois raison, mais que cela « ne serviroit de rien. Cette réponse brutale et sin- « cère du ministre alors tout puissant, qui me haïs- « soit depuis long-temps, et à qui jamais je n'avois « voulu faire ma cour, jointe au méchant état de mes « affaires, à ma paresse, et à l'amour que j'avois pour « une femme qui le méritoit, tout cela me fit prendre « le parti de me défaire de ma charge. »

(1) Lettre à madame de Grignan, du 19 mai 1673.

La Fare n'étoit plus alors occupé de la maréchale de Rochefort; il avoit donné ses affections à la tendre, à la spirituelle La Sablière, dont le nom vivra aussi long-temps que celui de La Fontaine. Leur liaison étoit d'abord si étroite, qu'ils ne pouvoient se séparer l'un de l'autre ; douze heures chaque jour suffisoient à peine au besoin qu'ils avoient de s'entretenir [août 1676] : une année après, sept à huit heures paroissoient trop longues [août 1677]; et La Fare finit enfin par préférer le jeu de la bassette à cette passion pour laquelle il avoit tout sacrifié [1680] (1).

Il avoit en effet vendu, en 1677, sa charge de sous-lieutenant des gendarmes-Dauphin au marquis de Sévigné (2). De ce moment, La Fare n'eut plus de part aux événemens de son temps, et il s'abandonna entièrement à l'insouciance de son caractère. On sait que madame de Coulanges prétendoit que La Fare n'avoit jamais été amoureux : suivant elle, « c'étoit « tout simplement de la paresse (3). » Aussi disoit-elle, dans son style épigrammatique, « qu'elle ne le « saluoit plus, parce qu'il l'avoit trompée (4). »

La Fare fut nommé capitaine des gardes de Monsieur ; et le 27 novembre 1684 il prêta le serment de cette charge entre les mains du Roi (5).

(1) Lettres de madame de Sévigné, *passim* ; mais surtout la lettre du 14 juillet 1680. — (2) Lettre de madame de Sévigné au comte de Bussy-Rabutin, du 19 mai 1677. — (3) Lettre de madame de Sévigné à sa fille, du 8 novembre 1679. La Fare semble confirmer le jugement de madame de Coulanges lorsqu'il célèbre les charmes de la paresse dans une ode adressée à l'abbé de Chaulieu. — (4) Lettre de madame de Sévigné à sa fille, du 24 janvier 1680. — (5) Journal manuscrit de Dangeau, à cette date.

Il se maria à la même époque avec mademoiselle Louise-Jeanne de Lux de Ventelet; leur contrat de mariage fut signé par le Roi le 7 novembre 1684 (1). Cette union a été bien courte; La Fare perdit sa femme le 28 décembre 1691 (2).

Monsieur étant mort à Saint-Cloud le 9 juin 1701, La Fare continua d'exercer sa charge auprès de M. le duc d'Orléans, qui fut depuis régent du royaume. Il en a rempli les fonctions jusqu'à sa mort, arrivée le 3 juin 1712 (3).

Philippe-Charles de La Fare, fils de l'auteur des Mémoires, succéda à son père dans la charge de capitaine des gardes du duc d'Orléans; il obtint, au mois de novembre 1746, le bâton de maréchal de France; il étoit chevalier des ordres du Roi, et de la Toison d'or d'Espagne. Il est mort en 1752, des suites de la petite vérole qu'il avoit gagnée en rendant des soins à M. le Dauphin, père des trois rois, qui venoit d'être atteint de cette maladie.

La maison de La Fare a compté dans le dix-septième siècle jusqu'à onze branches différentes; neuf se sont successivement éteintes. Deux subsistent encore aujourd'hui : l'une descend de Louis de La Fare, seigneur de La Tour, frère cadet de Jacques, aïeul du poëte; elle est représentée par Son Eminence M. le cardinal de La Fare, archevêque de Sens, pair de France, premier aumônier de madame la Dauphine, et par M. le marquis de La Fare son neveu, gentilhomme honoraire de la chambre du Roi. La seconde branche, qui descend de François de La Fare, sei-

(1) Journal manuscrit de Dangeau, à cette date. — (2) Histoire généalogique des grands officiers de la couronne, t. 2, p. 139. — (3) *Ibid.*

gneur de La Salle et d'Alais, oncle du poëte, existe en la personne de M. le marquis de La Fare-Alais, qui habite une terre dans les Cévennes, ancien berceau de cette famille illustre.

Le caractère du marquis de La Fare est celui d'un homme aimable et insouciant, qui regrette peu le passé, et jouit du présent sans s'occuper beaucoup de l'avenir. Il faisoit partie de la société d'aimables épicuriens qui se réunissoit au Temple chez le grand prieur de Vendôme. La Fare devint poëte sur la fin de sa vie; on lit peu ses traductions, mais on a retenu son madrigal adressé à madame de Caylus, et quelques autres pièces naturelles et faciles, pleines d'une douce philosophie. Il caractérise lui-même le genre de son talent dans ce joli dizain qu'il adresse à ses vers :

> Présens de la seule nature,
> Amusemens de mon loisir,
> Vers aisés, par qui je m'assure
> Moins de gloire que de plaisir,
> Coulez, enfans de ma paresse.
> Mais si d'abord on vous caresse,
> Refusez-vous à ce bonheur :
> Dites qu'échappés de ma veine
> Par hasard, sans force et sans peine,
> Vous méritez peu cet honneur.

Ses poésies ont été publiées avec celles de l'abbé de Chaulieu son ami; elles ont aussi été imprimées séparément.

Les Mémoires de La Fare sont le plus important de ses ouvrages. Le style en est clair et précis : il s'y montre bon observateur, mais il y laisse aussi trop souvent percer l'esprit frondeur qui le dominoit; il déverse même quelquefois sur la personne du Roi l'humeur que la rudesse de Louvois lui avoit inspirée. On peut, sous ce rapport seulement, le comparer au marquis de Saint-Simon : de même que ce dernier, il dépouille le grand roi du prestige qui l'entouroit, et le juge avec plus de rigueur que de justice.

La Fare, qui passoit sa vie à l'hôtel de Vendôme et au Temple, nous semble ne s'être pas assez défendu de l'esprit de mécontentement qui régnoit dans une société où l'on étoit dans l'habitude de blâmer tout ce qui se faisoit à la cour. Il doit donc être lu avec précaution.

La première édition des Mémoires du marquis de La Fare a été publiée en 1716 à Rotterdam, in-12; d'autres éditions ont été données en 1740 et en 1755. Les divers éditeurs ont reproduit le texte de 1716 avec les fautes qui s'y rencontroient; on y a seulement ajouté des notes très-longues, souvent superflues, et dont la plupart semblent avoir été écrites par un homme qui haïssoit la France. Il n'a été conservé qu'un petit nombre de ces notes.

Je vais maintenant expliquer comment le texte de ces Mémoires a éprouvé des améliorations importantes.

Je m'occupois en 1817 de recherches générales sur l'histoire du siècle de Louis XIV. Plusieurs personnes eurent la complaisance de mettre à ma disposition ce que leurs cabinets renfermoient de plus précieux. Il se rencontra parmi ces matériaux un manuscrit des Mémoires de La Fare, que je regardai comme une copie faite du vivant de l'auteur. Ayant comparé soigneusement ce manuscrit avec l'édition de 1755, je reconnus qu'il étoit un peu plus étendu, et surtout plus correct : beaucoup de fautes avoient disparu, et le sens de quelques passages obscurs retrouvoit sa première clarté. J'avois fait cette comparaison sans autre but que celui de ma propre satisfaction; j'étois loin de penser que l'occasion pourroit un jour se présenter d'en faire usage. Quand j'eus terminé la collation du manuscrit, il fut rendu à son propriétaire, dont le nom est échappé au souvenir de la personne qui me l'avoit confié. Cet oubli me met dans l'impossibilité de dire quel peut être aujourd'hui le possesseur de ce volume.

J'espère que l'on ne se refusera pas à croire au soin scrupuleux avec lequel j'ai relevé les différences de ce manuscrit avec l'imprimé. J'ai quelque temps balancé à faire usage de ce travail : d'un autre côté, pouvois-je me résoudre à reproduire un texte vicieux quand j'avois eu la preuve de son altération?

L. J. N. Monmerqué.

AVERTISSEMENT
DE L'ÉDITEUR DE 1716.

On a vu depuis plusieurs années tant d'ouvrages faits à plaisir, et attribués à des personnes qui n'y avoient pas eu la moindre part, sous le titre de *Mémoires*, etc., qu'on a cru devoir avertir le public que ceux-ci ont été réellement écrits par un officier de distinction, qui n'est mort que depuis quelques années.

Quoiqu'il ait pris assez de précautions pour n'être pas connu, il sera difficile qu'il ne le soit pas, pour peu qu'on fasse attention à certaines particularités qu'il rapporte; c'est pourquoi on ne s'est fait aucun scrupule de le désigner par les lettres initiales de son nom.

Je ne dis rien à l'avantage de cet ouvrage; c'est au lecteur à en juger. Ceux qui haïssent la flatterie et qui aiment la liberté y verront avec plaisir que dans tous les pays du monde on trouve des personnes assez nobles, assez hardies pour penser librement, et même pour oser écrire la vérité aux dépens de tout ce qui en peut arriver.

Il paroît que l'auteur de ces Mémoires avoit dessein de nous mener jusqu'à la fin de la dernière guerre; mais il finit tout d'un coup à la paix de Riswick. Il a laissé quelques autres ouvrages qu'on donnera dans la suite au public, si l'on remarque que celui-ci soit de son goût.

MÉMOIRES

DU

MARQUIS DE LA FARE.

INTRODUCTION.

C'est avec raison, ce me semble, que frère Jean disant au bon Pantagruel : *Nous autres moines, hélas ! n'avons que notre vie en ce monde,* Pantagruel lui répondit : *Hé ! que diable ont de plus les rois et les princes ?* Chacun effectivement n'a qu'un certain nombre de jours ; il n'est question que d'en faire un bon usage. Ainsi je ne veux point examiner physiquement la vie de l'homme, et les causes de son peu de durée ; je ne songe point à la prolonger. On pourroit vouloir la rendre plus innocente et meilleure par des préceptes de morale ; mais je suis presque persuadé de leur inutilité, et je crois que chacun a dans soi les principes du bien et du mal qu'il fait, contre lesquels les conseils de la philosophie ont peu de pouvoir. Celui-là seul est capable d'en profiter, dont les dispositions se trouvent heureusement conformes à ces préceptes ; et l'homme qui a des dispositions contraires agit contre la raison avec plus de plaisir que l'autre n'en a à lui obéir.

Quel est donc mon dessein ? C'est de faire voir la vie des hommes comme dans un tableau. Il ne s'agit pas ici de ce que les hommes doivent penser et faire ; il s'agit de ce qu'ils pensent, de ce qu'ils font et de ce qu'ils sont capables de faire, et d'en juger par ce qu'ils ont fait. Tous les livres ne sont que trop pleins d'idées ; il est question de présenter des objets réels, où chacun puisse se reconnoître et reconnoître les autres : et peut-être arrivera-t-il que, mettant devant les yeux cette multitude de routes différentes que les hommes prennent pour arriver à leur bonheur, les plus simples et les plus droites seront suivies, sinon par la plus grande, au moins par la plus saine partie. C'est ce qui a fait dire que le livre du monde étoit le plus utile de tous les livres, parce que c'est le seul qui peut par expérience montrer le véritable chemin de la félicité, qui n'est et ne peut être autre que la vérité et la vertu.

CHAPITRE PREMIER.

Des principes généraux de la différence qui se trouve dans la vie et dans les pensées des hommes.

La première division qui se doit faire dans l'homme, c'est celle de l'esprit et du corps : mais laissant à part cette séparation, qui est peut-être plus difficile qu'on ne pense, et regardant l'homme comme un tout composé de ces deux parties, je crois voir en lui trois principes généraux de toutes ses actions, qui font trois genres de vie différens. Je le regarde comme agissant ou par son appétit purement naturel, ou par les passions que les objets excitent en lui, ou enfin par la raison, qui, à ce qu'on prétend, le distingue des autres animaux. Ces trois principes ont fait dès la naissance du monde, et font encore à présent, qu'il y a trois sortes de vies parmi les hommes.

La première, celle de ces nations que nous appelons barbares, qui ne songent qu'à satisfaire leurs appétits naturels, vie plus communément innocente que la nôtre. La seconde, celle de presque tout le monde, qui ne songe qu'à satisfaire ses passions, celui-ci son avarice, celui-là son ambition, et cet autre son ardeur pour les voluptés. La troisième vie est de ceux qui, sous le titre de philosophes ou de gens de bien, prétendent par la raison réformer les deux autres; et ceux-là sont en petit nombre, plus propres à la contemplation qu'à l'action, et à critiquer le monde qu'à le corriger.

Mais cette diversité de principes, qui a introduit dans la vie des hommes ces trois principales différences que je viens de remarquer, est non-seulement dans la nature humaine en général, mais dans chaque homme en particulier; de sorte qu'il n'y en a point qui ne pense tous les jours agir conformément ou à ses appétits naturels, ou à ses passions, ou à sa raison; et de là vient le peu d'uniformité qui se trouve dans la vie, et qu'on les voit, comme a dit un de nos poëtes,

Aujourd'hui dans un casque et demain dans un froc,

donnant tout, tantôt à leurs appétits et à leurs passions, et tantôt à la raison, qui n'est plus raison dès qu'elle est outrée, et qui jette l'homme dans des égaremens aussi dangereux que ceux de ses passions; ce qui fait qu'il ne faut point s'étonner de cette bigarrure qui se trouve dans le monde, puisque la souveraine qui devroit y mettre l'ordre est souvent celle qui gâte tout par sa foiblesse et par son incertitude: en sorte qu'il seroit à souhaiter que les hommes suivissent plutôt leurs premiers mouvemens que leurs réflexions, car les bons feroient le bien plus sûrement, et les méchans seroient plus tôt et plus généralement reconnus.

Il y a trois autres principes moins généraux de la prodigieuse diversité qu'on voit dans les pensées et par conséquent dans la vie des hommes : le tempérament, la fortune, et l'habitude. Beaucoup de gens prétendent que c'est au tempérament qu'on doit attribuer toutes nos actions; que les véritables sources de la fortune de chacun sont dans son tempérament; que la vertu même n'a point d'autre fondement; et que cette prétendue liberté qu'on dit que nous avons de bien et de mal faire n'est qu'une chimère. Il semble que l'astrologie judiciaire favorise cette opinion; car s'il est vrai qu'après avoir bien observé le moment de la nativité d'un enfant, un habile astrologue peut prédire tout le tissu de sa vie, ce ne peut jamais être que parce que certaines conjonctions des astres forment un certain tempérament qui déterminant l'homme à certaines actions, celui qui connoît parfaitement ces conjonctions et leurs influences doit presque deviner ce qu'un homme fera par ce qu'il est capable de faire, et prévoir même par là les accidens qui lui doivent arriver. Mais laissant à part cette science frivole, et ne voulant pas aussi ravir tout d'un coup à l'homme sa liberté, disons seulement que si le tempérament ne fait pas tout, du moins il entre dans tout; qu'on est amoureux, qu'on est ambitieux, qu'on est vertueux et dévot même, chacun selon son tempérament; et c'est ce qui fait qu'il ne se trouve pas deux personnes qui soient rien de tout cela de la même manière. Passons à la fortune. Je crois qu'il n'y a personne qui n'ait senti par lui-même qu'on pense et qu'on agit différemment dans la bonne et la mauvaise fortune, dans les richesses et dans la pauvreté. De cela seul je crois qu'on peut conclure que les grands princes, les favoris, les ministres, les gens extraordinairement riches, sont, comme pour ainsi dire, des gens d'une autre nature que le commun des hommes; et en vérité personne ne peut avoir quelque commerce avec eux sans s'en apercevoir. Il faut avouer aussi que non-seulement eux, mais tout le reste du monde, prend l'esprit de son état : le bourgeois et le laboureur, le soldat et le marchand, ont tous des idées différentes de la même chose; et ce que l'un fait sans scrupule, l'autre, pour quoi que ce pût être, ne voudroit y avoir pensé. Cette différence de sentimens va encore plus loin : chaque profession et chaque métier, le médecin et l'architecte, le menuisier et le cordonnier, ont chacun l'esprit particulier de leur profession, comme le jésuite, l'augustin et le cordelier ont celui de leur ordre; en sorte qu'un aveugle de bon sens, qui les entendroit sans les voir, ne devroit pas s'y méprendre. Il y a une autre espèce de gens qui prétendent s'accommoder avec toutes sortes d'esprits, et entrer dans les pensées de chacun comme si c'étoient les leurs propres : ce sont les courtisans et les flatteurs (j'entends par là tous ceux qui prétendent avoir l'esprit plus souple que les autres); mais ils sont tous marqués au même coin, aisés à reconnoître, et plus méprisables en ce qu'ils n'ont rien de vrai, et point de sentimens qui leur soient propres. C'est une troupe de vils et fades approbateurs, imitant bien plus souvent les choses mauvaises que les bonnes.

Le troisième principe de la diversité des pensées et des actions humaines, c'est l'habitude, principe sourd et lent, mais certain. On peut presque dire que chaque homme fait toujours la même chose, jusque là qu'il ne peut pas comprendre qu'on fasse autrement. J'ai vu des gens faire l'amour à la montre, et toujours à la même heure. Quelque chose de mauvais vient à plaire par habitude; et comme chacun envisage chaque chose sous différentes circonstances, il n'est pas étonnant qu'ils aient de différentes pensées. C'est aussi par le moyen de l'habitude que l'éducation a quelque pouvoir de changer les hommes; car, à force de les tourner toujours du même côté, on les plie pour ainsi dire comme des chevaux qu'on dresse. Tout ce que je viens de dire est si connu, qu'il n'en faut pas parler davantage.

CHAPITRE SECOND.

Idée générale de ce siècle; son caractère et ses changemens.

Ces principes supposés, il est nécessaire non-seulement que les hommes en détail se conduisent différemment, mais aussi que l'esprit et le caractère de tous les siècles soient différens entre eux; car la ressemblance qui se trouve dans les passions des hommes et dans les événemens qu'elles produisent n'empêche pas cette différence. Il seroit donc à souhaiter que dans chaque siècle il y eût des observateurs désintéressés des manières de faire de leur temps, de leurs changemens, et de leurs causes; car on auroit par là une expérience de tous les siècles, dont les hommes d'un esprit supérieur pourroient profiter. On me dira que l'histoire donne cette expérience : mais comme elle est plus chargée des événemens que des réflexions; que d'ordinaire on n'y représente les hommes que tout-à-fait en beau ou tout-à-fait en laid; qu'on y parle fort souvent de gens qu'on n'a que peu ou point connus, et que, par mille considérations différentes, un historien ne s'avise point de dire tout ce qu'il en pense, l'histoire ne peut nous donner cette expérience vraie et utile que je cherche, et vient à n'être plus qu'une compilation de faits arrangés selon l'ordre du temps, qui ne peut contribuer à faire ce tableau varié et raisonné de la vie humaine, qui est mon but. Je sais bien que je n'ai pas connu à fond tous les gens de mon temps; mais je dirai au moins avec vérité et liberté tout ce que je pense de ceux que j'ai connus, et je vais commencer par donner une idée de l'esprit qui a régné en France pendant la vie du Roi, et des divers changemens arrivés sous ce règne.

Il faut pour cela prendre la chose d'un peu plus loin, et remarquer que le seizième siècle fut un siècle de trouble et de division. L'autorité royale fut souvent méprisée et presque éteinte; les intrigues du cabinet, les guerres de la religion, l'esprit de Catherine de Médicis, le changement fréquent des rois et du gouvernement, la faveur et les grands établissemens que se disputèrent la maison de Montmorency et celle de Guise, donnèrent lieu à quantité de petites guerres qui recommencèrent souvent, à beaucoup d'intrigues, à des cruautés extraordinaires, et souvent à l'abus que les grands seigneurs firent de leur autorité. Comme il y avoit beaucoup de chemins différens pour la fortune, et des moyens de se faire valoir, l'esprit et la hardiesse personnelle furent d'un grand usage, et il fut permis d'avoir le cœur haut et de le sentir. Ce fut le siècle des grandes vertus et des grands vices, des grandes actions et des grands crimes. Après que celui qui fut commis en la personne d'Henri III eut laissé à Henri IV non pas un trône où il n'y eût qu'à monter, mais une couronne à conquérir, il éprouva pendant le reste de ce siècle tout ce que la rebellion lui pouvoit faire essuyer.

Ce fut au commencement de celui-ci (1) qu'il se vit maître paisible de son royaume; ce fut aussi là

(1) *De celui-ci* : Du dix-septième siècle.

que commença l'esprit qui règne encore aujourd'hui. Henri IV, qui avoit vu de ses propres yeux les désordres du siècle précédent, et qui en connoissoit la cause, voulut y remédier; et la première chose qu'il eut en vue fut l'abaissement des grands seigneurs. Mais comme on ne va point d'une extrémité à l'autre sans passer par un milieu, il commença seulement par ne leur donner plus de part au gouvernement ni à sa confiance, et choisit des gens qu'il crut fidèles, et de peu d'élévation.

Le dévouement aux volontés du prince commença à être un grand mérite, et presque le seul : mais comme ce prince étoit juste, bon et sage, il tempéra toutes choses ; de manière qu'il mourut fort regretté, et adoré de ses peuples.

La reine Marie de Médicis, sa femme, fit ce qu'elle put pour maintenir l'autorité royale, et se servit du maréchal d'Ancre, honnête homme et libéral, à ce que j'ai ouï dire à des gens de ce temps-là. Les courtisans commencèrent à devenir rampans auprès du favori ; et quoiqu'il eût des ennemis considérables, il ne périt que par la faveur naissante du jeune de Luynes, qui s'étoit insinué dans les bonnes grâces de Louis XIII.

Ce favori, quoique sans expérience pour la guerre et pour les affaires, se fit faire connétable. Il éleva ses parens et ses amis, et continua d'abaisser les grands seigneurs, à qui pourtant il restoit encore de grands établissemens. Après sa mort, Louis XIII, à la persuasion de la Reine sa mère, mit dans son conseil le cardinal de Richelieu, alors évêque de Luçon, qui s'en rendit bientôt le chef et le maître. Celui-ci, d'un esprit vaste et hautain, entreprit en même temps l'abaissement total des grands seigneurs, celui de la maison d'Autriche, et la destruction des religionnaires; et s'il ne parvint pas à l'entière exécution de toutes ces entreprises, il leur donna de tels commencemens, que depuis nous en avons vu l'accomplissement. Ce fut pour lors que tout le monde prit l'esprit de servitude; et les contradictions que ce cardinal eut de la part de la Reine sa bienfaitrice, de la part de feu Monsieur (1), héritier présomptif de la couronne, de celle de M. de Cinq-Mars, et des autres qui approchoient le Roi, ne lui ayant servi qu'à faire éclater ses vengeances, et à abattre tout ce qu'il y avoit de plus grand, il vit tout le monde soumis. Il faut dire la vérité, qu'avec cette jalousie qu'il avoit de l'autorité royale et de la sienne, qu'il en croyoit inséparable, il aima et récompensa la vertu partout où elle ne lui fut pas contraire, et employa volontiers les gens de mérite; ce qui fit qu'on songea à en avoir. Il mit, avant que de mourir, dans le conseil du Roi le cardinal Mazarin, étranger de beaucoup d'esprit, qui peu de temps après la mort du feu Roi (2), et par l'amitié que la reine Anne d'Autriche eut pour lui, se trouva le maître des affaires et le chef du conseil pendant une longue minorité. Le souvenir de la persécution que le cardinal de Richelieu avoit fait souffrir à la reine Marie-Anne d'Autriche, à Monsieur, et à tout ce qu'il y avoit de plus grand dans le royaume, fit que chacun pensa à se relever pendant cette minorité. Monsieur, qui prétendoit être le tuteur légi-

(1) *Feu Monsieur:* Gaston, duc d'Orléans, frère de Louis XIII. —
(2) *Du feu Roi:* Louis XIII.

time de son neveu; M. le prince de Condé, pour lors duc d'Enghien, qui venoit de gagner la bataille de Rocroy; M. de Beaufort, qui étoit fort bien avec la Reine régente; l'évêque de Beauvais (1), le duc de La Rochefoucauld, créatures de la Reine; et madame de Chevreuse, qu'on croyoit le mieux dans son esprit, voulant tous faire valoir leurs prétentions, aussi bien que beaucoup d'autres concurrens, gens de grandes espérances par l'appui de ceux que je viens de nommer, il étoit impossible qu'on ne vît naître de cette situation beaucoup de divisions, et que l'autorité royale ne souffrît une grande diminution pendant la longue minorité d'un jeune roi et la régence d'une reine opiniâtre, qui vouloit maintenir un étranger malgré les parlemens, les princes, et presque tout le monde. Ce fut donc un temps de licence, d'intrigues de cour et de galanterie, que tout le temps de cette régence; car la Reine elle-même étoit galante, et les femmes avoient beaucoup de part aux affaires. Il arriva aussi que la guerre étrangère qu'on avoit avec les Espagnols, et la guerre civile, formèrent de bons officiers; et que l'art de la guerre, qui s'étoit perfectionné par le grand Gustave, roi de Suède, fut porté jusqu'à nous par ses généraux après sa mort, et surtout par le duc de Weimar, de qui M. de Turenne l'apprit. M. le prince, de son côté, ayant commencé la guerre avec Gassion, qui avoit servi Gustave, et étant d'ailleurs d'un génie admirable, se perfectionna en Allemagne dans les campagnes qu'il fit sous lui avec M. de Turenne contre les Mercy et les Tilly,

(1) *L'évêque de Beauvais* : Augustin Potier, évêque de Beauvais, premier aumônier d'Anne d'Autriche.

généraux habiles qu'avoit pour lors l'Empereur. Mais ce qu'il y a à remarquer, c'est que tout le monde étoit séparé en gens de guerre et en gens de cour, et que pendant que les premiers étoient en campagne, ceux-ci faisoient la guerre dans le cabinet, à la réserve des principaux, et de quelques autres au-dessous d'eux qui étoient de tous métiers. Il est aisé de comprendre comme quoi chacun alors par son industrie pouvoit contribuer à sa fortune et à celle des autres : aussi les gens que j'ai connus, restés de ce temps-là, étoient la plupart d'une ambition qui se montroit à leur première vue, ardens à entrer dans les intrigues, artificieux dans leurs discours, et tout cela avec de l'esprit et du courage. Je vais dire présentement comment les choses ont changé peu à peu.

Après que le cardinal Mazarin, homme d'un esprit souple et délié, que ses passions ne détournoient jamais de suivre son intérêt, se fut servi de son habileté, de la fermeté de la Reine, d'un reste de l'autorité royale qu'il sut faire valoir à propos pour obliger M. le prince à sortir de France, et pour terminer la guerre civile par le secours de M. de Turenne, le plus grand capitaine de son temps, il employa ce même général dans la guerre étrangère, et par ce moyen se vit en peu de campagnes redouté des ennemis de l'Etat, aussi bien que de ses ennemis particuliers. Ce cardinal jouit pendant quelques années du fruit de ses travaux, c'est-à-dire d'une autorité qui ne recevoit aucune contradiction ; car quoique le Roi parvînt à un âge où il pouvoit prendre connoissance de ses affaires, les obligations qu'il lui avoit, l'habitude, la soumission à ses volontés, qu'il avoit contractée dès son enfance, et sa timidité naturelle, l'empêchèrent de se mêler des affaires pendant la vie du cardinal; et quoiqu'on ait dit qu'il commençoit à s'en lasser, je doute qu'il eût de long-temps secoué ce joug. Pendant les dernières années du ministère du cardinal, la cour lui fut entièrement soumise; mais comme il avoit eu besoin de tout le monde, il ménagea le mieux qu'il put et les uns et les autres. Il promit beaucoup et ne tint guère, gouverna le monde plus par l'espérance que par la crainte : on lui fit faire à lui-même beaucoup de choses en le menaçant. Enfin ce fut un homme qui, avec une autorité suprême, compta un peu avec le genre humain. Du reste, il eut des amis avec qui il vécut familièrement; il introduisit les plaisirs et les jeux, et amollit par là les courages. Surtout, comme il avoit été fort embarrassé autrefois de se trouver sans argent quand il sortit de France, il ne songea pour lors qu'à en amasser, et fit une espèce de trafic de toutes les charges du royaume; en un mot, il ne se fit plus rien sans argent. D'un autre côté, M. Fouquet, surintendant des finances, ayant pour but d'occuper un jour la première place, et par défiance aussi du cardinal, avec qui l'abbé Fouquet son frère l'avoit brouillé, ne songea qu'à se faire des créatures, et répandit beaucoup d'argent dans la cour. Cela y mit de la magnificence et de la joie : les vieux courtisans et les plus considérables ne songèrent qu'à se maintenir dans la familiarité et les bonnes grâces du cardinal (ce qui leur donnoit une grande distinction); et les jeunes qu'à se divertir, et à jouir des bienfaits de M. Fouquet. Quelques-uns s'attachèrent au jeune roi, et s'en trouvèrent bien dans la suite.

Le mariage et la paix furent enfin conclus en même temps (1). Feu Monsieur, oncle du Roi, mourut (2); Monsieur, frère du Roi, épousa la princesse d'Angleterre. La cour revint à Paris, où l'on fit une superbe entrée à la Reine; et au printemps suivant, le cardinal mourut à Vincennes (3) avec toute la fermeté possible, laissant une succession immense et une grande réputation. Jusques ici j'ai parlé par ouï dire : présentement je vais dire ce que j'ai vu.

[1661] Louis XIV, âgé d'environ vingt-trois ans, s'appliqua aux affaires avec beaucoup d'ardeur; et comme le cardinal dans les derniers temps l'avoit surtout mis en garde contre la familiarité des Français, et ne lui avoit parlé que de maintenir son autorité, il en fut jaloux jusqu'à l'excès, et commença à se moins communiquer. Cependant sa jeunesse, sa bonne mine, ses nouvelles amours, et particulièrement l'abondance qui régnoit encore dans le monde, jointes aux spectacles et aux fêtes, firent que la cour parut à Fontainebleau, pendant l'été de 1661, plus brillante et plus belle qu'elle n'avoit jamais été : et comme chacun dans le commencement d'un gouvernement nouveau est rempli d'espérance, qui est la plus agréable de toutes les passions, ce ne furent que festins, jeux et promenades perpétuelles, où un jeune roi, après avoir choisi une maîtresse digne de lui, commençoit à jouir de la liberté et de la royauté; car jus-

(1) *En même temps* : Le traité des Pyrénées fut signé le 7 novembre 1659, et le 3 juin 1660 le mariage du Roi fut fait par procureur à Fontarabie. Le 7 du même mois, le roi d'Espagne remit l'Infante sa fille à Louis XIV; et le 9, le mariage fut célébré à Saint-Jean-de-Luz. — (2) *Mourut* : Il étoit âgé de cinquante-deux ans lorsqu'il mourut à Blois, le 2 février 1660. — (3) *A Vincennes* : Sa mort arriva le 9 mars 1661.

que là il n'avoit su ce que c'étoit que l'un ni l'autre.

La perte de Fouquet, surintendant des finances, qui avoit été, à ce que l'on croit, résolue par le cardinal Mazarin, mais non pas du consentement de la Reine mère, qui avoit obligation à Fouquet, arriva sur la fin de cet été. La Reine mère l'abandonna à ses ennemis, à la persuasion de madame de Chevreuse, liée d'intérêt avec Colbert, qui, après avoir eu toute la direction des affaires du cardinal et sa confiance, avoit été dès long-temps destiné par ce ministre pour la réformation des finances. Cette affaire fut ménagée avec secret et dissimulation de la part du Roi. Il fit beaucoup de caresses à Fouquet; et sous prétexte que cet homme avoit des liaisons considérables, et qu'il avoit fortifié Belle-Ile sur la côte de Bretagne, le Roi alla lui-même à Nantes pour l'y faire arrêter (1), comptant que sa présence empêcheroit que personne se pût soulever en faveur de ce ministre; ce qui parut puérile aux plus sensés, mais qui flatta le Roi, dans la pensée qu'il en acquerroit la réputation d'un prince résolu, prudent et dissimulé. Fouquet, dans l'appréhension qu'il avoit eue du cardinal, s'étoit voulu mettre en état de lui résister en s'acquérant des amis; et comme il étoit naturellement visionnaire, il crut en avoir un bien plus grand nombre qu'il n'en avoit réellement. Il en fit une liste : la moitié de la cour se trouva sur ses papiers, et fut quelque temps dans une grande consternation. D'un autre côté, les gens d'affaires prévirent bien l'orage qui alloit fondre sur eux. Quelques-uns furent arrêtés en même temps que

(1) *L'y faire arrêter :* Fouquet fut arrêté le 5 septembre 1661, dans la ville de Nantes.

le ministre; d'autres se sauvèrent, comme Gourville, le plus habile de ses confidens, qui mit à couvert beaucoup de bien, et se retira en Flandre. L'emprisonnement de Fouquet fut suivi de l'érection d'une chambre de justice; les prisons furent pleines de criminels et d'innocens : il parut qu'on en vouloit au bien de tout le monde. Colbert, persuadé que le Roi étoit maître absolu de la vie et de tous les biens de ses sujets, le fit aller un jour au parlement pour en même temps se déclarer quitte, et le premier créancier de tous ceux qui lui devoient. Le parlement n'eut pas la liberté d'examiner les édits : il fut dit que désormais il commenceroit par vérifier ceux que le Roi lui enverroit, et qu'après il pourroit faire ses remontrances; ce qui dans la suite lui fut encore retranché. On peut s'imaginer la tristesse, la crainte et l'abattement que toutes ces choses produisirent dans le public; et voilà où commença cette autorité prodigieuse du Roi, inouïe jusqu'à ce siècle, qui, après avoir été cause de grands biens et de grands maux, est parvenue à un tel excès, qu'elle est devenue à charge à elle-même. On peut donc dire que l'esprit de tout ce siècle-ci a été, du côté de la cour et des ministres, un dessein continuel de relever l'autorité royale jusqu'à la rendre despotique; et du côté des peuples, une patience et une soumission parfaite, si l'on en excepte quelque temps pendant la régence.

Le Roi, à cette jalousie de son autorité, joignit la jalousie du gouvernement. Il eut peur sur toutes choses, parce qu'il avoit été gouverné, qu'on ne crût qu'il l'étoit encore; et par là ses trois ministres, Le Tellier, Colbert et de Lyonne, en lui disant toujours qu'il faisoit tout et qu'il étoit le maître, éloignèrent de lui et ceux qui l'avoient servi, et ceux qui étoient capables de le bien servir. Ils le réduisirent, comme il ne parloit qu'à eux, à faire tout ce qu'ils vouloient, soit en accordant aujourd'hui une chose à l'un et demain à l'autre, soit en faisant ce qu'ils vouloient tous trois, quand il leur plaisoit de s'accorder.

On ne parla plus aux maréchaux de Villeroy, de Gramont et de Clérembault, ni à M. de Turenne, auxquels M. le cardinal avoit accoutumé de communiquer les affaires importantes. Monsieur, jeune et beau, et qui ne songeoit qu'à ses plaisirs, ne fut compté pour rien (1). La Reine mère elle-même n'eut bientôt plus de part aux affaires : le Roi vécut sèchement avec elle, et elle se repentit souvent d'avoir consenti à la perte de Fouquet. Pour M. le prince, qui étoit depuis rentré en grâce (2) et avoit beaucoup de choses à expier, il n'osa pas dire le moindre mot, porté d'ailleurs par son naturel à une souplesse excessive pour la cour. Cette soumission des premières têtes de l'Etat attira, comme on peut penser, celle de tout le reste du monde ; et l'habitude à l'esclavage ne faisant qu'augmenter, il parvint enfin au même excès que l'autorité.

Il faut convenir que dans les derniers temps cette autorité despotique du Roi, et la soumission parfaite de ses sujets, ont beaucoup servi à soutenir la guerre

---

(1) *Compté pour rien* : La Fare parle ici comme un homme qui étoit attaché à la maison de Monsieur. L'éducation efféminée que ce prince avoit reçue le rendoit peu propre aux affaires; et l'on étoit encore effrayé de l'exemple de Gaston, duc d'Orléans. — (2) *Rentré en grâce* : Ce fut une des conditions du traité des Pyrénées.

que la France a eue contre tant d'ennemis; mais elle n'auroit point eu cette guerre sans l'abus continuel que le Roi et ses ministres firent de cette autorité, car ils s'en enivrèrent tellement, pour ainsi dire, qu'ils voulurent l'exercer sur toute l'Europe, et ne regardèrent plus ni foi ni traité. Et à l'égard du dedans du royaume, s'étant imaginé que tout leur étoit possible, ils crurent pouvoir réellement convertir seize cent mille huguenots en six mois, par des voies indignes et de la sainteté de notre religion et de l'humanité : ce qui fit concevoir aux étrangers que tous les ordres du royaume étant d'ailleurs opprimés et mécontens, ils pourroient aisément, se liguant tous ensemble, porter la guerre dans le cœur de l'Etat, et rendre leur condition meilleure qu'elle n'étoit. Que s'ils n'ont pas fait du mal, ils ont fait au moins assez de peur pour obtenir une partie de ce qu'ils souhaitoient; car il faut avouer que, malgré l'ambition d'être les maîtres, et l'orgueil insupportable que de continuelles prospérités nous ont donné, un des caractères des Français dans ce siècle a été la timidité, sans laquelle, malgré notre méchante conduite et les ligues de tant d'ennemis, nous étions encore les maîtres du monde; tant la nation française, au milieu de la bassesse de son esclavage, a conservé de force et de valeur.

CHAPITRE TROISIÈME.

Quelques réflexions sur ce qui a été dit, et ce qui m'est arrivé depuis la fin de l'année 1662 jusqu'à la mort de la Reine mère, arrivée le 20 janvier 1666.

Il est aisé de recueillir de tout ce que je viens de dire, premièrement que ce qui a porté l'autorité royale au point où elle est, c'est l'abaissement qu'elle avoit souffert dans le siècle précédent, et le désordre de la guerre civile; tout de même que l'abus continuel qu'on fait et qu'on fera de cette autorité produira dans la suite de nouveaux désordres à la première occasion; car, comme dit Horace,

Dum vitant stulti vitia, in contraria currunt.
(Pendant que les fous évitent une extrémité, ils tombent dans une autre.)

Et cela est si vrai, que je me souviens d'avoir ouï dire au duc de La Rochefoucauld, celui qui avoit été un des principaux acteurs de la dernière guerre civile, qu'il étoit impossible qu'un homme qui en avoit tâté comme lui voulût jamais s'y remettre, tant il y avoit de peines et d'extrémités à essuyer pour un homme qui faisoit la guerre à son roi. Mais l'idée de ces peines venant à s'effacer peu à peu de la mémoire des hommes, et frappant peu l'esprit de ceux qui ne les ont point éprouvées, les mêmes passions et les mêmes occasions rengagent les hommes dans les mêmes inconvéniens. On peut remarquer en second lieu que comme il n'y a rien sous le Ciel qui ne soit sujet à quelque imperfection, cette autorité absolue, qui fait d'un côté la grandeur et la félicité du prince, et contribue au maintien de l'Etat, fait souvent, d'un autre côté, la misère des peuples, l'avilissement de la nation et des plus nobles sujets, et affoiblit et énerve ce même Etat ; car l'autorité despotique compatit peu avec les grands talens et les grandes vertus, la soumission aveugle, qui n'est pas le propre des grands génies, devenant pour lors la principale des qualités qui contribuent à la fortune des hommes. Aussi, quoique depuis trente ans il se soit fait de grandes choses en ce royaume, il ne s'y est point fait de grands hommes ni pour la guerre ni pour le ministère : non que les talens naturels aient manqué dans tout le monde, mais parce que la cour ne les a ni reconnus ni employés, qu'elle s'est piquée de ne jamais choisir ceux que le public honoroit de son choix, et qu'elle s'est opiniâtrée dans les siens lorsqu'ils étoient mauvais. Les exemples en foule ne me manqueroient pas ici pour prouver ce que je dis ; mais ils viendront dans la suite se présenter chacun à leur rang. Je vais présentement continuer la narration des principales choses qui se sont passées depuis la mort de la Reine mère, jusqu'à la paix conclue vers la fin de l'année dernière (1). Au reste, avant que de passer au récit des choses générales, comme je veux laisser une image de ma vie aussi bien que de celle des autres, je dirai ce qui m'est arrivé, d'autant plus volontiers que n'étant rien de fort considérable, on ne sauroit m'accuser de vanité.

(1) *L'année dernière :* La Fare semble parler ici de la paix de Nimègue, qui fut conclue en 1678.

[1662] J'entrai dans le monde à l'âge de dix-huit ans, et fus présenté au Roi au mois de décembre 1662, l'année d'après la naissance du Dauphin, et celle où fut faite par Sa Majesté, au mois de janvier, la première promotion de chevaliers de l'ordre. Ma figure, qui n'étoit pas déplaisante, quoique je ne fusse pas du premier ordre des gens bien faits, mes manières, mon humeur et mon esprit, qui étoit doux, faisoient un tout qui plaisoit assez au monde, et peu de gens en y entrant ont été mieux reçus; à quoi contribua l'amitié que madame de Montausier me témoigna, fondée sur celle qu'elle avoit eue pour mon père, homme de mérite, dont le souvenir n'étoit pas encore éteint. J'oserois même dire que le Roi eut plutôt de l'inclination que de l'éloignement pour moi; mais j'ai reconnu dans la suite que cette impression étoit légère, bien que j'avoue sincèrement que j'ai contribué moi-même à l'effacer. Quoi qu'il en soit, j'eus sans peine pour lors, et sans les demander, toutes les petites distinctions et tous les agrémens que d'autres n'auroient pas eu, même en les demandant.

[1663] Le Roi fit, l'année 1663, un voyage à Marsal (1) qui eut l'air de guerre, et n'en fut point une. Il revint avec la diligence qui convenoit à un homme amoureux; il passa une partie de l'automne à Vincennes, où il dansa un ballet dont je fus, avec la plupart des courtisans. [1664] En 1664, il envoya un secours de six mille hommes (savoir, quatre mille de

---

(1) *A Marsal :* On lit *Marseille* dans toutes les éditions, et même dans notre manuscrit. C'est une erreur évidente : Louis XIV fit, au mois d'août 1663, le voyage de Lorraine, et il se fit abandonner Marsal par le traité de Nomeny, conclu avec le duc de Lorraine.

pied et deux mille chevaux) à l'Empereur, dont M. de Coligny (1), qui avoit depuis peu quitté M. le prince, eut le commandement en qualité de lieutenant général, et M. de La Feuillade sous lui comme maréchal de camp. Je fus des premiers, et je crois le premier, qui m'avisai dès le mois de mars de demander la permission au Roi d'y aller volontaire; je me pressai de le faire parce que j'étois obligé d'aller chez moi en Languedoc, d'où il m'étoit plus court et plus aisé de passer en Allemagne par Lyon et par les Suisses, comme je fis effectivement. Arrivé à Donawert sur le Danube, je trouvai deux cents volontaires de la première qualité du royaume (2), qui alloient faire la même campagne avec une magnificence extraordinaire. Je ne parlerai point du combat de Saint-Gothard (3), où les troupes du Roi se distinguèrent; après quoi

(1) *De Coligny* : Jean de Coligny-Seligny, qui a laissé des Mémoires écrits sur les marges du missel de son château de Mont-Saint-Jean. Ces Mémoires singuliers ont été publiés en 1826 par M. Musset-Pathay, dans un volume de Mélanges intitulé *Contes historiques*. — (2) La noblesse de France montra une si grande ardeur pour aller combattre contre le Turc, que Louis XIV fut obligé de la modérer. Il régla, par un édit, le nombre des volontaires qui feroient la campagne. (*Note de l'ancien éditeur.*) — (3) *De Saint-Gothard* : On a fait de ce combat des relations contradictoires : M. de La Feuillade ne manqua pas de s'en attribuer tout l'honneur; et il le fit avec une telle assurance, que l'on a fini par en croire quelque chose. Nous ferons connoître à cette occasion une lettre du comte de Coligny, dont Bussy a inséré la copie dans ses Mémoires. Je la crois inédite : elle se trouve dans un manuscrit des Mémoires du comte de Bussy-Rabutin, qui appartient à M. le marquis de La Guiche, pair de France.

« A Presbourg, ce 12 octobre 1664.

« Puisque vous voulez apprendre de moi le détail de ce qui se passa à
« Saint-Gothard, vous saurez que le détachement fut fait à bâtons rom-
« pus, régimens après régimens, une heure ou une heure et demie après
« les autres. Dès que j'en eus détaché deux, je dis à La Feuillade, qui

la paix ayant été faite entre les Turcs et l'Empereur, nous revînmes tous à Vienne, pour de là passer en France, les uns par l'Allemagne, les autres par l'Italie, qu'ils avoient envie de voir. Pour moi, je fus malheureusement arrêté à Vienne par deux blessures que je reçus dans un combat particulier, où je servois un de mes parens contre un autre de mes parens, qui se battirent pour une querelle qu'avoient eue leurs pères. Dès que je fus guéri je me mis en chemin, et vins par le golfe de Trieste droit à Venise; et de là je me rendis chez moi en Languedoc, non sans inquiétude, ne sachant comment la cour avoit pris notre combat, car les lois contre les duels étoient plus régulièrement observées que jamais. J'appris avec plaisir que les informations que j'avois fait faire avoient réussi, que l'affaire n'étoit point traitée de duel à mon

« étoit de jour, qu'il falloit qu'il y allât. Il y alla, et me vint redire un
« moment après que les Turcs avoient repassé la rivière : je lui répondis
« que j'avois peine à le croire, et qu'il s'y en retournât. De là à quelque
« temps, moi toujours à la veille d'être attaqué par toute l'armée des
« Turcs en bataille devant moi à la portée du mousquet, on m'envoya
« demander un troisième bataillon, que je menai alors moi-même. Je
« trouvai tous les généraux des armées en conseil sur ce qu'ils avoient à
« faire; et comme nous consultions là-dessus, le comte de Waldeck,
« général de la cavalerie de l'Empire, me vint dire en grande hâte que
« les Turcs alloient attaquer mon poste. J'y courus en diligence, et je
« trouvai qu'ils avoient fait quelques mouvemens, mais qu'ils n'atta-
« quoient pas. Je m'en retournai fort vite; et, en un demi-quart-d'heure
« que je mis à aller et venir, je trouvai que les Turcs s'étoient tous en-
« fuis d'eux-mêmes, sans tirer ni qu'on leur tirât un coup de mous-
« quet.

« Voilà comment l'affaire s'est passée, et si brusquement que pas un
« seul officier général des trois armées ne s'y est trouvé. Et quand La
« Feuillade envoie des gazettes dans lesquelles il dit qu'il a fait des mer-
« veilles, il a menti, car c'est le plus grand poltron de France. — Adieu.

« COLIGNY. »

égard, et que je pouvois revenir à la cour. Messieurs les maréchaux de Villeroy et de Gramont, et madame de Montausier, me servirent dans cette occasion. Enfin je me rendis à la cour, en ayant eu permission au mois d'avril 1665.

A la fin de cette année, le Roi formant une compagnie de gendarmes pour monseigneur le Dauphin, qui en avoit déjà une de chevau-légers, me choisit parmi toute la jeunesse de sa cour pour m'en donner le guidon. J'avoue que je n'ai jamais été si aise, et que je crus être en faveur; mais je vis bientôt que je m'étois trompé. Après avoir remercié le Roi, je remerciai la Reine mère; car quoiqu'elle n'eût part à rien, on la remercioit de tout (1). Elle mourut peu après, c'est-à-dire le 20 janvier 1666.

CHAPITRE QUATRIÈME.

Les amours du Roi jusqu'à la mort de la Reine mère; la disgrâce du comte de Guiche, de madame la comtesse de Soissons et du marquis de Vardes; et la création des nouveaux ducs.

Je veux répéter ici que ce n'est point une histoire que j'écris, dont je sais quelle doit être l'exactitude, mais seulement une suite des principaux faits, avec les réflexions propres à donner l'idée de mon siècle, et à faire comme un tableau de ce que j'ai vu, et de la vie

(1) *On la remercioit de tout* : Ceci ne doit s'entendre que du temps qui a suivi la mort du cardinal Mazarin et la disgrâce de Fouquet.

des hommes que j'ai connus. Avant que de passer plus loin, il faut dire un mot des amours du Roi; car l'histoire de ses amours n'est pas une des moindres parties de son histoire, ni celle qui marque le moins son caractère. Mademoiselle de La Vallière n'étoit pas la première inclination qu'avoit eue le Roi : la première femme de chambre et favorite de sa mère, nommée la Beauvais, quoique vieille et borgnesse, avoit eu les premières de ses caresses.

Il avoit été amoureux de Marie de Mancini, nièce du cardinal, et l'auroit épousée si ce bon ministre l'avoit voulu : ce qu'il rejeta par crainte ou par vertu, et maria sa nièce au connétable Colonne. Il eut ensuite beaucoup d'inclination pour mademoiselle de La Mothe-Argencourt [1], demoiselle de Languedoc, fille de la Reine, des plus aimables, et qui dansoit mieux que personne à la cour. Celle-ci fut trahie par ses confidens Roussereau et Chamarante, tous deux émissaires du cardinal, qui sachant par ces gens-là tout ce que le Roi disoit à cette fille, le lui redisoit un moment après comme le sachant par d'autres voies, et lui faisoit comprendre qu'il falloit qu'elle eût un autre commerce. Et effectivement, voyant que le Roi s'éloignoit d'elle, elle se prit d'une violente passion pour le marquis de Richelieu; et cette passion la conduisit enfin dans le couvent des Filles de Sainte-Marie de Chaillot, où elle a passé sa vie sans être religieuse, après

---

(1) *La Mothe-Argencourt* : On lit ici, dans les autres éditions de ces Mémoires, le nom de mademoiselle de La Mothe-Houdancourt, au lieu de celui de La Mothe-Argencourt, qui est au manuscrit. C'est une erreur que Dreux-du-Radier avoit déjà rectifiée dans ses *Mémoires sur les reines régentes*, tome 6, page 259, de la réimpression de 1808.

avoir donné à ce couvent vingt mille écus que le Roi lui donna. Le Roi eut ensuite un grand commerce avec Olympe de Mancini, comtesse de Soissons, qu'il alloit voir tous les jours, même depuis qu'il fut amoureux de mademoiselle de La Vallière. Ce commerce ne cessa que lorsqu'elle fut chassée de la cour pour ses intrigues, que je vais expliquer.

Il faut savoir, pour les bien entendre, que mademoiselle de La Vallière étoit fille d'honneur de Madame, et que, dans le commencement que le Roi fut amoureux d'elle, Madame, princesse ambitieuse et coquette, s'imagina que c'étoit pour elle-même que le Roi avoit de l'inclination. Quoique je sois bien persuadé qu'elle n'eût pas voulu pousser cette affaire à bout, il est certain que la pensée lui en fit plaisir, et donna quelque inquiétude à la Reine mère. Ainsi quand Madame s'aperçut qu'elle avoit peu de part aux fréquentes visites du Roi, et qu'elle servoit pour ainsi dire de prétexte à La Vallière, elle conçut beaucoup de dépit contre lui et contre elle; et pour se dépiquer elle écouta favorablement le comte de Guiche, fils aîné du comte maréchal de Gramont, jeune homme bien fait, qui à beaucoup d'esprit et de courage joignoit encore plus d'audace. Dans le même temps la comtesse de Soissons, qui vit le Roi épris des charmes de La Vallière, se rendit à l'amour de Vardes, qui n'étoit plus dans sa première jeunesse, mais plus aimable encore par son esprit, par ses manières insinuantes, et même par sa figure, que tous les jeunes gens. On a cru que ce fut par ordre du Roi qu'il s'attacha à la comtesse, et que le Roi fut son confident. Ce qui est certain, c'est que cet habile courtisan fit ce qu'il fit plus par ambition que par amour, et fut aussi fâché que la comtesse et que Madame quand il vit que La Vallière possédoit seule le Roi. Ces quatre personnes donc, savoir Madame et le comte de Guiche (comme un jeune étourdi, par complaisance pour elle), la comtesse de Soissons et de Vardes, formèrent le dessein de perdre La Vallière, pour rester les maîtres de la cour. Ils s'imaginèrent que si par quelque moyen la jeune Reine pouvoit savoir le commerce du Roi avec La Vallière, elle éclateroit, et feroit éclater la Reine mère; de manière que le Roi ne pourroit s'empêcher de se défaire de sa maîtresse. Ils écrivirent là-dessus une lettre, comme de la part du roi d'Espagne à sa fille, qui l'avertissoit des amours du Roi. Cette lettre fut composée par Vardes, et traduite en espagnol par le comte de Guiche, qui se piquoit de savoir toutes sortes de langues. Pour l'espagnol, il est certain qu'il le savoit. La lettre arriva à bon port, et sans que personne se doutât pour lors d'où elle venoit. La jeune Reine, qui aimoit son mari passionnément, et d'autant plus qu'elle en avoit été véritablement aimée pendant la première année de son mariage, fut outrée de douleur. La Reine mère prit son parti : cela donna beaucoup de chagrin et d'inquiétude au Roi, mais ne lui fit pas quitter sa maîtresse. Toute sa mauvaise humeur tomba sur ceux qui avoient eu la hardiesse de l'attaquer par un endroit si sensible. Toutefois, loin de se douter d'où cela lui venoit, il appela Vardes, pour qui il avoit une estime et inclination singulière, et consulta avec lui qui ce pourroit être qui avoit osé l'offenser. Vardes, adroitement et méchamment, détourna le soupçon sur madame de Navailles, dame

d'honneur de la Reine, dont l'humeur austère avoit depuis peu déplu au Roi lorsqu'elle avoit fait griller toutes les avenues de chez les filles de la Reine, pour l'empêcher d'aller voir mademoiselle de La Mothe-Argencourt, pour qui il avoit eu quelque fantaisie, porté à cela par madame la comtesse de Soissons, qui avoit toujours pour but de se défaire de La Vallière. Madame de Navailles et son mari furent donc chassés, sans qu'on dît pourquoi. Madame de Montausier, gouvernante des Enfans de France, fut faite dame d'honneur de la Reine, et la maréchale de La Mothe gouvernante des Enfans. Il se passa ensuite un temps considérable sans que le Roi, quoi qu'il fît, pût avoir une connoissance certaine d'où étoient venus à la Reine les avis qu'on lui avoit donnés. Pendant ce temps-là Vardes étoit toujours l'homme de la cour le mieux avec son maître, et celui dont il cherchoit le plus l'approbation. Il arriva pour son malheur que le comte de Guiche ayant été chassé à cause de Madame, cette princesse forma quelque dessein sur Vardes, et voulut lui faire abandonner la comtesse de Soissons. Celle-ci sut retenir son amant, et, fière de ce succès, tint un jour à un ballet des discours sur cela qui outrèrent Madame. Cette querelle s'échauffant, Vardes, pour plaire à la comtesse, fit une imprudence qui ne se peut pardonner à un homme de son âge : c'est que, trouvant M. le chevalier de Lorraine, favori de Monsieur, auprès de mademoiselle de Fiennes, fille de Madame, il lui dit d'un ton moqueur : « Com-
« ment, monsieur, un prince fait comme vous s'a-
« muse-t-il aux soubrettes? Les maîtresses ne sont
« pas trop bonnes pour vous. » Ce discours, que le

chevalier de Lorraine dit à son ami le marquis de Villeroy, et qui fut peut-être entendu par d'autres, parvint bientôt jusqu'à Madame. Elle s'en plaignit au Roi; on envoya Vardes à la Bastille. On crut d'abord que ce seroit pour quelques jours; mais ses ennemis ayant aigri l'esprit de Madame, elle découvrit le secret de la lettre espagnole qu'ils avoient concertée ensemble (1). Le Roi fut d'autant plus irrité qu'il se voyoit trahi par ceux qu'il avoit le plus aimés, la comtesse de Soissons et Vardes. Il envoya celui-ci dans un cachot à la citadelle de Montpellier (2), et exila la comtesse dans le gouvernement de Champagne, qu'avoit son mari. Vardes pouvoit, sans ce malheur, espérer d'être fait duc et pair avec quatorze autres que le Roi fit, dont le nombre fut bientôt augmenté de quatre autres. Le duc de Saint-Aignan fut des quatorze premiers; il étoit le confident des amours du Roi : du reste comparable à don Quichotte (3), car il fit un beau jour assembler le parlement et toute la France pour faire entériner une grâce qu'il avoit obtenue pour avoir tué, il y avoit long-temps, cinq hommes lui tout seul; si bien qu'un conseiller de la grand'chambre, à qui on demandoit son opinion, ne répondit autre chose, si ce n'est : « Cet acte gigantesque est certes merveilleux. » Cette

---

(1) *Concertée ensemble* : On lit des détails plus étendus sur cette intrigue dans les Mémoires de Conrart, tome 48, page 278, de cette série. — (2) *De Montpellier* : Vardes demeura prisonnier à la citadelle de Montpellier pendant environ deux ans; il obtint ensuite la permission de se retirer dans son gouvernement d'Aigues-Mortes. Corbinelli partagea sa disgrâce. (*Voyez*, tome 7, page 122, notre édition des Lettres de madame de Sévigné; Blaise, 1818.) — (3) Madame de Sévigné l'appeloit le paladin *par éminence*. (*Ibid*, tome 3, page 259.)

recrûe de ducs fut violente; et dans la suite on en a tant fait, que le bon mot du cardinal Mazarin a été accompli, qui, pressé par plusieurs gens qui lui demandoient des brevets de duc, dit un jour : « Hé « bien ! j'en ferai tant, qu'il sera ridicule de l'être, et « ridicule de ne le pas être. » Tout ceci arriva devant la mort de la Reine mère. Voyons ce qui s'est passé depuis.

CHAPITRE CINQUIÈME.

Les principales choses qui se sont passées depuis la mort de la Reine mère jusqu'à la deuxième année de la guerre de Hollande.

[1666] La mort d'Anne d'Autriche, mère du Roi, n'apporta aucun changement aux affaires, dont elle ne se mêloit plus; mais elle en fit un grand dans la cour, qui dès ce jour-là commença à changer de face. Cette princesse, qui avoit connu tout le monde, et en avoit eu besoin, savoit parfaitement la naissance et le mérite de chacun, et se plaisoit à les distinguer : fière et polie en même temps, elle savoit ce qui s'appelle tenir une cour mieux que personne du monde, et quoique vertueuse souffroit même avec plaisir cet air de galanterie qui doit y être pour la rendre agréable, et y maintenir la politesse, dont en ce temps-là tout le monde faisoit cas, mais qui depuis est devenue inutile, et peut-être même ridicule. On peut dire que les mœurs des hommes et des femmes sont changées entièrement. Quand je dis les mœurs, j'entends les façons de faire, puisque du reste les mêmes passions ont dans tous les temps produit les mêmes effets : mais, par exemple, il est certain que comme les femmes paroissoient se respecter plus qu'à présent, on les respectoit aussi davantage. Le jeune homme le plus débauché ne buvoit point tous les jours jusqu'à s'enivrer; et quand il étoit ivre, il alloit se coucher. On étoit plus délicat sur les plaisanteries qu'on faisoit les uns des autres; la bonne compagnie étoit plus séparée de la mauvaise; les gens qui entroient dans le monde avoient plus d'égards pour ceux qui avoient quelque acquis, et n'étoient pas si aisément admis en toutes sortes de compagnies. Comme il n'y eut plus de mérite que celui de faire assidument sa cour au Roi, et que du jour de la mort de la Reine mère il passa presque toute sa vie à la campagne, l'urbanité et la politesse des villes se retirèrent petit à petit de la cour; à quoi deux choses contribuèrent beaucoup : l'une, que le Roi ne voulut ni ne sut faire la distinction qu'il convient de faire des hommes; l'autre, qu'ayant une humeur naturellement pédante et austère, il mit insensiblement les femmes sur le pied de n'oser parler aux hommes en public. Sans les rendre plus sages, il les rendit plus impolies; et parce que la nature ne perd point ses droits, à la fin il les a rendues effrontées. Ses ministres, d'un côté, gens de peu de naissance, pour éloigner tout le monde des affaires lui persuadèrent qu'il ne pouvoit faire de distinction entre les courtisans sans s'assujétir à mille égards, et affoiblir son autorité; et ses maîtresses, de l'autre, déchirèrent toutes les femmes pour se faire valoir, et ne leur permirent pas un seul regard, pendant qu'elles faisoient des enfans tous les jours. Ces dames avoient pourtant mauvaise grâce de faire valoir au Roi leur fidélité; car il les tenoit sous la clef, et personne n'osoit les regarder. Après cette digression, continuons notre espèce d'histoire.

Le Roi, quoique mademoiselle de La Vallière fût toujours la sultane reine, ne laissa pas d'avoir envie de la princesse de Monaco, fille du maréchal de Gramont, dont Peguillain son cousin, fameux depuis sous le nom de comte de Lauzun, avoit eu les bonnes grâces du temps qu'elle étoit fille, et qu'il logeoit à l'hôtel de Gramont avec elle, où le maréchal le traitoit comme un de ses enfans. Il étoit encore fort amoureux d'elle, et déjà bien avec le Roi, à qui il parla sur le chapitre de madame de Monaco avec tant de hauteur et de fierté, qu'il fut mis en prison à la Bastille; mais ce qui pouvoit le perdre fit sa fortune. Le Roi, qui se soucia peu de madame de Monaco, conçut pour lors une si grande opinion de Peguillain, qu'il en fit ce qu'on verra dans la suite. Il est vrai que celui-ci laissa croître sa barbe dans la prison; et comme c'étoit un excellent comédien non encore reconnu, il persuada au Roi son désespoir, et en même temps sa passion pour lui. Pendant que le Roi pensoit à madame de Monaco, madame de Montespan commençoit à penser à lui, et eut l'adresse de faire deux choses en même temps : l'une, de donner à la Reine une opinion extraordinaire de sa vertu, en communiant devant elle tous les huit jours; l'autre, de s'insinuer de manière dans les bonnes grâces de mademoiselle de La Vallière, qu'elle ne la quittoit plus : si bien qu'elle passoit sa vie avec le Roi, et faisoit ce qu'elle pouvoit pour lui plaire; à quoi il n'étoit pas difficile de réussir avec beaucoup d'esprit, auprès de La Vallière qui en avoit peu.

L'été de l'année 1666 se passa de cette manière à Fontainebleau. Le comte de Saint-Pol, cadet du duc de Longueville, y fit sa première entrée à la cour au retour de ses voyages : jeune prince fort spirituel, et à l'âge de dix-sept ans mûr, avisé, et capable de tout, comme s'il en avoit eu trente. Il fut touché de la beauté et de l'esprit de madame de Montespan comme plusieurs autres, du nombre desquels je me mis fort imprudemment; car cette femme, dans le dessein de faire voir à la Reine sa bonne conduite, et de persuader au Roi qu'elle ne songeoit qu'à lui, faisoit tous les jours quelques plaisanteries de ses amans au coucher de la Reine, où étoit le Roi, et redisoit ce que chacun de nous lui avoit dit. J'en fus averti; et comme je crus voir que le Roi avoit quelque dessein sur elle, je me retirai en bon ordre, et bientôt tous les autres firent de même.

[1667] L'hiver suivant, tout le monde ne douta plus qu'elle ne parvînt enfin à ce qu'elle poursuivoit depuis long-temps. Lauzun se mêla de ses affaires; la médisance même a publié que madame de Montausier y étoit entrée. Quoi qu'il en soit, la passion du Roi pour elle éclata entièrement dans le voyage que la Reine fit en Flandre pendant la campagne de 1667.

Après avoir parlé d'amour, il est temps de parler de guerre. Celle-ci, fondée sur les droits de la Reine (1),

---

(1) Il s'agissoit des prétentions de cette princesse sur le Brabant, la Haute-Gueldre, le Luxembourg, Mons, Anvers, Cambray, Malines,

fut entreprise avec des forces médiocres (1); mais la foiblesse des ennemis fut cause que le Roi prit quantité de villes (2), et en auroit pris davantage s'il n'eût par deux fois interrompu ses conquêtes pour venir revoir la Reine, ou pour mieux dire madame de Montespan. M. de Turenne, général de l'armée du Roi, voyant ce jeune prince exact et laborieux dans les fonctions militaires, crut qu'il lui alloit inspirer la passion qu'il avoit lui-même pour ce métier, et que par là, se rendant le maître de son esprit, il feroit repentir les ministres du peu de considération qu'ils avoient eu pour lui. Dans cette pensée, il les traita avec assez de hauteur, comme aussi les plus vieux courtisans, gens, à dire vrai, indignes pour la plupart qu'on ait beaucoup d'égards pour eux. Cependant il devoit

Limbourg, Namur et la Franche-Comté. La disposition de la coutume de Brabant déclaroit dévolus aux enfans du premier mariage les biens du père survivant, à l'exclusion des enfans du second lit. Par ce droit de dévolu, Marie-Thérèse, sortie du premier mariage de Philippe IV avec Elisabeth de France, demandoit la succession à ces provinces. Le droit eût été constant, si Marie-Thérèse n'eût pas renoncé à tous ses droits par son contrat de mariage; mais on trouva des jurisconsultes qui décidèrent que cette renonciation étoit nulle, et la cour trouva leurs raisonnemens solides, quoiqu'à Madrid et à Vienne on s'efforçât d'en faire voir la foiblesse. (*Note de l'ancien éditeur.*)

(1) L'armée qui marcha vers les Pays-Bas n'étoit pas si foible que le fait entendre notre auteur. Les historiens disent qu'elle étoit de vingt-deux régimens d'infanterie, qui faisoient près de quarante mille hommes, outre cinq mille chevaux sous les ordres du maréchal de Turenne, et cinq autres mille chevaux qui formoient l'escorte du Roi lorsqu'il se rendit sur la frontière pour commander l'armée en personne. (*Note de l'ancien éditeur.*) — (2) Charleroi, Bergues-Saint-Vinox, Ath, Tournay, la citadelle de Courtray et Lille, tout cela fut pris : Furnes, Douay, le fort de Scarpe, la ville de Courtray et Oudenarde se rendirent, tant par l'espérance de conserver leurs priviléges, que par la crainte des châtimens dont le Roi les menaçoit. (*Idem.*)

sans doute ménager davantage les uns et les autres ; car cela fut cause que le Roi ayant pris l'hiver suivant [1668] la Franche-Comté (1), les ministres se hâtèrent de faire conclure au printemps la paix d'Aix-la-Chapelle, par laquelle on rendit cette province aux Espagnols (2); et ils nous laissèrent, à peu de chose près, les places (3) que nous avions prises en Flandre. Ce qui autorisa les ministres à s'opiniâtrer pour la paix fut l'alliance que firent contre nous la Hollande, l'Angleterre et la Suède, qui n'étoient pourtant pas en état d'empêcher que nous ne fissions de grandes conquêtes, et ne prissions peut-être la Flandre. Sur quoi il est à remarquer qu'il a toujours semblé dans ces derniers temps que nous ne faisions la guerre que par humeur et non par des raisons solides, et que nous concluions la paix quand nous étions las de la guerre, sans que rien nous y obligeât : ce qui a fait qu'après quantité de batailles gagnées et de villes prises, la France, sans que la fortune lui ait tourné le dos, se trouve au même état presque que quand elle a commencé la guerre, hormis qu'elle est plus épuisée, et a plus d'ennemis ligués contre elle. L'oisiveté de la paix laissa le

(1) Besançon et Gray furent pris, Salins et Dôle se rendirent, et cela en treize jours. (*Note de l'ancien éditeur.*) — (2) Deux choses engagèrent le Roi à rendre cette province : la ligue de l'Angleterre, de la Suède et de la Hollande, que les ministres surent faire valoir auprès de lui, et la crainte que l'on avoit que les Suisses ne voulussent pas permettre que cette province passât sous la domination des Français. (*Idem.*) — (3) Par le traité d'Aix-la-Chapelle, signé le 2 mai 1668, Charleroi, Binch, Ath, Douay, le fort de Scarpe, Tournay, Lille, Oudenarde, Armentières, Courtray, Bergues et Furnes, demeurèrent au Roi avec leurs bailliages, châtellenies, territoires, prévôtés et annexes. (*Idem.*)

champ libre aux amours du Roi, et à sa passion pour les bâtimens et pour les fontaines : il fit des dépenses immenses pour faire venir de l'eau à Versailles, où il n'y en avoit point; il défit plusieurs fois ce qu'il avoit fait, et les peuples ne furent point soulagés pendant la paix, qui ne dura que jusqu'en l'année 1672.

[1672] On recommença donc la guerre, qui n'avoit d'autre but que l'abaissement de la Hollande, dont le gazetier avoit été trop insolent; et d'autre fondement que l'envie que Louvois, secrétaire d'Etat de la guerre, fils de Le Tellier, conçut alors de se faire valoir, et d'embarrasser Colbert leur ennemi, en l'obligeant de fournir des sommes immenses. Cette guerre s'entreprit d'abord de concert avec Charles II, roi d'Angleterre, qui avoit envie d'abaisser les Hollandais (1); en quoi il avoit plus de raison que nous, car il attaquoit les ennemis naturels du commerce d'Angleterre, et pour nous nous attaquions des gens dont le commerce et l'alliance nous étoient avantageux.

Il falloit, pour pouvoir porter nos armées nombreuses jusqu'en Hollande, avoir des magasins sur le Bas-Rhin : il falloit pour cela gagner l'électeur de Cologne; ce qui fut fait par l'assistance de M. de Furstemberg, évêque de Strasbourg, qui gouvernoit ce prince. On donna beaucoup d'argent à cet évêque. Le comte de Chamilly, qui avoit long-temps servi sous M. le prince, et qui étoit pour lors lieutenant

(1) Notre auteur auroit pu dire : *à qui le roi de France avoit fait venir l'envie d'abaisser les Hollandais.* Les sollicitations et les intrigues furent employées pour mettre Charles II dans les intérêts de la France, et pour le déterminer à prendre les armes. (*Note de l'ancien éditeur.*)

général des armées du Roi, homme de courage, d'esprit, et d'une ambition outrée, fut chargé de la négociation, et s'en acquitta si bien qu'elle fut conclue en peu de temps ; mais, pour plaire au ministre, il écrivit au Roi qu'il n'y avoit que M. de Louvois lui-même qui pût y mettre la dernière main. Ce ministre partit pour Cologne, sûr de la réussite de l'affaire, et il eut le plaisir presque en arrivant de signer le traité par lequel l'électeur de Cologne livroit au Roi Neuss et Kaiserswerth, où l'on avoit déjà fait de grands magasins, et donnoit des quartiers d'hiver à la gendarmerie et à quelque cavalerie légère. Je passai donc, avec la compagnie des gendarmes-Dauphin, l'hiver de 1671 et 1672 dans des quartiers auprès de Cologne, d'où nous allions souvent à cette ville. J'y fis connoissance particulière avec le marquis de Grana, qui y étoit de la part de l'Empereur, et avec M. de Buonvisi, nonce du Pape, qui depuis a été cardinal; deux hommes d'esprit si j'en ai jamais vu; qui peu après nous suscitèrent beaucoup d'ennemis. Le marquis de Grana, depuis gouverneur des Pays-Bas, voulut être lui-même le témoin de nos premiers exploits.

Le Roi au printemps attaqua quatre places en même temps, et les prit toutes quatre en huit jours (1). L'épouvante se mit dans les troupes des ennemis, composées d'assez bons soldats, mais conduites par des officiers qui n'avoient jamais rien vu, et qui étoient

(1) Elles furent prises en six jours. Orsoy et Rhimberg se rendirent au Roi, la première le 3 de juin, la seconde le 6. Le 4, M. le prince prit Wesel; et le 3, Burich s'étoit rendu à M. de Turenne. (*Note de l'ancien éditeur.*)

la plupart enfans ou parens des bourgmestres des villes de Hollande.

Après ces premières conquêtes, le Roi marcha droit à l'Yssel avec l'armée que commandoit M. le prince de Condé, et laissa la sienne à M. de Turenne, qui étoit à trois lieues derrière lui. Le malheur voulut que le comte de Guiche, lieutenant général, amateur de choses extraordinaires, qui avoit vu en Pologne les Tartares passer des rivières à la nage, proposa de passer le Rhin au Tolhuys de la même manière. Il fit croire qu'il y avoit un gué où il n'y en avoit point : peu de gens se noyèrent, et il y en eut quelques-uns de tués dans ce passage par quelques escadrons qui étoient sur l'autre bord. M. le duc et M. de Longueville, après qu'on eut passé, s'avancèrent, et trouvant les ennemis entraînèrent M. le prince, qui les suivoit avec peu de gens. Cela fut cause qu'ayant poussé quelques escadrons, ces seigneurs et plusieurs autres arrivèrent à une barrière défendue par un bataillon, qui pensa d'abord mettre les armes bas; mais comme quelqu'un cria : *Point de quartier!* ils firent leur décharge si à propos, que M. de Longueville fut tué, M. de Marsillac blessé, et M. le prince lui-même (1). Avant cela, Nogent, Guitry, Brouilly, Théobon et quelques autres avoient été tués, et le comte de La Salle, de Sault, Revel, Du Mesnil, blessés, presque tous volontaires dans cette occasion. Quoiqu'on fît ce qu'on vouloit, qui étoit de passer dans l'île de Betaw, la blessure de M. le prince ne laissa pas de déconcerter les desseins du reste de la campagne. M. de

---

(1) Il fut blessé à la main; d'autres disent pourtant qu'il fut blessé de deux balles au bras. (*Note de l'ancien éditeur.*)

Turenne vint se mettre à la tête de l'armée que quitta M. le prince, et marcha droit à Arnheim, qui se rendit, quoique nous n'eussions pas passé la rivière. Le comte Du Plessis y fut tué d'un coup de canon. Le marquis de Rochefort fut détaché pour aller promptement se saisir de Muyden, et se rendre maître des écluses. S'il l'eût fait, la Hollande étoit perdue, car on ne songeoit plus à Amsterdam qu'à en apporter les clefs au Roi : mais ce général, qui, quoique brave, redoutoit fort les événemens, ne marcha pas assez diligemment pour vouloir marcher avec trop de précaution, et laissa jeter des troupes dans Muyden (1), qui lâchèrent les écluses, et en inondant le pays le sauvèrent. Ce coup manqué, M. de Turenne alla prendre Nimègue et le fort de Schenk ; le Roi prit Doësbourg ; Monsieur prit Zutphen ; ensuite on s'alla camper près d'Utrecht, qui ouvrit ses portes. Pierre Grotius s'y rendit de la part des Etats, avec des propositions raisonnables (2) qu'on ne voulut point écouter, et le roi

(1) Cinq chevau-légers de la garnison que les Français avoient mise dans Naarden trouvèrent moyen d'entrer dans Muyden. Ils y jetèrent une telle épouvante, qu'on envoya des députés à Amersfort pour proposer des articles; mais dans cet intervalle le comte Maurice de Nassau se jeta dans la place, pourvut à sa défense, et sauva par là la Hollande. (*Note de l'ancien éditeur.*) — (2) La députation étoit composée de quatre personnes, et Grotius étoit à la tête. Les députés se rendirent le 22 à l'armée du Roi, qui étoit auprès d'Utrecht; et le 23 ils furent visités par messieurs de Louvois et de Pomponne. Ces deux ministres leur dirent qu'ils écouteroient leurs propositions, pourvu qu'ils eussent un plein pouvoir pour traiter; ensuite ils leur insinuèrent que le Roi non-seulement vouloit garder tout ce qu'il avoit pris, mais qu'il prétendoit encore être remboursé des frais de la guerre. Des conditions si dures obligèrent Grotius de retourner à La Haye. Le corps de la noblesse fut d'avis que l'on devoit donner aux députés un plein pouvoir pour traiter, à condition qu'il ne seroit touché ni à la liberté ni à la religion des Sept-Pro-

d'Angleterre y envoya le duc de Buckingham pour être médiateur de la paix ; car il vouloit bien l'abaissement des Hollandais, mais non pas que nous nous rendissions maîtres de la Hollande, qui avoit été et qui étoit encore à deux doigts de sa perte. Pendant que l'on conféroit, les affaires changèrent entièrement de face en Hollande : messieurs de Witt furent assassinés dans une émeute populaire (1), par ordre, à ce qu'on croit, de M. le prince d'Orange leur ennemi, qui dès ce moment se mit à la tête de leurs affaires, releva le courage abattu de cette république, ne voulut plus entendre parler de paix, et fit bien voir, comme dit un de nos poëtes, qu'

>..................... Aux ames bien nées
> La valeur n'attend pas le nombre des années.

Il fut déclaré stathouder comme ses pères ; et excepté la paix de Nimègue, que les Etats firent malgré lui, ils ne se sont pendant le reste de sa vie gouvernés que par ses conseils, ou pour mieux dire par ses

---

vinces. Cet avis ayant été suivi, Grotius retourna à l'armée : il offrit Maëstricht pour le rachat des places, et il alla jusqu'à offrir dix millions pour le remboursement des frais. Mais le Roi ayant voulu avoir beaucoup au-delà de ce qui étoit offert, la dernière résolution portée à La Haye y partagea les esprits : la plupart des villes de Hollande, et les quatre provinces Gueldre, Hollande, Utrecht et Over-Yssel, vouloient qu'on envoyât un nouveau pouvoir pour traiter ; mais la ville d'Amsterdam, et les provinces de Zélande, de Frise et de Groningue, s'y opposèrent fortement. (*Note de l'ancien éditeur.*)

(1) Les conditions onéreuses que le Roi prétendoit imposer aigrirent les esprits des peuples, déjà affligés de leurs pertes. Les partisans du prince d'Orange crièrent que messieurs de Witt étoient la cause de ces malheurs, et qu'ils agissoient de concert avec la France : c'en fut assez pour qu'on se portât aux derniers excès. Le 3 de juillet, les deux frères furent inhumainement massacrés. (*Note de l'ancien éditeur.*)

ordres. Toute négociation de paix rompue, le Roi s'en retourna en France, et laissa beaucoup de troupes en Hollande, avec le duc de Luxembourg pour y commander. Il auroit pu sans peine tomber tout d'un coup sur la Flandre espagnole, dégarnie d'argent et de troupes, et s'en rendre le maître : il se contenta d'y passer en voyageur, et de venir jouir à Versailles du fruit de ses exploits. Il avoit effectivement bien châtié les Hollandais, et montré quelle étoit sa puissance; mais il se trouva dans la suite qu'il n'avoit rien fait de décisif pour son Etat, quoiqu'il eût été en pouvoir de le faire. Il est impossible de passer cet endroit de notre histoire, qui a été la cause de tout ce qui est arrivé depuis, sans faire cette réflexion qu'un Etat ne doit jamais agir contre de certains intérêts fondamentaux, à moins qu'il ne soit résolu de pousser les choses à l'extrémité, et ne voie de l'apparence au renversement total de la puissance qu'il attaque. Nous n'avons jamais songé à prendre la Hollande, mais à la châtier : mauvais dessein, car nous avons imprimé la crainte et la haine dans le cœur de gens qui par leur intérêt propre étoient naturellement nos alliés, et nous l'y avons imprimée de manière qu'ils ont prodigué leurs biens et risqué leur liberté pour nous abattre; nous avons été cause qu'ils se sont abandonnés à un chef qui les a aguerris; et une république qui, en l'état où elle étoit, ne pouvoit jamais être fort redoutable pour nous, est devenue le plus puissant de nos ennemis, sans qui tous les autres n'étoient pas capables de nous résister. Il ne falloit donc, bien loin de les attaquer, songer qu'à les endormir; et nous aurions fait dans l'Europe tout ce que nous aurions voulu.

Mais si l'entreprise de cette guerre a été vicieuse en son principe, nous avons encore plus manqué dans l'exécution; car lorsque la fortune nous tendoit les bras, que toutes les places se rendoient, et que nous avions trente mille prisonniers de guerre, nous nous sommes arrêtés à chaque pas : au lieu de marcher avec toute l'armée, ou une grande partie, à Muyden, qui étoit la grande affaire, on s'est contenté d'y envoyer Rochefort avec cinq cents chevaux, qui le manqua. Le Roi s'arrêta à prendre les places qui sont sur l'Yssel, pendant qu'il pouvoit pénétrer dans le cœur de la Hollande, qui n'étoit pas encore inondée : il s'amusa à écouter des propositions de paix, quand il n'y avoit rien de bon à faire qu'à se rendre entièrement le maître du pays; après quoi il l'auroit été bientôt de la Flandre espagnole. Chose aussi qu'il ne falloit pas faire, c'étoit de rendre comme on a fait vingt-sept mille soldats prisonniers pour deux écus pièce, et de s'en retourner dans le mois d'août avec l'élite de ses troupes. Je sais qu'on dira qu'il est bien aisé de parler après l'événement : mais quelle est la différence de l'habile ou du malhabile, si ce n'est que l'un voit long-temps devant, et que l'autre ne voit qu'après? Il y avoit encore un autre parti à prendre après avoir manqué la Hollande : c'étoit de tomber avec toutes ses forces sur la Flandre espagnole. Ce parti n'étoit pas, je crois, généreux; mais peut-être étoit-il nécessaire en saine politique. Toutes ces fautes que je viens de remarquer ne nous ont pas été dans la suite si préjudiciables qu'elles pouvoient et devoient l'être, mais cependant nos ennemis en ont tiré de grands avantages : nous en avons perdu la domination de l'Europe, que nous avions acquise, et sommes parvenus par notre industrie, après avoir réuni tout le monde contre nous, à nous faire plus haïr et moins craindre.

Les conquêtes que le Roi avoit faites en Hollande, et la rapidité avec laquelle il les avoit faites, tirèrent comme d'un profond assoupissement tout le reste de l'Europe. Les Hollandais ni personne n'avoient pu penser que le Roi pût en trois mois conquérir la Hollande : cependant cela avoit pensé arriver, faute d'avoir suivi les conseils de M. de Witt, pensionnaire de Hollande, et, par la supériorité de son génie, le maître de cette république. Cet habile homme avoit proposé aux Etats, avant que le Roi se pût mettre en campagne, d'attaquer Neuss et de brûler tous les magasins; ce qui nous auroit mis hors d'état de leur porter la guerre. Les Etats, pour avoir négligé ce conseil, furent à deux doigts de leur perte, et il en coûta la vie à celui qui l'avoit donné, pour n'avoir pu le faire exécuter.

Le reste de l'année 1672 se passa en négociations entre l'Empereur et l'Espagne; les princes d'Allemagne et la Hollande s'unirent sur la fin de 1673 pour nous mettre à la raison. Il n'y eut que le roi d'Angleterre qui ne voulut point nous déclarer la guerre jusqu'à la dernière extrémité, quoique le prince d'Orange et son parlement l'en pressassent incessamment, et que Madame, duchesse d'Orléans, sa sœur, qu'il aimoit tendrement, laquelle avoit commencé la liaison des deux rois, fût morte malheureusement dès l'année 1670, non sans soupçon de poison. A propos de quoi on ne peut s'empêcher de parler de ce qui donna occasion à ces soupçons, et de quelques intrigues de la cour pendant les années de paix qui précédèrent la guerre de Hollande.

CHAPITRE SIXIÈME.

Intrigues du dedans de la cour, et les changemens qui y sont arrivés depuis l'année 1667 jusqu'en 1672.

Madame Henriette Stuart, sœur de Charles II, roi d'Angleterre, petite-fille de France par sa mère, l'une des filles de Henri IV, avoit épousé, comme j'ai dit, Philippe de France, frère unique du Roi. Ce prince, jeune, beau, et qui aimoit les plaisirs, commença par être amoureux de sa femme, qui, quoiqu'un peu bossue, avoit non-seulement dans l'esprit, mais même dans sa personne, tous les agrémens imaginables : mais comme ce prince n'étoit pas destiné à n'aimer que les femmes, la violence de cette passion dura peu; et quoiqu'il ait eu toute sa vie beaucoup de commerce avec ce sexe, je doute qu'il en ait jamais eu d'autre (1).

De tout l'amour qu'il eut pour elle, il ne lui resta bientôt que la jalousie. Il eut assez de sujet de l'exercer auprès d'une jeune princesse adorée de tout le monde, un peu coquette, et quoique vertueuse, à ce que je crois, bien aise pourtant d'être aimée.

(1) *Jamais eu d'autre* : Ce passage, que l'on se gardera bien de commenter, avoit été altéré à dessein dans toutes les éditions de ces Mémoires.

D'autre côté, cette princesse ambitieuse vouloit non-seulement gouverner son mari, mais toute la cour, si elle eût pu; et trouva fort mauvais que, du côté du Roi, mademoiselle de La Vallière sa maîtresse, et ensuite madame de Montespan, et, du côté de Monsieur, le chevalier de Lorraine son nouveau favori, l'empêchassent de gouverner ni l'un ni l'autre.

L'évêque de Valence, premier aumônier de Monsieur, et madame de Saint-Chaumont, gouvernante de ses enfans, la firent agir fortement contre le chevalier de Lorraine (1); et voyant qu'ils ne pouvoient le perdre auprès de Monsieur, le perdirent auprès du Roi par le moyen de Madame, aidée de M. de Turenne, qui en cette occasion fit un personnage tout extraordinaire pour un homme de son poids et de son caractère. Le Roi avoit confié à ce grand homme le dessein qu'il avoit d'abaisser les Hollandais, et de leur faire la guerre. Ils jugèrent donc qu'il falloit, pour réussir dans ce dessein, y faire entrer Charles II, roi d'Angleterre, qui aimoit fort sa sœur. Milord Montaigu, ambassadeur de ce roi, qui étoit des amis de Madame et la vouloit faire valoir, persuada au Roi que personne n'étoit si capable de négocier cette affaire. Le Roi changea donc entièrement de conduite envers Madame, qu'il avoit si souvent négligée; et elle parut tout d'un coup la toute puissante de la cour. Il se fit une grande liaison entre elle et M. de Turenne, qui, comme j'ai dit, avoit le secret de cette affaire. Il étoit tous les jours

---

(1) *Le chevalier de Lorraine* : Il semble que Madame ne méritoit pas de reproches pour avoir essayé d'écarter le chevalier de Lorraine d'auprès de Monsieur.

chez Madame, et y voyoit la marquise de Coaquin, sœur de madame de Soubise, jeune personne sinon des plus belles, au moins des plus piquantes, qui étoit pour lors comme favorite de Madame. Ni l'âge de ce grand capitaine, ni sa sagesse, ne l'empêchèrent pas d'en devenir amoureux; et sa foiblesse alla jusqu'à lui faire part du secret de l'Etat. Monsieur, qui voyoit avec dépit que sa femme, dont il n'étoit pas content, acquéroit beaucoup de crédit dans l'esprit du Roi, se douta bien qu'elle ménageoit quelque affaire de conséquence; mais ne pouvant pénétrer ce que c'étoit, le chevalier de Lorraine, son favori, le tira bientôt d'embarras. C'étoit le jeune homme de la cour le plus beau, le plus aimable et le plus spirituel. Il attaqua madame de Coaquin, et (il faut dire la vérité) la dame ne résista pas long-temps. Elle lui découvrit les desseins de Madame, et le secret de l'Etat que M. de Turenne lui avoit confié. Monsieur éclata contre sa femme; et se plaignant au Roi de la manière indigne dont on le traitoit, lui fit connoître qu'il savoit tout ce qu'on lui avoit voulu cacher. On ne fut pas long-temps à découvrir par où il l'avoit appris; et la confusion de M. de Turenne fut extrême lorsque le Roi lui reprocha la foiblesse qu'il avoit eue pour madame de Coaquin. Il en a toute sa vie été si honteux, que M. le chevalier de Lorraine m'a conté que long-temps depuis, lorsqu'ils furent parfaitement raccommodés ensemble, ayant voulu parler à M. de Turenne de cette aventure, il lui répondit fort plaisamment, selon moi :
« Nous en parlerons quand il vous plaira, monsieur,
« pourvu que nous éteignions les bougies. » Depuis

cette découverte, Monsieur traita fort mal sa femme : ils étoient ensemble sans se parler, et tout ce qui étoit du parti de l'un étoit en horreur à l'autre. De là le Roi prit prétexte de faire arrêter le chevalier de Lorraine, comme celui qui fomentoit leur mésintelligence. Il fut d'abord envoyé à Pierre-Encise, ensuite au château d'If. Le marquis de Villeroy, son ami, fut exilé à Lyon; M. le comte de Marsan, son frère, le fut aussi. Monsieur, outré de colère, se retira à Villers-Cotterets, et y mena Madame. M. Colbert y fut envoyé pour le ramener; et après quelques allées et venues, dans lesquelles on stipula que M. le chevalier de Lorraine sortiroit de prison et iroit à Rome, Monsieur revint à la cour, mais plus mécontent de sa femme que jamais. Elle fit ensuite un voyage en Flandre avec le Roi (1), et passa jusqu'en Angleterre, où elle conclut avec son frère le traité fait pour attaquer la Hollande. Le duc de Monmouth, fils naturel de Charles II, qui avoit fait il n'y avoit pas long-temps un voyage en France, l'homme le mieux fait qu'on pût voir, redoubla pendant ce voyage les jalousies de Monsieur : mais Madame, qui étoit pour lors la médiatrice des deux rois, fort aimée de l'un par inclination, et fort sûre de l'autre parce qu'il avoit besoin d'elle, ne s'en embarrassa guère. Elle revint jouir à Saint-Cloud de la beauté de la saison et de la

(1) Il s'agit ici du voyage que Louis XIV fit sur la frontière au printemps de l'année 1670. Il étoit accompagné de la Reine, du Dauphin, du duc et de la duchesse d'Orléans, de la plupart des princes et des princesses du sang, et des grands de sa cour. Le but de ce voyage étoit de visiter les villes que l'Espagne venoit de lui céder, et de faire prendre possession à la Reine et au Dauphin des terres qui leur étoient échues par succession. (*Note de l'ancien éditeur.*)

conversation de ses amis, comme M. de Turenne, M. le duc de La Rochefoucauld, madame de La Fayette, Troisville, et plusieurs autres. Quoique je ne fusse pas dans sa confidence, j'étois de ceux dont elle recevoit les soins et les assiduités avec le plus de bonté. En cet état florissant, après avoir pris quelques bains à la rivière, un jour après le dîner ayant bu un verre d'eau, elle sentit des douleurs cruelles, qui ne la quittèrent point jusqu'à la nuit, qui fut la dernière pour elle. Elle mourut avec toute la fermeté et les sentimens de religion possibles. Il ne se pouvoit guère qu'on ne soupçonnât une telle mort de poison : cependant elle ne désunit point les deux rois, qui poursuivirent l'exécution de leurs desseins ; tant il est vrai que les rois ne pensent pas et ne se gouvernent pas comme les autres hommes. Cette princesse fut infiniment regrettée. Troisville, que je ramenai ce jour-là de Saint-Cloud, et que je retins à coucher avec moi pour ne le pas laisser en proie à sa douleur, en quitta le monde, et prit le parti de la dévotion, qu'il a toujours soutenu depuis. Il est certain qu'en perdant cette princesse la cour perdit la seule personne de son rang qui étoit capable d'aimer et de distinguer le mérite ; et ce n'a été depuis sa mort que jeu, confusion et impolitesse.

Quelques années auparavant, s'étoit élevée à la cour la faveur du comte de Lauzun, autrefois Peguillain, cadet de Gascogne, de la maison de Caumont, le plus insolent petit homme qu'on eût vu depuis un siècle, qui par le moyen de madame de Montespan, dont il étoit le confident, et par sa souplesse, son insinuation et son dévouement, étoit devenu le maître de la cour, et tenoit tête à Louvois, le ministre le plus insolent qu'il y eût alors, car la faveur de Colbert commençoit à baisser. Celle de ce petit homme étoit à son plus haut point, et lui fit concevoir le dessein d'épouser mademoiselle de Montpensier, cousine germaine du Roi, fille de feu Gaston de France, duc d'Orléans, riche de six ou sept cent mille livres de rente, qui avoit pensé épouser le Roi et ensuite Monsieur, et avoit refusé des rois et des souverains. C'est ici où il faut avouer qu'il s'est passé des choses dans ce siècle plus singulières qu'en aucun autre, pour ne pas dire plus ridicules; car toute cette affaire le fut au dernier point. Mademoiselle devint passionnée pour Lauzun, autant, je crois, parce qu'il étoit favori du Roi, que par les qualités aimables qui étoient médiocres en lui, et en petit nombre. Quoi qu'il en soit, il mena cette affaire si adroitement et si loin, que tout le monde fut surpris lorsque M. le duc de Montausier et le maréchal d'Albret allèrent un jour demander au Roi Mademoiselle pour lui, non-seulement comme parens et amis de M. de Lauzun, mais comme députés pour ainsi dire de la noblesse de France, qui recevroit, disoient-ils, à grand honneur et à grande grâce que le Roi voulût permettre qu'un simple gentilhomme qualifié épousât une princesse de ce rang, alléguant plusieurs exemples de pareilles alliances dans les histoires passées. Le Roi, qui étoit déjà préparé et résolu de tout accorder à son favori, les reçut favorablement, et consentit que Mademoiselle fît ce qu'il lui plairoit. Cette princesse enivrée d'amour, et Lauzun enivré de vanité, crurent leur affaire sûre; et ce dernier fut assez sot pour différer ce mariage de quelques jours, afin de le faire dans toutes les formes et avec tout le faste que vouloit sa vanité, comme s'il eût épousé son égale. Pendant ce peu de temps, toute la maison royale, les ministres et toute la cour se soulevèrent contre ce mariage. La Reine même, qui ne se mêloit de rien, parla au Roi fortement; Monsieur encore davantage; et M. le prince dit au Roi, quoique respectueusement, qu'il iroit à la messe du mariage du cadet Lauzun, et qu'il lui casseroit la tête en sortant d'un coup de pistolet (1). D'autre côté, l'archevêque de Paris différa sous quelque prétexte de leur donner les bans pour se marier, poussé à cela par Le Tellier et Louvois, ennemis déclarés de ce petit gascon. Mais ce qui rompit entièrement l'affaire fut madame Scarron, femme de beaucoup d'esprit, que madame de Montespan avoit mise auprès des enfans qu'elle avoit eus du Roi, et qui étoit alors sa principale confidente. Madame Scarron, dis-je, fit voir à madame de Montespan (2) l'orage qu'elle s'attiroit en soutenant Lauzun dans cette affaire; que la famille royale et le Roi lui-même lui reprocheroit le pas qu'elle lui faisoit faire. Enfin elle fit si bien que celle

(1) *D'un coup de pistolet* : Ce passage, que nous rétablissons d'après le manuscrit du temps qui nous a été confié, a subi dans l'édition de 1716 un grand adoucissement; on y lit: *M. le prince, quoique respectueusement, lui fit des remontrances qui firent impression.* Le duc de Lauzun n'étant mort qu'en 1723, l'éditeur de 1716 n'a pu imprimer cette anecdote qu'en modifiant les expressions de La Fare. — (2) *Fit voir à madame de Montespan :* Choisy dit que ce fut la princesse de Carignan qui détermina madame de Montespan à faire rompre le mariage de Lauzun. Madame Scarron put bien appuyer sur ce que la princesse avoit dit; mais il n'est pas vraisemblable que son influence seule ait conduit madame de Montespan à cette démarche.

qui avoit fait cette affaire la rompit, et que Lauzun et Mademoiselle eurent au bout de trois ou quatre jours ordre de ne pas passer outre à leur mariage. Ce fut un coup de foudre qui renversa la fortune de Lauzun, et fit en même temps tomber Mademoiselle dans le mépris; car si ce mariage avoit paru extraordinaire dès qu'il fut publié, sitôt qu'il fut rompu il devint ridicule. Le Roi lui-même annonça à Mademoiselle qu'il n'y falloit plus penser, et offrit à Lauzun, pour le dédommager, tous les biens et toutes les dignités qu'il pouvoit lui donner : mais ce favori irrité n'en voulut point. Comme cette aventure fit beaucoup de bruit dans toute l'Europe, le Roi se crut obligé de faire une lettre circulaire à tous les ambassadeurs, qu'ils pussent montrer dans les cours où ils étoient. Elle expliquoit les raisons qu'il avoit eues de permettre d'abord et de défendre ensuite ce mariage. Quelques-uns ont dit que cette lettre partoit de la plume de Lyonne; d'autres ont assuré qu'il n'avoit fait que la copier sous le Roi. Quoi qu'il en soit, elle fut imprimée et envoyée partout, et mit le dernier comble au ridicule de cette affaire. Pour Lauzun, il fut si outré contre madame de Montespan, qu'il s'emporta aux dernières extrémités contre elle, même devant le Roi; si bien que dès ce moment cette femme jura sa perte, qui ne fut pas long-temps à arriver. Je me souviens qu'étant de retour de Languedoc peu de jours après la rupture de ce mariage, je trouvai M. de Lauzun à Saint-Germain chez une de mes parentes, avec qui il étoit fort bien; et après m'avoir demandé si je ne l'avois pas bien plaint dans le malheur qui lui étoit arrivé, il parla de madame de Montespan avec tant d'indignation et de mépris, et comme un homme qui se possédoit si peu, qu'étant retourné à Paris voir une femme des amies de M. de Lauzun, dont j'étois éperdument amoureux, je lui dis: « Votre « ami Lauzun est un homme perdu, qui ne sera pas « encore six mois à la cour. » En effet, au bout de trois ou quatre il fut arrêté à Saint-Germain, et envoyé à la citadelle de Pignerol, dans un cachot où il a été plus de dix ans. Beaucoup de gens crurent que c'étoit pour avoir consommé son mariage avec Mademoiselle, malgré les défenses du Roi. La plupart ont pensé que le seul crédit de madame de Montespan, qui dit au Roi qu'elle ne se croyoit pas en sûreté de sa vie tant que Lauzun seroit en liberté, fut cause de son malheur; à quoi se joignirent les mauvais offices continuels de Louvois, son plus mortel ennemi, qui lui rendit sa prison la plus cruelle qu'on puisse s'imaginer.

Laissons cela pour parler de trois hommes qui dans ce temps-là portèrent leur fortune bien haut, en dépit des ministres. Le premier fut Bellefond, qui s'étoit attaché au Roi dès le temps du cardinal Mazarin, lorsque tout le monde négligeoit de faire sa cour à ce prince. Ce fut lui que le Roi chargea, sur la fin des jours du cardinal, de lui venir rendre un compte fidèle de l'état où il étoit, et à qui il demanda plusieurs fois: « En est-ce fait? » Bellefond étoit d'une ambition outrée, et aimoit les routes particulières et détournées; il avoit de l'esprit, et même assez profond, mais peu agréable, et sujet à des imaginations creuses. Il étoit faux sur le courage, sur l'honneur et sur la dévotion, et n'avoit jamais rien fait à la guerre qui méritât une grande élévation : il étoit pourtant capable de bien penser. Le Roi eut d'abord une grande confiance en lui, et lui donna, à la mort de Vervins, la charge de premier maître d'hôtel, qui, sans être des charges du premier rang, est une de celles qui donnent le plus d'accès auprès du Roi, et le plus d'agrément dans le public. Il la mit sur un très-bon pied, et outre cela continua de servir à la guerre si fort au gré du Roi, qu'il fut fait après la campagne de 1667 maréchal de France avec les marquis de Créqui et d'Humières, qui ne l'auroient peut-être pas été sitôt, si l'on n'eût eu envie de donner le bâton à Bellefond. Il se soutint, tant qu'il demeura à la cour, contre Louvois, qui n'étoit pas de ses amis; mais quand il fut une fois éloigné, Louvois le perdit. Dans la suite nous dirons comment.

Le second dont je veux parler est La Feuillade, fou de beaucoup d'esprit, continuellement occupé à faire sa cour, et l'homme le plus pénétrant qui y fût, mais qui souvent passoit le but. Celui-ci fit sa fortune par ses extravagances; et une des choses qui lui a le plus servi, ce fut de se brouiller alternativement avec tous les ministres.

M. Colbert fut pourtant de ses amis. Du reste il imagina des choses à quoi tout autre n'eût jamais pensé : il mena à ses dépens, en Candie, deux cents gentilshommes volontaires des meilleures maisons du royaume, dont l'un des principaux étoit M. le comte de Saint-Pol, cadet pour lors, et depuis duc de Longueville quand son frère fut tout-à-fait fou.

La Feuillade ne fit rien d'utile pour le salut de la place; mais il fit une vigoureuse sortie, où il perdit une

partie de son monde, et s'en revint. Il alla ensuite en
Espagne avec le marquis de Béthune, qui lui devoit
servir de second; présenta le combat à Saint-Aunay,
parce qu'il avoit parlé du Roi peu respectueusement.
Saint-Aunay, goutteux et cassé, nia le fait, et se moqua de lui. Cette aventure de don Quichotte (1) ne
laissa pas de plaire au Roi. Enfin il trouva moyen de
se soutenir contre Lauzun et contre Louvois, et devint à la fin duc, maréchal de France, colonel des
gardes, et gouverneur du Dauphiné. En cet état, il
acheta l'hôtel de La Ferté après la mort du maréchal
de ce nom, et en fit une place où il éleva une statue
du Roi en bronze, qui est un des plus beaux ouvrages
de ce temps (2). Il en avoit déjà fait faire une autre de

(1) *De don Quichotte* : Bussy-Rabutin, dans un passage de ses Mémoires qui n'a pas été imprimé, parle de La Feuillade comme d'un homme qui n'étoit pas aussi chatouilleux sur le point d'honneur qu'il affectoit de le paroître. « La Feuillade, dit Bussy, chagrin de n'être pas
« dans ce manuscrit (des *Amours des Gaules*) comme il eût souhaité,
« m'aborda (*vers le 15 avril 1665*) dans la chambre du Roi comme je
« parlois au comte Du Lude, et me dit qu'en d'autres occasions on sauroit comme quoi se venger. Je lui répondis que quand on étoit bien
« fâché, on trouvoit en tout temps les moyens de se satisfaire. — *Si je*
« *savois faire des histoires*, me dit-il, *j'en ferois des autres comme ils en*
« *font de moi*. — Je ne sais pas, lui répliquai-je, *si vous savez faire des*
« *histoires ; mais pour des romans, personne n'en fait mieux que vous :*
« *on n'en peut pas douter après celui de Hongrie, que nous avons*
« *vu de votre façon*. La même raison qui l'avoit obligé de ne vouloir
« point de querelle avec moi sur le manuscrit l'engagea apparemment
« encore à se servir de sa modération en cette rencontre ; et je ne sais si
« le respect qu'il eut pour la chambre du Roi, ou quelque autre consi-
« dération, ne me sauva pas une méchante affaire, mais enfin il me
« quitta sans me dire mot. » (Mémoires manuscrits de Bussy-Rabutin,
t. 3, f° 12, bibliothèque de M. le marquis de La Guiche.) — (2) *Un
des plus beaux ouvrages de ce temps* : La statue qui étoit sur la place
des Victoires. Choisy raconte plaisamment l'espèce d'idolâtrie qu'affecta,

marbre; et toutes ces marques de sa reconnoissance envers le Roi avoient beaucoup plu à ce prince. Pour moi, quoique la plupart des gens aient trouvé dans cela une ostentation folle, je ne saurois désapprouver qu'un courtisan qui a reçu de grands bienfaits de son maître laisse un pareil monument de sa reconnoissance, supposé qu'on admette des pensées vaines dans un prince sage, et dans un sujet qui le seroit aussi.

Le troisième, qui a eu beaucoup de part à la faveur du Roi, et a mis à la fin de grands établissemens dans sa maison, c'est le prince de Marsillac, à présent de La Rochefoucauld. Il avoit commencé pendant les guerres civiles par porter les armes contre le Roi, et s'étoit trouvé au combat de Saint-Antoine avec son père, l'homme de son temps le plus galant, le plus délié, le plus poli, et l'un des principaux auteurs de ces dernières guerres civiles. Après qu'elles furent finies, son fils ne songea, par ses assiduités, qu'à effacer de l'esprit du Roi les méchantes impressions qu'il avoit conçues contre sa maison; et effectivement il y réussit, étant homme de mérite, poli, et sage de bonne heure : caractère que le Roi a toujours aimé, quoiqu'il ait fait de grandes fortunes à bien des fous.

---

le jour de l'inauguration, La Feuillade, que madame de Sévigné appeloit avec raison *le courtisan passant tous les courtisans passés*. (Lettre à Bussy-Rabutin, du 20 juillet 1679.)

CHAPITRE SEPTIÈME.

Suite des principaux événemens de la guerre et de la cour, depuis la fin de 1672 jusqu'à la fin de 1674.

Revenons à la guerre commencée en 1672, d'abord contre la Hollande seule, mais qui devint dans peu celle de presque toute l'Europe. L'Empire, l'Empereur et l'Espagne avoient trop d'intérêt à soutenir cette république pour ne se pas mettre en campagne. Aussi le Roi fut à peine revenu de ses fameuses expéditions, qu'il vit ces puissances se préparer à lui faire la guerre. Ses conquêtes pouvoient s'étendre dans la Hollande inondée, et les Espagnols ne lui avoient point encore déclaré la guerre. Il crut avec raison ne pouvoir mieux faire, au commencement de l'année 1673, que de prendre Maëstricht, pour s'assurer de ce côté-là une communication avec ce qu'il avoit pris en Hollande, n'en ayant que par Bonn et par le Rhin, qui pouvoit être aisément interrompue toutes les fois que les Allemands seroient assez forts pour aborder la ville de Cologne. On fit donc pendant l'hiver les préparatifs nécessaires pour ce siége, et pendant ce même hiver M. le duc de Luxembourg, qui commandoit en Hollande, voulut profiter des glaces pour pénétrer jusqu'au fond du pays; mais, après avoir emporté Woërden avec la dernière valeur, il ne put passer plus avant : le dégel l'en empêcha. D'autre côté, M. de Turenne, qui avoit pris des quartiers en Westphalie, y fit hiverner un corps de troupes considérable, fatigué d'une longue campagne et d'une saison très-rude : il le rétablit pourtant si parfaitement, qu'il en composa au printemps une très-belle armée. Les choses étant en cet état, on passa sans obstacle dans le pays espagnol; on investit Maëstricht, dont la circonvallation aussi bien que la réputation étoient grandes, et où il y avoit une forte garnison sous le commandement d'un nommé Fane(1), qui avoit autrefois acquis de la réputation à la défense de Valenciennes. Cette entreprise étoit effectivement digne du Roi; mais comme il n'y avoit point d'armée en campagne pour secourir la place, et que les fortifications n'en étoient pas revêtues, elle fut, après quelque action de vigueur de part et d'autre, emportée en treize jours de tranchée ouverte. Le Roi, selon sa coutume, se montra dans ce siége vigilant, exact et laborieux; mais les excessives précautions que le faux zèle de Louvois et de quelques autres leur firent prendre pour la sûreté de sa personne, et qu'il souffrit, ne firent pas un fort bon effet chez une nation qui (follement si vous le voulez) fait gloire non-seulement de braver mais de rechercher les périls. Je sais que ce n'est pas là le personnage d'un roi; mais quand il veut conduire les autres aux occasions, il ne doit pas paroître grossièrement les éviter, surtout s'il affecte la réputation de guerrier et de héros, qu'il sembloit ambitionner alors, et à laquelle il a depuis renoncé. Maëstricht pris, la campagne fut finie pour le Roi : il sépara ses troupes en plusieurs corps; il en envoya dans le pays de Trèves, pour joindre

(1) *D'un nommé Fane:* On lit Fariaux dans les autres éditions. On suit ici le manuscrit.

M. de Turenne, qui observoit les démarches de l'armée que M. de Montecuculli, généralissime de l'Empereur, assembloit en Bohême. Je fus de ces troupes, et je joignis M. de Turenne au haut du Tauber à Mariénthal, où il assembloit son armée dispersée dans des quartiers, pour marcher le lendemain au devant de M. de Montecuculli dans les plaines de Rotenbourg, résolu de lui donner bataille. Il ne tint effectivement qu'à M. de Montecuculli de la donner; mais il l'évita sagement et finement, son dessein étant de gagner le Rhin à quelque prix que ce fût. Il prit, à la vue de M. de Turenne, un poste sur le Mein, si avantageux que ce général ne l'y put attaquer : il vit bien dès ce moment qu'il ne pouvoit empêcher M. de Montecuculli de gagner le bas du Rhin, et de prendre Bonn, à moins qu'on y eût jeté une partie de l'infanterie nombreuse que le Roi avoit en Hollande. Cependant, soit par manque de prévoyance ou par malice, Louvois, ennemi déclaré de M. de Turenne, ne jeta point de troupes dans Bonn, laissa prendre cette place, et en rejeta la faute sur ce maréchal, qui pourtant avoit dès long-temps averti le Roi et son conseil qu'il ne pouvoit conserver que le Haut-Rhin, et qu'il falloit se servir de la quantité de troupes qui étoient inutiles en Hollande pour conserver Bonn. Les courtisans, pour plaire au ministre, blâmèrent fort M. de Turenne; et il en fut si piqué, qu'ayant trouvé M. le prince assez mécontent aussi de la conduite de Louvois, ils résolurent tous deux d'attaquer ce ministre insolent, et de dire au Roi ce qu'ils pensoient véritablement de lui, c'est-à-dire qu'il étoit capable, par son application et son activité, de servir à l'exécution des desseins de Sa Majesté, mais non pas de gouverner les armées de loin, comme il prétendoit faire ; qu'il n'avoit ni assez de vue ni assez d'expérience pour cela, et étoit d'une férocité, d'un orgueil et d'une témérité capables de tout gâter. M. de Turenne pendant l'hiver poursuivit son dessein, et parla effectivement au Roi, sur le chapitre de son ministre favori, de la manière dont je viens de dire. Il fit plus : il dit à Louvois lui-même tout ce qu'il venoit de dire au Roi, et le traita comme un écolier indigne de son poste. Pour M. le prince, il n'eut pas la force de seconder M. de Turenne ; ce qui fut cause que cette remontrance n'eut point d'effet. L'ostentation même avec laquelle M. de Turenne, amateur de la gloire et de la faveur populaire, donna au public la conversation qu'il avoit eue avec le Roi, et le peu de ménagement qu'il avoit eu pour son ministre, déplurent à Sa Majesté, à qui le vieux Tellier, pendant qu'il faisoit des soumissions à M. de Turenne, ne manqua pas de faire remarquer tout ce qu'il y avoit à remarquer dans ce procédé.

[1674] Le Roi résolut, en 1674, d'entrer de bonne heure en campagne, et de commencer par attaquer la Franche-Comté. M. de Turenne, informé de ses desseins (car il ne s'en formoit point sans lui), eut avis que M. le duc de Lorraine marchoit avec un corps de sept à huit mille hommes, pour se jeter apparemment dans cette province. Il pria le Roi de le laisser partir dans le moment, pour aller s'opposer aux desseins du duc de Lorraine ; et étant arrivé sur les frontières de la Lorraine et de la Franche-Comté, il trouva moyen, en faisant faire beaucoup de mouvemens à un petit corps de cavalerie et de dragons qu'il avoit, de persuader M. le duc de Lorraine qu'il assembloit une grosse armée; ce qui empêcha ce duc d'entrer en Franche-Comté avec ses troupes : que s'il l'avoit fait, les desseins du Roi sur cette province étoient déconcertés. M. de Turenne ne se contenta pas du service qu'il venoit de rendre : ayant appris que le duc de Lorraine, après avoir manqué son dessein, se retiroit avec le corps qu'il avoit amené, il jugea si précisément de la route qu'il tiendroit et du temps qu'il emploieroit à faire sa marche, qu'il résolut d'assembler en passant tout ce qu'il pourroit de troupes dispersées dans ces quartiers jusqu'à Philisbourg, sûr, à ce qu'il disoit, de rencontrer le duc de Lorraine vers Zeinheim. L'effet fit voir qu'il raisonnoit juste. Il partit donc d'auprès de Bâle (M. le grand prieur de Vendôme, jeune prince vif et hardi, à ses côtés), et arriva avec toute la diligence possible à Philisbourg. Il fit passer sur le pont volant toutes les troupes qu'il avoit assemblées, à mesure qu'elles arrivèrent; il y joignit une partie de l'infanterie de cette place. Avec ce corps, qui étoit presque égal à celui du duc de Lorraine, il marcha droit à Zeinheim, où il avoit toujours prévu qu'il le rencontreroit. Il l'y trouva effectivement, mais il trouva aussi de grands obstacles à l'attaquer et à le vaincre; et quoique je n'aie pas entrepris de donner dans cet ouvrage des relations exactes de combats, et surtout de ceux que je n'ai point vus, cette action est pourtant si singulière, et j'en ai si bien appris les circonstances de ceux qui y étoient, que je crois en pouvoir donner une idée juste; et c'est pourquoi j'entreprends de la rapporter.

M. de Turenne arrivant à Zinheim, vit les troupes du duc de Lorraine qui se mettoient en bataille sur une petite hauteur de l'autre côté de la ville et d'un ruisseau, dans un terrain assez étroit pour qu'elles l'occupassent entièrement; le duc avoit aussi jeté quelques dragons dans Zinheim : si bien qu'il falloit emporter la ville, dont les murailles étoient en leur entier, et passer un ruisseau, avant que de le pouvoir combattre. Notre général ne perdit point de temps, et fit attaquer Zinheim par son infanterie, qui l'emporta d'emblée. Il la posta ensuite dans des haies à droite et à gauche de l'autre côté du ruisseau, et commença à faire défiler sa cavalerie quatre à quatre par la porte de la ville, et à former d'abord une ligne de peu d'escadrons, couverte du feu de son infanterie. A mesure que sa cavalerie prenoit du terrain, son infanterie avançoit des deux côtés dans les haies pour la soutenir. Effectivement les ennemis, qui occupoient un plus grand front, étant venus la charger lorsqu'elle étoit à moitié passée, et même y ayant mis quelque désordre, elle se rallia sous le feu de l'infanterie, qu'ils ne purent soutenir. Cependant le reste de nos troupes passoit toujours, et formoit une seconde ligne; mais comme il falloit que la première s'avançât pour laisser du terrain à la seconde, le duc de Lorraine, en homme expérimenté, prit ce temps-là pour faire une seconde charge. La faute qu'avoit faite Saint-Abre, lieutenant général, en débordant trop les haies, et laissant son flanc découvert devant un ennemi qui occupoit un plus grand front que lui, fit qu'une partie de cette ligne fut battue, et lui tué. Mais l'affaire fut rétablie par la seconde ligne, et par les bons ordres de M. de

Turenne; et lorsqu'il vit toutes ses troupes passées, et qu'il les eût étendues de côté et d'autre, en sorte qu'il avoit un front égal à celui des ennemis, il mit l'épée à la main, et chargea lui-même à la tête du régiment colonel, avec tant d'audace qu'il mit en fuite l'armée du duc de Lorraine, et la poursuivit long-temps jusqu'à des bois et des défilés, où il en prit et en tua grand nombre. Ce fut la troisième action où se trouva M. le grand prieur de Vendôme, fort jeune encore, qui s'étoit trouvé enfant à la sortie de Candie, au passage du Rhin en 1672, et qui s'est signalé depuis en beaucoup d'autres batailles.

Cette victoire donna un heureux commencement à cette campagne, qui d'abord paroissoit devoir être funeste à la France, car jamais elle n'avoit eu jusque là tant d'ennemis à combattre, ni vu contre elle de si grosses armées : le dedans du royaume paroissoit mal disposé, la Guienne, la Normandie et la Bretagne étant prêtes à se révolter. Il faut avouer qu'en cette occasion on ne peut trop louer M. de Turenne, seul capable d'imaginer et d'exécuter une action pareille, laquelle il soutint de quatre autres combats pendant le reste de cette campagne, qui fut sa dernière. Il fut tué malheureusement d'un coup de canon au commencement de la campagne suivante, lorsqu'il étoit prêt à faire repasser les montagnes d'au-delà du Rhin à M. de Montecuculli.

Cette année 1674, le Roi marcha de bonne heure à la conquête de la Franche-Comté, qu'il prit tout entière en six semaines. Il envoya en Flandre M. le prince de Condé pour s'opposer aux desseins des ennemis, qui assembloient une armée de plus de soixante mille hommes. Il faut remarquer qu'en même temps que le Roi prenoit la Franche-Comté, il avoit ordonné à M. le prince de Condé d'attaquer Valenciennes ou Mons, et disoit tous les jours à ses courtisans qu'au moment qu'il parloit une de ces deux places étoit investie : mais on peut dire qu'en cette occasion son général fut plus sage que lui ; car n'ayant tout au plus que trente-deux ou trente-trois mille hommes, et sachant bien que M. le prince d'Orange alloit marcher à lui avec soixante mille, il ne songea qu'à choisir un poste où il pût l'attendre en sûreté, et d'où il pût déconcerter ses projets. Il se posta dans un camp naturellement retranché par le ruisseau de Pieton, qui est profond, et difficile à passer. Il ne s'éloigna pas de Charleroi qui étoit à sa droite, d'où il tiroit ses vivres : le château de Troissigines étoit à la tête de son centre, et sa gauche s'étendoit toujours sur la hauteur, jusqu'à une demi-lieue du village de Senef, qui étoit dans le fond, sur le ruisseau du même nom. Il demeura quelque temps dans ce camp, avant que les ennemis marchassent à lui. On sut enfin qu'ils s'approchoient au nombre de plus de soixante mille hommes : leur armée étoit composée des troupes de l'Empereur, commandées par le général de Souches, français, mais qui étoit depuis long-temps au service de l'Empereur, et de celles d'Espagne, que commandoient Louvigny et le marquis d'Assentar. Le comte de Monterey y étoit, mais comme volontaire, parce que le prince d'Orange, stathouder et général de Hollande, commandoit le tout.

Cette grande armée, du double plus forte que la nôtre, n'osa l'attaquer dans le poste où elle étoit, mais vint la braver pour ainsi dire en se campant à Senef, tout près de notre gauche. Leur dessein, à ce qu'on dit, étoit d'aller assiéger Ath, et de nous combattre si nous allions au secours de cette place. M. le prince attendit patiemment qu'ils décampassent; et comme il fut averti qu'ils marchoient le premier d'août, il se posta avec les gardes du corps, et quelques brigades de cavalerie et d'infanterie à sa gauche, avec diligence. Il les vit marcher long-temps, et il s'aperçut qu'à cause de la difficulté du terrain, plein de défilés et de bois, leur avant-garde et même leur corps de bataille étoient éloignés de leur arrière-garde, qui étoit encore au village de Senef, pendant que leur tête étoit à Mons. Il résolut dans le moment de faire attaquer cette arrière-garde, conduite par le marquis d'Assentar, général de la cavalerie d'Espagne, qui couvroit le prince de Vaudemont avec trois mille chevaux; et pendant qu'il faisoit passer aux gardes du corps le ruisseau pour charger cette cavalerie postée de l'autre côté, il fit attaquer par Montal, avec la brigade de Navarre, le village et l'église de Senef, où il y avoit quatorze ou quinze cents hommes de pied. Ils furent tous tués ou pris, et les trois mille chevaux bien battus : Montal eut la jambe cassée, d'Assentar fut tué. Cela fait, M. le prince de Condé détacha Fourille, mestre de camp général de la cavalerie, et lieutenant général, pour charger l'escorte des bagages; s'en empara, et suivit le reste de l'armée des ennemis, qui étoient en désordre. Ils se rallièrent pourtant, et se postèrent sur une hauteur appelée Saint-Nicolas, escarpée des deux côtés. Ils jetèrent leur infanterie dans des bois. M. le prince, qui ne vouloit pas lui donner

le temps de s'y fortifier, fit attaquer cette infanterie
par les premières brigades qui arrivèrent de la nôtre,
et leur cavalerie par les gardes du corps, par les gendarmes, et par les chevau-légers de la garde. La hauteur fut emportée, et la plupart de l'infanterie hollandaise culbutée et tuée dans des ravines et des chemins creux qui étoient derrière elle. Jusque là on
avoit tué six mille hommes aux ennemis, pris leur
bagage, et fait quatre mille prisonniers, et nous n'avions perdu que fort peu de gens; et si M. le prince
avoit pu avoir son infanterie ensemble dans ce moment, il défaisoit entièrement l'armée des ennemis :
mais parce que l'infanterie de sa droite, qui auroit
pu passer par le derrière de son camp, et tomber sur
le flanc des ennemis si l'on avoit plus tôt pu découvrir
par où ils marchoient; parce que cette infanterie,
dis-je, suivoit en colonne celle de la gauche, et passoit par des défilés et des chemins difficiles, elle arriva tard et essoufflée. M. le prince ne put pourtant
pas lui donner le loisir de se mettre ensemble, car il
voyoit revenir l'armée de l'Empereur, qui avoit eu
l'avant-garde ce jour-là; et considérant que si elle
étoit une fois postée dans le village du Fey, entouré
de haies, de ravines et de houblonnières, il ne pourroit jamais l'en chasser, il fit attaquer le poste des
ennemis par les régimens, à mesure qu'ils arrivoient.
Cependant, quoique nos troupes le fissent avec la
dernière valeur, on ne put l'emporter, et en cet endroit on perdit autant de monde qu'eux. Alors M. le
prince fit poster sa cavalerie dans une petite plaine
qui étoit à sa droite, et à la gauche du village du Fey,
pour prendre leur derrière ; et de crainte qu'un grand

corps de la cavalerie de l'Empereur, qu'il vit sur sa droite, ne le prît en flanc, il donna ordre à M. de Luxembourg d'aller s'y opposer avec la brigade de la gendarmerie, pendant qu'il entroit avec le reste des gardes du corps et la brigade de Caylus dans la petite plaine qui étoit à la gauche du village du Fey. Il y trouva la cavalerie de l'Empereur déjà arrivée, et dont les gardes du corps rompirent la première ligne; mais la seconde les ramena. Il les fit soutenir par la brigade de Caylus, qui les repoussa jusque par-delà une petite ravine qui aboutissoit d'un côté au village du Fey, où étoit le gros de leur infanterie, et de l'autre à un bois où ils en avoient aussi jeté. Cette ravine traversoit toute la petite plaine. Sur la crête, ils avoient cinq pièces de canon, et le gros de leur cavalerie arrivoit pour soutenir ce poste, qui étoit le salut de leur armée; car si on les avoit chassés de là, on prenoit à revers toute leur infanterie, qui combattoit contre la nôtre dans les houblonnières et dans le village du Fey. C'est là où M. le prince vit bien qu'il avoit besoin de troupes : il envoya des Roches, son capitaine des gardes, pour faire marcher à lui ce qui suivoit M. de Luxembourg. Des Roches arriva à la tête de la compagnie des gendarmes de M. le Dauphin que je commandois, composée de deux gros escadrons, et me dit : « Ne suivez point M. de Luxem-
« bourg à la tête de votre brigade, et venez au se-
« cours de M. le prince, qui va être défait et perdu
« si vous tardez. » J'avançai promptement avec mes escadrons, celui des chevau-légers-Dauphin, et les gendarmes d'Anjou. Nous trouvâmes effectivement ce qui restoit de gardes du corps et la brigade de Cay-

lus obligés de céder, et qui repassoient la ravine, mais en ordre. Nous marchâmes aux ennemis, et nous les contînmes au-delà de la ravine, d'où ils se contentèrent de nous faire un grand feu de canon et de mousqueterie. M. le prince voulut dans cet instant faire jeter dans cette ravine les deux bataillons des gardes suisses, qui étoient les seuls qu'il avoit là. Ils en auroient fait infailliblement abandonner le bord aux ennemis, et par là déterminé l'affaire; mais ils ne firent que plier les épaules sans s'avancer, se laissant tuer comme des gens qui ont peur. M. le prince au désespoir, tout furieux qu'il étoit de son naturel, ne dit autre chose, sinon : « Il en faut chercher d'autres; « ceux-là n'iront pas; » ce qui fait voir combien il étoit maître de lui dans les grandes occasions. Il avoit eu déjà deux chevaux tués sous lui, et en eut là un troisième. Le comte de Sault, pour lors maréchal de camp, nous fit mettre en bataille; et la cavalerie qui avoit chargé ayant passé dans nos intervalles, se mit derrière nous, et ensuite tout le reste de la cavalerie sur plusieurs lignes : après quoi n'y ayant point d'apparence, sans infanterie et sans canon, de forcer les ennemis qui en avoient en cet endroit, nous demeurâmes le reste du jour, qui nous parut très-long, exposés dans un petit espace à la portée du pistolet, au feu de cinq pièces de canon qu'on chargeoit très-souvent à cartouches, et de l'infanterie qu'ils avoient dans le bois. Cette situation n'étoit pas bonne, mais elle étoit nécessaire, parce qu'il y avoit peu d'apparence de repasser devant les ennemis ces défilés très-difficiles que nous avions passés pour venir là, non plus que d'abandonner notre infanterie, qui combattoit contre celle des ennemis dans le village du Fey. La nuit vint enfin; et M. le prince, dont le courage ne se lassoit jamais, ordonna qu'on fît avancer des bataillons nouveaux, et qu'on allât chercher du canon pour rattaquer les ennemis à la pointe du jour. Tous ceux qui entendirent cette proposition en frémirent, et il parut visiblement qu'il n'y avoit plus que lui qui eût envie de se battre encore : cependant on se préparoit à recommencer. M. le prince avoit mis pied à terre, et s'étoit jeté dans un petit fossé; la cavalerie avoit mis pied à terre aussi, et tout étoit dans un grand calme des deux côtés; quand sur les onze heures il se fit de part et d'autre une décharge terrible. Les ennemis dirent que nous l'avions commencée, et nous disions que c'étoit eux : quoi qu'il en soit, presque toute la cavalerie s'enfuit, et le comte de Lussan, premier écuyer de M. le prince, homme de grand courage, eut bien de la peine à le mettre à cheval. Dès qu'il y fut, il entendit sur la droite un bruit de timballes et de trompettes; et y étant accouru, il trouva mon escadron en bon ordre, que je faisois marcher et avancer à un petit bouquet de bois qui étoit sur ma droite entre la ravine et moi, lequel j'avois remarqué le jour, et où dans ce désordre je voulois appuyer la droite de mon escadron, pour ne pouvoir pas être pris en flanc. Il fut fort aise de m'avoir trouvé; et après m'avoir donné plus de louanges que je ne méritois, il rallia ses troupes le mieux qu'il put. Cette épouvante qu'il avoit eue lui fit changer le dessein de rattaquer les ennemis à la pointe du jour, en celui de se retirer dans le moment : ce qu'il n'eut pas de peine à faire en bon ordre, car les ennemis, à ce que nous apprîmes ensuite, se retiroient dans le même temps vers Mons. Nous repassâmes donc sur le minuit ce défilé que nous avions passé pour venir dans la plaine où étoit la ravine, et reprîmes le chemin de notre camp, où nous arrivâmes entre huit et neuf heures du matin. Pour les ennemis, ils se retirèrent sous Mons, bien contens de n'avoir pas perdu toute leur armée, qui avoit été en grand danger. J'ai été bien aise de rapporter cette action, parce que c'est la plus grande où je me sois trouvé, et qu'elle a été contée fort différemment, non-seulement par des gens de parti différent, mais aussi par ceux du même parti. On blâma à la cour M. le prince d'avoir trop hasardé sur la fin de cette journée; mais pour moi, j'ai toujours cru qu'il auroit manqué à l'Etat et à lui-même si, ayant vu jour à défaire entièrement cette grosse armée, il n'avoit pas tenté ce qu'il tenta. Ce qu'il y a de vrai et que les ennemis ne peuvent nier, c'est qu'il les mena toujours battant depuis Senef jusqu'au village du Fey, pendant une lieue et demie; qu'il prit leur bagage, leur tua huit mille hommes, et leur en prit cinq mille avant que d'être arrivé à ce village; qu'ensuite il ne perdit pas plus qu'eux, et que cette journée déconcerta tellement les projets de cette armée, qui étoit de soixante mille hommes, qu'ils ne purent sur la fin de la campagne songer qu'au siége d'Oudenarde, qu'il leur fit lever : si bien qu'on peut mettre cette campagne au nombre des plus heureuses pour la France, et des plus glorieuses pour ce grand capitaine. La perte ne laissa pas d'être grande de notre côté; il y eut mille officiers de tués, et plus de six mille soldats (1). Quant à celle des ennemis, elle fut beaucoup plus considérable; et le comte de Monterey, gouverneur des Pays-Bas, passant en France l'année d'après, dit que le lendemain de cette action l'armée des puissances alliées s'étoit trouvée plus foible de vingt mille hommes, tués, pris, ou qui avoient déserté. Cette action fit l'effet de tous les grands combats, qui est de calmer pour quelque temps la fureur des deux partis. M. le prince d'Orange rétablit son armée sous Mons, et fit des préparatifs pour le siége d'Oudenarde; et M. le prince de Condé mit la sienne dans des quartiers de rafraîchissement de l'autre côté de la Sambre, et disposa toutes choses pour, avec les troupes que le Roi lui envoya de la Franche-Comté et ce qu'il pouvoit tirer des places, être en état de tomber diligemment sur les ennemis, de quelque côté qu'ils voulussent poster leur armée. Et en effet, ayant appris qu'ils attaquoient Oudenarde, il y marcha avec tant d'ordre et de diligence, qu'après peu de jours de tranchée ouverte ils l'aperçurent tout d'un coup arriver avec son armée sur les hauteurs, et levèrent le siége. L'armée d'Espagne auroit même été ce jour-là entièrement défaite, si le comte de Souches, par une contre-marche qu'il fit faire à l'armée de l'Empereur, à qui il fit occuper des hauteurs qui étoient sur notre gauche, n'avoit donné de l'inquié-

(1) *Et plus de six mille soldats :* La perte fut si grande, que madame de Sévigné écrivoit à son cousin le comte de Bussy : « Nous avons tant « perdu à cette victoire, que sans le *Te Deum*, et quelques drapeaux « portés à Notre-Dame, nous croirions avoir perdu le combat. » (Lettre du 5 septembre 1674.)

tude à M. le prince, qui appréhendoit d'être pris en flanc pendant qu'il tomberoit sur l'armée d'Espagne. La campagne finit en Flandre par cette action, où les ennemis, après s'être vus cette année-là forts de soixante-dix mille hommes, se retirèrent en quartier d'hiver sans avoir rien fait. La plus grande partie de notre armée s'y retira aussi; mais la gendarmerie, dont j'étois, et quelques brigades de cavalerie et d'infanterie, reçurent ordre de marcher en Allemagne sous le commandement du comte de Sault, pour fortifier l'armée de M. de Turenne, qui venoit de donner aux Allemands la bataille de Zinheim, et les avoit fait retirer sous Strasbourg, mais dont l'armée étoit si foible, et la cavalerie, qui ne mangeoit que des feuilles, en si méchant état, que c'étoit un miracle qu'il pût tenir tête à l'armée des ennemis, qui après la jonction de l'électeur de Brandebourg, qui la commandoit, se trouvoit de près de cinquante mille hommes.

Nous arrivâmes sur la Sarre vers la fin de novembre. M. de Turenne ne voulut pas que nous joignissions son armée, parce que, dans le dessein qu'il avoit de repasser dans la Lorraine pour aller rentrer dans l'Alsace par Béfort, il voulut nous laisser rétablir parfaitement, afin que nous pussions faire l'avant-garde de son armée, et donner le temps aux troupes qu'il avoit avec lui de se refaire dans la Lorraine; et en vérité on ne peut trop admirer sa conduite, et comme il finit cette campagne. Nous demeurâmes donc quelque temps sur la Sarre sous les ordres du comte de Sault, depuis duc de Lesdiguières, qui pendant ce séjour fit lever le siége d'un petit château appelé

Bliescastel, attaqué par un corps de quatre ou cinq mille hommes des ennemis. Il étoit défendu par un capitaine gascon, qui y avoit sa compagnie. Chose assez singulière ! nous trouvâmes cet officier réduit à une telle extrémité, qu'il avoit déjà mangé deux de ses mulets, et étoit prêt à manger sa servante, morte par accident, que pour cet effet il avoit mise dans un saloir. Ce pauvre homme méritoit bien une récompense : cependant, comme sa compagnie périt presque entièrement dans ce château, qu'il étoit pauvre, et n'eut pas de quoi la remettre en bon état l'année d'après, il fut inhumainement cassé ; tant Louvois, secrétaire d'Etat de la guerre, et ministre alors tout puissant, étoit injuste, dur et cruel. Après cette petite expédition, le comte de Sault fut appelé auprès de M. de Turenne par la maladie de son frère, le marquis de Ragny. Je l'accompagnai dans ce voyage, et nous eûmes la douleur de lui voir mourir un frère honnête homme, aimable, et qu'il aimoit ; et moi, un ami très-cher et très-sociable (1). Pendant ce voyage, M. de Turenne, qui avoit beaucoup de bonté pour moi, quoique je fusse encore jeune, et qui m'en avoit donné des marques essentielles, me demanda comment je croyois que finiroit cette campagne. Après m'être excusé de lui dire mon sentiment, comme ne devant être d'aucun poids dans des choses de cette nature, à cause de mon peu d'expérience, et surtout auprès d'un homme comme lui ; s'étant obstiné à vouloir que je lui disse ce que je pensois : « Je crois,

(1) *Et très-sociable* : Charles-Nicolas de Créqui, marquis de Ragny, colonel de cavalerie, mourut sans alliance le 28 novembre 1674. (*Voyez* le père Anselme, tome 4, page 292.)

« dis-je, que vous empêcherez l'armée des ennemis
« de se séparer, et d'hiverner dans le plat pays et les
« villages d'Alsace ; mais il ne tiendra qu'à eux de
« mettre toute leur infanterie dans les grosses villes,
« comme Mulhausen, Colmar, Schelestadt, et autres.
« La cour y est effectivement résolue ; car elle vous
« a mandé plusieurs fois, à ce qu'on dit, de séparer
« votre armée ; qu'elle étoit parfaitement contente
« de ce que vous aviez fait, et qu'il étoit temps de
« mettre les troupes en quartier d'hiver et en repos. »
Il me répondit : « La cour est quelquefois contente
« lorsqu'elle ne doit pas l'être, et ne l'est pas quand
« elle le doit. Pour moi, je vais au mieux que je m'i-
« magine qu'on puisse faire ; et fiez-vous à moi : il
« ne faut pas qu'il y ait un homme de guerre en re-
« pos en France tant qu'il y aura un Allemand au-
« deçà du Rhin en Alsace. Remettez seulement vos
« troupes en bon état : j'en ferai mon avant-garde. »
Je vis aussi bien que tout le monde que nous allions
encore avoir bien des affaires, et une longue fin de
campagne : mais chacun, persuadé de l'utilité et même
de la nécessité qu'il y avoit à la prolonger, s'y disposa de bonne grâce. Quelque temps après que nous
fûmes retournés sur la Sarre, où nos troupes étoient
en quartier de rafraîchissement, M. le comte de Sault
reçut ordre de M. de Turenne de le joindre avec le
corps qu'il commandoit. M. de Turenne prit sa marche par la Lorraine, le long des montagnes jusqu'à
Béfort. Les ennemis crurent qu'il s'étoit retiré pour
faire entrer son armée en quartier d'hiver. Ils marchèrent au haut de l'Alsace, mirent des troupes dans
Schelestadt, dans Colmar et dans Mulhausen, et pos-

tèrent aussi une partie de leur infanterie de l'autre côté de la rivière d'Ill. Pendant que nous marchions lentement, M. de Turenne laissa courre sa cavalerie dans la Lorraine : elle y fit un peu de désordre, mais elle s'y rétablit. L'intendant se plaignit souvent à M. de Turenne que le pays étoit au pillage : il ne répondit autre chose, si ce n'est qu'*il le feroit dire à l'ordre,* et ne fit pas grand cas de ses remontrances, parce qu'il étoit question de rétablir son armée. Je fus détaché pendant toute cette marche avec quatre cents chevaux que je commandois, sous le chevalier depuis marquis de Sourdis, pour lors brigadier; et jamais détachement ne fut plus fatigant, parce que nous marchions toujours à deux journées devant l'armée, qui n'avoit de nouvelles que par nous, et qu'ainsi à la fin de décembre, pendant un hiver des plus rudes qu'on ait vu, nous passions toutes les nuits à cheval. Enfin l'armée arriva à Béfort : M. de Turenne y apprit la situation des ennemis, qui ne l'attendoient pas, et crut qu'avant qu'ils eussent rassemblé tous leurs quartiers il pourroit tomber sur la marche de quelques-uns d'eux, s'il s'avançoit diligemment avec la tête de son armée. Il ne se trompa pas : il arriva à la tête de la gendarmerie, un des derniers jours de décembre, sur le bord de la rivière d'Ill, avec quinze ou dix-huit cents chevaux, dans le temps que quatre mille chevaux des ennemis, rassemblés des quartiers qu'ils avoient de l'autre côté de cette rivière, marchoient avec tous les bagages à Mulhausen. Il ne balança pas un moment à les faire attaquer; et parce que M. de Bournonville (1) qui les

(1) Le mauvais succès des armes des alliés en Allemagne fut presque

commandoit, au lieu de faire face à des gués qu'il y avoit à la rivière, mit sa droite à la rivière et sa gauche à la montagne, ayant une petite ravine devant lui, on passa ces deux gués, c'est-à-dire la gendarmerie à celui de la droite, et Sourdis, avec la cavalerie légère, à celui de la gauche dans le flanc des ennemis, dont il renversa quelques escadrons : en même temps les premières troupes de la gendarmerie s'étant formées, passèrent fièrement la petite ravine. Comme je me trouvai à la tête des Ecossais et des Anglais, qui ne faisoient qu'un escadron, j'eus le plaisir d'en voir battre trois des cuirassiers, et des meilleurs régimens de l'Empereur, qui après avoir fait leur décharge, d'assez près à la vérité, tournèrent tout d'un coup le dos, et furent poursuivis jusqu'à Mulhausen. D'abord je m'en revins à ma troupe, qui étoit derrière. J'y arrivai fort à propos ; car je la trouvai prête à tomber sur d'autres escadrons des ennemis, qui suivoient leur marche le long de la vallée. Un de ces escadrons étoit celui des chevau-légers du duc de Lorraine. Ces troupes firent en cette occasion mieux que celles de l'Empereur ; et les chevau-légers de Bourgogne, que commandoit le comte de

tout rejeté sur ce général. L'électeur de Brandebourg l'accusa de prévarication et de trahison, tant de vive voix que par écrit. Il lui reprocha d'avoir été toujours opposé aux avis les plus salutaires ; d'avoir entrepris diverses choses de son chef, sans consulter personne ; d'avoir donné des signaux aux ennemis pour leur faire connoître les mouvemens de l'armée ; de ne s'être pas saisi de Turckeim, conformément aux lois de la guerre ; d'avoir envoyé, la veille que les alliés décampèrent de Blesheim, un trompette au maréchal de Turenne pour lui en donner avis. L'électeur de Brandebourg ne fut pas le seul à se plaindre de la conduite de M. de Bournonville : les généraux Dunewal et Caprara jurèrent de ne jamais porter les armes avec lui. (*Note de l'ancien éditeur.*)

Broglio, n'ayant chargé que la droite et la tête de leur escadron, qui sortoit du défilé, et l'ayant fait plier, la queue et la gauche du même escadron le reprit en flanc et en queue : si bien que si je ne fusse arrivé avec la compagnie des gendarmes de M. le Dauphin, ils alloient être défaits. Mais nous poussâmes cet escadron, et tous ceux qui étoient sortis du défilé après lui, jusque par-delà la montagne. Dans ce temps-là M. de Turenne apprit qu'un autre corps des ennemis, où il y avoit de l'infanterie, marchoit de l'autre côté de la montagne : il craignit que ce corps tombant sur lui ne nous trouvât en désordre, et il nous rallia derrière cette petite ravine dont j'ai parlé. Le comte de Lusignan, qui revenoit, avec une petite troupe de gendarmes anglais et écossais, de poursuivre les fuyards, se trouvant de l'autre côté de la ravine, y demeura quelque temps devant trois troupes des ennemis, qui n'osèrent le charger. Je voulus passer la ravine pour aller à son secours avec mon escadron, mais M. de Turenne m'en empêcha ; et à un moment de là le comte de Lusignan ayant été joint par deux petites troupes de cavalerie qui venoient de Mulhausen, il marcha à ces trois gros escadrons des ennemis, qui ne l'attendirent point, et prirent la fuite. M. *** (1) étoit homme de qualité, bon et civil officier ; il fit des merveilles dans toute cette action : cependant il ne put parvenir à être brigadier, Louvois n'aimant à élever que les gens de peu, ou les gens de condition qui se rendoient pour ainsi dire ses esclaves. Après ce combat,

---

(1) *M.* *** : Ce nom est en blanc au manuscrit. Il s'agit vraisemblablement ici du comte de Lusignan, dont il vient d'être question.

M. de Turenne continua sa marche droit à Colmar, où il avoit appris qu'étoit le rendez-vous de toute l'armée des ennemis, et laissa derrière trois cents de leurs dragons dans le château de Ruffach, comptant bien que ceux-là ne lui échapperoient pas quand il auroit chassé leur armée. Il arriva enfin, la surveille des Rois, à une demi-lieue de Colmar, où l'électeur de Brandebourg avoit ses vivres et ses munitions. Les ennemis avoient Colmar à leur gauche, et Turckheim à leur droite; mais leur armée, quoique grande, ne pouvoit s'étendre qu'à une demi-lieue de Turckheim, où ils avoient jeté trois cents dragons. Du reste, toute leur tête étoit couverte du ruisseau de Turckheim, guéable en quelques endroits, mais non pas partout. Il y avoit des vignes et de grands échalas, où l'infanterie avoit même peine à marcher. M. de Turenne, résolu d'attaquer les ennemis, donna ses ordres dès le soir; et l'armée ayant campé en bataille, il se mit en marche la veille des Rois, au point du jour. Au lieu de marcher droit au ruisseau et à Colmar, il enfourna toute l'armée sur deux colonnes dans le vallon de Turckheim, comme s'il eût voulu grimper la montagne. Personne ne comprenoit rien à son dessein; car il sembloit prêter le flanc aux ennemis, qui pouvoient passer le ruisseau, guéable, comme j'ai dit, en plusieurs endroits, et tomber sur lui avant qu'il fût en bataille. Cela m'inquiéta comme plusieurs autres; et comme je pouvois lui dire ce qui me venoit dans la tête, que j'étois sans conséquence, et, si j'ose le dire, dans son amitié, il me l'avoit permis. Je gagnai donc la tête de la colonne, et je lui dis : « Je vous demande pardon, monseigneur, si

« j'ose vous dire que nous sommes tous inquiets de
« la marche que vous nous faites faire, et de voir
« que nous allons du nez dans cette montagne, et
« que nous sommes tous les uns sur les autres dans
« cette vallée. » Il me dit : « Effectivement vous
« n'avez pas tort; mais j'ai compris que l'armée des
« ennemis, qui a le ruisseau de Turckheim devant
« elle et Colmar à sa gauche, où sont ses vivres et
« ses munitions, ne se déposteroit point d'un bon
« poste où elle est pour tomber sur moi, et ne pas-
« seroit point le ruisseau; que d'ailleurs elle n'a-
« bandonneroit pas Colmar où sont ses magasins, de
« peur que je ne me jetasse de ce côté-là, et ne m'en
« saisisse; que pourtant elle n'étoit pas assez grande
« pour tenir Turckheim autrement que par un dé-
« tachement; et qu'ainsi me saisissant de ce poste,
« comme je vais tâcher de faire tout-à-l'heure, je me
« donnerai un passage dans leur flanc qui les obli-
« gera à retourner leur armée, et à me combattre
« dans un terrain égal aux uns et aux autres. » Dès ce
moment il fit effectivement attaquer Turckheim, où
étoient trois cents dragons, et l'emporta. Mais comme
le passage de Turckheim n'étoit qu'un défilé où l'on
ne passoit tout au plus que quatre de front, et qu'il
lui en falloit un plus considérable, il commença à
faire jeter des ponts sur le ruisseau à une demi-lieue
au-dessous de Turckheim, vis-à-vis d'un endroit où
le vallon s'élargissoit du côté des ennemis aussi bien
que du nôtre. Les ennemis s'y portèrent avec une
grande partie de leur infanterie; et la nôtre, qui peu
avant la nuit fit quitter aux ennemis l'autre bord du
ruisseau, livra un combat considérable aux ennemis,

qui s'étoient postés en cet endroit pour nous en défendre la descente. L'électeur de Brandebourg voyant M. de Turenne dans son flanc, prit le parti de se retirer pendant la nuit; et nous vîmes au point du jour qu'ils avoient abandonné leur camp, et par conséquent l'Alsace, parce que de là à Strasbourg il n'y avoit plus de subsistance, puisqu'ils avoient pendant long-temps mangé tout ce pays. M. de Turenne, content de les avoir dépostés, fit observer leur marche par le comte de Roye sans les poursuivre, et peu de jours après reçut la nouvelle qu'ils avoient tous repassé le Rhin sur le pont de Strasbourg. Le vieux duc de Lorraine, méchant plaisant de son naturel, qui étoit demeuré à Strasbourg, se piqua du mauvais succès des armes des alliés, et dit qu'un prince par la grâce du Roi avoit fait repasser le Rhin à cinq princes par la grâce de Dieu, et cela sur le même pont où il avoit vu passer cette année soixante-dix mille Allemands armés pour la cause commune. C'est ainsi que finit cette campagne, la plus glorieuse, je crois, qu'ait jamais faite M. de Turenne, et sa dernière, car il fut tué au commencement de la campagne suivante. Je me suis étendu à la décrire, parce que j'ai toujours cru que ce fut celle qui avoit décidé du succès de cette guerre, qui ne finit qu'en septante-huit par la paix de Nimègue, la plus honorable que la France ait faite jusques alors.

Il ne faut pas oublier de parler de la mort du chevalier de Rohan, qui eut la tête tranchée au mois de novembre 1674 (1). Il a été le seul homme de qualité,

---

(1) *Au mois de novembre 1674*: L'exécution se fit le 27 novembre, devant la Bastille.

jusqu'au jour que j'écris ceci, puni de mort sous le règne du Roi pour crime de lèse-majesté. Il étoit de l'illustre maison de Rohan, qui comme celle de Bouillon a eu dans ces derniers temps le rang de prince en France. C'étoit l'homme de son temps le mieux fait, de la plus grande mine, et qui avoit les plus belles jambes. Cette particularité paroîtra peut-être petite et basse; mais il ne faut pas mépriser les dons de la nature, pour petits qu'ils soient, quand on les a dans leur perfection. Au reste, c'étoit un composé de qualités contraires : il avoit quelquefois beaucoup d'esprit, et souvent peu; sa bile échauffée lui fournissoit ce qu'on appelle de bons mots. Il étoit capable de hauteur, de fierté, et d'une action de courage; il l'étoit aussi de foiblesse et de mauvais procédé, comme il le fit voir dans une affaire qu'il eut avec M. le chevalier de Lorraine, qui valoit mieux que lui; car il osa avancer qu'un jour étant à cheval il l'avoit frappé de sa canne, chose dont il s'est dédit après beaucoup de menteries avérées. Ce même chevalier de Rohan avoit eu autrefois un procédé avec le Roi, encore jeune, et sous la tutèle du cardinal, qui lui avoit donné de la réputation. Voici le fait en peu de mots.

On jouoit fort gros jeu chez le cardinal : le chevalier de Rohan, après avoir beaucoup perdu, se trouva devoir au Roi une grosse somme. On étoit convenu qu'on ne paieroit qu'en louis d'or; et après en avoir compté au Roi sept ou huit cents, il lui compta deux cents pistoles d'Espagne ou environ. Le Roi ne voulut pas les recevoir, et dit qu'il falloit des louis. Alors le chevalier de Rohan prit brusquement les deux cents pistoles d'Espagne, et les jeta par la fenêtre, disant :

« Puisque Votre Majesté ne les veut pas, elles ne
« sont bonnes à rien. » Le Roi, piqué, se plaignit au
cardinal de cette insolence; et le cardinal, comme
son gouverneur, lui dit : « Sire, le chevalier de Rohan
« a joué en roi, et vous en chevalier de Rohan. » Ce
procédé donna du relief au chevalier de Rohan dans
le public, et au Roi, malgré son orgueil et son amour-
propre, une idée de ce chevalier, dont il auroit pu
profiter s'il l'avoit su faire. Une marque que ce que
je dis est vrai, c'est qu'après un grand déréglement,
beaucoup d'extravagances, et un mépris de la cour
marqué en plusieurs occasions, le Roi l'avoit encore
agréé pour la charge de colonel des gardes, lorsqu'elle
sortit de la maison de Gramont : grâce dont il ne sut pas
profiter, et qui l'auroit garanti d'une mort tragique.

Cet homme tel que je viens de le dépeindre, perdu
de dettes, mal à la cour, ne sachant où donner de la
tête, et susceptible d'idées vastes, vaines et fausses,
trouva un homme comme lui, hors qu'il avoit plus
d'esprit et plus de courage pour affronter la mort.
C'étoit La Truaumont, ancien officier, qui espéra, se
servant du chevalier de Rohan comme d'un fantôme,
faire une grande fortune en introduisant les Hollandais
en Normandie, d'où il étoit, et où il avoit beaucoup
d'habitudes. Le mécontentement des peuples, et la
Guienne et la Bretagne prêtes à se soulever, le confir-
mèrent dans cette pensée. Ces messieurs se servirent
d'un maître d'école hollandais (1) qui demeuroit au

(1) Il s'appeloit Van-den-Ende; il s'étoit établi à Paris, et demeuroit
au faubourg de Saint-Antoine, dans le quartier de Picpus. Il avoit fait
divers voyages dans les Pays-Bas, où s'étoit conclu le traité. (*Note de
l'ancien éditeur.*)

faubourg Saint-Antoine, pour avoir correspondance en Hollande; et leur traité fut effectivement fait et ratifié. Les Hollandais embarquèrent des troupes sur leur flotte, et ne s'éloignèrent pas beaucoup pendant cette campagne des côtes de Normandie, où on les devoit recevoir (1). Les Etats de Hollande étoient convenus, entre autres choses, que quand tous leurs préparatifs seroient faits, ils feroient mettre certaines nouvelles dans leur gazette; et elles y furent mises. La Truaumont partit pour aller assembler ses amis en Normandie, mais sous un autre prétexte, ne leur ayant pas voulu découvrir tout-à-fait la trahison. Un de ses neveux, nommé le chevalier de Preault, avoit aussi engagé dans leur dessein madame de Villiers (2), autrement Bordeville, femme de qualité dont il étoit amoureux et aimé, qui avoit des terres en ce pays-là; et M. le chevalier de Rohan étoit enfin sur le point de partir lui-même, quand il fut arrêté et mené à la Bastille. Le Roi en même temps envoya Brissac, major de ses gardes, à Rouen, pour prendre La Truaumont. Celui-ci, sans s'émouvoir, dit à Brissac son ancien ami : « Je m'en vais te suivre; laisse-moi seu« lement, pour quelque nécessité, entrer dans mon « cabinet. » Brissac sottement le laissa faire, et fut bien étonné de l'en voir sortir avec deux pistolets (3).

(1) Il étoit dit, par le traité, qu'on leur livreroit Quillebœuf, et ils promettoient cent mille écus au chevalier de Rohan. Un marchand de Londres avoit été chargé par le gouverneur des Pays-Bas espagnols de les lui faire toucher. (*Note de l'ancien éditeur.*) — (2) *Madame de Villiers*: Ce nom est altéré : cette dame s'appeloit Louise de Belleau de Cortonne, veuve de Jacques de Mallortics, seigneur de Villers, Boudeville, etc. (*Voyez* les Récréations historiques de Dreux-du-Radier, t. 1, p. 302.) — (3) La Truaumont, en sortant de son cabinet, déchargea un de ses pis-

Il appela les gardes qui étoient à la porte de la chambre, qui, au lieu seulement de le désarmer et de le prendre en vie, le tirèrent et blessèrent d'un coup dont il mourut le lendemain, avant que le premier président eût pu lui faire donner la question, et par conséquent sans rien avouer. Cet incident auroit pu dans la suite sauver la vie au chevalier de Rohan (1), si, après avoir tout nié à ses autres juges, il n'avoit pas sottement tout avoué à Bezons (2), qui lui arracha son secret en lui promettant sa grâce : action indigne d'un juge. Le maître d'école fut pendu, et le chevalier de Rohan eut la tête coupée avec le chevalier de Preault et madame de Villiers, qui mourut plus constamment que le chevalier de Rohan même; car il fut d'abord étonné, et montra quelque foiblesse dès qu'il put soupçonner quel seroit son sort : mais il se remit ensuite, et reçut la mort avec résignation et fermeté. Il avoit été fort bien venu des dames, et en dernier lieu de madame de Mazarin, nièce et héritière du cardinal Mazarin, la plus belle femme de l'Europe, et qui l'a été jusqu'à son dernier jour. Elle avoit quitté son mari pour le suivre. Que si la laideur du mari et la bonne mine de l'amant peuvent excuser une femme, elle étoit excusable. Il avoit aussi eu les

---

tolets sur le major; mais il le manqua, et la balle alla blesser un garde du corps qui n'étoit pas éloigné. Le major, dans le temps qu'on le miroit, cria : *Tire!* pour faire voir qu'il n'avoit point peur. A ce mot, un des gardes croyant que son officier lui donnoit ordre de tirer, lâcha son mousqueton dans le corps de La Truaumont. (*Note de l'ancien éditeur.*)

(1) En effet, on n'avoit point de preuves, point de témoins, point d'écrit signé de la main des accusés; et les commissaires auroient été fort embarrassés si le chevalier de Rohan eût continué à nier. (*Note de l'ancien éditeur.*) — (2) *Bezons*: Conseiller d'État.

bonnes grâces de madame de Thianges, sœur de madame de Montespan; et on prétendoit qu'il avoit aimé madame de Montespan même. Quoiqu'elle n'eût pas répondu à sa passion, elle fut fort touchée de sa mort; mais elle n'eut pas le courage de demander sa grâce. Le Roi, à ce que j'ai ouï dire, fut tenté de la lui donner de lui-même : Le Tellier et Louvois lui représentèrent que dans la conjoncture présente un exemple étoit nécessaire, et qu'il n'en pouvoit faire un grand à meilleur marché, puisque le chevalier de Rohan étoit d'une grande naissance, et cependant sans suite et sans amis, mal avec sa mère et avec tous ceux de sa famille, dont aucun n'osa se jeter aux pieds du Roi. Cela fut trouvé fort mauvais dans le public : on blâma fort sa mère, et sa parente madame de Soubise, qui étoit en ce temps-là fort bien avec le Roi, à ce qu'on prétendoit, quoique leur commerce fût caché. Madame de Montespan, comme j'ai dit, maîtresse du Roi déclarée depuis long-temps, fut chargée du même blâme dans cette occasion; et ce n'est pas la seule où elle ait montré un cœur dur, peu sensible à la pitié et à la reconnoissance. Je me suis peut-être trop étendu sur cette mort; mais il m'a semblé que cet incident ne laissoit pas d'être propre à faire connoître en partie l'esprit de ce siècle (1).

(1) On trouve des détails assez étendus sur le procès du chevalier de Rohan dans les *Mémoires historiques et authentiques sur la Bastille*; Paris, Buisson, 1789, tome 1, n° 74.

CHAPITRE HUITIÈME.

Suite des événemens de la guerre, et des intrigues de la cour depuis la fin de 1675 jusqu'à la paix de Nimègue, faite en 1678.

[1675] Au commencement de l'année 1675, le Roi prit la résolution d'attaquer puissamment la Flandre; et comme il ne pouvoit le faire sans retirer son armée de Hollande, à cause des grandes forces que l'Empereur portoit sur le Rhin, aussi bien que les Espagnols et les Hollandais en Flandre, il ordonna au maréchal de Bellefond, qui commandoit en Hollande, de mettre dans Grave les munitions de guerre et de bouche, et le canon des places qu'on abandonnoit, et de ramener son armée, dont Louvois lui avoit fait donner le commandement pour l'éloigner de la cour, et pour l'exposer à tous les méchans offices qu'il trouveroit occasion de lui rendre ; car il est difficile qu'un ministre accrédité auprès de son maître ne trouve aisément moyen de nuire à un général éloigné, exposé non-seulement aux mauvais événemens, mais même à une sinistre interprétation de ce qu'il fait de bien. Ce maréchal, abondant en son sens, opiniâtre à l'excès, et incapable de se soumettre, donna bientôt lieu aux mauvais offices du ministre. Il résista long-temps aux ordres réitérés d'abandonner la Hollande : il prétendoit avoir de bonnes raisons de ne le pas faire, et que le Roi étoit mal conseillé. Cela étoit peut-être vrai : mais Louvois fit entendre au Roi qu'il déconcerteroit par là ses projets, et que la première qualité d'un général étoit la soumission aveugle aux ordres de la cour. Sur cela, Bellefond fut traité de fou, et même de coupable. Il obéit pourtant, mais trop tard, à ce qu'on prétendoit. Il arriva à Maëstricht par l'autre côté de la Meuse, en même temps que le Roi arrivoit avec son armée par celui-ci. Le général Spaar, qui avoit assemblé un corps pour tomber sur sa marche, s'étant trop approché de Maëstricht parce qu'il ne croyoit pas que l'armée du Roi y dût arriver si tôt, fut poursuivi long-temps, et pensa être battu le jour même que nous arrivions près de Maëstricht. Ensuite on ordonna au maréchal de Bellefond de faire le siége de Navaigne (château assez fort, à deux lieues de Maëstricht), quoiqu'il fût déjà disgracié, qu'il le sût, et que tout le monde en fût imbu. Navaigne pris, il eut ordre de se retirer en Normandie dans ses terres : et parce qu'à un dîner qu'il fit avec quelques courtisans chez le comte de Tallard, où j'étois, on le plaignit de son malheur, cela ayant été rapporté à Louvois, il en voulut faire un crime à tous tant que nous étions, et il y avoit déjà sept ou huit lettres de cachet écrites et prêtes à signer, pour nous exiler. Mais Saint-Pouange l'en empêcha avec bien de la peine, tant cet homme-là étoit intraitable, farouche et malfaisant. Quoique le maréchal de Bellefond soit depuis revenu à la cour; qu'à la place de la charge de premier maître d'hôtel, qu'il fut obligé de vendre, le Roi dans la suite lui ait donné celle de premier écuyer de madame la Dauphine, et la survivance à son fils; qu'il ait même commandé depuis l'armée de Catalogne, il n'est pourtant pas revenu dans la faveur du Roi, à qui il est souvent arrivé de s'entêter de certains hommes, et de s'en désabuser de même, sans beaucoup de sujet : caractère d'esprit dangereux dans un homme qui est le maître absolu de la vie et des fortunes de ses sujets.

Le reste de cette campagne ne fut pas heureux, à la prise de Limbourg près, dont M. le prince fit faire le siége par M. le duc son fils; après quoi les armées ne firent que s'observer en Flandre, sans rien entreprendre de part ni d'autre. En Allemagne, M. de Turenne passa le Rhin avec une petite armée que Louvois, son ennemi, laissa manquer de plusieurs choses nécessaires. Cela ne l'empêcha pas de gagner du terrain sur M. de Montecuculli, et de tâcher à lui faire repasser les montagnes, quoique Strasbourg fût pour lui. Les uns croient qu'il en seroit venu à bout, les autres que non. Quoi qu'il en soit, il joignit les ennemis à Sasbach; et ayant trouvé M. de Montecuculli posté à l'autre côté d'un vallon étroit sur une hauteur, il occupa celle qui y étoit opposée, résolu de le combattre s'il étoit possible : mais les ennemis ayant occupé Sasbach, où étoit une tour à l'épreuve du canon, M. de Turenne, qui vouloit faire attaquer ce poste, passa au galop à la tête des troupes pour le reconnoître. Il eut à peine monté une petite hauteur, qu'il reçut un coup de canon dans le milieu du corps. Ce coup, avant que de le frapper, avoit emporté le bras à Saint-Hilaire, lieutenant général de l'artillerie, qui étoit à ses côtés, dont le fils fondant en larmes de voir son père en cet état, le père lui dit, en lui montrant M. de Turenne étendu : « Ce n'est
« pas moi, mon fils, qu'il faut pleurer; c'est cet homme,

« dont la perte est irréparable. » Parole remarquable, qui fait voir combien le véritable mérite a de pouvoir sur les hommes véritablement vertueux (1). Ainsi finit (2), au comble de sa gloire, non-seulement le plus grand homme de guerre de ce siècle et de plusieurs autres, mais aussi le plus homme de bien et le meilleur citoyen ; et pour moi, j'avouerai que de tous les hommes que j'ai connus, c'est celui qui m'a paru approcher le plus de la perfection.

On ne peut s'imaginer la consternation que cette mort mit dans l'armée. On résolut de marcher en arrière, et de repasser le Rhin ; mais personne ne voulut se charger de l'arrière-garde, emploi qui étoit épineux, à cause des chemins serrés et difficiles. On se retira la nuit avec beaucoup de désordre. M. de Montecuculli se porta sur notre arrière-garde ; et le marquis de Vaubrun, qui avoit été quelques jours auparavant dangereusement blessé d'un coup de mousquet au pied, monta à cheval pour prendre, comme le plus ancien lieutenant général, le commandement de l'armée du Roi : ce qui causa de l'embarras ; car le comte de Lorges, neveu de M. de Turenne, qui se trouvoit le plus ancien après Vaubrun, et étoit estimé plus capable de commander, se trouva de jour, et prétendit avoir le commandement. Il étoit question de repasser le Rhin devant un ennemi plus fort, et devenu audacieux par la mort de M. de Turenne. En cet

(1) Madame de Sévigné, dans sa lettre à sa fille, du 9 août 1675, rapporte presque dans les mêmes termes ces paroles héroïques. Saint-Hilaire, officier de fortune, étoit fils d'un savetier de Nérac. (*Voy.*, p. 7, la Notice historique sur la ville de Nérac, par M. de Villeneuve-Bargemont ; in-8°, 1807. — (2) *Ainsi finit* : Turenne fut tué le 27 de juillet 1675. Il étoit âgé de soixante-quatre ans.

état Vaubrun avoit déjà fait passer la moitié de l'armée, lorsque le reste fut vivement attaqué par M. de Montecuculli d'un côté, et par le prince de Lorraine de l'autre. C'est là que nos troupes firent voir que la mort de leur général ne leur avoit point abattu le courage. Le comte de Lorges fit ce qu'on pouvoit attendre d'un digne capitaine. On fit revenir les troupes qui avoient repassé au-delà du Rhin. Vaubrun lui-même, le pied cassé et la jambe sur l'arçon, chargea à la tête des escadrons comme le plus brave homme du monde qu'il étoit, et y fut tué aussi avec plusieurs autres. Enfin notre armée fit si bien, que les ennemis ayant été repoussés, lui laissèrent repasser le Rhin paisiblement. Le duc de Vendôme, fort jeune alors, eut la cuisse percée d'un coup de mousquet à la tête de son régiment, et donna dans cette occasion des marques du courage et des talens qui lui ont fait commander depuis avec gloire les armées du Roi dans les conjonctures les plus difficiles. A peine avoit-on reçu à la cour la nouvelle de la mort de M. de Turenne, qu'on apprit que le maréchal de Créqui, regardé presque comme le seul qui pouvoit devenir capable de le remplacer, avoit perdu par sa faute une bataille auprès de Trèves, et par là laissoit toute la frontière de Champagne ouverte aux ennemis. Cet homme ambitieux crut beaucoup faire pour son avancement et pour sa gloire si, dans le temps que M. de Turenne venoit d'être tué, il pouvoit faire un échec au duc de Zell et au vieux duc de Lorraine, qui marchoient à lui avec une armée plus forte que la sienne. Dans cette pensée, il les laissa passer au pont de Consarbruck en si grand nombre, que quand ils furent passés ils le défirent entièrement. Il est vrai que l'aile droite, où étoit le maréchal, renversa plusieurs fois les ennemis; mais sa gauche, commandée par le comte de La Marck, qui y fut tué, quoique postée très-avantageusement, ayant pris la fuite presque sans combattre, la droite fut enveloppée, et presque toute l'infanterie perdue. Dans ce désordre, le maréchal de Créqui prit le parti d'un homme au-dessus des autres : il comprit que cette armée, qui étoit venue précisément pour tirer M. l'électeur de Trèves de l'oppression où il étoit, iroit sans doute assiéger Trèves, et il trouva le moyen de se jeter dedans pour défendre cette place. Il y auroit peut-être réussi, sans la lâcheté et la trahison d'une partie de l'infanterie, qui pour ainsi dire le livra prisonnier de guerre aux ennemis. Quoi qu'il en soit, il eut le plaisir de faire voir par cette action que dans la plus grande disgrâce il étoit capable de trouver de la ressource dans son courage, et qu'il ne s'abattoit pas dans les mauvais succès : vertu sublime qui se trouve en peu de capitaines, et peut seule faire leur éloge.

Après cette bataille perdue et M. de Turenne tué, le Roi, pour réparer sa perte, fit sept maréchaux de France (1) : ce qui fit dire à madame Cornuel, femme d'esprit, âgée de quatre-vingts ans, et qui avoit toujours été en possession de dire de bons mots, que *le Roi avoit changé son louis d'or en louis de cinq sous.* Le duc de Duras, frère aîné du comte de Lorges, fut de ce nombre, et on l'envoya commander l'armée d'Al-

---

(1) Savoir, le duc de Navailles, le comte de Schomberg, le duc de Duras, le duc de Vivonne, le duc de La Feuillade, le duc de Luxembourg, le marquis de Rochefort. (*Note de l'ancien éditeur.*)

sace avant que M. le prince eût pu s'y rendre. Tout le monde fut surpris que le comte de Lorges, qui venoit de faire une très-grande et une très-belle action à Altenheim, ne fût pas fait maréchal de France comme les autres : mais il étoit mal avec Louvois, avec qui il se raccommoda pourtant, et ce raccommodement lui procura bientôt après cette dignité, dont il étoit d'ailleurs très-digne.

Le marquis de Rochefort, capitaine des gardes du corps depuis quelques années, le seul des amis de Louvois pour qui il avoit une véritable considération, homme d'esprit et de courage, mais général timide, incertain et peu capable, fut fait maréchal de France à cette promotion. L'on ne sait si de son vivant Louvois n'étoit pas amoureux de sa femme; mais il est certain qu'il le fut après sa mort, et que cette passion dura autant que la vie de Louvois. On prétend que le vieux Le Tellier avoit aussi été amoureux d'elle dans les premiers temps de son mariage, et bien des gens ont attribué l'aversion du père et du fils pour moi à cette passion; car ils s'imaginèrent tous deux que j'en étois amoureux, et mieux traité que je ne l'étois effectivement. Il y avoit plus de coquetterie de ma part et de la sienne que de véritable attachement. Quoi qu'il en soit, c'a été là l'écueil de ma fortune, et ce qui m'attira la persécution de Louvois, qui me contraignit enfin de quitter le service. Mais qu'on est rarement jeune et sage tout à la fois! J'avoue que je ne l'ai pas été en cette occasion, ni en bien d'autres. Avant la maréchale de Rochefort, Louvois avoit aimé éperdument madame Du Fresnoy, femme d'un de ses commis, et la plus belle de son temps. Celle-ci, comme l'on dit, lui fit bien voir du pays, le traita comme un petit garçon, et lui fit faire bien des sottises : mais parce qu'il sut habilement faire entrer le Roi dans sa confidence, qui de son côté faisoit beaucoup de choses mal à propos pour madame de Montespan, bien loin que cet amour fît tort à Louvois, on fit pour cette femme une charge toute nouvelle en France, de dame du lit de la Reine, sur le modèle des dames du lit d'Angleterre : charge qui donnoit à madame Du Fresnoy toutes les entrées et les prérogatives des dames de la première qualité, mais ne l'empêchoit pas d'être la femme d'un commis et la fille d'un apothicaire. Je ne crois pas que cette digression soit inutile pour faire voir quelles ont été les mœurs et quelle a été la prostitution de ce siècle, que je mettrois encore dans un plus beau jour si je disois en détail, comme il est vrai, combien ce qu'il y avoit de plus grand de l'un et de l'autre sexe étoit appliqué à faire sa cour à cette femme, qui de son côté y répondoit avec toute l'insolence que donne la beauté et la prospérité, jointes à une basse naissance et à fort peu d'esprit.

Pour en revenir aux affaires de la guerre, M. le prince alla sur la fin de la campagne prendre le commandement de l'armée d'Alsace, qu'il trouva retranchée dans un bon camp, mais en fort mauvais état. Il ne laissa pas, dès que M. de Montecuculli voulut faire le siége de Saverne, et puis marcher à Haguenau (1), de se porter sur lui, et de l'empêcher de s'é-

---

(1) Tout ce détail n'est point exact. Après la mort de M. de Turenne, les Impériaux, qui s'étoient emparés en Alsace de Molsheim, de Mutzig, d'Oberenzen, et ensuite d'Anlau en Lorraine, jetèrent les yeux sur

tablir dans ces endroits; mais il prévit bien que s'il fortifioit le poste de Lauterbourg il pourroit, l'année d'après, attaquer Philisbourg sans qu'on le pût secourir. En effet, le maréchal de Rochefort, qui commanda pendant l'hiver dans la Lorraine et les Trois-Evêchés, ayant laissé établir les Allemands dans ce poste, il fut impossible l'année d'après au maréchal de Luxembourg, avec une grosse armée, de secourir Philisbourg, que le jeune duc de Lorraine prit à sa barbe. C'est ce qui dans la suite a causé bien des malheurs à la France, soit parce qu'il en a coûté bon pour le reprendre, soit que, l'ayant encore rendu à la paix de Riswick, nous nous sommes ôté toute entrée en Allemagne, et tous moyens d'y soutenir nos alliés. Et c'est ici où il faut encore admirer le bon sens de M. de Turenne, qui a toujours regardé cette place comme la plus importante à l'Etat, et disoit qu'il valoit mieux perdre une province que Philisbourg. Après avoir pris Strasbourg, on a été dans d'autres sentimens; mais la défaite d'Hochstedt a bien fait voir depuis la différence qu'il y a de l'entrée que Strasbourg nous donne en Allemagne, à celle que donnoit Philisbourg. Cependant cette place fut perdue par la faute du maréchal de Rochefort ou de Louvois; et je crois que le maréchal en mourut de regret. Il est vrai

---

Haguenau, et marchèrent vers cette place, comme le dit notre auteur. Mais ils firent plus; ils en formèrent le siége, que l'approche de M. le prince les engagea de lever après quatre jours de tranchée ouverte. Le dessein de Montecuculli étoit d'aller combattre M. le prince; mais ce grand général, qui ne s'étoit proposé que de secourir Haguenau, évita le combat. Ce ne fut qu'après avoir levé le siége d'Haguenau, et avoir observé quelque temps l'armée française, que Montecuculli marcha vers Saberne ou Saverne. (*Note de l'ancien éditeur.*)

que la place se défendit autant qu'elle se pouvoit défendre, et Du Fay ne se rendit à la fin que par un ordre du Roi. Les Allemands employèrent à cette expédition toute la campagne de 1676; et dans cette même campagne M. le prince d'Orange en Flandre attaqua Maëstricht. Pendant ce siége, nous prîmes Aire (1), sous le commandement du maréchal d'Humières; après quoi il renvoya la plus grande partie de ses troupes au maréchal de Schomberg, et nous allâmes faire lever le siége de Maëstricht (2). Le prince d'Orange crut, en se postant au défilé des Cinq-Etoiles, d'embarrasser le maréchal de Schomberg dans sa retraite, et de le combattre avec avantage avant qu'il eût pu regagner Charleroy et nos places; mais le maréchal repassa fièrement la Méhaigne à sa vue, et la campagne finit peu de temps après.

Au commencement de cette même campagne, le Roi perdit la plus belle occasion qu'il ait jamais eue de gagner une bataille. Il s'étoit avancé jusqu'à Condé, pendant que Monsieur faisoit le siége de Bouchain. Le prince d'Orange crut qu'en passant promptement l'Escaut sous Valenciennes, il tomberoit sur Monsieur avant que le Roi pût le secourir; mais le Roi, averti à temps de son dessein et de sa marche, partit le soir de Condé, et se trouva le lendemain avoir passé l'Escaut avant que toute l'armée des ennemis fût arrivée à Valenciennes. La faute que nous fîmes fut de nous

(1) Le 31 de juillet, et dans six jours de siége. (*Note de l'ancien éditeur.*) — (2) Ce siége fut levé le 27 du mois d'août, après quarante jours de tranchée ouverte. Le prince d'Orange y avoit été blessé, et avoit perdu, dit-on, près de douze mille hommes. Il embarqua sur la Meuse trente pièces de canon, cinq cents blessés, quantité de munitions et de bagage. Tout cela tomba entre les mains des Français. (*Ibid.*)

camper le long de l'Escaut, pour la commodité de l'eau; car nous pouvions y mettre notre droite, et notre gauche au bois de l'abbaye de Vigogne, et ainsi nous trouver prêts à la pointe du jour à marcher aux ennemis en bataille : au lieu qu'avant que notre gauche fût à la hauteur de notre droite, il se perdit beaucoup de temps; après quoi il fallut encore marcher en colonne jusqu'à la cense de Heurtebise, qui est à la portée du canon de Valenciennes, avant que de se mettre en bataille.

A mesure que nous nous y mettions, nous voyions arriver l'armée des ennemis (1) sur la hauteur de Valenciennes, laissant cette ville à sa gauche. Nous étions tout formés long-temps avant qu'ils fussent tous arrivés, parce que leur pont sur l'Escaut s'étoit rompu. Outre cela, il leur manquoit du terrain dans leur derrière pour la seconde ligne, n'y ayant que des creux et des ravines où ils ne pouvoient faire aucun mouvement, et notre gauche les débordoit. En cette situation, tous ceux qui connoissoient le pays ne doutoient point qu'ils ne fussent perdus, et que cette journée ne finît glorieusement la guerre. Le maréchal de Lorges dit au Roi qu'il s'engageoit à les mettre en désordre avec la seule brigade des gardes du corps : mais Louvois, aussi craintif qu'insolent, soit qu'il n'eût pas envie que la guerre finît si tôt, soit qu'il craignît effectivement pour la personne du Roi ou pour la sienne, qui dans le tumulte d'une bataille n'auroit pas été en sûreté, tant il avoit d'ennemis, fit si bien, que lorsque le Roi demanda

(1) Elle étoit composée des troupes hollandaises et espagnoles, faisant en tout près de cinquante mille hommes. (*Note de l'ancien éditeur.*)

au maréchal de Schomberg son avis, le maréchal répondit que comme il étoit venu pour empêcher le prince d'Orange de secourir Bouchain, c'étoit un assez grand avantage de demeurer là et de le prendre à sa vue, sans se commettre à l'incertitude d'un événement (1). Le Roi depuis a témoigné du regret de n'avoir pas mieux profité de l'occasion que sa bonne fortune lui avoit présentée ce jour-là, quoiqu'il en ait manqué une plus belle, comme nous le dirons en son lieu.

[1677] L'année suivante 1677, il répara bien cette faute en se mettant en campagne dès le mois de mars, et prenant les trois plus considérables villes et places des Pays-Bas avant le temps ordinaire de l'ouverture de la campagne. Il commença par Valenciennes, où ses troupes, qui venoient d'emporter une demi-lune, entrèrent par un pont-levis et par une fausse porte, et s'en rendirent les maîtres. Le Roi ne fut pas peu étonné lorsque le grand prieur, aide de camp de jour, qui avoit été des premiers à y entrer, lui vint apporter la nouvelle de la prise de cette place. Monsieur attaqua Saint-Omer, et le Roi Cambray : ces deux conquêtes ne furent pas si faciles. Le prince

---

(1) On prétend que lorsque le Roi demanda l'avis du conseil de guerre pour savoir s'il convenoit d'attaquer les ennemis, tous les maréchaux, à la réserve de M. de La Feuillade, jugèrent l'entreprise trop périlleuse, parce qu'on avoit donné le temps aux ennemis de se retrancher, et qu'il eût fallu forcer les retranchemens. Dans l'armée ennemie, il y avoit eu pareillement divers avis par rapport au combat. Le prince d'Orange souhaitoit fort de se mesurer avec le roi de France ; mais le duc de Villa-Hermosa, gouverneur des Pays-Bas, qui voyoit la Flandre perdue s'il venoit à être battu, ne crut pas devoir risquer le sort des Pays-Bas à l'événement d'une bataille. (*Note de l'ancien éditeur.*)

d'Orange marcha avec trente mille hommes au secours de Saint-Omer, mais Monsieur le battit bien à Cassel : après quoi le Roi fit à son aise le siége de la ville et de la citadelle de Cambray, et s'en retourna glorieusement à Versailles, non sans mal au cœur de ce que Monsieur avoit par dessus lui une bataille gagnée. On remarqua qu'après la prise de Cambray étant venu voir Saint-Omer et Monsieur qui y étoit, il fut fort peu question de cette bataille dans leur conversation; qu'il n'eut pas la curiosité d'aller voir le lieu du combat, et ne fut apparemment pas trop content de ce que les peuples sur son chemin crioient : *vive le Roi et Monsieur, qui a gagné la bataille!* Aussi a-ce été et la première et la dernière de ce prince; car, comme il fut prédit dès-lors par des gens sensés, il ne s'est retrouvé de sa vie à la tête d'une armée. Cependant il étoit naturellement intrépide, et affable sans bassesse, aimoit l'ordre, étoit capable d'arrangement, et de suivre un bon conseil. Il avoit assez de défauts pour qu'on soit obligé en conscience de rendre justice à ses bonnes qualités.

Les trois conquêtes dont je viens de parler firent penser sérieusement les Hollandais à la paix. On s'assembla à Nimègue (1), et l'on peut dire que ce fut là où le Roi parut le maître en Europe. Il pouvoit presque choisir entre l'asservir ou lui donner la paix; et il étoit au comble de sa gloire, dont il est bien tombé

---

(1) Dès le 28 de novembre 1675, le Roi avoit accepté Nimègue pour traiter de la paix, à condition que le prince Guillaume de Furstemberg seroit remis en liberté, et qu'on restitueroit les cinquante mille écus que le marquis de Grana lui avoit fait enlever à Cologne. (*Note de l'ancien éditeur.*)

depuis pour avoir écouté et suivi de méchans conseils. Il préféra pour lors la paix à la guerre avec raison, car il la fit en maître. Mais parce que l'Angleterre commençoit à se mouvoir, et à ne pouvoir consentir que toutes les conquêtes du Roi lui demeurassent par la paix, on résolut, au commencement de la campagne de 1678, d'aller prendre Gand; et il faut dire, à l'honneur de Louvois, que toutes les mesures pour cette importante conquête furent si bien prises et si bien exécutées (1), que ce grand coup réussit, et ensuite la prise d'Ypres : si bien que dès que Barillon, ambassadeur en Angleterre, eut le pouvoir d'offrir à Charles II de rendre Gand par le traité de paix, il fut bientôt conclu et signé à Nimègue. Par ce traité, le plus glorieux que la France ait peut-être jamais fait, le Roi se chargea de faire rendre à la Suède tout ce que l'électeur de Brandebourg lui avoit pris pendant cette guerre, où elle avoit été presque entièrement chassée de l'Allemagne. Et en effet les armes du Roi la rétablirent dans tous ses Etats; ce qui donna le dernier lustre à cette glorieuse paix de Nimègue, que le Roi et les Français peuvent regarder comme l'époque de leur grandeur, n'ayant rien fait depuis qui

---

(1) On usa pour le siége de Gand de la même ruse qu'on avoit employée pour celui de Maëstricht. Les troupes françaises parurent en vouloir à diverses places, et surtout à Ypres; ce qui engagea le duc de Villa-Hermosa d'y envoyer une partie considérable de la garnison de Gand. C'étoit ce que le roi de France cherchoit. Aussitôt il fit investir Gand le premier de mars par dix mille chevaux; il s'y rendit en personne le 4, et fit sommer le gouverneur, qui n'avoit que cinq cents hommes de garnison au plus. Sur le refus que fit le gouverneur, la tranchée fut ouverte la nuit du 5 au 6. Le 9, la ville capitula; et le 12, le gouverneur, qui s'étoit retiré dans le château, battit la chamade, et obtint des conditions honorables. (*Note de l'ancien éditeur.*)

ne les ait conduits à leur ruine, et à l'état pitoyable où ils sont tombés et tomberont, à moins, comme l'on dit, que Dieu ne s'en mêle.

Au reste, le prince d'Orange, qui ne pouvoit consentir à la paix, fit une chose qui découvrit bien son génie élevé et entreprenant. Il avoit la paix signée dans sa poche ; mais il la cacha à son armée, et alla attaquer M. de Luxembourg sous Mons. Il pensa le battre ; mais ce général, qui ne s'y attendoit point, se défendit bien, et le lendemain la paix fut publiée.

En ce temps-là ce général ayant demandé que je fusse fait brigadier, attendu que plusieurs autres qui avoient moins de service que moi (comme le marquis de Broglio et son frère) étoient déjà maréchaux de camp, il me fut répondu sèchement par Louvois que j'avois raison ; mais que cela ne serviroit de rien (1). Cette réponse brutale et sincère du ministre alors tout puissant, qui me haïssoit depuis long-temps, et à qui jamais je n'avois voulu faire ma cour, jointe au méchant état de mes affaires, à ma paresse, et à l'amour que j'avois pour une femme qui le méritoit (2), tout cela me fit prendre le parti de me défaire de ma charge de sous-lieutenant des gendarmes de monseigneur le Dauphin, que j'avois presque toujours commandés depuis la création de ma compagnie, et je puis dire avec honneur. Je vendis donc cette charge, avec la permission du Roi, quatre-vingt-dix mille livres, au marquis de Sévigné, enseigne de la même

(1) *Cela ne serviroit de rien :* Louvois ne pardonnoit pas à La Fare d'avoir recherché les bonnes grâces de la maréchale de Rochefort, que le ministre aimoit avec passion. — (2) *Une femme qui le méritoit :* La Fare aimoit alors madame de La Sablière.

compagnie (1). C'est ainsi que la haine de Louvois me fit quitter le service, parce que je m'imaginois que cet homme étoit immortel. Il le fit quitter à bien d'autres qui valoient bien mieux que moi, et entre autres au duc de Lesdiguières, un des plus grands seigneurs de France, et des plus capables de bien servir.

CHAPITRE NEUVIÈME.

Ce qui se passa de plus considérable à la cour depuis la paix de Nimègue jusqu'à la guerre, qui commença par le siége de Philisbourg, fait à la fin de l'année 1688.

On peut dire qu'après la paix de Nimègue la domination de la France étoit comme établie dans toute l'Europe, et que son roi étoit devenu l'arbitre de tout dans cette partie de notre hémisphère. Son Etat avoit encore toutes ses forces, et en alloit acquérir de nouvelles; enfin son empire étoit devenu un mal inévitable aux autres nations : et si le Roi l'eût voulu, cet empire, de forcé qu'il étoit, fût devenu volontaire; tous les peuples auroient consenti à le lui laisser, s'il avoit marqué de la modération et de l'équité, et qu'il eût paru vouloir entretenir de bonne foi la paix glorieuse qu'il venoit de faire. Tout le contraire est arrivé; et, avant que d'en venir aux événemens, il faut en chercher la cause.

Le même esprit et le même dessein de supplanter Colbert, qui avoit poussé Louvois à faire entreprendre

(1) *Voyez* la lettre de madame de Sévigné au comte de Bussy-Rabutin, du 19 mai 1677.

la guerre de Hollande, fit qu'il ne put se résoudre à entretenir exactement une paix qui rendoit en quelque façon son ministère inutile. Il connoissoit le génie de son maître, uniquement touché des services présens, et se souvenant peu des services passés, comme l'éprouva Colbert. Ainsi Louvois, homme excellent dans l'exécution, mais dont les vues n'étoient pas assez étendues pour le gouvernement d'un grand Etat, orgueilleux d'ailleurs et tyrannique, crut qu'il feroit impunément de nouvelles conquêtes pendant la paix sans que personne osât ni pût lui résister, et traita désormais avec tous les ministres étrangers aussi impérieusement, pour ne pas dire brutalement, qu'il traitoit avec les sujets du Roi.

Il commença donc par établir à Metz une chambre pour réunir à la couronne tout ce qui en avoit été démembré, et y cita plusieurs princes souverains (1). Ainsi il n'y eut presque plus personne qui pût compter de posséder son bien en repos; ce qui fit dans la suite comprendre à toute l'Europe que, pour balancer cette puissance, il étoit nécessaire, pour la sûreté

(1) La chambre de Metz étoit établie pour réunir à la couronne tous les fiefs démembrés des trois évêchés Metz, Toul et Verdun; et le conseil de Brisach devoit réunir pareillement à la couronne tout ce qui avoit dépendu en quelque temps que ce fût de la haute et de la basse Alsace, de la préfecture de Haguenau, et des autres lieux cédés à la France. Par là on prétendoit ôter à l'électeur palatin la préfecture de Germersheim; Lauterbourg à l'évêque de Spire; le duché de Deux-Ponts au roi de Suède; les comtés de Weldentz, de Hombourg et de Bitche aux princes palatins; le comté de Saarbruk aux comtes de Nassau; diverses terres aux comtes de Hanau et de Leiningen. Enfin on dépouilloit le duc de Montbéliard de sa capitale, sous prétexte que c'étoit un fief du duché de Bourgogne; et on prétendoit encore lui ôter plusieurs autres terres qui relevoient de l'Alsace. (*Note de l'ancien éditeur.*)

publique, que tout le monde se liguât contre elle.

Une autre cause de la décadence de ce royaume a été la manière dont on a songé à détruire la religion protestante en France. Le dessein même de la détruire n'étoit pas sensé; car il faut remarquer que les princes et Etats protestans avoient toujours été pour nous contre la maison d'Autriche, et il ne falloit pas irriter les seuls vrais alliés que nous pouvions avoir. Que si nous voulions abaisser et petit à petit éteindre cette religion, cela se pouvoit faire doucement et à la longue, sans que personne se plaignît; et c'étoit là le dessein du cardinal de Richelieu, qui n'a pas été suivi; et on a dit que le jésuite La Chaise, confesseur du Roi, n'avoit pas lui-même été de l'avis des violences qu'on a faites. On dit que Le Tellier et Louvois ne vouloient pas la révocation de l'édit de Nantes, que les cagots poursuivoient ardemment. Cependant lorsque Le Tellier, comme chancelier, en signa la déclaration, il s'écria de joie, comme le bon homme Siméon : *Nunc dimittis servum tuum, Domine*. Et pour Louvois, quand il vit que l'affaire étoit entamée, il la poussa à l'extrémité, et aux cruautés qui furent exercées, prétendant convertir en six mois seize cent mille personnes, par des traitemens indignes, comme je l'ai déjà dit, de la religion et de l'humanité. On en a le détail dans plusieurs livres de ce temps-là; ainsi il seroit inutile d'en parler. Mais il faut remarquer que toutes ces cruautés ont fait sortir du royaume huit cent mille personnes, qui ont tous emporté le plus d'argent qu'ils ont pu : gens au reste sur qui rouloit une grande partie du commerce, parce que, n'étant plus admis dans les charges, ils étoient appliqués ou à des manufactures, ou à faire profiter leur argent; si bien que leur fuite a causé de très-grandes plaies à l'Etat. Les jalousies des ministres et le gouvernement des femmes, qui dans la suite se sont mêlées de tout, ont été funestes à ce royaume, qui à la fin s'est vu puissamment attaqué, et en même temps dénué de bons conseils.

Cependant les affaires se soutinrent encore dans les premières années qui ont suivi la paix de Nimègue; mais nos injustices ont à la fin attiré la haine publique, et cette haine a été une des causes de nos malheurs.

Il faut aussi remarquer que par cette paix de Nimègue le Roi, dont l'autorité étoit sans bornes, s'en est servi pour tirer de ses peuples tout ce qu'il en pouvoit tirer pour le dépenser en bâtimens aussi mal conçus que peu utiles au public, et en fontaines qui, en s'éloignant de la nature à force d'être magnifiques, sont devenues ridicules. Imitateur des rois d'Asie, le seul esclavage lui plut; il négligea le mérite: ses ministres ne songèrent plus à lui dire la vérité, mais à le flatter et à lui plaire. Il rapporta tout à sa personne; rien ne se fit par rapport au bien de l'Etat. Son fils fut élevé dans une dépendance servile; il ne le forma point aux affaires: il ne donna sa confiance à aucun de ses généraux, et n'eut point d'égard à leurs talens, mais à leur soumission; ce qui fit qu'il ne se forma point de grands hommes de guerre. D'autre côté, à la place des ministres habiles qu'il avoit, il adopta leurs enfans, jeunes, mal élevés, suffisans, et corrompus par la fortune. Louvois pourtant et Seignelay se trouvèrent gens d'esprit et d'activité, mais non pas des ministres sensés et prévoyans. Le premier, méchant et sanguinaire, qui n'avoit en vue que son intérêt, et l'ambition d'être le maître; d'une ame d'ailleurs peu élevée, mais tyrannique, ce qui lui attira l'aversion de tout le monde. Seignelay, d'un courage et d'un esprit plus élevé, mais emporté, fut cause que Louvois, de peur de déchoir, fit faire au Roi tout ce qui pouvoit lui attirer des guerres éternelles, afin qu'il eût toujours besoin de lui. Mais ce qui piqua le plus ce ministre, dont la rage a produit dans la suite de grands malheurs, fut la faveur de madame de Maintenon, qu'on appeloit auparavant madame Scarron, veuve d'un poëte burlesque, femme d'un esprit gracieux et insinuant, et qui avoit encore quelque reste de beauté. Il ne sera pas hors de propos de faire ici comme un abrégé de sa vie. Elle étoit petite-fille ou arrière-petite-fille du sieur d'Aubigné, qui avoit été en quelque considération à la cour de Henri IV, et qui avoit écrit l'histoire de ce roi. La mère du sieur d'Aubigné avoit eu quelque commerce avec Henri IV, et d'Aubigné pouvoit être bâtard de ce prince (1). Quoi qu'il en soit, son fils, père de la femme dont nous parlons, naquit sans biens, et fut un homme d'assez mauvaises mœurs, qui passa une partie de sa vie dans les prisons. Là, il devint amoureux de la fille du geôlier; et s'étant évadé par son secours, ils s'épousèrent, et s'en allèrent en Canada, où naquit la personne dont il est question. Elle revint en France à l'âge de dix-sept à dix-huit ans, avec de la beauté, de la vivacité

(1) *Bâtard de ce prince*: Assertion ridicule. Théodore-Agrippa d'Aubigné naquit près de quatre ans avant Henri IV, et sa mère mourut en lui donnant la vie. (*Voyez* les Mémoires d'Aubigné, p. 4; Amsterdam, 1731.)

et de l'esprit, et fut obligée, par sa grande pauvreté, à être demoiselle de madame de Neuillant, mère de la duchesse de Navailles. Cette bonne femme, avare outre mesure, la fit servir à tout, jusque là qu'on dit que souvent en l'absence de son cocher elle lui faisoit panser ses chevaux. En cet état, ses amis ne pensèrent qu'à lui trouver un mari, quel qu'il fût. Scarron, homme de bonne maison de robe de Paris, de beaucoup d'esprit, comme il paroît par ses ouvrages, mais pauvre, et devenu cul-de-jatte, la trouva belle et spirituelle, et l'épousa. La bonne compagnie s'assembloit souvent chez lui avant qu'il fût marié. Sa femme ne l'écarta pas, et la compagnie devint encore meilleure dès qu'elle y fut. Cependant madame Scarron se gouverna honnêtement : on dit pourtant (et cela passe pour certain) que le marquis de Villarceaux, un des plus galans de son temps, fut amoureux d'elle, et bien traité. Il avoit fort aimé auparavant mademoiselle de Lenclos, très-connue sous le nom de Ninon. Je n'ai point vu cette Ninon dans sa beauté ; mais à l'âge de cinquante ans, et même jusques au-delà de soixante-dix, elle a eu des amans qui l'ont fort aimée, et les plus honnêtes gens de France pour amis. Jusqu'à quatre-vingt-sept, elle fut recherchée encore par la meilleure compagnie de son temps. Elle est morte avec toute sa raison, et même avec l'agrément de son esprit, qui étoit le meilleur et le plus aimable que j'aie connu en aucune femme. Comme elle savoit bien qu'il n'est point d'amours éternelles, elle pardonna à madame Scarron de lui avoir enlevé Villarceaux, et fut de ses meilleures amies, jusque là qu'elles n'ont eu qu'un même lit pendant des mois entiers. Après deux ans (1) de mariage, Scarron mourut; et la Reine mère continua à la veuve une pension de deux mille livres, qu'elle donnoit au mari.

Le maréchal d'Albret, son amant ou son ami, l'introduisit à l'hôtel d'Albret et à l'hôtel de Richelieu, où elle fit connoissance avec mademoiselle de Pons, depuis madame d'Heudicourt, dont le maréchal étoit devenu amoureux; et avec madame de Montespan, qui avoit épousé un proche parent du maréchal. Madame de Montespan devint maîtresse régnante; et lorsque M. le duc du Maine fut né, ayant songé à le faire élever en secret, elle commit son éducation à madame Scarron, à la persuasion de madame d'Heudicourt. Les autres enfans qui vinrent ensuite lui furent aussi confiés, et elle se trouva avoir beaucoup de goût et de talens pour leur éducation. Cependant elle essuya souvent la mauvaise humeur de madame de Montespan; on prétend même que le Roi a dit plusieurs fois à celle-ci : « Mais si elle vous déplaît, « que ne la chassez-vous ? » Madame de Montespan s'est trouvée mal dans la suite de n'avoir pas suivi ce conseil, et elle a été dépostée et chassée de la cour par une personne plus vieille et moins belle qu'elle, et qu'elle avoit toujours regardée comme une soubrette. Voici comment cela arriva.

Les passions les plus grandes ne durent pas toujours, et peu même vont aussi loin qu'étoit allée celle du Roi pour madame de Montespan : cette passion avoit déjà treize ou quatorze ans d'ancienneté. Il n'avoit pas laissé d'honorer de ses faveurs madame de

---

(1) Il faut lire sans doute après dix ans. M. Scarron se maria en 1651, et mourut en 1660, au mois de juin. (*Note de l'ancien éditeur.*)

Monaco, madame de Soubise, madame de Ludres (1),
et plusieurs autres ; mais madame de Montespan avoit
toujours été regardée comme la sultane reine. Comme
elle avoit un mari, le scandale fut plus grand, surtout lorsque ses enfans eurent été reconnus, et qu'elle
les eut fait paroître publiquement à la cour ; ce qui y
attira aussi madame Scarron. Elle eut dès-lors plus
de commerce avec le Roi, et s'entremit souvent entre sa maîtresse et lui. Dans ce commerce, madame
Scarron sut persuader le Roi de son esprit et de sa
vertu ; si bien qu'à la première occasion elle se trouva
avoir sa plus grande confiance. Le Roi, dans le fond,
a toujours été un prince religieux et timoré. Il rencontra par hasard, un jour, le saint-sacrement, que
l'on portoit à Versailles à un de ses officiers. Il l'accompagna pour l'exemple jusque chez le mourant ; et
ce spectacle le toucha si fort, qu'à son retour il ne
put s'empêcher de faire part à sa maîtresse du trouble
de sa conscience. Elle dit qu'elle étoit aussi touchée
de repentir, et ils résolurent de se séparer. L'évêque
de Meaux fut appelé pour les aider dans ce dessein :
la dame partit pour Paris ; et l'évêque, après avoir eu
plusieurs conférences avec le Roi, et après avoir fait
durant huit jours plusieurs voyages à Paris, dans lesquels il porta sans le savoir des lettres qui ne parloient rien moins que de dévotion, fut bien étonné
quand il la vit de retour à Versailles, et plus encore
quand de ce raccommodement il vit naître M. le comte
de Toulouse, le dernier des enfans que madame de
Montespan a eus du Roi. Voilà la première atteinte

(1) *Madame de Ludres :* Elle étoit fille d'honneur de Madame, et
fut aimée du Roi pendant quelque temps.

que reçut la passion du Roi, qui commença à supporter impatiemment le joug impérieux de madame de Montespan, laquelle de son côté devint de méchante humeur dès qu'elle comprit que le Roi étoit capable de changer de sentimens pour elle.

Dès ce temps-là il eut besoin de l'entremise de madame Scarron, de ses conseils, et des consolations que sa conversation douce et spirituelle lui donnoit. Il eut encore plus besoin d'elle quand il fut devenu amoureux de mademoiselle de Fontanges, demoiselle de bonne maison, depuis peu fille de Madame, d'une extrême beauté, mais hautaine et dépensière, qui fit vanité de l'amour que le Roi avoit pour elle, et dressa, comme on dit, autel contre autel. Madame de Montespan en pensa crever de dépit, et, comme une autre Médée, menaça le Roi de déchirer ses enfans à ses yeux. Pendant les fureurs de son ancienne maîtresse, il n'avoit de consolation que de madame Scarron, qui tous les jours faisoit des progrès dans son estime et dans ses bonnes grâces. A mesure que madame de Montespan s'éloignoit de son cœur par ses emportemens, l'autre s'en approchoit par ses complaisances. Le père de La Chaise même, son confesseur, lui fit moins de scrupule de l'amour de mademoiselle de Fontanges que du double adultère; ce qui fit dire fort plaisamment à madame de Montespan que le père de La Chaise *étoit une chaise de commodité.* Quoi qu'il en soit, bien que madame de Fontanges mourût fort peu de temps après qu'on l'eut fait duchesse, madame de Montespan ne posséda plus le cœur du Roi comme elle avoit fait, et dès ce temps-là madame Scarron y eut plus de part. Dès que madame de Montespan s'en aperçut, ce furent des rages inexprimables, qui achevèrent de la perdre et d'établir sa rivale.

Tant que la Reine vécut, madame Scarron exigea du Roi de bien vivre avec elle, ne se livra point tout-à-fait à lui, et le persuada en même temps de son attachement pour lui et de sa vertu : si bien qu'après la mort de la Reine le Roi n'alla plus chez madame de Montespan que par manière d'acquit, jusqu'à ce qu'outrée de voir sa faveur éteinte, elle prit le parti de se retirer de la cour. Ce fut un grand soulagement pour madame Scarron et pour le Roi, qui conserva à madame de Montespan une pension de mille louis d'or par mois. A peu près en ce temps-là madame Scarron ayant acheté la terre de Maintenon (1), en prit le nom, et quitta celui de son premier mari, qui ne convenoit guère à l'élévation où elle étoit. Elle affecta aussi une grande piété, qui convenoit à son âge et à ses desseins; et ayant inspiré au Roi des sentimens de dévotion qu'elle avoit peut-être véritablement, elle fit tant, que, pour éviter le trouble de sa conscience, le Roi, à ce qu'on croit, l'épousa en secret. L'archevêque de Paris, Louis-Antoine de Noailles, moins scrupuleux que le Roi, mais bon courtisan; le père de La Chaise son confesseur, et Louvois, furent témoins de ce mariage. Madame de Maintenon fut dès-lors maîtresse de la cour, et eut la meilleure part au gouvernement; ce que Louvois souffrit impatiemment, lui qui étoit alors demeuré le maître par la mort de Colbert. Ce dernier ministre,

(1) *La terre de Maintenon :* Elle acheta cette terre en 1676. Il y a beaucoup d'inexactitude dans ce récit relatif à madame de Maintenon : on voit que La Fare n'écrit ici que d'après des souvenirs très-vagues.

le plus véritablement ministre d'Etat que nous ayons eu depuis les deux cardinaux de Richelieu et de Mazarin, qui avoit porté les revenus et l'autorité du Roi plus loin qu'il ne falloit pour le bien des peuples et pour celui du Roi même, s'en étant aperçu quoiqu'un peu tard, prit des mesures pour remettre toutes choses dans l'ordre ; mais Louvois le traversa dans tous ses desseins : il donna des Mémoires contre lui sur les bâtimens, endroit sensible pour le Roi, dont Colbert reçut quelque rebuffade ; et l'on dit que le chagrin qu'il conçut de l'ingratitude de ce prince fut en partie cause de sa mort. Elle arriva presque en même temps que celle de la Reine ; et on a remarqué qu'étant à l'extrémité, on lui présenta une lettre du Roi, qu'il ne voulut pas lire. Madame de Maintenon, pour tenir Louvois en crainte, se servit dans la suite du marquis de Seignelay, fils de Colbert, jeune homme spirituel, actif, ambitieux, magnifique, hautain, d'un esprit élevé, mais trop adonné à ses plaisirs, entre lesquels et les occupations de son ministère il partageoit son temps. Il étoit secrétaire d'Etat de la maison du Roi, et avoit le département de la marine, qu'il poussa au plus haut point où jamais elle eût été en France. Cela augmenta la jalousie et le dépit de Louvois contre madame de Maintenon : il ne pensa plus qu'à tout brouiller pour se rendre nécessaire, et à consommer des sommes infinies en construction de places, qui dans la suite se sont trouvées non-seulement inutiles, mais nuisibles. Il avoit fait que le Roi s'étoit saisi de Strasbourg sous de mauvais prétextes : il lui fit encore attaquer Luxembourg en pleine paix ; ce qui irrita toute l'Europe.

Seignelay, d'un autre côté, sur ce que les Génois avoient déplu au Roi, alla lui-même avec une grande flotte bombarder Gênes, et obligea cette république à envoyer son doge jusqu'à Versailles demander pardon au Roi, qui le reçut avec tout le faste et tout l'orgueil des rois d'Asie. Toutes ces expéditions, jointes aux dépenses excessives que le Roi faisoit et avoit faites en bâtimens et en fontaines, épuisèrent l'Etat. Il avoit bâti Clagny pour madame de Montespan, Marly pour madame de Fontanges, et fit bâtir Saint-Cyr pour madame de Maintenon ; tout cela avec des dépenses énormes. Louvois devint, par la mort de Colbert, surintendant des bâtimens; de sorte que, aidé de Mansard, il fournissoit tous les jours au Roi de nouveaux desseins pour l'occuper pendant la paix. Seignelay employa de son côté des sommes considérables en construction de navires ; ce qui étoit au moins plus utile, mais donnoit beaucoup de jalousie aux Anglais et Hollandais. Tout cela, avec plusieurs choses que je dirai dans la suite, a réuni toute l'Europe contre nous ; et l'abus que nous avons fait de la paix, joint à une guerre que nous nous sommes attirée mal à propos, nous a mis hors d'état de soutenir celle qui étoit inévitable pour la succession d'Espagne.

Le Roi, pendant cette paix, maria en 1680 monseigneur le Dauphin avec la princesse de Bavière ; ce qui n'empêcha pas que, dans la guerre qui commença en 1688, son frère ne fût contre nous. Il maria aussi la fille aînée de Monsieur et d'Henriette d'Angleterre à Charles II, roi d'Espagne : elle n'eut point d'enfant, non plus que celle qui lui succéda. La fille cadette de Monsieur épousa le duc de Savoie, qui étant devenu depuis, par les mauvais traitemens qu'il reçut de Louvois, le plus cruel de nos ennemis, nous a fait autant et plus de mal qu'aucun autre. Mais c'étoit alors la mode en France de mépriser les princes étrangers : les maximes fondamentales d'un bon gouvernement passoient dans l'esprit des ministres et du Roi pour une idée ridicule ; il croyoit sa gloire particulière et son intérêt personnel séparables du bien de l'Etat. C'est ce qui a attiré l'abaissement de l'un et de l'autre ; et nous allons voir par quels degrés cela est arrivé.

Tant que vécut Charles II, roi d'Angleterre, il fut lié avec le Roi d'amitié et d'intérêt ; mais il ne s'abandonna pas entièrement à sa conduite, et ne prit point ses maximes despotiques pour modèle de la sienne. De plus, quoique catholique dans le cœur, comme on prétend qu'il le fit voir à sa mort, il ne se déclara point tel, et parut toujours protecteur de la religion anglicane : en sorte qu'encore qu'une partie de ses peuples fût peu contente de l'alliance qu'il avoit avec la France, ils ne crurent pourtant pas avoir assez de sujet de se plaindre de lui pour le pousser à bout. Il faut aussi remarquer qu'il étoit, comme la plupart des autres hommes, composé de qualités contraires, paresseux, voluptueux, nonchalant, et ami du repos ; mais sensé, courageux, ferme, intrépide, et capable d'agir quand il falloit : du reste, d'un aimable et facile accès. Il étoit bien aise que ses peuples fussent heureux ; et en effet l'Angleterre n'a jamais été plus riche et plus tranquille que depuis qu'il fut remonté sur le trône. Il avoit épousé la princesse de Portugal, dont il n'eut point d'enfans, et n'étoit jamais sans une maîtresse, des plus belles qu'il pût trouver. Madame, sa sœur, dans le voyage qu'elle fit à Douvres, au retour duquel elle mourut, mena avec elle mademoiselle de Keroual, jeune et jolie, qui lui plut assez pour qu'après la mort de Madame, son ambassadeur reçut un ordre de sa part pour la faire passer en Angleterre. Elle y fit la même figure que madame de Montespan en France, et encore plus considérable, en ce qu'il lui communiquoit toutes les affaires, et que tous les ambassadeurs traitoient avec elle. Il lui donna bientôt des sommes immenses, et le titre de duchesse de Portsmouth; et elle ne contribua pas peu à la parfaite intelligence qui fut toujours entre les deux rois. Cependant elle ne put empêcher que Charles II ne donnât en mariage, au prince d'Orange son neveu, la fille aînée du duc d'Yorck son frère, et son héritier présomptif. Ce duc l'avoit eue de son premier mariage avec la fille de milord Hyde, chancelier d'Angleterre. Le duc d'Yorck avoit eu envie, depuis la mort de sa première femme, de s'allier en France, et d'épouser la fille du duc de Créqui; mais le Roi son frère l'en empêcha, et peu après il épousa la princesse de Modène, dont il a eu un fils et une fille, qui sont avec leur mère à présent réfugiés en France.

Tant que Charles II vécut, l'Angleterre jouit d'un profond repos, et des richesses que le commerce lui apportoit. A sa mort (1), le duc d'Yorck, quoiqu'il se fût ouvertement déclaré catholique, fut, d'un commun consentement, proclamé roi d'Angleterre, d'Ecosse et d'Irlande; et son règne auroit été aussi heu-

(1) Il mourut le 16 de février 1685. (*Note de l'ancien éditeur.*)

reux, selon les apparences, que celui de son frère, si, à la persuasion de sa femme, et voulant suivre l'exemple et peut-être les conseils de notre roi, il n'avoit entrepris contre la religion de son pays et contre les priviléges de son parlement. Le premier de ses sujets qui se révolta contre lui fut son neveu le duc de Monmouth, fils naturel du roi Charles II. Ce duc, l'homme du monde le mieux fait, perdit un combat, fut pris, et mené à Londres, où il eut la tête tranchée, aussi bien que milord Roussel, qui l'avoit suivi dans sa révolte, laquelle ne fit qu'affermir l'autorité du roi Jacques. Ce fut alors qu'il n'appela presque plus aux charges et à sa faveur que ceux qu'il croyoit catholiques, du moins dans le cœur; ce qui fut cause d'une commune conspiration de toute sa famille et sa nation contre lui, qu'il ne sut ni connoître, ni prévenir, ni surmonter. Il étoit pourtant homme de courage, mais de peu d'esprit et de peu de résolution. Comme le prince d'Orange étoit son neveu, son gendre, et jusqu'alors son héritier présomptif, il n'est pas extraordinaire que les Anglais se soient adressés à lui pour le maintien de leurs lois; mais il est étonnant que Jacques n'en ait rien su, et que par sa fausse sécurité il ait trompé le roi de France, qui recevoit tous les jours des avis que le prince d'Orange armoit une flotte en Hollande pour passer en Angleterre : à quoi le roi Jacques répondit toujours qu'il avoit une armée dont il étoit assuré, et que c'étoit plutôt aux côtes de France que le prince d'Orange en vouloit. Barillon, ambassadeur du Roi en Angleterre, trompé par milord Sunderland, ministre favori de Jacques, mais qui le trahissoit, aida quelque temps à tromper le Roi ; et l'on ne fut certain du dessein du prince d'Orange que lorsqu'il ne fut presque plus temps d'y apporter remède. Seignelay offrit pourtant au Roi d'armer quarante navires, qui seroient prêts assez à temps pour empêcher la flotte hollandaise de passer : mais Louvois traita cela de ridicule et d'impossible, et persuada au Roi de faire une diversion. Si c'eût été en marchant à Cologne ou à Maëstricht, comme on le proposoit de la part du roi d'Angleterre, je ne crois pas que les Hollandais se fussent dégarnis de leurs troupes comme ils firent : mais parce que monseigneur alla attaquer Philisbourg (ce qui mit aux champs toute l'Allemagne, et n'inquiéta point les Hollandais), le prince d'Orange, quoique d'abord rebuté par les vents, poursuivit son entreprise ; ce qui a été un coup mortel pour la monarchie française. Le conseil de Louvois en cette occasion fut le conseil intéressé d'un homme qui vouloit à quelque prix que ce fût attirer la guerre, parce qu'il sentoit sa faveur diminuer, et voyoit celle de Seignelay, protégé par madame de Maintenon, augmenter de jour en jour. Il eut effectivement le plaisir d'allumer la guerre ; mais il ne jouit pas long-temps de ce plaisir, non plus que de celui que lui avoit causé la mort de Seignelay, qui arriva seulement un an avant la sienne, non sans soupçon de poison. Et à propos de la mort de l'un et de l'autre, je ne puis m'empêcher de parler de la *chambre des poisons*, qui fut établie avec raison pour punir les coupables, et arrêter les progrès de ce crime, qui augmentoit chaque jour : mais Louvois s'en servit pour ses vengeances, et pour ses inimitiés particulières. On vit plusieurs personnes de la première qualité, et innocentes, citées devant ce tribunal, la plupart assez légèrement.

Ce qui donna lieu à la première idée de ce crime, qui étoit alors commun en France, fut l'affaire de madame de Brinvilliers, fille du lieutenant civil d'Aubray, petite femme qui avoit été jolie et galante, mais qui depuis un certain temps visitoit les hôpitaux et faisoit la dévote. Elle étoit dans un commerce étroit avec un homme nommé Sainte-Croix, gascon qui vivoit d'industrie, et qui avoit été à la Bastille, où il avoit appris la composition des poisons d'un prisonnier italien (1) : il se piquoit aussi de chimie. Cet homme travaillant avec Sainte-Croix à un poison violent et prompt, Sainte-Croix laissa tomber son masque de verre qui le garantissoit de la malignité du venin, et en mourut subitement. Lorsqu'on leva son scellé, on trouva une cassette que madame de Brinvilliers réclama avec empressement. La justice en ordonna l'ouverture, et les poisons s'y trouvèrent étiquetés, avec l'effet qu'ils devoient faire ; mais dès que la dame en eut avis, elle s'enfuit en Angleterre. On fit l'essai de ses poisons sur plusieurs animaux. Ainsi son crime fut avéré, et des Grais, exempt habile, mis en campagne pour la chercher. Il faut remarquer que dans le même temps, et même auparavant, l'archevêque de Paris avoit été averti par les confesseurs des paroisses que plusieurs personnes s'accusoient d'empoisonnement. Il étoit arrivé que bien des gens étoient morts de maladies lentes inconnues, entre autres le père et le frère de la Brinvilliers. Elle ne fut pas long-temps en Angleterre, où le roi Charles la faisoit chercher. A la fin

(1) *D'un prisonnier italien :* Ce prisonnier s'appeloit Exili.

on la prit à Liége, et elle fut amenée à Paris, où elle eut la tête tranchée, supplice trop doux pour elle. Mais comme sa famille étoit des plus puissantes de la robe, elle fut épargnée par ses juges, quoique convaincue d'avoir empoisonné non-seulement son père et son frère, mais même plusieurs pauvres à l'hôpital et plusieurs paysans à la campagne, dans la seule vue de faire l'essai de ses poisons. Dès qu'on fut sur ces voies, les soupçons et les indices de crimes semblables tombèrent sur d'autres gens : on en trouva qui en faisoient comme un commerce, entre autres la Vigoureux et la Voisin, qui en disant la bonne aventure avoient donné à plusieurs dames de quoi se défaire de leurs maris, et même de leurs amans, quand elles en étoient lasses. Comme la curiosité, naturelle au sexe, et même à plusieurs hommes, avoit amené chez ces femmes quelques gens de la première qualité qui n'avoient pourtant point songé à empoisonner personne, il étoit arrivé que des dames leur avoient fait des questions sur la vie du tiers et du quart, et même sur celle du Roi et de ses maîtresses. Cela donna un beau champ à Louvois, homme malin et haineux, pour perdre ceux à qui il en vouloit. D'ailleurs la comtesse de Soissons, ennemie de madame de Montespan, à qui elle avoit refusé de céder sa charge de surintendante de la Reine, fut assez légèrement, je crois, décrétée de prise de corps; et parce qu'elle craignit la prison et l'artifice de ses ennemis, elle se retira en Flandre. Sa sœur, la duchesse de Bouillon, parut avec confiance et hauteur devant les juges, accompagnée de tous ses amis, qui étoient en grand nombre, et ce qu'il y avoit de plus considérable. Cela déplut à la cour, et fut cause de son premier exil. Le duc de Luxembourg, capitaine des gardes du corps, le même qui a gagné de grandes batailles, brouillé avec Louvois qui avoit été de ses amis, et accusé mal à propos pour avoir consulté un nommé Le Sage, alla se remettre prisonnier à la Bastille, et essuya la rigueur des juges, qui le déclarèrent innocent. Il est vrai que sa trop grande curiosité, et son trop grand commerce avec les femmes, pouvoient avoir jeté quelque soupçon sur lui; mais il ne méritoit pas l'affront qu'on lui fit. Il est étrange que Louvois en cette occasion ait poussé jusque là les premières têtes de l'Etat, sans que ni eux, ni leurs parens et enfans même, s'en soient ressentis. Je ne sais s'il faut l'attribuer à l'autorité du Roi ou à la bassesse des grands seigneurs, qui a été excessive en ce siècle, aussi bien que le mépris que les ministres et le Roi ont fait de ce qu'il y avoit de plus grand dans l'Etat, à commencer par son frère et par les princes de son sang.

Dans le temps qui s'écoula entre la paix de Nimègue et le passage du prince d'Orange en Angleterre, l'Empereur fut vivement attaqué par les Turcs, dont le grand visir mit le siége devant Vienne, et étoit sur le point de s'en rendre maître, lorsque le roi de Pologne Sobieski joignit ses forces à celles de l'Empereur, que commandoit le duc de Lorraine; et tous deux ensemble firent lever le siége de Vienne, où les Turcs reçurent un grand échec (1). Ils furent encore poussés et battus en quelques autres occasions,

(1) *Un grand échec* : Le récit de ce grand événement se trouve dans les lettres de Sobieski à la reine sa femme. Elles ont été publiées par messieurs Plater et de Salvandy ; Paris, Michaud, 1826, in-8°.

et enfin à Barcan. Le roi de Pologne les étant allé
attaquer avec ses seules troupes, fut un peu malmené,
et alloit être environné et pris, si le duc de Lorraine
n'étoit venu à son secours, qui le dégagea, et battit les
Turcs. Cette action et plusieurs autres acquirent à ce
duc une grande réputation, qu'il soutint par la conquête de tout ce que les Turcs avoient pris en Hongrie, et par celle de Bude même. Le duc de Bavière,
jeune prince valeureux, et avide de gloire, l'accompagna dans ses dernières expéditions, et de son chef
fit le siége de Belgrade, qu'il prit. Messieurs les
princes de Conti, aussi braves et désireux de gloire
que lui, allèrent en qualité de volontaires dans l'armée de l'Empereur faire leur première campagne, et
se trouvèrent à la prise de Neuhausel, emporté d'assaut, et à la bataille de Gran. Le prince de Turenne (1) les y accompagna, et ils trouvèrent quelques volontaires français de la première qualité, dont
ils se firent une cour, entre autres le marquis de
Lassay, bien moins jeune qu'eux, mais homme d'esprit et d'un grand courage, capable d'aller comme un
second don Quichotte, en chevalier errant, chercher
les aventures et les occasions de se signaler. Ils revinrent de ce voyage avec beaucoup de réputation.
Ils se préparoient à retourner l'année suivante chercher la guerre en Hongrie, et même le Roi le leur
avoit permis ; mais il se ravisa, et révoqua cette permission. Ils partirent brusquement, et furent en Flandre et en Hollande devant qu'on pût les joindre pour
leur dire la volonté du Roi. Ils y résistèrent long-
temps, et aux remontrances réitérées que leur fit le

(1) C'étoit le fils aîné du duc de Bouillon. (*Note de l'ancien éditeur.*)

grand prince de Condé, leur oncle ; mais Saintrailles, qui leur fut envoyé le dernier, les ramena (1). Ils avoient emmené avec eux le prince Eugène de Savoie leur cousin, pour lors âgé de seize à dix-sept ans, destiné par ses parens à l'Eglise, mais qui, se sentant propre pour autre chose, ne voulant pas suivre leur destination, avoit demandé au Roi une compagnie de cavalerie, qui lui fut refusée. Il se détermina donc à aller avec les princes du sang chercher la guerre en Hongrie ; mais lorsqu'ils revinrent en France il leur sut fort bien dire que pour eux ils ne pouvoient s'empêcher d'obéir au Roi, et de retourner en leur pays, où ils trouvoient un grand rang et de grands biens ; mais que pour lui, il étoit résolu de chercher fortune. C'est ce même prince Eugène qu'on peut dire, au moment que j'écris ceci, le plus grand capitaine de l'Europe, qui a relevé la maison d'Autriche abattue, et qui a réduit la France à la misère où nous la voyons aujourd'hui.

Il arriva à ces princes pendant leur voyage une chose très-fâcheuse, et cela par l'indiscrétion de M. de Villeroy. Messieurs de La Roche-Guyon, de Liancourt et de Villeroy, jeunes gens de leurs amis, à qui le Roi avoit refusé la permission de les suivre dans ce voyage, leur écrivoient régulièrement. Le malheur voulut que M. le prince s'imaginât que messieurs ses neveux avoient un commerce en France qui les détournoit d'obéir au Roi. Il lui donna l'avis

---

(1) La lettre que le Roi écrivit étoit d'un style à les obliger de renoncer à leur dessein : il y juroit, parole de roi, que s'ils ne revenoient incessamment, ils ne rentreroient jamais dans son royaume de son vivant. (*Note de l'ancien éditeur.*)

de faire arrêter le courrier qui alloit toutes les semaines les trouver, lequel se trouva chargé des lettres de ces jeunes messieurs. Ils parloient dans ces lettres en vrais étourdis, et y traitoient le Roi de gentilhomme campagnard, affainéanti auprès de sa vieille maîtresse, avec des termes si méprisans, que le Roi ne l'a jamais oublié, d'autant plus que ces messieurs étoient les enfans, l'un du duc de Villeroy en qui il avoit une pleine confiance, et les deux autres du duc de La Rochefoucauld, qui étoit une espèce de favori. Il les exila tous trois, et ne voulut point voir le prince de La Roche-sur-Yon à son retour, parce que c'étoit à lui que les lettres s'adressoient : quant au prince de Conti son gendre, il voulut bien croire qu'il avoit ignoré ce commerce. Cette aventure a fait beaucoup de tort au prince de La Roche-sur-Yon dans tout le reste de sa vie. Peu de temps après, il devint l'aîné de sa branche, et prit le nom de Conti à la mort de son frère, qui ne laissoit point d'enfans de la fille du Roi. Ce second prince de Conti est mort dans le temps qu'il se flattoit de vaincre l'aversion du Roi pour lui, et que le bien de l'Etat et sa réputation l'alloient mettre à la tête des armées. Il marqua du courage et des talens pour la guerre dans les campagnes qu'il fit avec M. de Luxembourg. Il avoit beaucoup d'esprit, et l'avoit fort orné par la lecture; avec cela une humeur douce qui le rendoit de la plus aimable conversation qu'un homme puisse être. Sa réputation alla si loin, qu'à la mort de Sobieski il fut élu roi de Pologne par la plus grande partie des palatins de ce royaume; mais il lui fut reproché de n'avoir pas assez promptement et assez vivement soutenu son élection; et s'il l'avoit fait, il auroit été roi, et la Pologne en seroit plus heureuse qu'elle n'a été depuis. Il ne parut pas en cette occasion avoir l'ame aussi élevée qu'on se l'étoit imaginé; et une espèce d'ingratitude qu'il eut pour l'abbé de Polignac, ambassadeur du Roi, qui l'avoit pour ainsi dire placé sur le trône, le fit connoître pour un homme sans amitié et sans reconnoissance. Il passa aussi pour trop attaché à ses intérêts dans les affaires qu'il eut avec madame de Nemours; et après la mort de cette princesse, avec ses héritiers, pour la principauté de Neuchâtel. C'étoit pourtant de tous les princes que j'ai connus un des plus parfaits. Quand il fut revenu à la cour, et après la mort de M. le prince, qui lui donna sa fille en mariage, et demanda avec la dernière instance au Roi, en mourant, de pardonner à son neveu, il s'attacha fort à monseigneur le Dauphin, et y réussit. Le duc de Vendôme étoit en ce temps-là comme favori de monseigneur, qui passoit tous les ans une quinzaine de jours à Anet à chasser le loup avec la jeunesse de la cour. Il s'y fit une cabale pour M. le prince de Conti, qui dans la suite contrebalança la faveur de M. de Vendôme.

D'abord les princes du sang furent assez unis avec M. de Vendôme, et avec le grand prieur son frère; mais cette union ne dura pas long-temps. J'étois depuis quelques années des amis de M. de Vendôme, bien que je fusse de dix ans plus vieux que lui; j'étois aussi parfaitement uni d'amitié avec l'abbé de Chaulieu, pour lors leur favori, et entièrement le maître de leurs affaires. Les choses étant en cet état, le Roi vint à être gravement malade d'une fistule, et se résolut enfin à l'opération pour ces maux-là, qui pour lors étoient moins communs qu'ils ne sont à présent. Cela fit avec raison craindre pour sa vie, et réveilla par conséquent les cabales auprès de monseigneur, qui devinrent encore plus vives quand, après cette opération, le Roi retomba malade d'un anthrax qui marquoit la corruption du sang, et pour lequel il lui fallut faire une opération plus rude et plus dangereuse que la première. Quoiqu'il fût effectivement en danger, il ne voulut pas qu'on le crût : ainsi cette maladie n'empêcha pas que, pour divertir monseigneur à Anet, M. de Vendôme, l'abbé de Chaulieu et moi nous n'imaginassions de lui donner une fête, avec un opéra dont Campistron, poëte toulousain aux gages de M. de Vendôme, fit les paroles, et Lully, notre ami à tous, fit la musique. Cette fête coûta cent mille livres à M. de Vendôme, qui n'en avoit pas plus qu'il ne lui en falloit; et comme M. le grand prieur, l'abbé de Chaulieu et moi avions chacun notre maîtresse à l'Opéra, le public malin dit que nous avions fait dépenser cent mille francs à M. de Vendôme pour nous divertir nous et nos demoiselles : mais certainement nous avions de plus grandes vues que cela. Elles se sont évanouies dans la suite, toutes choses ayant bien changé de face, et rien n'étant arrivé de ce que nous nous imaginions alors avec quelque apparence.

M. le prince, devenu maître de Chantilly après la mort de son père, y donna aussi l'année d'après une fête à monseigneur en 1688, qui dura huit jours comme l'autre. M. le prince étoit l'homme du monde qui avoit le plus de talent pour imaginer tout ce qui pouvoit la rendre galante et magnifique : il n'y épargna rien, et y réussit. Ce fut un des derniers jours de cette fête qu'arriva un courrier de la cour, qui apporta à monseigneur la liste des lieutenans généraux et maréchaux de camp que le Roi avoit faits pour recommencer la guerre. M. de Vendôme reçut une lettre particulière de M. de Louvois, qui lui donnoit avis de sa promotion à ce grade ; et quelques autres de ceux qui étoient de cette fête ayant été nommés aussi, partirent dès le lendemain ainsi que lui pour aller se préparer à recommencer la guerre, sur ce qu'il n'étoit plus douteux que le prince d'Orange vouloit passer en Angleterre. A peine monseigneur fut-il arrivé à Versailles, qu'on prépara tout pour le siége de Philisbourg. Il partit donc quelque temps après pour cette expédition (1). M. de Vendôme fut fort étonné de ne pas servir avec lui ; et quand son frère le grand prieur demanda à y aller du moins comme volontaire, cela lui fut aigrement refusé ; ce qui marqua que le Roi n'avoit pas peut-être été trop content de la fête d'Anet. Cependant M. de Vendôme, pour qui il avoit naturellement de l'inclination, regagna ses bonnes grâces ; mais M. le grand prieur son frère ne put y réussir. Il s'opiniâtra néanmoins à servir, et servit en Flandre avec M. de Luxembourg, qui lui donna toute sa confiance, non sans raison, car il avoit assurément des talens pour la guerre. Voilà comme les choses se passèrent depuis la paix de Nimègue, qui avoit duré dix ans, jusqu'à la prise de Philisbourg, qui fut le

---

(1) Philisbourg fut pris par M. le Dauphin après vingt jours de tranchée ouverte, et la capitulation fut signée le 30 d'octobre 1688. (*Note de l'ancien éditeur.*)

signal d'une nouvelle guerre, dans laquelle la France, quoique presque toujours victorieuse, s'est pourtant si fort épuisée, que nous avons succombé dans celle que nous avons eue à soutenir pour la succession d'Espagne, comme la suite le fera voir.

CHAPITRE DIXIÈME.

Ce qui s'est passé de plus considérable à la guerre et à la cour depuis la paix de 1688, jusqu'à la paix de Riswick en 1697.

Le prince d'Orange, en passant en Angleterre, n'avoit peut-être pas tout-à-fait formé le dessein de détrôner le roi Jacques son oncle et son beau-père; et ce n'étoit pas non plus à cette intention qu'il avoit été appelé par la plus grande partie des seigneurs anglais, dont il avoit les signatures dans sa cassette : mais leur dessein étoit de réformer le gouvernement, assurer la religion, et contraindre le roi Jacques à entrer dans une ligue générale contre la France. Cependant le Roi fut dépossédé, et d'une manière peu usitée jusqu'alors; car ce fut sans qu'il y eût un coup d'épée de donné, malgré la férocité des Anglais.

La flotte du prince, après avoir été tourmentée par les vents, n'aborda pas loin d'Exeter; et il lui parut d'abord si peu de disposition dans les peuples à le bien recevoir, qu'on dit qu'il délibéra de s'en retourner. Il avoit pour général sous lui le maréchal de Schomberg, originaire allemand, capitaine très-capable et expérimenté, qui avoit, après la paix de 1660, soutenu le Portugal par deux batailles qu'il avoit gagnées, et qui venoit de quitter la France quand tous ceux de sa religion furent proscrits. La France perdit en lui un bon sujet, mais dont la fidélité étoit suspecte, parce qu'il avoit presque toujours entretenu commerce avec la Hollande et le prince d'Orange. Si en sa jeunesse il avoit servi le grand-oncle de ce prince, il aida fort le neveu dans cette entreprise. On croit pourtant qu'elle auroit échoué, si le roi Jacques, qui avoit une grosse armée, eût marché sans perdre de temps à Exeter. Mais comme les premiers de sa cour, ses ministres, le prince de Danemarck, et sa fille même, étoient du complot, il fut entièrement dénué de bons conseils, incapable d'ailleurs d'en prendre lui-même. Barillon, ambassadeur de France, reconnut alors, mais trop tard, qu'il avoit été trompé par Sunderland, et je crois qu'il en est mort de regret. Pendant qu'on délibéroit à Londres, ensuite à Windsor, et puis à l'armée, où le Roi s'étoit rendu, et dont il avoit donné le commandement au comte de Feversham, frère du duc de Duras et du maréchal de Lorges, le prince d'Orange avança avec son armée; et à mesure qu'il avançoit, les peuples se déclarèrent pour lui. Quand il fut à une certaine portée, le Roi fut bien étonné de se voir abandonné de son gendre, de sa fille, et des principaux de sa cour, de plusieurs chefs de son armée, et de quelques corps de ses troupes. Un des premiers qui le quitta fut milord Churchill (1), frère d'une personne dont ce prince avoit eu des enfans, et lequel il avoit élevé de peu à une assez grande fortune. Cependant la plus grande partie de son armée lui étoit encore

(1) Connu depuis sous le nom de Marlborough. (*Note de l'ancien éditeur.*)

fidèle, surtout les Irlandais; et si à la place de chefs qui l'avoient quitté il en eût substitué d'autres sur-le-champ, et qu'il eût mené son armée au combat, il auroit pu faire courre la moitié du péril à son ennemi : mais il s'en retourna à Londres, inquiet du parti que prendroit cette ville, dont le prince d'Orange s'approcha. Dès qu'il en fut à portée, les lords Halifax, Nottingham et Godolfin furent députés par le Roi même pour aller traiter avec ce prince : et certainement l'intention de ces seigneurs n'étoit pas tout-à-fait de détrôner le Roi, mais bien de le mettre en tutèle par le moyen de son neveu. La peur que la Reine fit à son mari pour son fils, jointe aux mauvais conseils qui lui furent peut-être inspirés par des amis cachés du prince d'Orange, lui firent prendre le parti, avant le retour des lords, de faire passer en France sa femme et son fils, qui n'avoit que six à sept mois. Le comte de Lauzun, que sa bonne fortune fit trouver alors en Angleterre, se chargea de leur conduite, et ils arrivèrent à bon port. Le Roi lui-même, après avoir vu relever sa garde par une garde hollandaise, sans coup férir s'échappa pour venir en France; mais il fut reconnu et arrêté sur le point de s'embarquer, et ramené à Londres avec de grands respects, où il fut reçu avec des acclamations et des cris de *vive le Roi!* Cependant il n'étoit plus en liberté; et quand le prince d'Orange vint à Londres, on lui déclara que, pour la sûreté de sa personne, il falloit qu'il se retirât. Et comme son gendre étoit bien aise qu'il prît le parti de passer en France, qui étoit le plus mauvais qu'il pût prendre, il fut mal gardé à Portsmouth (1),

(1) Toutes les relations disent que ce fut à Rochester qu'on le mena,

où on le conduisit ; et il y a apparence qu'on le laissa tout exprès s'évader et passer en France, où il arriva au commencement de 1689, et y rejoignit sa femme et son fils.

Ce changement de domination en Angleterre, qui a fait que les intérêts et les maximes politiques ont changé entièrement, a été un coup mortel pour la France, qui avoit résisté jusque là aux forces de toute l'Europe, et remporté de grands avantages sur tous ses ennemis. L'union de la Hollande avec l'Angleterre, dont le prince d'Orange, peu après devenu roi, étoit le lien, nous a été fatale : cependant la France a encore eu de bons et grands succès, mais elle n'en a pas su profiter, comme nous le verrons dans la suite.

D'autre côté, l'Empereur, qui avoit reconquis la Hongrie et aguerri ses armées, dont les généraux étoient devenus de grands capitaines, fut en état de nous porter la guerre. Le prince de Bade, qui avoit succédé au duc de Lorraine et gagné des batailles contre les Turcs, s'opposa à nos progrès en Allemagne ; et le prince d'Orange, que nous appellerons désormais le roi Guillaume, repassa la mer tous les ans pour se mettre à la tête de ses armées et de celle de Hollande, et nous fit acheter bien cher les victoires que nous remportâmes sur lui.

Le Roi fit d'abord de grandes dépenses pour équi-

---

et que ce fut de là qu'il se sauva avec le duc de Berwick son fils naturel. Ils arrivèrent à Ambleteuse le 4 de janvier 1689, et le 7 à Saint-Germain-en-Laye, où Louis XIV le reçut comme le plus fidèle de ses alliés, et lui assigna pour sa demeure ce même château, avec une pension qui le mettoit en état d'entretenir une cour. (*Note de l'ancien éditeur.*)

per une flotte, et porter une armée en Irlande. Le roi Jacques y avoit encore des places, et une partie des peuples pour lui. Lauzun, qui avoit gagné les bonnes grâces de la reine d'Angleterre, fut fait duc à sa prière. Il fut choisi par les deux rois pour commander l'armée sous Jacques. Cette guerre, dont Seignelay étoit le promoteur, parce qu'elle ne se pouvoit faire que par le moyen de la marine, ne fut pas du goût de Louvois, qui fit ce qu'il put pour la faire échouer. Mais le roi d'Angleterre s'aida encore plus mal qu'on ne l'aida; au lieu que le roi Guillaume ne perdit pas un moment pour se transporter en Irlande, et en chasser Jacques, qui s'étant mal posté sur la Boyne, y fut battu, et vit toutes ses forces dispersées. Le roi Jacques, Lauzun, les troupes et les généraux acquirent peu d'honneur en cette rencontre, et plusieurs se rembarquèrent fort mal à propos, de même que le Roi et Lauzun. Le seul Boisselot, capitaine aux gardes françaises, se jeta dans Limerick, et en sortit avec honneur, après avoir soutenu un long siége, et fait périr une grande partie de l'armée du roi Guillaume. Le maréchal de Schomberg fut tué dans cette bataille de la Boyne, et Guillaume même eut avant le combat les épaules effleurées et mises tout en sang d'un boulet de canon; mais il ne laissa pas de mettre ses troupes en bataille, et de se trouver au combat : marque de son grand courage, car sa blessure étoit considérable, et il fut obligé de s'absenter assez long-temps de son armée. Cela fit courir le bruit dans toute l'Europe qu'il étoit mort. On en avoit tant d'envie en France, que les peuples en firent d'eux-mêmes des feux de joie, qui ne furent pas assez tôt arrêtés par la cour, où les principaux ministres, et entre autres Louvois, entretinrent quelque temps l'erreur commune par leurs discours. Le jour que ce bruit se répandit dans Paris, je revenois le soir de Sceaux avec le marquis de Seignelay; et nous fûmes bien surpris de trouver par toutes les rues des feux de joie, des princes d'Orange de paille qu'on jetoit dans le feu en buvant à la santé du Roi, et en y faisant boire les passans, qu'on arrêtoit malgré eux. Cette fête générale déplut fort à tous les gens sensés; et je ne sais si le prince d'Orange a jamais reçu un plus grand éloge, ni qui marquât mieux la crainte que ses ennemis avoient de lui, que l'emportement de joie où les mettoit la croyance qu'ils avoient d'en être défaits. Ce qui est incroyable, c'est qu'on fut un mois entier sans savoir s'il étoit en vie ou non, tant la cour étoit bien avertie. L'année suivante, on fit encore passer un grand renfort en ce pays-là. Saint-Ruth en eut le commandement : il avoit de l'audace et du courage, mais peu d'expérience, et ne possédoit aucune des qualités civiles que doit avoir un homme qu'on met dans les premières places. La maréchale de La Meilleraye, vieille folle, s'étoit entêtée de lui du vivant de son époux, dont il étoit page; et après la mort du maréchal elle en fit son mari de conscience. Ce mariage, devenu à la mode, contribua beaucoup à la fortune de Saint-Ruth : le Roi le fit lieutenant des gardes du corps, l'employa, le fit commander en Dauphiné, et enfin le fit passer en Irlande, comme un homme capable d'y rétablir les affaires; en quoi l'on peut admirer les entêtemens que ce prince a pris fort légèrement souvent pour des gens peu élevés par leur naissance, et d'un mérite fort ordinaire. Saint-Ruth étoit un des moins mauvais qu'il a choisis de cette matière. Il joignit en Irlande milord Tirconel, qui y commandoit pour le roi Jacques; et tous deux ensemble livrèrent la bataille à l'armée du roi Guillaume. Ils combattirent vaillamment, et l'on a prétendu que si Saint-Ruth n'avoit pas été emporté d'un coup de canon, la bataille auroit été gagnée; mais elle fut perdue, et peu de temps après toute l'Irlande soumise au roi Guillaume. Dès qu'il fût débarrassé de la dépense et de l'inquiétude de cette guerre, il porta ses forces en Flandre : cependant la guerre ne s'y fit pas heureusement pour ses alliés et pour lui. Il est bien vrai que notre armée, sous la conduite du maréchal d'Humières, reçut un échec à Valcourt (1); et quoiqu'il ne fût pas de la dernière conséquence, Louvois tomba si rudement sur le corps du maréchal son ami, qu'il le détruisit dans l'esprit du Roi : en sorte que, l'année d'après, le commandement de l'armée fut donné au maréchal duc de Luxembourg, ennemi mortel de Louvois, et étroitement lié avec Seignelay. Louvois s'attira ce déplaisir pour avoir perdu dans l'esprit du Roi le maréchal d'Humières son ami : ce qu'il n'avoit pas fait dans la vue que Luxembourg en profitât, mais seulement pour tenir l'autre plus soumis et plus dépendant. Ce ministre fut de même la dupe des mauvais offices qu'il rendit à Pomponne, secrétaire d'Etat des affaires étrangères, qu'il poussa jusqu'à le faire sortir du mi-

(1) Le maréchal vouloit emporter ce château d'emblée, quoiqu'il fût défendu par un fossé et par une bonne garnison ; mais il fut repoussé, et perdit mille ou douze cents hommes. (*Note de l'ancien éditeur.*)

nistère et de sa charge, pour la faire tomber sur quelqu'une de ses créatures : mais le Roi choisit pour cet emploi le marquis de Croissy, frère de Colbert; ce qui fut un coup de poignard pour Louvois, qui voyoit cette maison se soutenir et s'élever malgré lui. Pomponne, après la mort de Louvois et de Croissy, rentra dans sa charge; le marquis de Torcy eût la survivance en épousant la fille de Pomponne, et tous deux firent dès-lors cette charge conjointement. Elle est ainsi rentrée dans la maison de Colbert, qui va, selon les apparences, devenir plus puissante que jamais; au lieu que la famille de Louvois, ou pour mieux dire Le Tellier, est entièrement tombée, quoiqu'elle possède encore aujourd'hui des richesses immenses, mais sans faveur ni considération aucune.

[1690] En 1690, Louvois n'ayant pu empêcher le duc de Luxembourg de commander la principale armée en Flandre, trouva du moins le moyen d'en faire détacher une grande partie, pour composer une armée au maréchal d'Humières du côté de la mer. Il envoya cependant l'ordre positif au duc de Luxembourg, qui étoit entre la Sambre et la Meuse, de passer la Sambre; ce qui exposoit ce général à un échec presque inévitable, si Waldeck, qui commandoit l'armée des alliés, eût été un chef aussi éveillé que lui. Mais, quoique expérimenté capitaine, il étoit peu entreprenant, et s'étoit trop arrêté à Fleurus, qui n'est qu'à deux ou trois lieues de la Sambre : la plus grande partie de l'armée du Roi se trouva passée avant qu'il se fût ébranlé pour s'opposer à son passage. La première cavalerie qu'il détacha pour cela fut rencontrée par la gendarmerie, et poussée, après un grand combat assez vif, jusqu'à la vue de son camp. Waldeck avoit une grosse armée, placée dans un lieu avantageux ; mais le duc de Luxembourg, qui ne pouvoit éviter de repasser la Sambre devant les ennemis sans un combat, se prépara toute la nuit à les attaquer le lendemain. Le front de leur corps de bataille étoit couvert d'un ruisseau ; de sorte qu'on ne pouvoit attaquer que leur gauche. En cet état, le grand prieur, qui étoit auprès du duc de Luxembourg, fit défiler et passer toute sa droite, qui tomba sur le flanc de la gauche, pendant que notre gauche chargeoit leur droite ; ce qui détermina le combat, et mit leur cavalerie en déroute. Leur infanterie se rassembla pourtant, et fit un grand feu. Le cheval du duc du Maine y fut tué sous lui, et auprès de lui Jussac son gouverneur, qui l'avoit été de M. de Vendôme. On a voulu reprocher depuis à M. de Luxembourg d'avoir séparé son armée à la vue des ennemis, qui auroient pu profiter de sa séparation ; mais comme le terrain étoit tel qu'ils ne pouvoient s'en apercevoir, je trouve au contraire que ce général méritoit beaucoup de louanges. Cette bataille, heureusement gagnée, a été la source de tous les autres bons succès qu'a eus la France pendant que dura cette guerre. Luxembourg vouloit marcher en avant, et profiter de cette victoire ; mais les ordres de la cour, ou pour mieux dire de Louvois, suspendirent son action, et on lui fit assiéger Charleroy (1), qui se défendit bien, et assez long-

(1) Suivant ce que dit notre auteur, il sembleroit que cette ville fut assiégée et prise dans la même campagne, et par M. de Luxembourg. Cependant elle appartenoit encore aux Espagnols en 1693. Le marquis de Boufflers la bombarda le 19 et le 20 d'octobre 1692. L'année d'après,

temps pour que sa prise fût l'unique fruit de cette bataille, qui pouvoit avoir de plus grandes suites.

[1691] Pendant l'hiver, le Roi forma le dessein d'attaquer Mons; et Louvois, ministre excellent pour disposer ces sortes d'entreprises par sa prévoyance et par son activité, lui fournit de bonne heure près de cent mille hommes, et toutes les munitions, canons et provisions nécessaires pour former le siége de cette place (1) avant que les ennemis fussent assemblés. Je n'entrerai pas dans le détail de ce siége : je dirai seulement que le Roi, qui ne vouloit point qu'on le commît en rien, fut inquiet lorsqu'il sut que le roi Guillaume s'étoit avancé jusqu'à Hall avec quarante mille hommes; et quoiqu'il n'y eût rien à craindre avec le nombre de troupes que le Roi avoit, le duc de Luxembourg fut détaché avec quatorze mille chevaux ou dragons, pour aller observer et retarder la marche du roi Guillaume. Quelques jours après, Mons capitula. Le Roi s'en retourna à Versailles, et laissa le commandement de son armée à M. de Luxembourg. Cette conquête, qu'effectivement le Roi devoit aux soins de Louvois, contribua à le perdre dans son esprit : ses ennemis, soutenus de madame de Maintenon, firent croire au Roi que Louvois s'en attribuoit toute la gloire. Ainsi lorsque ce ministre croyoit recevoir des éloges et des remercîmens de son maître, il s'aperçut qu'il s'éloignoit

elle fut assiégée par le maréchal de Villeroy, à qui elle se rendit après vingt-six jours de tranchée ouverte. M. de Luxembourg couvroit le siége : ce fut toute la part qu'il eut à la prise de cette place. (*Note de l'ancien éditeur.*)

(1) Mons fut assiégé le 25 de mars 1691, et la place capitula le 16 d'avril, après seize jours de tranchée ouverte. Le Roi faisoit le siége en personne. (*Note de l'ancien éditeur.*)

de lui, et en conçut un dépit mortel, quoiqu'il n'eût plus de Seignelay pour objet de sa jalousie : ce ministre de la marine étoit mort en 1690, non sans soupçon de poison, qu'on croyoit venir de la part de Louvois, qui en beaucoup d'occasions exerça sur lui son autorité. Luxembourg en agit aussi fièrement avec Louvois. Il n'en fallut pas davantage pour outrer un homme orgueilleux et vindicatif, qui ne pardonnoit jamais : car, par exemple, il ne pardonna point à M. le grand prieur d'être allé droit au Roi, et non pas chez lui, lorsque ce prince vint porter la nouvelle du gain de la bataille de Fleurus, où il s'étoit distingué. Ce fut bien malgré Louvois que le Roi le fit maréchal de camp.

Comme ce ministre avoit maltraité tout le monde, dès que l'on put soupçonner que sa faveur baissoit, tout le monde l'attaqua. Une des choses qui lui fit plus de tort, ce fut le conseil qu'il avoit donné et fait exécuter de faire brûler Worms, Spire, Frankendal et tout le Bas-Palatinat, afin que les armées de l'Empereur et de l'Empire ne pussent subsister ni s'établir en deçà du Rhin. Quelques gens ont prétendu que cette barbarie étoit nécessaire en saine politique ; beaucoup d'autres n'en sont pas convenus. Quoi qu'il en soit, cette cruauté inspira de l'horreur à toute l'Europe contre le Roi et contre toute la nation. Le Roi s'en repentit, et reprocha à Louvois ce qu'il lui avoit fait faire. La prise de Mayence en 1689 l'avoit aussi irrité contre Louvois : premièrement, sur ce que cette place avoit manqué de poudre, et puis parce que le marquis d'Huxelles, créature de Louvois, après avoir défendu son chemin couvert cinquante jours avec tout l'art et toute la valeur possible, avoit rendu la place tout d'un coup, quoiqu'on crût qu'elle pourroit tenir encore quelque temps; et cela pour avoir manqué de poudre, malgré les assurances que le ministre avoit données qu'il y en avoit plus qu'il n'en falloit, et de toutes autres choses abondamment; ce qui ne s'étoit pas trouvé vrai. On reprochoit encore à Louvois la guerre avec le duc de Savoie, dont il fut doublement l'auteur, soit pour avoir établi à Turin un poste qui ne dépendoit pas du duc, soit pour avoir voulu forcer ce prince à livrer au Roi la citadelle de Turin; enfin pour avoir empêché d'arriver à la cour et de parler au Roi un seigneur piémontais qui lui venoit offrir la carte blanche, et qui étoit venu jusqu'à Orléans. Toutes ces choses l'avoient perdu dans l'esprit du Roi; et le seul besoin qu'il croyoit avoir de cet homme en temps de guerre le soutenoit. Car d'ailleurs l'esprit de ce ministre farouche n'étoit pas capable de plier; et un jour entre autres qu'il eut une dispute avec le Roi, sur ce que Sa Majesté lui dit qu'il paieroit cet ordre de sa tête, Louvois s'emporta jusqu'à jeter ses papiers sur la table du conseil, disant qu'il ne vouloit plus se mêler des affaires. Cette scène, après laquelle madame de Maintenon le raccommoda, se passa peu de temps avant la mort de Louvois, qui fut fort extraordinaire. Etant allé le matin pour travailler avec le Roi à son ordinaire, il se trouva mal, et changea de visage. Le Roi remit à une autre fois les affaires; et à peine Louvois eut-il le temps d'arriver chez lui, qu'il expira au moment qu'on lui ouvrit la veine. Sa mort fut, aussi bien que celle de Seignelay, soupçonnée de poison; et on prétend qu'un pot d'eau, qui étoit toujours dans une petite armoire auprès de sa table, fut empoisonné. On a soupçonné le duc de Savoie d'avoir fait faire le coup par Seron, médecin de Louvois, qu'il avoit gagné.

On a dit de Louvois qu'il auroit fallu, ou qu'il ne fût point né, ou qu'il eût vécu plus long-temps, parce que s'il ne fût point né il n'auroit pas engagé l'Etat dans la guerre et dans les dépenses qui l'ont ruiné; et s'il eût vécu jusqu'à ce temps-ci, il avoit des talens propres à soutenir le poids des affaires. De tout ce que j'ai dit, on peut juger de lui et prononcer hardiment que c'étoit un homme capable de bien servir dans le ministère, mais non pas de gouverner. Le Roi ne parut en aucune façon le regretter, moitié par l'aversion qu'il avoit conçue pour lui, moitié par orgueil. Le même orgueil lui fit mettre en sa place le marquis de Barbezieux, second fils de Louvois, qui avoit eu la survivance de sa charge, après que lui-même l'eut fait ôter au marquis de Courtenvaux son aîné, à cause de son incapacité.

Barbezieux avoit effectivement plus d'esprit que l'autre, mais pas plus de sagesse ni d'expérience. Cependant il fut bientôt le maître dans l'étendue de sa charge, comme les autres ministres l'étoient chacun dans la leur : car un des malheurs de ce règne a été le pouvoir que le Roi a donné à ses ministres dans chaque partie du gouvernement qui leur étoit commise, sans qu'aucun d'eux ait pensé au rapport que toutes les parties avoient entre elles, et celui qu'elles avoient au corps de l'Etat; si bien que les plus sensés ont toujours souhaité un premier ministre. Mais la vanité du Roi, qui sortoit de la tutèle du cardinal Mazarin, n'a jamais pu le permettre; et il a toujours regardé cela comme le plus grand malheur qui pût arriver à un prince. Il n'a pourtant pas moins été gouverné que les autres; mais il a mieux aimé l'être par plusieurs que par un seul. Il a eu d'abord d'habiles ministres, qui l'ont moins mal conduit, et qui avoient pris quelque sorte d'empire sur lui. A la fin il a pris des gens de peu d'esprit, dans la pensée qu'il les conduiroit, et feroit mieux reconnoître ses grands talens : mais il a été encore gouverné par ceux qu'il vouloit gouverner, sans que les talens du prince aient pu prévaloir par dessus l'incapacité des ministres. Il s'est même cru obligé de les soutenir en tout et contre tous, et s'est souvent privé, pour l'amour d'eux, du secours de ceux de ses meilleurs sujets qui avoient le mieux mérité de lui. Le maréchal de Catinat, dans la guerre dont je parle, avoit eu le commandement de l'armée de Piémont : il y fit la guerre avec beaucoup de sagesse, de courage et de succès. Il gagna la bataille de Staffarde, et il ne tint pas à lui qu'on n'attaquât ensuite et qu'on ne prît Turin : mais les ordres réitérés de Louvois, son parent et son bienfaiteur, l'obligèrent malgré lui à faire faire dans l'arrière-saison(1) le siége de Coni par Bulonde, qui fut obligé de le lever. La capacité ni les bons services de M. de Catinat, qui à la fin l'avoient fait faire maréchal de France, ni la voix publique, n'ont pu empêcher que le Roi ne l'ait sacrifié à Chamillard.

A propos du siége de Coni, il faut que je rapporte

---

(1) *Dans l'arrière-saison :* Il y a erreur dans cet endroit. Le siége de Coni ne fut point fait dans l'arrière-saison : Bulonde le commença le 19 de juin 1691, et le leva au bout de six jours, à l'approche du prince Eugène de Savoie.

ici un fait qui fait bien voir combien le moindre revers jetoit la consternation dans cette cour. Lorsque Louvois sut la levée du siége de Coni, il alla chez le Roi, pleurant et désespéré, lui porter cette nouvelle, dont il ne pouvoit se consoler. Le Roi dit alors sagement et fort bien : « Vous êtes abattu pour peu de chose ; on « voit bien que vous êtes trop accoutumé à de bons « succès. Pour moi, qui me souviens d'avoir vu les « troupes espagnoles dans Paris, je ne m'abats pas si «, aisément. » Ce prince a eu depuis besoin de sa fermeté, lorsque les méchantes nouvelles sont arrivées coup sur coup de toutes parts. Voilà la dernière fois qu'il sera question de Louvois, si ce n'est pour remarquer le bien et le mal que ces temps-là et les événemens ont fait découvrir dans les maximes qu'il avoit établies. Cette même année 1691, le duc de Luxembourg, à la fin de la campagne, battit à Leuze la cavalerie des ennemis. M. le duc de Chartres, fils de Monsieur, âgé de seize ans, et qui faisoit alors sa première campagne, s'y trouva, aussi bien que M. le duc du Maine. Ce général eut grand soin qu'ils ne s'exposassent pas trop ; mais l'année suivante à Steinkerque, et depuis à Nerwinde, le duc de Chartres fit bien voir qu'il n'avoit pas tenu à lui qu'à Leuze il n'eût chargé à la tête des escadrons, et montré la valeur qu'il a, et qui le distingue autant que sa naissance des autres hommes. En l'année 1692, le Roi forma le dessein d'aller attaquer Namur, place la plus forte des Pays-Bas espagnols ; et véritablement l'entreprise étoit digne de lui. Il prit la ville en huit jours de tranchée ouverte du côté du bas de la Meuse, à la faveur d'une hauteur qui alloit jusqu'à la portée de la plus grande partie des mousquets des remparts : si bien que le roi Guillaume n'eut pas le temps de venir au secours. Le Roi passa ensuite du côté de la citadelle, posta son armée depuis la Sambre jusqu'à la Meuse, et rétrécit ainsi la circonvallation. Cette citadelle passoit pour presque imprenable : aussi le siége en dura-t-il un mois entier, et les pluies continuelles pensèrent la sauver, et firent périr une partie de l'armée du Roi. Le roi Guillaume assembla quatre-vingt mille hommes pour secourir cette place; mais le duc de Luxembourg l'empêcha d'aborder Namur, dont le château se rendit à la fin. Ainsi cette conquête eut un double agrément pour le Roi, l'un son importance, et l'autre qu'elle avoit été faite à la barbe du roi Guillaume. On auroit pu, dans le moment que la citadelle capitula, joindre l'armée de Luxembourg avec celle du Roi, qui se seroit trouvée d'un tiers plus forte que celle des ennemis, et les combattre dans les campagnes de Fleurus avec une cavalerie beaucoup plus nombreuse et meilleure que la leur; ou, s'ils s'étoient retirés sans combattre du côté de Bruxelles, charger et défaire leur arrière-garde, et les mettre ainsi en état de ne plus tenir la campagne. Je le dis dans le moment à Chamlay, qui avoit alors voix en chapitre : il trouva que j'avois raison. « Mais « il faut voir, me répondit-il, ce qui convient à cet « homme-ci. » Effectivement le Roi a toujours eu de la répugnance à se commettre à un grand événement : il a paru manquer de courage d'esprit, quoiqu'il ne manquât pas, je crois, de l'autre; et il a trop écouté les conseils prudens, lorsque de plus hardis l'auroient mis au-dessus de tout.

Cette même année 1692, le roi Guillaume, entreprenant de son naturel, et fâché d'avoir vu prendre Namur, attaqua à Steinkerque le duc de Luxembourg, et pensa le battre, étant tombé avec toute l'armée sur l'aile droite de la nôtre, qui ne fut avertie que fort tard que l'armée ennemie venoit l'attaquer, et n'eut presque pas le temps de se mettre en état de la bien recevoir. Ce qui abusa le duc de Luxembourg, qui étoit un peu incommodé, fut une intelligence qu'il avoit avec un secrétaire du roi Guillaume; car cette intelligence ayant été découverte, on fit donner par ce secrétaire un faux avis à notre général que les ennemis viendroient faire ce jour-là un grand fourrage du côté de notre armée : si bien que lors même que nos partis l'assurèrent que l'armée tout entière des ennemis alloit tomber sur lui, il ne le put croire; et il fallut que la brigade de Bourbonnais, qui occupoit une hauteur à notre droite, fût attaquée, avant qu'il en fût persuadé. Il s'y porta diligemment, et eut la douleur de voir cette brigade en désordre, et les ennemis maîtres de cette hauteur, et de quelques pièces de canon que nous y avions. Il les fit attaquer une et deux fois, sans les chasser. A la troisième, s'étant mis avec M. de Chartres, M. le duc, M. le prince de Conti, M. de Vendôme, M. le grand prieur, et les autres officiers généraux, à la tête de la brigade des gardes, qui marcha aux ennemis la baïonnette au bout du fusil et l'épée à la main, sans tirer, il les emporta, et en fit un carnage horrible. On les poursuivit jusqu'au camp d'où ils étoient partis, et on leur prit beaucoup d'étendards et de drapeaux, et une partie du canon qu'ils avoient amené. Les ennemis firent une très-grande perte de leurs meilleures troupes; et la nôtre, quoique moindre, fut considérable.

Le prince de Turenne, fils aîné du duc de Bouillon, homme d'esprit et de courage, et d'une grande espérance, y fut tué, aussi bien que les marquis de Tilladet, de Bellefond, et quantité d'autres officiers. M. le duc de Chartres fut blessé dans cette occasion, et après s'être fait panser légèrement revint au combat; ce qui lui fit beaucoup d'honneur, aussi bien qu'au marquis d'Arcis son gouverneur, qui demanda avec opiniâtreté au duc de Luxembourg que ce prince vînt à cette action, quoiqu'il commandât la réserve, qui ne s'y trouva pas.

Le duc de Luxembourg envoya Albergotti, l'un de ses favoris, qui s'étoit distingué dans cette occasion, en porter la nouvelle au Roi. Albergotti, qui avoit fait une cabale avec le prince de Conti et avec le fils aîné du général pour le gouverner, et qui vouloit le brouiller avec messieurs de Vendôme, et surtout avec le grand prieur, naguère son favori, ne parla que peu ou point d'eux dans le récit qu'il fit au Roi. Cependant ils avoient eu grande part au bon succès: il étoit certain que M. de Vendôme, par lui-même d'abord, et ensuite par son frère, avoit déterminé le duc de Luxembourg à ne pas abandonner la hauteur, et à la reprendre à quelque prix que ce fût; car d'abord ce général vouloit faire repasser à toute sa droite le ruisseau qui étoit derrière son camp; et s'il l'avoit fait, il couroit risque d'être entièrement battu. Ces deux frères aussi avoient chargé à la tête des bataillons aussi vivement que personne, et M. de Vendôme avoit disposé la droite, où étoient des régimens de dragons qui firent merveille : si bien qu'au lieu d'être oubliés, ils devoient avoir une bonne part de la louange que méritoit cette action.

M. de Luxembourg même dit à M. de Vendôme qu'il lui devoit beaucoup, et qu'il le publieroit. Cependant si nous n'avions pas su par nos lettres, l'abbé de Chaulieu et moi, qu'il y avoit eu un grand combat en Flandre, où M. de Vendôme avoit beaucoup de part, il n'eût pas été question d'eux, puisqu'étant arrivé à Versailles dans le temps que cette nouvelle venoit d'être rendue publique, Monsieur, qui venoit de chez le Roi, et qui savoit l'intérêt que je prenois à ces messieurs, me dit qu'ils n'y étoient pas. Mais je le désabusai, et tout le reste du monde fut aussi bientôt détrompé; car l'abbé de Chaulieu s'étant trouvé chez M. le prince lorsqu'Albergotti lui rendit compte de cette action, comme il ne parloit point de messieurs de Vendôme, M. le prince lui demanda s'ils y étoient; et Albergotti ne put s'empêcher de répondre ouï fort succinctement. Peu de jours après, comme toutes les lettres de l'armée étoient pleines de leurs louanges, on vit bien qu'il y avoit de l'affectation à ce silence. Messieurs de Vendôme se plaignirent ouvertement de M. de Luxembourg, et furent brouillés avec lui jusqu'à sa mort, qu'il les envoya chercher, et leur redemanda leur amitié; de quoi ils furent très-touchés l'un et l'autre. Ce n'est pas la première ni la dernière fois en ce siècle-ci qu'on n'a pas rendu justice à ceux qui s'étoient distingués dans les actions, et je m'imagine qu'il en a été de même dans tous les temps.

Ce combat, qui avoit beaucoup coûté aux deux partis, fit qu'on ne se chercha plus le reste de cette campagne. L'année suivante 1693, il parut d'abord que le Roi avoit de grands projets, qui s'évanouirent tout à coup. On ne sait pourquoi ni comment le Roi, résolu, à ce qu'il parut, de pénétrer dans les pays ennemis, laissa Monsieur son lieutenant général en France, avec sept ou huit mille hommes pour garder les côtes, qui étoient menacées par les Anglais. Il faut remarquer que cette année-là il y eut en France une grande disette de blé, qui, jointe à l'avarice de ceux qui en avoient provision, causa une espèce de famine, et le pain monta jusqu'à sept sous la livre. Monsieur donc répandoit de l'argent dans tous les chemins, depuis Paris jusqu'à Pontorson en Bretagne. M. le chevalier de Lorraine, le marquis d'Effiat et moi, qui étions avec lui dans son carrosse, avions chacun un sac de mille francs en pièces de trente sous ou en écus, dont il n'en restoit aucun à la fin de la journée. Cela acquit fort le cœur des peuples à ce prince, qui d'ailleurs étoit affable. Il attendoit avec impatience des nouvelles de l'expédition du Roi en Flandre, lorsqu'un courrier lui apporta celle du retour de Sa Majesté à Versailles. Il en fut surpris et fâché au dernier point, et avec raison ; car le Roi se vit en état à Gembloux d'accabler le roi Guillaume, qui étoit à l'abbaye du Parc sous Louvain, qu'il n'osoit abandonner, et n'avoit que quarante mille hommes, lorsque le Roi pouvoit marcher à lui des deux côtés de Bruxelles avec deux armées de soixante mille hommes chacune. Ce prince effectivement se croyoit perdu, dans le temps qu'il apprit que le Roi étoit parti pour Versailles, et envoyoit monseigneur en Allemagne avec une grande partie de ses forces. Cela lui parut si peu vraisemblable, qu'il a dit depuis qu'il avoit soupçonné l'Empereur et ses alliés d'avoir traité avec le Roi à son insu. Personne n'a jamais su l'auteur de ce conseil ; mais on a soupçonné qu'il venoit de madame de Maintenon, sur ce que le Roi avoit eu quelques accès de fièvre : et c'est bien là un vrai conseil de femme, que M. de Luxembourg et tous les autres ministres ont désavoué. Aussi cette retraite n'a pas fait honneur au Roi, qui depuis ne s'est point trouvé à la tête de ses armées, où cependant il avoit toujours été heureux. Ses armes prospérèrent encore le reste de cette campagne, sous les ordres de M. de Luxembourg. Ce général avoit envie de surprendre Liége ; mais les ennemis avoient fait des lignes très-fortes sous cette place, et y avoient laissé trente mille hommes pour les garder. Le duc de Luxembourg fit tous les apprêts nécessaires pour les attaquer ; mais le même jour qu'il avoit fait faire des fascines pour marcher à ces lignes, ayant eu avis que les ennemis, qui étoient plus foibles que lui, se retiroient vers Layette, il résolut de les suivre brusquement, et marcha toute la nuit ; en sorte que le lendemain il arriva sur eux, et les trouva campés au-delà de Layette. Comme il étoit tard, et que son arrière-garde n'étoit pas arrivée, il ne put les attaquer que le lendemain. La plupart des gens croyoient que le roi Guillaume feroit faire une grande quantité de ponts, et se trouveroit passé le lendemain ; mais il trouva son poste si bon, que, persuadé d'ailleurs que pour maintenir son crédit auprès des Anglais il falloit se battre, il ne songea qu'à faire toute la nuit un retranchement dans le front de son corps de bataille, à bien garnir et à fortifier deux villages qui fermoient les deux ailes. Les ordres du duc de Luxembourg ne furent pas d'abord ponctuellement exécutés : notre droite attaqua trop tôt leur gauche, et ne put pénétrer dans leur village, qui, aussi bien qu'une partie de leur ligne, étoit couvert d'un grand ravin; ce qui fit que les ennemis, se voyant en repos sur leur gauche, portèrent la plus grande partie de leurs forces au village de Nerwinde, qui étoit à leur droite. Nous nous en rendîmes maîtres d'abord; mais ils nous en chassèrent, et il y eut un temps où le prince de Conti, qui fit des merveilles dans ce combat, et le maréchal de Villeroy, furent d'avis de se retirer : mais le duc de Luxembourg ayant demandé à M. le duc ce qu'il en pensoit, ce prince répondit qu'il s'engageoit de reprendre le village de Nerwinde, si on vouloit lui donner dix bataillons frais; et effectivement il se mit, et le prince de Conti aussi, à la tête de la brigade des gardes, et ils emportèrent le village. Mais ce n'étoit encore rien de fait, si notre cavalerie, dont M. de Chartres étoit général, n'avoit passé le retranchement pour combattre celle des ennemis. Ainsi, dès que notre infanterie eut un peu abattu le haut du fossé, ce prince passa tout des premiers, et chargea avec les premiers escadrons qui se formèrent : il renversa une et deux lignes des ennemis; il fut ramené par la troisième, et en danger d'être pris : mais, aidé de deux de ses domestiques, et ayant été obligé de tuer lui-même d'un coup d'épée un de ceux qui le poursuivoient, il regagna notre ligne, et, après l'avoir mise en ordre, il rechargea la cavalerie des ennemis, qu'il mit en désordre, et qui ne se rallia plus, non plus que leur infanterie. De sorte qu'on le jeta dans Layette, où il en périt une grande quantité : si bien que de plus de quatre jours il n'y eut pas mille hommes ensemble de toute cette armée. Mais le duc de Luxembourg, faute de pain, à ce qu'il dit, ou bien de peur de finir la guerre, ne suivit pas la victoire comme il auroit pu faire. Il est vrai aussi que, quoique vainqueurs, notre perte étoit grande, aussi bien que la fatigue qu'avoit essuyée notre armée pendant quelques jours. Cette bataille fut des plus sanglantes; et si on en avoit profité, elle pouvoit être décisive. Mais nos généraux ont toujours si fort craint la cour, que la peur d'être perdus par de mauvais succès les a fait s'arrêter aux premiers avantages qu'ils ont remportés, sans songer à les pousser à bout; et cela par cette malheureuse fantaisie de ne penser qu'à plaire au Roi, et point à faire le bien de l'Etat : en quoi la plupart de nos généraux ont été presque aussi coupables que nos ministres.

Cette même année, le maréchal de Catinat gagna en Piémont la bataille de la Marsaille. S'il ne l'eût fait, il falloit qu'il repassât les monts : mais le duc de Savoie voulut profiter des grandes forces que l'Empereur lui avoit envoyées, et ne voulut pas éviter le combat que l'autre cherchoit. Le duc de Vendôme et le grand prieur son frère, brouillés, comme j'ai dit, avec M. de Luxembourg, servirent cette année-là en Italie. Le premier, comme plus ancien général, commandoit la gauche de notre armée, et eut beaucoup de part au gain de la bataille, aussi bien que son frère, qui commandoit la gauche de la seconde ligne, et qui eut la cuisse percée. Le duc de Vendôme fut obligé, par la disposition des lieux, à charger avec la gendarmerie de gros bataillons, dont le feu extraordinaire la mit d'abord en désordre. Mais il la rallia au bout de cent pas; et quelques escadrons de la seconde ligne l'ayant jointe, il rechargea ces bataillons avec tant de promptitude et de vivacité, avant qu'ils fussent en état de soutenir une seconde attaque, qu'il emporta non-seulement la première mais la seconde ligne des ennemis, et se rejoignit au maréchal de Catinat, qui avoit trouvé moins de résistance, et avoit défait leur droite; si bien que la victoire fut complète. Il y eut pourtant quelques-unes de nos troupes qui furent ramenées par quelques escadrons; mais ce désordre fut bientôt réparé, et ils furent poussés jusque dans les portes de Turin, où ils se retranchèrent après avoir rallié une partie de leur armée, et principalement leur aile droite, qui n'avoit pu soutenir le feu de notre cavalerie (1). Cette victoire nous rendit maîtres de la plaine du Piémont, où M. de Catinat fit hiverner une grande partie des troupes du Roi. Ainsi je puis dire, en finissant cette petite relation, que cette campagne doit être mise au nombre de celles qui ont été fort glorieuses et fort avantageuses à la France : ce qui obligea le duc de Savoie à faire sa paix, qui attira ensuite celle de Riswick.

(1) Il demeura sur la place huit mille hommes des troupes du duc; tout son canon fut pris, avec cent six étendards ou drapeaux. La bataille se donna le 4 d'octobre 1693. (*Note de l'ancien éditeur.*)

FIN DES MÉMOIRES DE LA FARE.

MÉMOIRES

DU

MARÉCHAL DE BERWICK,

ÉCRITS PAR LUI-MÊME;

Avec une suite abrégée depuis 1716 jusqu'à sa mort en 1734; précédés de son Portrait par milord Bolingbrocke, et d'une ébauche d'Eloge historique par le président de Montesquieu.

AVERTISSEMENT

SUR LES

MÉMOIRES DU MARÉCHAL DE BERWICK.

Les Mémoires de Jacques de Fitz-James, duc de Berwick, maréchal de France, comprennent l'histoire complète de sa vie : il les a rédigés lui-même, depuis l'époque de sa naissance jusqu'en 1716; l'abbé Hooke les a continués jusqu'à la mort du maréchal, d'après les pièces qui lui ont été communiquées par la famille. Lord Bolingbrocke et Montesquieu, tous deux amis du duc de Berwick, nous ont laissé, l'un son Portrait, l'autre son Eloge : ces deux morceaux ont été imprimés avec les Mémoires. Montesquieu n'avoit pas mis la dernière main à son travail, qui n'est, pour ainsi dire, qu'une ébauche; mais le caractère de Berwick y est peint à grands traits, et le premier jet d'un écrivain illustre n'est pas moins curieux que les écrits qu'il a revus avec le plus grand soin.

Les faits, tels qu'ils sont présentés dans les Mémoires du maréchal de Berwick, dans son Portrait par Bolingbrocke, et dans son Eloge par Montesquieu, n'ayant pas été contestés, et ne laissant à peu près rien à désirer sur tout ce qui concerne le maréchal, une Notice sur sa vie n'offriroit que des répétitions inutiles. Nous nous bornerons donc à un très-petit nombre d'observations.

Le maréchal, fils naturel de Jacques II, avoit été élevé en France; il y étoit revenu en 1691 à l'âge de vingt ans, y avoit pris du service, et s'étoit fait naturaliser, après en avoir obtenu la permission du roi Jacques, lorsque ce prince eut perdu tout espoir de recouvrer la couronne d'Angleterre. La France peut donc être considérée comme la véritable patrie du duc de Berwick : il la servit pendant plus de quarante ans, périt en combattant pour elle, et mérita d'être mis au rang de ses meilleurs généraux.

Ses Mémoires sont plutôt militaires que politiques : cependant on y trouve des documens précieux sur les principaux événemens de l'époque. Les premières parties sont consacrées au récit de ses campagnes en Hongrie, où il fit dès l'âge de quatorze ans l'apprentissage de la guerre ; viennent ensuite ses campagnes en Angleterre et en Irlande contre les troupes du prince d'Orange ; et on le voit à l'âge de vingt ans chargé seul de la conduite des affaires du roi Jacques, qui s'étoit retiré en France après la bataille de la Boyne. Entré au service de Louis XIV, il raconte les différentes batailles où il s'est trouvé jusqu'au traité de Riswick [septembre 1697], et ses voyages jusqu'à la guerre de la succession [1701]. A dater de 1702, sa relation acquiert un nouveau degré d'intérêt, non-seulement par l'importance des événemens, mais parce que c'est alors qu'il a commencé à écrire régulièrement chaque jour tout ce qui se passoit : jusque là il n'avoit point conservé de notes. Appelé au commandement des armées françaises, chargé trois fois de diriger celles du roi d'Espagne, il fait toutes les campagnes jusqu'à la fin de 1714. Dans le tableau qu'il en trace, il a le double avantage de présenter toujours les faits avec netteté, et d'éviter les détails fastidieux qui surchargent trop souvent les Mémoires des gens de guerre. Tant qu'il est sous les ordres d'autres généraux, il s'exprime franchement sur leurs opérations ; quand il commande en chef, il explique ses plans, les difficultés qu'il a à vaincre, les ressources dont il peut disposer, et les moyens qu'il emploie pour arriver à son but. Partout on remarque la justesse de son coup d'œil, la sagesse de ses combinaisons. La bataille d'Almanza, qu'il gagna en Espagne [1], et par laquelle il affermit la couronne sur la tête de Philippe v, est sans contredit un des beaux faits d'armes de cette époque; mais sa campagne de Piémont en 1709, lorsqu'il fut chargé de couvrir la frontière de France avec des forces très-inférieures à celles de l'ennemi, n'a pu être conçue et exécutée que par le général le plus consommé. Les gens de l'art aiment à la comparer avec celle de Catinat en 1692, et celle de Villars en 1708.

Le maréchal de Berwick étoit, suivant l'expression de la reine d'Espagne [2], un *grand diable d'Anglais qui alloit toujours tout droit son chemin*. Etranger à toute espèce d'intrigues, ne connoissant que ses devoirs, il traite sans ménagement dans ses Mémoires les officiers et les généraux qui se laissent guider par des vues d'intérêt personnel, ou qui ne font pas tout ce que les circonstances leur permettent de faire. On trouvera peut-être trop de sévérité dans les jugemens qu'il porte du duc de Vendôme et de quelques autres capitaines distingués de son temps : mais si ses jugemens sont sévères, ils sont toujours ceux d'un homme de bien. Lors même qu'on ne les approuve pas en entier, on ne peut s'empêcher de rendre justice à la loyauté du maréchal; on reconnoît qu'il ne blâme que ce qui lui paroît véritablement répréhensible, et qu'il ne cherche ni à rabaisser ses rivaux, ni à se faire valoir à leurs dépens.

Lorsqu'il alla s'établir à Bordeaux en 1716 comme gouverneur de la Guienne, il y connut Montesquieu. Il étoit alors âgé de quarante-six ans; Montesquieu n'en avoit que vingt-sept. Le maréchal, par sa réputation militaire, par son rang, par ses dignités, étoit l'un des personnages le

---

[1] On a remarqué qu'à cette bataille les deux armées étoient commandées, l'une par le maréchal de Berwick, né Anglais et naturalisé Français, et l'autre par le marquis de Ruvigny, né Français, qui s'étoit fait naturaliser Anglais, et qui étoit alors connu sous le nom de lord Galloway. — [2] Marie-Louise de Savoie, femme de Philippe v, morte en 1714.

plus considérable du royaume (1). Montesquieu, depuis deux ans conseiller au parlement de Bordeaux, venoit d'y être reçu président à mortier, en remplacement d'un de ses oncles qui lui avoit cédé sa charge; il étoit connu dans le monde comme homme d'esprit, mais il n'avoit encore publié aucun ouvrage (2). Malgré la différence d'âge et de position, il leur suffit de se voir pour s'apprécier réciproquement : à l'estime qu'ils s'inspirèrent se joignit bientôt l'amitié la plus tendre, dont la mort seule rompit les nœuds.

Les Mémoires du maréchal restèrent long-temps ignorés du public : vers l'année 1754, la famille en communiqua le manuscrit à Montesquieu, qui, après l'avoir examiné, jugea qu'il falloit l'imprimer tel qu'il étoit, sans y faire aucun changement, et qui se chargea même de la publication. Il paroît que l'Eloge du maréchal, dont nous n'avons que l'ébauche, étoit destiné à être placé en tête des Mémoires. Montesquieu mourut avant de l'avoir terminé. En parlant des Mémoires du maréchal, il s'exprime ainsi : « M. le maréchal de Berwick a écrit ses Mémoires; et à « cet égard ce que j'ai dit dans l'Esprit des Lois sur la re- « lation d'Hannon, je puis le dire ici : *C'est un beau mor-* « *ceau de l'antiquité que la relation d'Hannon : le même* « *homme qui a exécuté a écrit. Il ne met aucune ostenta-* « *tion dans ses récits : les grands hommes écrivent leurs ac-* « *tions avec simplicité, parce qu'ils sont plus glorieux de* « *ce qu'ils ont fait que de ce qu'ils ont dit.* »

On a doublement à regretter que Montesquieu n'ait pas

---

(1) Il avoit commandé les armées de Jacques II en Angleterre et en Irlande, et celles d'Espagne avec le titre de généralissime; il étoit maréchal de France, et gouverneur de province. Philippe V l'avoit fait grand d'Espagne de première classe; il étoit pair de France, etc. — (2) « En « entrant dans le monde, on m'annonça comme homme d'esprit, et je « reçus un accueil assez favorable des gens en place. » (Extrait des Pensées diverses de Montesquieu, imprimées avec ses OEuvres posthumes.)

pu donner l'édition des Mémoires : non-seulement il auroit terminé l'Eloge du maréchal, dans lequel on remarque beaucoup de lacunes, et même des fragmens qui n'ont aucune liaison entre eux, mais il y auroit probablement joint une Notice sur les dix-huit dernières années de la vie de son ami.

Après la mort de Montesquieu, on ne donna pas suite au projet de publier les Mémoires du maréchal, qui ne furent imprimés que vingt-trois ans plus tard. Le fils de Montesquieu avoit trouvé parmi les papiers de son père l'ébauche d'Eloge dont nous avons parlé, et avoit offert le manuscrit à la famille. En 1777, le duc de Fitz-James, petit-fils du maréchal de Berwick, remit cette pièce à l'abbé Hooke, avec les Mémoires; il lui confia toute la correspondance et toutes les notes du maréchal, et le chargea de l'édition. C'est à l'aide de ces matériaux que l'abbé Hooke a continué les Mémoires depuis 1716 jusqu'en 1734. Son travail a le mérite de l'exactitude, mais l'auteur n'a pas l'art de présenter les faits d'une manière intéressante : sa narration, dépourvue de toute espèce d'agrément, est traînante et pénible; autant le style du maréchal est simple et naturel, autant le sien est lâche, prétentieux et guindé. Ce morceau, qui est d'ailleurs fort court, renfermant à peu près tout ce qu'il peut être utile de connoître sur les dernières années de la vie du maréchal, nous n'avons pas dû hésiter à l'insérer, comme formant en quelque sorte le complément nécessaire des Mémoires.

L'abbé Hooke a joint au texte des notes et des pièces justificatives. Nous avons conservé les notes qui nous ont paru utiles ; nous en avons ajouté de nouvelles, qui ont principalement pour objet de préciser les dates que l'auteur a négligées, et de faire connoître quelques-uns des personnages dont il est fait mention dans les Mémoires; mais nous avons dû supprimer toutes les pièces justificatives. Les unes concernent le roi Jacques et Guillaume III, et se rattachent plutôt à l'histoire d'Angleterre qu'à l'histoire de France; les autres sont relatives à la campagne de 1708 : c'est un extrait de la correspondance du maréchal, qui forme double emploi avec ses Mémoires, et qui jette peu de lumières sur les discussions qui s'élevèrent à cette époque entre le duc de Vendôme, Chamillard et lui.

Les Mémoires du maréchal de Berwick ont paru en 1778 [1]. Au jugement de Voltaire, ils présentent des anecdotes curieuses, et des détails instructifs sur ses campagnes. Ils n'ont pas été réimprimés.

En 1737, l'abbé de Margon avoit publié de prétendus Mémoires du maréchal de Berwick [2], qu'il ne faut pas confondre avec ceux qui ont été écrits par le maréchal lui-même, et donnés par l'abbé Hooke.

[1] Paris, 2 vol. in-12. — [2] La Haye, 1737, 2 vol. in-12.

PORTRAIT

DU

MARÉCHAL DE BERWICK,

PAR MILORD BOLINGBROCKE;

Tiré d'une feuille extraordinaire du Craftsman, du 30 juin (vieux style) 1734.

Les lettres de Paris nous apprennent que le maréchal de Berwick a été tué d'un coup de canon le matin du 12 juin (nouveau style), étant à la tranchée devant Philisbourg, où son intrépidité peu commune et sa vigilance ordinaire ne le portoient que trop souvent. Il étoit fils du feu roi Jacques II, et de demoiselle Arabelle Churchill (qui a été depuis madame Godfrey), sœur du feu duc de Marlborough.

Sa patrie le perdit bientôt, n'ayant que dix-sept ans (1) lors de la dernière révolution; et la France, qui devint dès-lors son refuge, ne tardera pas sans doute à s'apercevoir que l'armée qu'il commandoit, et le royaume entier, le perdent trop tôt aujourd'hui. C'est véritablement une perte pour l'humanité, à laquelle on peut bien dire qu'il faisoit honneur, comme on l'a dit du grand Turenne.

Il a eu tant de part aux affaires de son temps, qu'il tiendra une grande place dans l'histoire de ce siècle; et sans doute que quelque bonne plume célébrera particulièrement une vie digne du meilleur écrivain.

(1) *Dix-sept ans :* Il en avoit dix-huit.

L'étendue de cette feuille ne me permet que de marquer quelques-uns des principaux traits d'un si excellent tableau.

Il se montra de bonne heure dans la profession qu'il a illustrée depuis. A l'âge de quatorze ans (1) il se trouva au siége de Bude, et fit deux campagnes en Hongrie, où il fut élevé au grade de général major. Depuis ce temps, l'Irlande, la Flandre, l'Espagne, la Savoie, l'Allemagne, ont été successivement le théâtre de ses grands talens pour la guerre. Il se signala dans les commandemens inférieurs durant la guerre de 1688; et lorsqu'il parvint à avoir le commandement en chef des armées (ce qui fut, si je ne me trompe, en 1702 (2), de dix-huit (3) campagnes qu'il a faites depuis, il n'y en a pas une qui n'ait été marquée par des succès extraordinaires; et cela dans des temps où la fortune sembloit avoir abandonné le parti dans lequel il étoit engagé, comme si la victoire, n'ayant que de l'indifférence pour les nations qui se faisoient la guerre, eût réservé ses faveurs pour les répandre uniquement sur deux hommes dans les veines desquels couloit le même sang, les ducs de Marlborough et de Berwick. Il avoit un talent particulier pour les siéges, et pour ce qu'on appelle le détail d'une armée; mais les champs d'Almanza attestent que, si les occasions s'en étoient aussi souvent présentées, il n'auroit pas montré moins de capacité pour les batailles, sur lesquelles le commun des hommes, peut-être injustement, mesure la gloire des généraux, quoique le succès n'en soit souvent dû qu'à des événemens imprévus, et que

(1) *Quatorze ans :* Il en avoit quinze. — (2) *En* 1702 : C'étoit en 1704. — (3) *De dix-huit :* De quinze.

ce ne soient que les grandes suites d'une victoire qui frappent les imaginations des hommes, et enlèvent leur admiration. Il étoit particulièrement attentif à ménager la vie du soldat, soit en pourvoyant avec le plus grand soin à sa subsistance, soit en ne l'exposant qu'à des dangers inévitables, qu'on lui voyoit affronter le premier : il étoit avec cela très-exact à maintenir la discipline. En un mot, il fut généralement regardé comme l'égal des plus grands généraux de son temps; et dans un pays de guerriers il vécut assez pour se voir reconnu le premier de tous. Ses talens ne se bornoient pas à cet unique genre de grandeur; il étoit également grand dans le gouvernement civil et dans le cabinet. L'honneur qu'il eut d'être admis aux plus importans conseils par Louis XIV et par le régent de France, les deux plus sages et les deux plus grands princes de leur temps, le prouve suffisamment, aussi bien que l'estime et l'affection générale que lui porte une grande province, la Guienne, dont il eut durant plusieurs années le commandement. Tout le monde sait que l'on doit à ses soins, et aux sages mesures qu'il prit, que la peste qui menaçoit toute l'Europe ait été contenue dans le lieu où elle avoit pris naissance.

Il connoissoit très-bien les cours ; mais il ne se servoit de cette connoissance que pour éviter de se laisser entraîner par les factieux, et pour se garantir des artifices et des trahisons de ce pays.

Pour en venir aux qualités de l'homme privé, le maréchal de Berwick étoit au-dessus de l'argent; et son désintéressement, déjà bien connu par nombre de traits, éclatera davantage quand le public sera instruit de plusieurs faits que sa modestie lui avoit fait celer. Il étoit exact observateur de la justice, et si fidèle ami de la vérité, qu'il avoit coutume de garder un profond silence sur les affaires dont l'importance demandoit le secret; et aucun motif d'intérêt ou autre ne pouvoit l'engager à violer la loi qu'il s'étoit prescrite à lui-même. Personne n'avoit plus d'humanité que lui : il étoit naturellement affable; et s'il ne le paroissoit pas au premier abord, cela ne provenoit que de la réserve que l'élévation de son rang lui avoit imposée, et de ce qu'il craignoit de se trop livrer à la familiarité d'une nation souvent portée à en abuser. Quand il ne traitoit point d'affaires, et qu'il se trouvoit parmi ses amis, il étoit familier, et parfaitement à son aise. On a toujours remarqué en lui l'humeur la plus égale; ce qui sembloit être une qualité acquise, car il étoit naturellement vif, et porté à la colère. Il fut dès sa jeunesse exempt des vices qui ne sont guère regardés comme des taches à cet âge, et dans les personnes de sa profession. Son penchant pour la vertu le porta bientôt à la religion, et la religion à la piété, dans laquelle il persévéra inviolablement. Elle fut en lui si douce, qu'elle n'imposa jamais la moindre contrainte à ceux qui vivoient avec lui.

On s'attend peut-être que, pour rendre tout ce que je viens de dire plus croyable, je ferai mention de ses défauts; mais dans le vrai ils étoient si légers et si passagers, qu'on avoit peine à les apercevoir. Je suis sûr d'avoir omis plusieurs de ses vertus, et que ses plus grands ennemis, si tant est qu'il en eut, ne sauroient lui imputer aucun vice.

Pour reprendre en peu de mots son caractère, on

peut dire de lui, avec quelques additions, ce qui a été dit de son grand'père le roi Charles 1, qu'il étoit le fils le plus soumis, le meilleur père, le mari le plus tendre, l'ami le plus sincère, le maître le plus compatissant et le sujet le plus fidèle qui ait paru de son temps ; et sa mémoire sera chère à tous ceux qui ont eu le bonheur de le bien connoître, comme du meilleur grand homme qui ait jamais existé.

Multis ille bonis flebilis occidit,
Nulli flebilior quàm mihi.

ÉBAUCHE

DE L'ÉLOGE HISTORIQUE

DU

MARÉCHAL DE BERWICK,

PAR LE PRÉSIDENT DE MONTESQUIEU.

Il naquit le 21 d'août 1670; il étoit fils de Jacques, duc d'Yorck, depuis roi d'Angleterre, et de la demoiselle Arabella Churchill : et telle fut l'étoile de cette maison de Churchill, qu'il en sortit deux hommes, dont l'un dans le même temps fut destiné à ébranler, et l'autre à soutenir, les deux plus grandes monarchies de l'Europe.

Dès l'âge de sept ans il fut envoyé en France, pour y faire ses études et ses exercices. Le duc d'Yorck étant parvenu à la couronne le 6 février 1685, il l'envoya l'année suivante en Hongrie; il se trouva au siége de Bude.

Il alla passer l'hiver en Angleterre, et le Roi le créa duc de Berwick. Il retourna au printemps en Hongrie, où l'Empereur lui donna une commission de colonel, pour commander le régiment de cuirassiers de Taaff. Il fit la campagne de 1687, où le duc de Lorraine remporta la victoire de Mohatz; et à son retour à Vienne l'Empereur le fit sergent général de bataille.

Ainsi c'est sous le grand duc de Lorraine que le duc de Berwick commença à se former; et depuis sa vie fut en quelque façon toute militaire.

Il revint en Angleterre, et le Roi lui donna le gouvernement de Portsmouth et de la province de Southampton. Il avoit déjà un régiment d'infanterie : on lui donna encore le régiment des gardes à cheval du comte d'Oxford. Ainsi à l'âge de dix-sept ans il se trouva dans cette situation, si flatteuse pour un homme qui a l'ame élevée, de voir le chemin de la gloire tout ouvert, et la possibilité de faire de grandes choses.

En 1688, la révolution d'Angleterre arriva; et, dans ce cercle de malheurs qui environnèrent le Roi tout à coup, le duc de Berwick fut chargé des affaires qui demandoient la plus grande confiance. Le Roi ayant jeté les yeux sur lui pour rassembler l'armée, ce fut une des trahisons des ministres de lui envoyer ces ordres trop tard, afin qu'un autre pût emmener l'armée au prince d'Orange. Le hasard lui fit rencontrer quatre régimens qu'on avoit voulu mener au prince d'Orange, et qu'il ramena à son poste. Il n'y eut point de mouvemens qu'il ne se donnât pour sauver Portsmouth, bloqué par mer et par terre, sans autre provision que ce que les ennemis fournissoient chaque jour, et que le Roi lui ordonna de rendre. Le Roi ayant pris le parti de se sauver en France, il fut du nombre des cinq personnes à qui il se confia, et qui le suivirent; et dès que le Roi fut débarqué, il l'envoya à Versailles pour demander un asyle. Il avoit à peine dix-huit ans.

Presque toute l'Irlande ayant resté fidèle au roi

Jacques, ce prince y passa au mois de mars 1689; et l'on vit une malheureuse guerre où la valeur ne manqua jamais, et la conduite toujours. On peut dire de cette guerre d'Irlande qu'on la regarda à Londres comme l'œuvre du jour, et comme l'affaire capitale de l'Angleterre; et en France, comme une guerre d'affection particulière et de bienséance. Les Anglais, qui ne vouloient point avoir de guerre civile chez eux, assommèrent l'Irlande; il paroît même que les officiers français qu'on y envoya pensèrent comme ceux qui les y envoyoient : ils n'eurent que trois choses dans la tête, d'arriver, de se battre, et de s'en retourner. Le temps a fait voir que les Anglais avoient mieux pensé que nous.

Le duc de Berwick se distingua dans quelques occasions particulières, et fut fait lieutenant général.

Milord Tirconel ayant passé en France en 1690, laissa le commandement général du royaume au duc de Berwick. Il n'avoit que vingt ans, et sa conduite fit voir qu'il étoit l'homme de son siècle à qui le Ciel avoit accordé de meilleure heure la prudence. La perte de la bataille de la Boyne avoit abattu les forces irlandaises; le roi Guillaume avoit levé le siége de Limerick, et étoit retourné en Angleterre; mais on n'en étoit guère mieux. Milord Churchill (1) débarqua tout à coup en Irlande avec huit mille hommes. Il falloit en même temps rendre ses progrès moins rapides, rétablir l'armée, dissiper les factions, réunir les esprits des Irlandais. Le duc de Berwick fit tout cela.

En 1691, le duc de Tirconel étant revenu en Ir-

(1) *Churchill* : Depuis duc de Marlborough.

lande, le duc de Berwick repassa en France, et suivit Louis XIV, comme volontaire, au siége de Mons. Il fit dans la même qualité la campagne de 1692 sous M. le maréchal de Luxembourg, et se trouva à la bataille de Steinkerque. Il fut fait lieutenant général en France l'année suivante, et il acquit beaucoup d'honneur à la bataille de Nerwinde, où il fut pris. Les choses qui se dirent dans le monde à l'occasion de sa prise n'ont pu avoir été imaginées que par des gens qui avoient la plus haute opinion de sa fermeté et de son courage. Il continua de servir en Flandre sous M. de Luxembourg, et ensuite sous M. le maréchal de Villeroy.

En 1696, il fut envoyé secrètement en Angleterre pour conférer avec des seigneurs anglais qui avoient résolu de rétablir le Roi. Il avoit une assez mauvaise commission, qui étoit de déterminer ces seigneurs à agir contre le bon sens. Il ne réussit pas : il hâta son retour, parce qu'il apprit qu'il y avoit une conjuration formée contre la personne du roi Guillaume, et il ne vouloit point être mêlé dans cette entreprise. Je me souviens de lui avoir ouï dire qu'un homme l'avoit reconnu sur un certain air de famille, et surtout par la longueur de ses doigts; que par bonheur cet homme étoit jacobite, et lui avoit dit : « Dieu vous « bénisse dans toutes vos entreprises! » ce qui l'avoit remis de son embarras.

Le duc de Berwick perdit sa première femme au mois de juin 1698 : il l'avoit épousée en 1695. Elle étoit fille du comte de Clanricard. Il en eut un fils, qui naquit le 21 d'octobre 1696.

En 1699 il fit un voyage en Italie, et à son retour

il épousa mademoiselle de Bulkeley, fille de madame de Bulkeley, dame d'honneur de la reine d'Angleterre, et de M. de Bulkeley, frère de milord Bulkeley.

Après la mort de Charles II, roi d'Espagne, le roi Jacques envoya à Rome le duc de Berwick pour complimenter le Pape sur son élection, et lui offrir sa personne pour commander l'armée que la France le pressoit de lever pour maintenir la neutralité en Italie; et la cour de Saint-Germain offroit d'envoyer des troupes irlandaises. Le Pape jugea la besogne un peu trop forte pour lui, et le duc de Berwick s'en revint.

En 1701 il perdit le Roi son père, et en 1702 il servit en Flandre sous le duc de Bourgogne et le maréchal de Boufflers; en 1703, au retour de la campagne, il se fit naturaliser Français, du consentement de la cour de Saint-Germain.

En 1704, le Roi l'envoya en Espagne avec dix-huit bataillons et dix-neuf escadrons, qu'il devoit commander; et à son arrivée le roi d'Espagne le déclara capitaine général de ses armées, et le fit couvrir.

La cour d'Espagne étoit infestée par l'intrigue. Le gouvernement alloit très-mal, parce que tout le monde vouloit gouverner; tout dégénéroit en tracasseries, et un des principaux articles de sa mission étoit de les éclaircir. Tous les partis vouloient le gagner : il n'entra dans aucun; et, s'attachant uniquement au succès des affaires, il ne regarda les intérêts particuliers que comme des intérêts particuliers. Il ne pensa ni à madame des Ursins, ni à Orry, ni à l'abbé d'Estrées, ni au goût de la Reine, ni au penchant du Roi; il ne pensa qu'à la monarchie.

Le duc de Berwick eut ordre de travailler au renvoi de madame des Ursins. Le Roi lui écrivit : « Dites « au Roi mon petit-fils qu'il me doit cette complai- « sance. Servez-vous de toutes les raisons que vous « pourrez imaginer pour le persuader; mais ne lui « dites pas que je l'abandonnerai, car il ne le croiroit « jamais. » Le roi d'Espagne consentit au renvoi.

Cette année 1704, le duc de Berwick sauva l'Espagne : il empêcha l'armée portugaise d'aller à Madrid. Son armée étoit plus foible des deux tiers; les ordres de la cour venoient coup sur coup de se retirer, et de ne rien hasarder. Le duc de Berwick, qui vit l'Espagne perdue s'il obéissoit, hasarda sans cesse, et disputa tout. L'armée portugaise se retira; M. le duc de Berwick en fit de même. A la fin de la campagne, le duc de Berwick reçut ordre de retourner en France. C'étoit une intrigue de cour; et il éprouva ce que tant d'autres avoient éprouvé avant lui, que de plaire à la cour est le plus grand service que l'on puisse rendre à la cour : sans quoi toutes les œuvres, pour me servir du langage des théologiens, ne sont que des *œuvres mortes*.

En 1705, le duc de Berwick fut envoyé commander en Languedoc : cette même année il fit le siége de Nice, et la prit.

En 1706, il fut fait maréchal de France, et fut envoyé en Espagne pour commander l'armée contre le Portugal. Le roi d'Espagne avoit levé le siége de Barcelone, et avoit été obligé de repasser par la France, et de rentrer en Espagne par la Navarre.

J'ai dit qu'avant de quitter l'Espagne la première fois qu'il y servit, il l'avoit sauvée : il la sauva encore cette fois-ci. Je passe rapidement sur les choses que l'histoire est chargée de raconter : je dirai seulement que tout étoit perdu au commencement de la campagne, et que tout étoit sauvé à la fin. On peut voir, dans les lettres de madame de Maintenon à la princesse des Ursins, ce que l'on pensoit pour lors dans les deux cours : on formoit des souhaits, et on n'avoit pas même d'espérances. M. le maréchal de Berwick vouloit que la Reine se retirât à son armée : des conseils timides l'en avoient empêchée. On vouloit qu'elle se retirât à Pampelune : M. le maréchal de Berwick fit voir que si l'on prenoit ce parti tout étoit perdu, parce que les Castillans se croiroient abandonnés. La Reine se retira donc à Burgos avec les conseils, et le Roi arriva à la petite armée. Les Portugais vont à Madrid; et le maréchal, par sa sagesse, sans livrer une seule bataille, fit vider la Castille aux ennemis, et rencogna leur armée dans le royaume de Valence et l'Arragon : il les y conduisit marche par marche, comme un pasteur conduit des troupeaux. On peut dire que cette campagne fut plus glorieuse pour lui qu'aucune de celles qu'il a faites, parce que les avantages n'ayant point dépendu d'une bataille, sa capacité y parut tous les jours. Il fit plus de dix mille prisonniers; et par cette campagne il prépara la seconde, plus célèbre encore par la bataille d'Almanza, la conquête du royaume de Valence, de l'Arragon, et la prise de Lérida.

Ce fut en cette année 1707 que le roi d'Espagne donna au maréchal de Berwick les villes de Liria et de Xerica, avec la grandesse de la première classe; ce qui lui procura un établissement plus grand encore pour son fils du premier lit, par le mariage avec dona Catharina de Portugal, héritière de la maison de Veraguas. M. le maréchal lui céda tout ce qu'il avoit en Espagne.

Dans le même temps, Louis XIV lui donna le gouvernement du Limosin, de son propre et pur mouvement, sans qu'il le lui eût demandé.

Il faut que je parle de M. le duc d'Orléans; et je le ferai avec d'autant plus de plaisir, que ce que je dirai ne peut servir qu'à combler de gloire l'un et l'autre.

M. le duc d'Orléans vint pour commander l'armée. Sa mauvaise destinée lui fit croire qu'il auroit le temps de passer par Madrid. M. le maréchal de Berwick lui envoya courrier sur courrier, pour lui dire qu'il seroit bientôt forcé à livrer la bataille : M. le duc d'Orléans se mit en chemin, vola, et n'arriva pas. Il y eut assez de courtisans qui voulurent persuader à ce prince que le maréchal de Berwick avoit été ravi de donner la bataille sans lui, et de lui en ravir la gloire; mais M. le duc d'Orléans connoissoit qu'il avoit une justice à rendre, et c'est une chose qu'il savoit très-bien faire. Il ne se plaignit que de son malheur.

M. le duc d'Orléans, désespéré, désolé de retourner sans avoir rien fait, propose le siége de Lérida. M. le maréchal de Berwick, qui n'en étoit point du tout d'avis, exposa à M. le duc d'Orléans ses raisons avec force; il proposa même de consulter la cour. Le siége de Lérida fut résolu. Dès ce moment M. le duc de Berwick ne vit plus d'obstacles : il savoit que si la prudence est la première de toutes les vertus avant que d'entreprendre, elle n'est que la seconde après que l'on a entrepris. Peut-être que s'il avoit lui-même imaginé ce siége, il auroit moins craint de le lever. M. le duc d'Orléans finit la campagne avec gloire; et ce qui auroit infailliblement brouillé deux hommes communs ne fit qu'unir ces deux-ci; et je me souviens d'avoir entendu dire au maréchal que l'origine de la faveur qu'il avoit eue auprès de M. le duc d'Orléans étoit la campagne de 1707.

En 1708, M. le maréchal de Berwick, d'abord destiné à commander l'armée du Dauphiné, fut envoyé sur le Rhin pour commander sous l'électeur de Bavière. Il avoit fait tomber un projet de M. de Chamillard, dont l'incapacité consistoit surtout à ne point connoître son incapacité. Le prince Eugène ayant quitté l'Allemagne pour aller en Flandre, M. le maréchal de Berwick l'y suivit. Après la perte de la bataille d'Oudenarde, les ennemis firent le siége de Lille, et pour lors M. le maréchal de Berwick joignit son armée à celle de M. de Vendôme. Il fallut des miracles sans nombre pour nous faire perdre Lille. M. le duc de Vendôme étoit irrité contre M. le maréchal de Berwick, qui avoit fait difficulté de servir sous lui. Depuis ce temps, aucun avis de M. le maréchal de Berwick ne fut accepté par M. le duc de Vendôme; et son ame, si grande d'ailleurs, ne conserva plus qu'un ressentiment vif de l'espèce d'affront qu'il croyoit avoir reçu. M. le duc de Bourgogne et le Roi, toujours partagés entre des propositions contradictoires, ne savoient prendre d'autre parti que de déférer au sentiment de M. de Vendôme. Il fallut que le Roi envoyât à l'armée, pour concilier les généraux, un ministre qui n'avoit point d'yeux; il fallut que cette maladie de la nature humaine, de ne pouvoir souffrir le bien lorsqu'il est fait par des gens que l'on n'aime pas, infestât pendant toute cette campagne le cœur et l'esprit de M. le duc de Vendôme ; il fallut qu'un lieutenant général eût assez de faveur à la cour pour pouvoir faire à l'armée deux sottises l'une après l'autre qui seront mémorables dans tous les temps, sa défaite et sa capitulation ; il fallut que le siége de Bruxelles eût été rejeté d'abord, et qu'il eût été entrepris depuis ; que l'on résolût de garder en même temps l'Escaut et le canal, c'est-à-dire de ne garder rien. Enfin le procès entre ces deux grands hommes existe ; les lettres écrites par le Roi, par M. le duc de Bourgogne, par M. le duc de Vendôme, par M. le duc de Berwick, par M. de Chamillard, existent aussi. On verra qui des deux manqua de sang froid, et j'oserois peut-être même dire de raison. A Dieu ne plaise que je veuille mettre en question les qualités éminentes de M. le duc de Vendôme ! si M. le maréchal de Berwick revenoit au monde, il en seroit fâché : mais je dirai dans cette occasion ce qu'Homère dit de Glaucus : *Jupiter ôta la prudence à Glaucus, et il changea un bouclier d'or contre un bouclier d'airain.* Ce bouclier d'or, M. de Vendôme avant cette campagne l'avoit toujours conservé, et il le retrouva depuis.

En 1709, M. le maréchal de Berwick fut envoyé pour couvrir les frontières de la Provence et du Dauphiné ; et quoique M. de Chamillard, qui affamoit tout, eût été déplacé, il n'y avoit ni argent, ni provisions de guerre et de bouche : il fit si bien qu'il en trouva. Je me souviens de lui avoir ouï dire que dans sa détresse il enleva une voiture d'argent qui alloit de Lyon au trésor royal; et il disoit à M. d'Angervilliers, qui étoit son intendant dans ce temps, que dans la règle ils auroient mérité tous deux qu'on leur fît leur procès. M. Desmarets cria : il répondit qu'il falloit faire subsister une armée qui avoit le royaume à sauver.

M. le maréchal de Berwick imagina un plan de défense tel, qu'il étoit impossible de pénétrer en France de quelque côté que ce fût, parce qu'il faisoit la corde, et que le duc de Savoie étoit obligé de faire l'arc. Je me souviens qu'étant en Piémont, les officiers qui avoient servi dans ce temps-là donnoient cette raison comme les ayant toujours empêchés de pénétrer en France; ils faisoient l'éloge du maréchal de Berwick, et je ne le savois pas.

M. le maréchal de Berwick, par ce plan de défense, se trouva en état de n'avoir besoin que d'une petite armée, et d'envoyer au Roi vingt bataillons : c'étoit un grand présent dans ce temps-là.

Il y auroit bien de la sottise à moi de juger de sa capacité pour la guerre, c'est-à-dire pour une chose que je ne puis entendre. Cependant, s'il m'étoit permis de me hasarder, je dirois que comme chaque grand homme, outre sa capacité générale, a encore un talent particulier dans lequel il excelle, et qui fait sa vertu distinctive, je dirois que le talent particulier de M. le maréchal de Berwick étoit de faire une guerre défensive, de relever des choses désespérées, et de bien connoître toutes les ressources que l'on peut avoir dans les malheurs. Il falloit bien qu'il sentît ses forces à cet égard : je lui ai souvent entendu dire que la chose qu'il avoit toute sa vie le plus souhaitée, c'étoit d'avoir une bonne place à défendre.

La paix fut signée à Utrecht en 1713. Le Roi mourut le premier septembre 1715 : M. le duc d'Orléans fut régent du royaume. M. le maréchal de Berwick fut envoyé commander en Guienne. Me permettra-t-on de dire que ce fut un grand bonheur pour moi, puisque c'est là où je l'ai connu ?

Les tracasseries du cardinal Alberoni firent naître la guerre que M. le maréchal de Berwick fit sur les frontières d'Espagne. Le ministère ayant changé par la mort de M. le duc d'Orléans, on lui ôta le commandement de Guienne. Il partagea son temps entre la cour, Paris, et sa maison de Fitz-James. Cela me donnera lieu de parler de l'homme privé, et de donner, le plus courtement que je pourrai, son caractère.

Il n'a guère obtenu de grâces sur lesquelles il n'ait été prévenu : quand il s'agissoit de ses intérêts, il falloit tout lui dire..... Son air froid, un peu sec, et même quelquefois un peu sévère, faisoit que quelquefois il auroit semblé un peu déplacé dans notre nation, si les grandes ames et le mérite personnel avoient un pays.

Il ne savoit jamais dire de ces choses qu'on appelle de jolies choses. Il étoit surtout exempt de ces fautes sans nombre que commettent continuellement ceux qui s'aiment trop eux-mêmes..... Il prenoit presque toujours son parti de lui-même : s'il n'avoit pas trop bonne opinion de lui, il n'avoit pas non plus de méfiance ; il se regardoit et se connoissoit avec le même bon sens qu'il voyoit toutes les autres choses..... Jamais personne n'a mieux su éviter les excès ou (si j'ose me servir de ce terme) les piéges des vertus :

par exemple il aimoit les ecclésiastiques, il s'accommodoit assez de la modestie de leur état; il ne pouvoit souffrir d'en être gouverné, surtout s'ils passoient dans la moindre chose la ligne de leurs devoirs; il exigeoit plus d'eux qu'ils n'auroient exigé de lui..... Il étoit impossible de le voir et de ne pas aimer la vertu, tant on voyoit de tranquillité et de félicité dans son ame, surtout quand on la comparoit aux passions qui agitoient ses semblables..... J'ai vu de loin, dans les livres de Plutarque, ce qu'étoient les grands hommes : j'ai vu en lui de plus près ce qu'ils sont. Je ne connois que sa vie privée ; je n'ai point vu le héros, mais l'homme dont le héros est parti..... Il aimoit ses amis : sa manière étoit de rendre des services sans vous rien dire ; c'étoit une main invisible qui vous servoit..... Il avoit un grand fonds de religion. Jamais homme n'a mieux suivi ces lois de l'Evangile qui coûtent le plus aux gens du monde : enfin jamais homme n'a tant pratiqué la religion, et n'en a si peu parlé..... Il ne disoit jamais de mal de personne : aussi ne louoit-il jamais les gens qu'il ne croyoit pas dignes d'être loués..... Il haïssoit ces disputes qui, sous prétexte de la gloire de Dieu, ne sont que des disputes personnelles. Les malheurs du Roi son père lui avoient appris qu'on s'expose à faire de grandes fautes lorsqu'on a trop de crédulité pour les gens même dont le caractère est le plus respectable..... Lorsqu'il fut nommé commandant en Guienne, la réputation de son sérieux nous effraya; mais à peine y fut-il arrivé qu'il y fut aimé de tout le monde, et qu'il n'y a pas de lieu où ses grandes qualités aient été plus admirées.....

Personne n'a donné un plus grand exemple du mépris que l'on doit faire de l'argent..... Il avoit une modestie dans toutes ses dépenses qui auroit dû le rendre très à son aise, car il ne dépensoit en aucune chose frivole : cependant il étoit toujours arriéré, parce que, malgré sa frugalité naturelle, il dépensoit beaucoup. Dans ses commandemens, toutes les familles anglaises ou irlandaises pauvres qui avoient quelque relation avec quelqu'un de sa maison avoient une espèce de droit de s'introduire chez lui ; et il est singulier que cet homme, qui savoit mettre un si grand ordre dans son armée, qui avoit tant de justesse dans ses projets, perdît tout cela quand il s'agissoit de ses intérêts particuliers.....

Il n'étoit point du nombre de ceux qui tantôt se plaignent des auteurs d'une disgrâce, tantôt cherchent à les flatter : il alloit à celui dont il avoit sujet de se plaindre, lui disoit les sentimens de son cœur ; après quoi il ne disoit rien.:...

Jamais rien n'a mieux représenté cet état où l'on sait que se trouva la France à la mort de M. de Turenne. Je me souviens du moment où cette nouvelle arriva : la consternation fut générale. Tous deux ils avoient laissé des desseins interrompus, tous les deux une armée en péril ; tous les deux finirent d'une mort qui intéresse plus que les morts communes ; tous les deux avoient ce mérite modeste pour lequel on aime à s'attendrir, et que l'on aime à regretter.....

Il laissa une femme tendre qui a passé le reste de sa vie dans les regrets, et des enfans qui, par leur vertu, font mieux que moi l'éloge de leur père.

M. le maréchal de Berwick a écrit ses Mémoires ;

et à cet égard ce que j'ai dit dans l'Esprit des Lois sur la relation d'Hannon, je puis le dire ici : *C'est un beau morceau de l'antiquité que la relation d'Hannon : le même homme qui a exécuté a écrit; il ne met aucune ostentation dans ses récits. Les grands capitaines écrivent leurs actions avec simplicité, parce qu'ils sont plus glorieux de ce qu'ils ont fait que de ce qu'ils ont dit.*

Les grands hommes sont plus soumis que les autres à un examen rigoureux de leur conduite : chacun aime à les appeler devant son petit tribunal. Les soldats romains ne faisoient-ils pas de sanglantes railleries autour du char de la victoire? ils croyoient triompher même des triomphateurs. Mais c'est une belle chose pour le maréchal de Berwick que les deux objections qu'on lui a faites ne soient uniquement fondées que sur son amour pour ses devoirs.

L'objection qu'on lui a faite de ce qu'il n'avoit pas été de l'expédition d'Ecosse en 1715 n'est fondée que sur ce qu'on veut toujours regarder le maréchal de Berwick comme un homme sans patrie, et qu'on ne veut pas se mettre dans l'esprit qu'il étoit Français. Devenu Français du consentement de ses premiers maîtres, il suivit les ordres de Louis XIV, et ensuite ceux du régent de France. Il fallut faire taire son cœur, et suivre les grands principes : il vit qu'il n'étoit plus à lui; il vit qu'il n'étoit plus question de se déterminer sur ce qui étoit le bien convenable, mais sur ce qui étoit le bien nécessaire : il sut qu'il seroit jugé, il méprisa les jugemens injustes. Ni la faveur populaire, ni la manière de penser de ceux qui pensent peu, ne le déterminèrent.

Les anciens qui ont traité des devoirs ne trouvent pas que la grande difficulté soit de les connoître, mais de choisir entre deux devoirs. Il suivit le devoir le plus fort, comme le destin. Ce sont des matières qu'on ne traite jamais que lorsqu'on est obligé de les traiter, parce qu'il n'y a rien dans le monde de plus respectable qu'un prince malheureux. Dépouillons la question : elle consiste à savoir si le prince, même rétabli, auroit été en droit de le rappeler. Tout ce que l'on peut dire de plus fort, c'est que la patrie n'abandonne jamais : mais cela même n'étoit pas le cas ; il étoit proscrit par sa patrie lorsqu'il se fit naturaliser. Grotius, Puffendorf, toutes les voix par lesquelles l'Europe a parlé, décidoient la question, et lui déclaroient qu'il étoit Français, et soumis aux lois de la France. La France avoit mis pour lors la paix pour fondement de son système politique. Quelle contradiction si un pair du royaume, un maréchal de France, un gouverneur de province, avoit désobéi à la défense de sortir du royaume, c'est-à-dire avoit désobéi réellement, pour paroître aux yeux des Anglais seuls n'avoir pas désobéi ! En effet le maréchal de Berwick étoit, par ses dignités mêmes, dans des circonstances particulières ; et on ne pouvoit guère distinguer sa présence en Ecosse d'avec une déclaration de guerre avec l'Angleterre. La France jugeoit qu'il n'étoit point de son intérêt que cette guerre se fît ; qu'il en résulteroit une guerre qui embraseroit toute l'Europe : comment pouvoit-il prendre sur lui le poids immense d'une démarche pareille ? On peut dire même que s'il n'eût consulté que l'ambition, quelle plus grande ambition pouvoit-il avoir que le rétablissement de la maison de Stuart sur le trône d'Angleterre? On sait combien il aimoit ses enfans : quelles délices pour son cœur s'il avoit pu prévoir un troisième établissement en Angleterre!

S'il avoit été consulté pour l'entreprise même dans les circonstances d'alors, il n'en auroit pas été d'avis : il croyoit que ces sortes d'entreprises étoient de la nature de toutes les autres, qui doivent être réglées par la prudence ; et qu'en ce cas une entreprise manquée a deux sortes de mauvais succès, le malheur présent, et une plus grande difficulté pour entreprendre de réussir à l'avenir.

MÉMOIRES

DU

MARÉCHAL DE BERWICK.

[1670] Je naquis le 21 août 1670, et dès l'âge de sept ans je fus envoyé en France pour y être élevé dans la religion catholique, apostolique et romaine. Le père Gough, prêtre de l'Oratoire, à qui on avoit confié le soin de mon frère, depuis duc d'Albemarle, et de moi, nous mit à Juilly, collége de sa congrégation, où le duc de Monmouth, fils naturel de Charles II, avoit pareillement étudié. Ce bon homme étant mort, l'on nous ôta de là, et nous fûmes au collége du Plessis jusqu'en l'année 1684, que le duc d'Yorck voulant nous voir, nous passâmes en Angleterre. Le duc nous présenta au Roi son frère, qui nous fit beaucoup de caresses, et offrit au duc de me donner un titre ; mais ce prince ne le voulut pas. Ainsi on nous renvoya en France achever nos études, et, par le conseil du père Peters, jésuite, on nous mit à La Flèche.

[1685] Charles II, roi de la Grande-Bretagne, étant mort le 6 février 1685 (vieux style), son frère le duc d'Yorck fut incontinent proclamé roi, sous le nom de Jacques II. Peu après, le duc de Monmouth débarqua dans l'ouest de l'Angleterre avec environ quatre-vingts personnes ; et ayant été joint par un nombre assez considérable de gens de la populace, il eut la témérité de prendre le titre de roi, sous le faux prétexte que le roi Charles avoit épousé sa mère. Sa royauté ne fut pas de longue durée; car l'armée du Roi, commandée par le comte de Feversham, le défit à Sedgemore au mois de juillet : il fut pris, et eut la tête tranchée à Londres. L'on prétend que le prince d'Orange, qui songeoit dès ce temps-là à s'emparer de la couronne, l'avoit encouragé et assisté, sur la promesse qu'il lui fit que s'il venoit à bout du Roi, il proclameroit le prince et la princesse d'Orange. Dès que ce rebelle eut pris le titre de roi, le prince d'Orange offrit sa personne et des troupes au Roi son oncle et son beau-père; mais les soupçons dont on vient de parler empêchèrent qu'on acceptât sa proposition.

Le comte d'Argyle avoit aussi débarqué en Ecosse, et y avoit ramassé quelque monde; mais il fut bientôt battu et pris par le comte de Dumbarton, puis décapité à Edimbourg. [1686] Les troubles de la Grande-Bretagne étant pacifiés, le Roi me fit revenir de La Flèche, et m'envoya à Paris pour y faire mes exercices pendant l'hiver. Au printemps je quittai l'Académie, et m'en allai en Hongrie.

Le siége de Bude ayant été résolu dans le conseil de l'empereur Léopold 1, et tout ce qui étoit nécessaire pour cette entreprise étant prêt, le 18 juin les ducs de Lorraine et de Bavière, généraux de l'armée, investirent la ville des deux côtés du Danube; savoir, le premier du côté du midi, où est située Bude, et l'autre du côté du nord, où est la ville de Pest, séparée de Bude par le Danube. L'on travailla incontinent aux lignes de contrevallation; et dès qu'on eut construit les deux ponts de communication au-dessus et au-dessous de la ville, le duc de Lorraine rapprocha son armée du côté de la basse ville; et le duc de Bavière ayant passé le Danube avec la sienne, se posta au-dessous de la ville, du côté du château, près d'une montagne appelée de Saint-Gérale. On avoit à peine commencé à tirer du canon contre la basse ville, que les Turcs l'abandonnèrent, et y mirent le feu.

Vers le commencement de juillet on ouvrit la tranchée, et l'on établit des batteries. Du côté de l'attaque du duc de Lorraine, il y avoit une double enceinte, séparée par un fossé très-profond; deux grosses tours joignoient et flanquoient les deux enceintes. Par le dehors il n'y avoit ni fossé, ni ouvrage, ni chemin couvert. La brèche ayant été faite à la première enceinte, on y donna l'assaut; mais comme il y avoit peu de troupes commandées pour cette attaque, et que la brèche étoit assez difficile, on fut bientôt repoussé. L'on y perdit à la vérité peu de soldats, mais nombre de volontaires y furent tués et blessés : le duc de Vejar, grand d'Espagne, étoit du nombre des premiers. L'on attribua cet échec au feld-maréchal comte de Staremberg, qui avoit en 1683 défendu Vienne contre les Turcs : il étoit créature du prince Hermann de Bade, président du conseil de guerre, lequel haïssant mortellement le duc de Lorraine, le traversoit dans toutes ses entreprises. Par bonheur, peu de jours après cette attaque Staremberg fut blessé, et obligé de se faire transporter à Vienne. Ainsi le duc de Lorraine n'eut plus à l'armée d'ennemis domestiques qui pussent le traverser.

On rapprocha les batteries, qu'on augmenta de plusieurs grosses pièces; mais toutefois les brèches ne se trouvèrent entièrement praticables que le 27 de juillet. Alors le duc de Lorraine ne voulant point tomber dans les inconvéniens du premier assaut, ordonna dix mille hommes pour l'attaque, et se transporta lui-même à la tête de la tranchée, afin de tout voir, et d'être plus à portée de donner les ordres nécessaires. Les Turcs, de leur côté, qui ne pouvoient ignorer notre dessein, attendu le grand nombre de troupes qu'ils voyoient arriver à la tranchée, firent tous les préparatifs imaginables pour une vigoureuse résistance. L'attaque commença sur le midi, et dura pendant six heures : jamais on ne vit plus de courage qu'il en parut ce jour-là de part et d'autre. Les Chrétiens, malgré la grêle de balles, de flèches, de grenades, de pots et sacs à poudre, et douze mines ou fougasses, s'efforçoient de se loger; mais les Turcs les obligeoient de plier, lorsque le duc de Lorraine sortit de la tranchée l'épée à la main, et ranimant par sa présence le courage des troupes presque rebutées, les ramena à la brèche, dont elles s'emparèrent, et se logèrent sur la première enceinte : on fit aussi un logement sur la partie des deux tours qui joignoit la première enceinte. Les Turcs conservèrent la partie opposée par le moyen d'un retranchement considérable de poutres et de palissades qu'ils y avoient fait. L'on compte que les Chrétiens eurent en cette occasion environ quinze cents hommes de tués, et autant de blessés. Le duc de Lorraine y perdit un aide de camp, sur lequel il s'appuyoit en montant à la brèche.

Le duc de Bavière attaqua en même temps une tour du château : il s'y logea; mais les Turcs ne laissèrent pas que de se maintenir dans le reste du château pendant tout le siége, sans que jamais on les en pût chasser.

L'on fit des batteries sur les deux tours et sur la courtine pour faire brèche à la seconde enceinte, et miner les retranchemens des Turcs; et lorsqu'on crut que l'artillerie avoit fait son effet, l'on donna successivement deux assauts, où l'on fut toujours repoussé avec perte. L'on tenta, avec aussi peu de succès, de mettre le feu aux poutres et palissades dont étoit composé le retranchement des tours : à mesure que le bois commençoit à être consommé, les Turcs en remettoient d'autre. Enfin, ne sachant comment venir à bout d'entrer dans la place, on fit une nouvelle batterie sur la courtine, à la droite de l'attaque du duc de Lorraine. Le mur étoit foible de ce côté-là, et l'on n'y trouva qu'une seule enceinte. Ainsi en très-peu de jours la brèche fut faite ; et, pour ne pas donner le temps aux Turcs de faire de nouveaux retranchemens, on résolut de donner l'assaut général ; ce qui fut exécuté le 2 du mois de septembre. La résistance fut très-foible, et la brèche emportée presque aussitôt qu'attaquée : le visir et le pacha furent tués sur la brèche, et tout ce qui se trouva dans la ville fut passé au fil de l'épée, excepté environ mille personnes de tout sexe. L'aga des janissaires, qui s'étoit sauvé au château, dont le duc de Bavière ne put jamais s'emparer, s'y rendit à discrétion avec cinq cents janissaires, le reste de douze mille qu'ils étoient au commencement du siége.

Pour ne pas interrompre la relation de ce qui regarde les différentes attaques, je n'ai point fait mention de ce qui se passoit en campagne : le voici en deux mots. Le grand visir s'avança avec quatre-vingt mille hommes pour tâcher de secourir la place, et vint camper sur une hauteur vis-à-vis de notre camp : il fit plusieurs tentatives par de petits détachemens ; mais l'entrée d'un petit nombre de Turcs dans la place n'étoit pas suffisante : ainsi il résolut de faire un effort considérable. Pour cet effet il descendit un jour, avec toute son armée, dans une grande plaine entre les deux camps, comme s'il vouloit donner bataille. Notre armée sortit aussitôt des lignes, pour le mieux recevoir ; mais tout d'un coup, à la faveur de quelques fonds qui se trouvoient sur la gauche, il fit couler six mille janissaires et quatre mille spahis, lesquels, avec une diligence extrême, gagnèrent le haut d'une montagne fort près de nos lignes. Le duc de Lorraine n'eut que le temps d'envoyer le général Dunewald avec trente-et-un escadrons, pour s'opposer aux Turcs ; car nos lignes étoient alors dégarnies. Dunewald arriva juste en même temps que les Infidèles, qui le chargèrent d'abord avec leur cavalerie : elle fut battue ; après quoi il chargea l'infanterie, qu'il dispersa, et en tua deux mille sur la place. Pendant cette action les deux armées étoient en halte, comme pour attendre l'événement de ce qui se passoit à la montagne. Dès que le duc de Lorraine eut appris le succès, il fit ébranler toute l'armée, pour marcher à celle des Turcs ; mais ceux-ci voyant leur projet échoué, ne jugèrent pas à propos de hasarder la bataille : ainsi ils firent demi-tour à droite, et se retirèrent au petit pas sur la montagne de leur ancien camp ; ce que voyant le duc de Lorraine, il fit halte, et rentra aussi dans ses lignes; car quand une fois les Turcs se retirent, il seroit non-seulement inutile mais très-dangereux de les suivre, vu qu'on ne peut se flatter de les atteindre, et que, pour peu que l'on dérange ses rangs, ils reviennent avec une telle précipitation et une telle furie, que les meilleures troupes courent risque d'en être culbutées.

Les Turcs voyant que la place étoit prise, se retirèrent du côté d'Esseck, et le duc de Lorraine envoya un détachement qui se rendit maître de Segedin, par où finit la campagne.

Pendant le siége il arriva une chose remarquable : le magasin à poudre, qui étoit près du château, sauta en l'air, ruina partie du château, et fit une brèche très-considérable dans le rempart; mais nous n'en pûmes profiter, attendu qu'elle se trouva du côté de la rivière, et qu'ainsi nous ne pouvions y arriver. Le bruit fut épouvantable : toutes les vitres à une lieue à la ronde furent cassées, et il y eut des pans de muraille d'une grosseur énorme jetés de l'autre côté du Danube. Je ne peux dire combien il y avoit de poudre; mais la quantité en devoit être très-grande, car c'étoit le magasin de toute la Hongrie. Je n'ai jamais pu savoir comment le feu s'y étoit mis : il y en a qui prétendent que ce fut par le moyen d'un incendiaire que les Chrétiens y avoient envoyé; d'autres croient que ce fut un pur effet du hasard : au moins est-il certain que personne ne parut depuis pour en solliciter la récompense.

Le général Mercy, neveu de ce fameux général du même nom qui fut tué à Nordlingen, reçut durant le siége un coup de sabre à la tête, dont il mourut au bout de trois semaines, généralement regretté de tout le monde, et surtout du duc de Lorraine, qui connoissoit sa valeur et ses talens pour la guerre. La campagne finie, je retournai en Angleterre.

[1687] Après avoir passé l'hiver à la cour de Londres, je fus créé duc de Berwick; auparavant je ne m'appelois que M. Fitz-James. Je retournai au printemps en Hongrie. L'Empereur me donna une commission de colonel, pour commander le régiment de cuirassiers de Taaff : celui-ci étoit alors lieutenant général de cavalerie, homme de beaucoup d'esprit, et le favori du duc de Lorraine. Il étoit Irlandais de naissance, et frère du comte de Carlingford (1); il avoit été page de l'Empereur, et par son mérite avoit trouvé le moyen de se faire un établissement considérable à la cour de Vienne. Après la mort du duc de Lorraine, il est toujours resté auprès des enfans de ce prince, en qualité de leur gouverneur; et quand par la paix de Riswick le roi Très-Chrétien rendit la Lorraine, il y vint avec le jeune duc, qui le fit son grand-maître et son premier ministre : il étoit de plus feld-maréchal de l'Empereur, et chevalier de la Toison d'or. C'étoit un des seigneurs de l'Europe des plus agréables; il possédoit parfaitement les belles-lettres, et étoit grand homme de cabinet, mais peu estimé à la guerre. J'ai cru devoir parler de ce général Taaff, d'autant que le roi d'Angleterre m'avoit adressé à lui, et qu'il avoit la bonté de prendre soin de moi.

L'armée étant assemblée, nous marchâmes sur la

(1) *Carlingford* : Il devint comte de Carlingford après la mort de son frère, tué à la bataille de la Boyne.

Drave, que la cour de Vienne avoit ordonné qu'on passât pour aller combattre les troupes campées sous Esseck. Le duc de Lorraine avoit inutilement représenté le ridicule de ce projet, et le danger où l'on exposeroit l'armée. Les ordres étoient si précis, qu'il y fallut obéir; et il y a lieu de croire que les ennemis de ce prince avoient principalement en vue de le perdre. Quoi qu'il en soit, nous passâmes la Drave, après beaucoup de temps qu'il nous fallut employer tant pour faire les passages au travers d'une lieue de marais, que pour construire notre pont de bateaux. Nous marchâmes ensuite à l'armée turque, retranchée sous Esseck; mais après avoir bien visité la situation et la force de leur camp, et après avoir perdu beaucoup de monde par le feu de leur artillerie, que nous essuyâmes pendant un jour et demi, nous jugeâmes qu'il n'étoit pas possible de les attaquer avec espérance de succès : ainsi nous repassâmes la Drave, et vînmes camper sur le Danube, à Mohatz. De là nous résolûmes de marcher vers Cinq-Eglises, afin d'y trouver des vivres qui nous manquoient. Dès que les Turcs, qui avoient aussi repassé la Drave, nous virent en marche, ils nous attaquèrent. La bataille ne dura pas plus de deux heures : la cavalerie des Infidèles plia la première, et ensuite on attaqua leur infanterie, qui d'abord fit assez de résistance; mais enfin on les enfonça. On poursuivit les Turcs jusqu'au pont d'Esseck; on leur tua dix mille hommes, sans compter ce qui se noya dans la Drave. L'on fit environ dix mille prisonniers; toute leur artillerie et tout leur bagage furent pris. Notre perte ne fut pas considérable ; je ne crois pas qu'elle montât à deux mille hommes, tant tués que blessés. Le duc de Mantoue (1), qui étoit volontaire, ne courut pas grand risque; car dès qu'il vit les Turcs s'avancer pour nous attaquer, il se retira sur la montagne de Harsan, où nous avions placé notre bagage : à la vérité il y eut quelques momens de peur, car un corps de Tartares qui s'étoit coulé par notre droite venoit à toutes jambes pour tomber sur les bagages : mais, heureusement pour le sérénissime duc, le général Taaff prit quelques escadrons de la seconde ligne, qu'il mit en potence pour les couvrir. Ainsi les Tartares s'en retournèrent.

Cette bataille fut donnée près de Mohatz, dans le même terrain où fut autrefois défait par les Turcs Louis, roi de Hongrie, qui y périt avec toute son armée.

Après cette victoire, l'armée passa le Danube, et se rendit maîtresse de tout le plat pays de l'autre côté de ce fleuve, jusqu'en Transylvanie : après quoi finit la campagne, car le duc de Lorraine n'avoit aucuns préparatifs quelconques pour faire des siéges; de manière que le profit de cette défaite se termina à peu de chose. L'Empereur, à mon retour à Vienne, me

(1) *Le duc de Mantoue* : Ferdinand-Charles, fils de Charles III, duc de Mantoue, et d'Isabelle-Claire, fille de l'archiduc Léopold. Il a été le dernier de sa race, et après sa mort l'Empereur s'est emparé du duché de Mantoue. Il se rendit la fable de l'armée. On lit dans la Vie du prince Eugène : « Pendant que ces choses se passoient (les premières escar-
« mouches), le duc de Mantoue demanda au général Caprara quel étoit
« l'endroit où l'on pourroit le plus commodément voir le combat. Ca-
« prara lui montra le mont Harsan. Le duc s'y rendit au plus vite, et ne
« le quitta qu'après que la bataille fut finie. On en fit des railleries, et
« les soldats donnèrent à ce mont le nom de *Miroir de la valeur man-*
« *touane*, nom qu'il a conservé jusques aujourd'hui. »

fit sergent général de bataille, c'est-à-dire maréchal de camp.

Il ne sera pas hors de propos de parler ici du caractère du duc de Lorraine, d'autant qu'il n'en sera plus question dans le reste de ces Mémoires, et qu'il ne seroit pas raisonnable d'omettre ce qui regarde un si grand homme. C'étoit un prince éminent par sa prudence, sa piété et sa valeur; aussi habile qu'expérimenté dans le commandement des armées; également incapable d'être enflé par la prospérité, comme d'être abattu par l'adversité; toujours juste, toujours généreux, toujours affable. A la vérité, il avoit quelquefois des mouvemens vifs de colère; mais dans l'instant la raison prenoit le dessus, et il en faisoit ses excuses. Sa droiture et sa probité ont paru lorsque, sans considérer ce qui pouvoit lui être personnellement avantageux, il s'opposa en 1688 à la guerre que l'Empereur méditoit contre la France, quoique ce fût l'unique moyen pour être rétabli dans ses Etats. Il représenta fortement qu'il falloit préférer le bien général de la chrétienté à des inimitiés particulières, et que si l'on vouloit employer toutes ses forces en Hongrie, il oseroit presque répondre de chasser les Turcs de l'Europe dans peu de campagnes. Son avis ne fut pas suivi, mais il n'en est pas moins louable. Il avoit épousé la veuve de Michel, roi de Pologne, et sœur de l'empereur Léopold, dont il a eu une nombreuse lignée. Il mourut au commencement de l'année 1690 [1].

---

[1] Ce prince mourut à Welz, près de Lintz, le 17 avril 1690, âgé d'environ quarante-huit ans. Il écrivit en mourant, à l'empereur Léopold son beau-frère, la lettre suivante :

« Sacrée Majesté, suivant vos ordres, je suis parti d'Inspruck pour
« me rendre à Vienne; mais je suis arrêté ici par un plus grand maître :

Quand je retournai de Vienne en Angleterre, je passai par la Flandre espagnole, dont le marquis de Castanaga étoit gouverneur, homme de très-bonne mine, d'une conversation agréable, et qui vivoit avec plus de magnificence que plusieurs rois de l'Europe. Il me reçut avec tous les égards et toute la politesse imaginable; et pendant quinze jours qu'il me retint à Bruxelles, ce ne furent que fêtes et divertissemens de toutes sortes. A mon retour, le Roi me donna le gouvernement de Portsmouth et de la province de Southampton, qu'il venoit d'ôter au lord Ganesborough. L'on m'avoit pendant l'été conféré le régiment d'infanterie du lord Ferrers, et l'hiver j'eus aussi le régiment des gardes à cheval du comte d'Oxford.

[1688] Je restai cette année en Angleterre pendant l'été. Le Roi fit un camp sur la bruyère de Hounslow, à dix milles de Londres. Nous y avions environ quatre mille hommes.

La Reine accoucha le 20 juin, dans le palais Saint-James, d'un prince qui fut dans l'instant, selon les usages du royaume, créé prince de Galles. La Reine douairière, le chancelier, et tout ce qu'il y avoit de personnes considérables à la cour et à la ville, se trouvèrent dans la chambre de la Reine lors de sa naissance, le Roi ayant eu soin d'ordonner qu'on les avertît. La princesse de Danemarck, fille du Roi, étoit absente; et l'on croit qu'elle alla exprès aux eaux de Bath, afin de ne pas être à l'accouchement.

« je vais lui rendre compte d'une vie que je vous avois consacrée tout
« entière. Souvenez-vous que je quitte une épouse qui vous touche, des
« enfans à qui je ne laisse que mon épée, et des sujets qui sont dans
« l'oppression. »

Le prince d'Orange envoya le comte de Quilestein faire au Roi ses complimens en forme : mais en même temps, très-fâché de se voir éloigné de la couronne par la naissance du prince, il employa partout des émissaires pour insinuer que cet enfant n'étoit pas né de la Reine, et que les catholiques l'avoient supposé, afin de donner au trône un héritier de leur religion. Il n'y eut sortes de mensonges, d'impostures, d'artifices, dont on ne se servît pour tâcher de rendre cette calomnie probable; et le silence de la princesse de Danemarck sur cette matière étoit une augmentation de soupçons. Elle avoit d'autant plus de tort, qu'elle savoit mieux que personne la vérité de la grossesse de la Reine, ayant plusieurs fois mis la main sur le ventre nu de la Reine, et senti l'enfant remuer. Il est vrai que, depuis la révolution, elle a écrit au Roi son père pour demander pardon de tout ce qu'elle avoit commis contre lui; mais ce sont de vaines paroles, qui n'ont point réparé les malheurs de sa famille.

Les motifs que je viens de marquer déterminèrent le prince d'Orange à envahir l'Angleterre; mais il prit pour prétexte les prières de toute la nation, qui l'avoit, disoit-il, fait solliciter de venir sauver les lois, la religion et la liberté, du danger évident où elles étoient.

Sur les bruits de l'armement qui se faisoit en Hollande, le roi de France, persuadé que cela regardoit l'Angleterre, fit offrir au Roi et troupes et flottes : mais ce prince, trompé par le comte de Sunderland son premier ministre, répondit toujours que cet armement ne le regardoit pas, et qu'en tout cas il n'avoit besoin que de ses sujets pour se défendre. Le marquis d'Albeville, envoyé d'Angleterre en Hollande, écrivoit continuellement au comte de Sunderland pour informer le Roi des préparatifs que faisoit le prince d'Orange, et pour l'assurer que c'étoit pour une descente en Angleterre. Le comte, pour toute réponse, le traitoit de visionnaire (1). Enfin Albeville, lassé d'écrire en vain, et pénétré de zèle, passa lui-même la mer pour répéter au Roi, de bouche, tout ce qu'il avoit déjà mandé par lettres. Le comte le fit réprimander par le Roi d'être venu sans permission, et il eut ordre de s'en retourner incontinent. A la vérité, il eut la satisfaction de rendre compte au Roi de tout ce qu'il savoit; mais on n'y fit pas toute l'attention convenable, quoique l'on ne pût plus disconvenir que le prince d'Orange n'eût dessein sur l'Angleterre.

Skelton, envoyé d'Angleterre en France, convaincu du danger où étoit le Roi son maître, avoit engagé le roi Très-Chrétien à déclarer aux Etats-généraux que s'ils faisoient aucun acte d'hostilité envers le roi de la Grande-Bretagne, il le regarderoit comme une déclaration de guerre contre lui : sur quoi, comme Skelton avoit agi en cela sans ordre, Sunderland le fit non-seulement rappeler, mais à son retour mettre à la tour de Londres.

Le pape Innocent XI, l'Empereur et le roi d'Espagne, étoient d'intelligence avec le prince d'Orange sur l'invasion préméditée : cela dans la vue d'obliger

---

(1) « On croit, dit Hume, que Sunderland même, le ministre favori
« de Jacques, entra dans une correspondance réglée avec le prince (d'O-
« range), et qu'aux dépens de son propre honneur, et de l'intérêt du
« Roi son maître, il embrassa secrètement une cause dont il prévoyoit
« que le succès ne pouvoit être éloigné. »

le roi d'Angleterre à renoncer à l'alliance qu'il avoit avec la France, et à se joindre à la ligue nouvellement faite à Ausbourg contre cette nation. Leur intention ne fut jamais pourtant de détrôner le roi d'Angleterre; et, pour preuve, don Pedro Ronquillo, ambassadeur d'Espagne à Londres, dans une audience particulière qu'il demanda exprès, fit entrevoir clairement au Roi que l'orage le menaçoit, mais en même temps l'assura, au nom de la maison d'Autriche, que s'il vouloit entrer dans la ligue il n'y auroit plus rien à craindre pour lui, et que tout l'effort se tourneroit contre la France. La réponse du Roi, quoique peu conforme à ce que la politique auroit peut-être pu exiger de lui dans les circonstances présentes, fut selon la droiture de son cœur et de sa conscience. Il assura l'ambassadeur qu'il avoit intention de vivre bien avec tout le monde, et de ne se départir jamais des règles de l'équité et de la justice; que, par ces mêmes règles, il ne pouvoit rompre avec un prince son parent et son allié, de qui il n'avoit jamais reçu que des amitiés. Ronquillo le pressant fortement, et lui faisant envisager les malheurs où il alloit être exposé s'il persistoit dans cette résolution, le Roi lui répondit qu'il perdroit plutôt sa couronne, que de jamais commettre une action injuste.

Le roi Très-Chrétien, informé de la ligue faite contre lui, et des desseins qu'avoit formés le prince d'Orange, crut qu'il devoit prendre des mesures d'avance contre ses ennemis, et surtout se garantir contre les entreprises des Allemands. Pour cet effet le Dauphin, au mois de novembre, assiégea Philisbourg, dont il se rendit maître, et par là couvrit entièrement l'Alsace. Ce n'étoit pourtant pas ce qu'il y avoit de mieux à faire; car si le Dauphin, au lieu d'aller sur le Rhin, eût attaqué Maëstricht, les Hollandais, alarmés de voir la guerre portée dans leur pays, n'auroient jamais permis au prince d'Orange de passer en Angleterre avec leurs troupes, en ayant besoin pour la défense de leurs propres frontières.

Au mois d'octobre, le prince d'Orange ayant fait voile des côtes de Hollande, passa avec sa flotte à la vue de celle du Roi, mouillée au Boy-du-Nore, à l'embouchure de la Tamise (1). Plusieurs personnes ont cru que c'étoit par mauvaise volonté que milord Dartmouth, amiral de la flotte, ne suivit pas celle du prince d'Orange; mais j'ai su du chevalier Strickland, vice-amiral de Dartmouth, et très-honnête homme aussi bien que très-habile marin, que les vents ne permettoient pas à la flotte de pouvoir sortir d'où elle étoit, à cause de certains bancs de sable. Ce même Dartmouth a fait voir depuis qu'il étoit fidèle sujet, étant mort dans la tour de Londres, où le prince d'Orange, devenu roi, l'avoit enfermé, le soupçonnant avec raison d'être attaché à son véritable souverain. En effet, le Roi l'avoit comblé de faveurs : il l'avoit fait grand écuyer d'Angleterre, et grand-maître de l'artillerie. Il avoit aussi été fait lord par le roi Charles, à sa recommandation.

Le Roi ayant eu avis que le prince d'Orange étoit débarqué à Torbay, dans l'ouest de l'Angleterre, ré-

---

(1) Le prince d'Orange mit à la voile le 30 octobre; mais sa flotte fut dispersée par les vents, et il fut obligé de rentrer dans les ports de Hollande. Il s'embarqua de nouveau le 10 novembre, et arriva à Torbay le 15 novembre.

solut de marcher à lui pour le combattre; et pour cet effet il ordonna que le rendez-vous général de l'armée seroit à Salisbury.

J'étois alors à Portsmouth, mon gouvernement, et j'y reçus ordre d'aller à Salisbury prendre le commandement des troupes qui s'y assembloient. Cependant milord Cornbury, fils aîné du comte de Clarendon, et par conséquent cousin germain des princesses d'Orange et de Dànemarck, y étoit arrivé le premier, et, comme le plus ancien colonel, se trouva, par mon absence, commandant du quartier. Il voulut profiter de l'occasion pour mener au prince d'Orange les quatre régimens de cavalerie et de dragons qui y étoient. Le sieur de Blathwayt, secrétaire de la guerre, pour favoriser ce projet, avoit exprès différé pendant plusieurs jours de m'envoyer l'ordre du Roi. Cornbury donc, supposant avoir reçu des ordres de la cour pour s'approcher plus près des ennemis, se mit en marche; et craignant que je ne le joignisse, il marcha nuit et jour, faisant seulement quelquefois de petites haltes pour rafraîchir les chevaux. Le prince d'Orange, à qui il avoit donné avis de sa marche, envoya au devant de lui un gros détachement de cavalerie; et dès que Cornbury l'eut aperçu, il l'alla joindre avec quelques officiers à qui il avoit donné le mot : mais le gros des troupes se voyant surpris et trahi par les chefs, se retira au galop.

J'étois arrivé peu de jours auparavant à Salisbury, d'où ayant trouvé les troupes parties, je les suivis, et arrivai à Warminster (je crois que c'est le nom du bourg) le soir de cette trahison. J'y fus réveillé vers le minuit par un grand bruit que j'entendis dans la rue; et ayant mis la tête à la fenêtre, je vis passer beaucoup de gens qui crioient : *Les ennemis!* Sur quoi je montai promptement à cheval; et étant sorti du bourg, je ralliai les fuyards, et ramenai à Salisbury les quatre régimens, qui ne se trouvèrent diminués que d'environ cinquante cavaliers ou dragons, et d'une douzaine d'officiers.

Il est à remarquer que, malgré l'invitation et les promesses de nombre de seigneurs, le prince d'Orange fut pendant plus de quinze jours après être débarqué sans que personne l'allât joindre; de manière qu'il commença à craindre pour la réussite de son entreprise, et délibéra même dans son conseil s'il ne se rembarqueroit pas. Toutefois s'étant déterminé d'attendre encore quelque temps, il vit avec plaisir arriver milord Colchester, lieutenant des gardes du corps du Roi; et peu de temps après l'aventure de milord Cornbury étant survenue, il ne songea plus qu'à profiter des mauvaises dispositions où étoit la nation contre le Roi.

Le Roi étant arrivé à Salisbury, avoit donné ses ordres pour que l'on se tînt prêt à marcher en avant; mais ayant appris qu'il y avoit nombre de malintentionnés dans l'armée, et qu'il étoit à craindre qu'en s'approchant de l'ennemi il ne se trouvât abandonné de la plupart, il prit le parti de retourner à Londres. Le prince Georges de Danemarck, les ducs de Grafton et d'Ormond, milord Churchill, et plusieurs autres, quittèrent le Roi, et passèrent au prince d'Orange.

Le Roi me donna la compagnie des gardes du corps, vacante par la désertion du lord Churchill, mon oncle (1) : le régiment des gardes à cheval, que j'avois, fut donné au comte d'Arran, fils aîné du duc d'Hamilton.

(1) *Mon oncle* : Jean Churchill, frère d'Arabella Churchill, mère du maréchal de Berwick. De simple page, le roi Jacques II l'avoit élevé à la dignité de pair du royaume. Il devint un des plus grands capitaines de son siècle ; il est connu dans l'histoire sous le nom de duc de Marlborough. Nous croyons devoir donner ici son Portrait fait en 1702, et que l'on attribue au duc de Shrewsbury :

« Jean Churchill, duc de Marlborough, capitaine général des troupes
« d'Angleterre, est fils du chevalier baronnet Vincent Churchill, d'une
« bonne famille La passion du duc d'Yorck pour sa sœur (dont il eut le
« duc de Berwick et d'autres enfans) l'introduisit à la cour, où la beauté
« de sa personne et ses manières obligeantes gagnèrent tellement la du-
« chesse de Cleveland, maîtresse de Charles II, qu'elle l'y établit soli-
« dement. Il accompagna le duc d'Yorck lorsqu'il fut envoyé en Ecosse,
« et fut fait lord sous le titre de lord Exmouth, et bientôt après baron
« d'Angleterre sous le titre de lord Churchill.

« A l'avénement du roi Jacques à la couronne, il continua d'être un
« de ses favoris, fut fait membre du conseil, et major général de l'ar-
« mée. Mais le progrès rapide du papisme le choqua : son amour pour
« sa patrie contrebalança sa reconnoissance pour les faveurs du roi
« Jacques, et le détacha de la personne de ce prince pour l'attacher aux
« intérêts de son pays ; ce qu'il marqua dans une lettre au Roi, où il
« justifia sa conduite, apportant les mêmes raisons que Brutus avoit au-
« trefois employées contre César.

« Il contribua plus que personne à engager les officiers de l'armée dans
« la cause du prince d'Orange ; et il fut fait, à l'avénement de ce prince
« au trône, comte de Marlborough, et capitaine général de l'armée, dans
« lequel poste il servit quelques années, avec l'affection générale des
« troupes. A l'occasion d'un différend survenu entre le Roi et lui, qui
« est encore un mystère pour le public, il fut dépouillé de tous ses em-
« plois : la princesse de Danemarck encourut la disgrâce du Roi et de la
« Reine sa sœur, pour avoir refusé de l'abandonner et la comtesse sa
« femme. Vers la fin du règne de Guillaume, il rentra en faveur, fut fait
« gouverneur du duc de Glocester, un des lords justiciers, et plénipo-
« tentiaire en Hollande.

« A l'avénement de la reine Anne, il fut fait capitaine général de
« toutes les forces, duc, et chevalier de l'ordre de la Jarretière.

« Il est grand et bel homme pour son âge ; il a beaucoup de politesse,

Le Roi, en partant de Londres, avoit envoyé le prince de Galles à Portsmouth, pour y être plus en sûreté ; et lorsqu'il résolut de retourner de Salisbury à Londres, il envoya ordre à milord Dover, capitaine des gardes du corps, qui accompagnoit le prince, de le mener en France ; et pour cet effet signa l'ordre pour que milord Dartmouth, qui étoit mouillé avec la flotte à Spithead, passât le prince. Dartmouth refusa de le faire, disant qu'il falloit un ordre en forme du conseil pour le disculper envers la nation de hasarder l'héritier présomptif de la couronne hors du royaume ; mais sa véritable raison étoit qu'il n'avoit plus que le nom d'amiral, et qu'il craignoit que, si le prince étoit embarqué, la flotte, toute dévouée au prince d'Orange, ne le livrât aux ennemis. Ainsi le prince fut ramené à Londres, où le Roi arriva pareillement.

Quoique je voulusse cacher les fautes qu'a commises milord Churchill, je ne puis passer sous silence une circonstance assez remarquable. Le Roi devoit, de Salisbury, aller dans mon carrosse visiter le quartier que commandoit le major général Kirck : un prodigieux saignement de nez, qui prit tout d'un coup au Roi, l'en empêcha ; et l'on prétend que la partie étoit faite, et les mesures prises par Churchill et Kirck, pour livrer le Roi au prince d'Orange. Mais cet accident détourna le coup.

« et des manières très-engageantes ; d'une présence d'esprit admirable,
« au point de n'être jamais troublé ; d'une tête nette et d'un jugement
« sûr ; hardi, jamais découragé faute de succès ; en toutes manières ca-
« pable de devenir un grand homme, si les faveurs dont sa souveraine
« le comble n'enflent pas son orgueil, et ne lui attirent pas le mépris de
« la noblesse, et l'envie du peuple d'Angleterre. »

La princesse de Danemarck ayant su que le Roi revenoit de Salisbury, et que son mari étoit passé aux ennemis, s'enfuit de Londres à Nottingham, accompagnée de l'évêque de Londres, de madame de Churchill et de madame de Berkley. Beaucoup de noblesse s'empressèrent de toutes parts à se rendre auprès d'elle, le tout sur le prétexte que l'Eglise étoit en danger, et que le Roi vouloit introduire le papisme et le pouvoir arbitraire. Il est vrai qu'en plusieurs occasions on avoit agi avec peut-être trop peu de circonspection, et que par là on avoit donné lieu à de fausses imaginations; il est certain aussi qu'indépendamment du zèle indiscret de quelques catholiques, le comte de Sunderland y avoit plus contribué que personne; et cela dans la vue de ruiner le Roi, et de préparer les esprits pour les entreprises du prince d'Orange, qui l'avoit gagné depuis long-temps. Mais, quoi qu'il en soit, l'on peut assurer que, malgré quelques démarches irrégulières qu'on ne peut totalement excuser, beaucoup de ce qu'on disoit étoit outré, et que la nation n'avoit jamais été si florissante que sous ce règne.

Le Roi se voyant trahi et abandonné par ses enfans, et par ceux en qui il avoit le plus de confiance, crut que la voie de négociation convenoit mieux que celle des armes; mais qu'avant tout il falloit mettre la Reine et le prince en lieu de sûreté. Il les fit donc embarquer secrètement, et conduire en France par messieurs de Lauzun et de Saint-Victor, deux Français qui se trouvoient pour lors à Londres. Après cette démarche, il députa au prince d'Orange trois seigneurs, savoir, les comtes de Nottingham et de Godolfin, avec le marquis d'Halifax, chef de l'ambassade. Le prince d'Orange, pour toute réponse, dit qu'il alloit s'approcher de Londres, afin d'être plus à portée de traiter; et en effet il continua sa marche à la tête de son armée. Sur quoi le Roi jugeant de la mauvaise volonté du prince d'Orange, et craignant d'être arrêté, prit le parti de se déguiser, et de se sauver en France; mais en chemin il fut arrêté par la populace auprès de Feversham; et ayant été obligé de se découvrir pour éviter leurs emportemens (car ils le prenoient pour un prêtre, aussi bien que le chevalier Hales, qui seul l'accompagnoit), il fut traité avec respect : ensuite il fit venir de Londres le comte de Feversham avec un détachement de gardes du corps, et y retourna dans ses carrosses. En passant par la ville pour aller à Whitehall, le peuple s'empressoit en foule pour le voir, et crioit *vive le Roi!* avec toutes les démonstrations de la plus grande joie. Le soir, il y eut partout des illuminations.

Ces marques d'amitié des bourgeois de Londres déplurent au prince d'Orange, et il résolut d'éloigner le Roi, crainte que sa présence ne fût un obstacle à ses vastes desseins. En effet, le Roi lui ayant, aussitôt après son retour, envoyé un message à Windsor où il étoit arrivé, eut pour réponse que les affaires présentes requérant sa présence à Londres, il ne convenoit pas que le Roi s'y trouvât en même temps; et qu'ainsi Sa Majesté eût à choisir l'endroit où elle se voudroit retirer. Le Roi choisit la ville de Rochester. Pendant ce temps, les gardes bleues du prince d'Orange étoient venues prendre poste à Whitehall, et les gardes anglaises eurent ordre de se retirer : à quoi le Roi leur ordonna d'obéir.

Le Roi, accompagné d'un détachement des gardes du corps du prince d'Orange, se rendit à Rochester par eau : j'y arrivai deux jours après, ayant un peu auparavant, par ordre du Roi, rendu au prince d'Orange la ville de Portsmouth. Il m'auroit été bien difficile, pour ne pas dire impossible, de défendre cette place ; car quoique je fusse assez assuré de ma garnison, consistant en deux mille cinq cents hommes de pied et cinq cents dragons, je n'avois aucun magasin de vivres, et je ne pouvois en trouver, à cause que par mer j'étois bloqué par la flotte, qui ne vouloit laisser entrer aucun bâtiment dans le port ; et du côté de terre M. Norton, colonel du temps de Cromwell, ayant assemblé les milices du pays, s'étoit posté sur les hauteurs de Postdown, et par là barroit l'entrée et la sortie de la petite île de Portsmouth. J'avois été à bord de milord Dartmouth, pour lui représenter la nécessité où j'étois par rapport aux vivres, et l'importance de m'en faire avoir pour conserver la place : il me répondit, les larmes aux yeux, qu'il convenoit de tout ce que je lui disois, et que de son côté il n'y avoit rien qu'il ne fît pour le service du Roi ; mais qu'il n'étoit pas plus maître de la flotte que moi ; qu'il y étoit véritablement prisonnier, quoiqu'en apparence on vînt lui rendre les respects dus à un amiral ; que c'étoit le chevalier Berry, son contre-amiral, qui étoit le maître ; et qu'ainsi tout ce qu'il pouvoit me conseiller de mieux, c'étoit de ne plus revenir à bord, crainte qu'on ne m'arrêtât. Je fus donc obligé de convenir avec Norton que je ne ferois aucun acte d'hostilité, pourvu qu'il permît que les paysans vinssent au marché à l'ordinaire ; car nous ne vivions qu'au jour la journée. Le Roi avoit bien ordonné, en partant de Salisbury, qu'un vaisseau chargé de vivres qui étoit à Southampton vînt à Portsmouth ; mais le chevalier Berry l'avoit saisi, sous prétexte que la flotte en manquoit.

J'arrivai le soir à Rochester, et le Roi me dit de rester à son coucher. Après qu'il fut déshabillé et que tout le monde fut congédié, il reprit ses habits ; et sortant par une porte dérobée qui étoit dans sa chambre, il gagna le bord de l'eau, et s'embarqua dans une grande chaloupe que Travagnon et Macdonnel, deux capitaines de vaisseau dont les navires étoient dans la rivière, lui avoient préparée. Il n'avoit avec lui que ces deux officiers, Hidolph, gentilhomme de la chambre, Labadye, valet de chambre, et moi. Nous débarquâmes la nuit d'après à Ambleteuse, d'où le Roi se rendit à Saint-Germain : la Reine et le prince de Galles y étoient arrivés quelques jours auparavant.

Le Roi m'avoit dépêché de Boulogne à Versailles, pour donner part au roi Très-Chrétien de son arrivée en France, et lui demander retraite dans son royaume. J'en fus reçu avec toute la politesse et l'amitié imaginable ; et il étoit aisé de voir par ses discours que son cœur parloit autant que sa langue.

[1689] Dès que le prince d'Orange apprit le départ du Roi et son arrivée en France, il convoqua une convention, où assistèrent tous les grands du royaume, et les députés des provinces et villes. Après de grands débats, il y fut à la fin conclu, à la pluralité des voix, que le Roi avoit abdiqué, et qu'ainsi le trône étoit vacant.

Le Roi écrivit de Saint-Germain une lettre à la convention, pour lui expliquer les raisons qu'il avoit eues de se retirer en France, et lui défendre en même temps de procéder en rien contre ses intérêts ou son autorité. Mais on ne voulut pas recevoir sa lettre; et peu après on déféra la couronne, ou, pour mieux dire, on élut pour roi et reine d'Angleterre le prince et la princesse d'Orange.

Je ne prétends pas ici faire un long discours pour prouver l'irrégularité de tout ce qui se faisoit en Angleterre; je dirai seulement qu'il n'a jamais été défendu, par aucune coutume ou loi, à un prince de sortir d'un de ses royaumes sans la permission de ses sujets, et qu'il est absurde d'avancer que par là il abdique, l'abdication étant une démission volontaire faite ou de bouche ou par écrit, ou du moins par un silence non forcé, après qu'on a été pressé de s'expliquer. Le Roi n'est tombé dans aucun de ces cas : il étoit prisonnier, et pour se tirer des mains de ses ennemis s'étoit sauvé où il avoit pu. De plus, il ne lui étoit pas possible d'aller joindre ses fidèles sujets en Ecosse ou en Irlande, que par la France; car toute l'Angleterre étant soulevée, il n'eût pu traverser tout ce royaume qu'avec un grand péril : mais quand même il auroit été vrai que le Roi eût abdiqué, la couronne se trouvoit, selon les lois fondamentales du royaume, *ipso facto*, dévolue à l'héritier immédiat, lequel n'étant alors qu'un enfant au berceau, ne pouvoit avoir commis aucun crime, ni abdiqué. Le prince de Galles son fils avoit été reconnu pour tel par toute l'Europe, par toute la nation anglaise, et même par le prince d'Orange : ainsi le prince de Galles étoit roi, et pour en reconnoître un autre il falloit prouver qu'il étoit un enfant supposé ; mais c'est ce qu'on n'a jamais osé entreprendre, attendu que nul prince n'est venu au monde en présence de tant de témoins que celui-ci, comme il fut prouvé en plein conseil et assemblée de notables un peu avant la descente du prince d'Orange. J'en pourrois parler savamment, car j'y étois ; et, malgré mon respect et mon dévouement pour le Roi, je n'aurois jamais pu donner les mains à une action si détestable que celle de vouloir supposer un enfant, pour ôter la couronne aux véritables héritiers ; et après la mort du Roi je n'aurois pas continué à soutenir les intérêts d'un imposteur : l'honneur et la conscience ne me l'auroient pas permis.

J'ajouterai encore cette réflexion : le prince d'Orange, par sa déclaration lorsqu'il passa en Angleterre, marquoit qu'il n'y venoit à autre intention que celle d'empêcher la ruine de l'Eglise anglicane, et d'examiner la naissance du prince de Galles.

Quant au premier point, il l'a effectué en détrônant un roi catholique ; mais en même temps il a renversé un des principaux articles de la religion anglicane, qui jusque là avoit fait gloire de soutenir l'obéissance passive. Quant au second, j'ai déjà dit que le prince d'Orange ne l'a jamais osé mettre sur le tapis, et il n'en avoit plus besoin puisqu'on l'avoit déclaré roi : ses émissaires ont même souvent voulu avancer qu'il ne tenoit la couronne que par droit de conquête, à l'exemple de Guillaume-le-Conquérant.

Quoique la défection semblât être générale, il faut pourtant dire, à l'honneur de l'Eglise anglicane, que l'archevêque de Cantorbéry et six autres évêques ne voulurent jamais reconnoître d'autre roi que Jacques II; et malgré ce que la convention venoit de faire pour le prince d'Orange et la princesse sa femme, ils continuèrent à prier Dieu publiquement pour le Roi. La réponse que l'archevêque fit faire à la princesse est digne d'être transmise à la postérité : dès qu'elle fut arrivée de Hollande à Whitehall, elle lui envoya un gentilhomme pour demander sa bénédiction. Il répondit : « Quand elle aura obtenu celle de son père, « je lui donnerai volontiers la mienne. » Le prince d'Orange voyant la fermeté de ces prélats, les fit déposer. Ils donnèrent un bel exemple de fidélité inviolable à leur souverain ; car, plutôt que de rien faire qui y pût être contraire, ils se laissèrent dépouiller de leurs dignités et revenus, et ne vécurent plus que des aumônes qu'on leur faisoit.

Le comte de Tirconel, vice-roi d'Irlande, ayant rejeté les offres avantageuses qui lui avoient été faites par le prince d'Orange, et ayant par sa fermeté conservé dans l'obéissance toute l'Irlande, à l'exception du nord, qui s'étoit déclaré pour la révolution, le Roi résolut de l'aller joindre, et de mener avec lui des officiers généraux français. M. de Rosen, lieutenant général, lui fut donné pour commander l'armée sous Tirconel; M. de Maumont, maréchal de camp, pour servir de lieutenant général; et messieurs de Pusignan et Lery, brigadiers, pour être maréchaux de camp. Boisselot, capitaine aux gardes, fut envoyé pour être major général; et L'Estrade, enseigne des gardes du corps, pour être maréchal des logis de la cavalerie. Au mois de février, le Roi partit pour Brest, où il m'avoit déjà envoyé, et où le roi Très-Chrétien avoit fait équiper une escadre de trente vaisseaux de guerre, commandés par M. de Gabaret. Le Roi mit à la voile au premier bon vent; mais il fut obligé de rentrer dans le port, ayant été abordé et endommagé à la hauteur de Camaret par un autre vaisseau de guerre. Dès que le vaisseau fut radoubé, nous remîmes à la voile, et nous arrivâmes à Kinsale le 17 mars. Tirconel vint au devant du Roi à Cork, où il fut créé duc : il rendit compte de l'état des affaires, et du nombre de troupes qu'il avoit levées. Les peuples montrèrent partout une joie extraordinaire, n'ayant jamais vu de roi dans ce royaume depuis Henri II. Le Roi se rendit à Dublin, où il convoqua un parlement, afin de trouver les fonds pour la guerre.

Avant l'arrivée du Roi, Tirconel avoit envoyé M. Richard Hamilton, lieutenant général, avec quelques troupes, pour tâcher de réduire le nord : j'eus ordre aussi de m'y rendre, pour servir sous lui en qualité de maréchal de camp. Après que je l'eus joint, nous nous avançâmes à Colraine, poste très-considérable, que les rebelles abandonnèrent à notre approche, dans la crainte d'être coupés par un détachement qui avoit passé la rivière un peu au-dessus. De là nous marchâmes, le 15 avril, au pont de Clady, sur la rivière de Strabane, dont les rebelles, au nombre de dix mille, vouloient défendre le passage : il n'y avoit point de gué, et de l'autre côté du pont, qui étoit rompu, les ennemis avoient placé de l'infanterie dans un bon retranchement. Nous n'avions mené avec nous que trois cent cinquante hommes de pied, et environ six cents chevaux; le reste de notre petite armée étoit resté près de Strabane. Notre infanterie s'approcha du pont rompu, et à coups de fusil chassa les ennemis de leur retranchement. Hamilton, jugeant à propos de profiter du désordre qui paroissoit parmi les rebelles, ordonna qu'on passât la rivière à la nage. Dans l'instant nous nous y jetâmes tous à cheval, et nous arrivâmes sur l'autre bord, avec perte seulement d'un officier et de deux cavaliers noyés : l'infanterie en même temps trouva moyen avec des planches de passer sur le pont, et s'étant saisie des retranchemens, se mit à tirer sur le gros des rebelles qui étoient en bataille à mi-côte ; ce qui, joint à l'action hardie que nous venions de faire, jeta l'épouvante parmi eux, de manière qu'au lieu de venir nous charger au sortir de l'eau, ils s'enfuirent tous. Nous les poursuivîmes pendant cinq milles, mais il n'y eut pas moyen d'atteindre leur cavalerie; pour l'infanterie, nous en tuâmes environ quatre cents sur la place : le reste, à la faveur des marais, trouva moyen de se sauver. M. de Rosen, que le roi Très-Chrétien avoit donné au Roi pour être son général, étoit arrivé à Strabane pendant l'action avec quelques troupes ; et voyant que les rebelles qui lui étoient opposés se retiroient, il passa pareillement la rivière à la nage, sans aucune opposition. Le Roi, qui s'étoit avancé vers cette frontière, ayant su la déroute, fut conseillé de s'approcher en personne de la ville de Londonderry, où les rebelles s'étoient retirés, ne doutant pas que sa présence ne les déterminât à se soumettre. En effet, ayant joint M. de Rosen, il se mit en marche par Saint-Johnstown, et arriva devant Londonderry sans en avertir Hamilton. Le malheur voulut que celui-ci ayant envoyé, aussitôt après notre action, sommer les habitans de se rendre, ils lui avoient répondu qu'ils enverroient des députés dans deux jours pour traiter ; mais qu'ils demandoient que les troupes ne s'approchassent pas plus près de leur ville que Saint-Johnstown ; ce qu'Hamilton leur promit. Voyant donc paroître le reste de l'armée devant leur ville, les rebelles s'imaginèrent que l'on vouloit les surprendre, et que la promesse de M. d'Hamilton n'avoit été que pour mieux en venir à bout ; de manière que lorsque le Roi les fit sommer ils ne répondirent qu'à grands coups de canon : ainsi, comme nous n'avions rien de prêt pour un siége, nous nous retirâmes un peu en arrière, et le Roi s'en retourna à Dublin, afin de tâcher de former une armée suffisante pour opposer à celle que le prince d'Orange se préparoit à envoyer en Irlande, sous le commandement de M. de Schomberg. M. de Rosen avoit eu d'autant plus de tort de persuader au Roi de faire devant Londonderry la démarche que je viens de marquer, qu'il avoit su et approuvé l'accord de M. d'Hamilton. Le Roi en partant avoit laissé le commandement de l'armée à messieurs de Maumont et d'Hamilton, ayant emmené avec lui M. de Rosen. Après le départ du Roi, nous résolûmes de nous approcher de Londonderry pour la bloquer, en attendant que nous pussions avoir ce qui étoit nécessaire pour le siége. Maumont, Hamilton, Pusignan et moi, nous nous avançâmes avec quatre cents hommes de pied, le régiment de cavalerie de Tirconel, et celui de dragons de Dungan, faisant environ sept cents chevaux : nous prîmes nos quartiers près du fort de Cullmore, au-dessous de Derry (Londonderry), sur la même rivière. Le commandant de ce fort se rendit d'abord, quoique nous n'eussions pas de quoi le prendre.

Nous avions laissé à Saint-Johnstown trois bataillons et neuf escadrons; comme aussi à deux milles de Derry, du côté de Saint-Johnstown, quatre bataillons aux ordres du brigadier Ramsey. Le brigadier Wauchop étoit de l'autre côté de la rivière vis-à-vis de Derry, avec deux bataillons, quelque cavalerie, et quelques petites pièces de campagne.

Nous avions envoyé ordre à Ramsey d'envoyer deux cents hommes de pied, sous les ordres du colonel Hamilton, occuper le village de Pennibom, à un mille de la ville du côté de Cullmore, à deux milles de notre quartier, et à trois de celui de Ramsey. Les ennemis, qui virent passer cette petite troupe à la vue de la ville, sortirent dessus, au nombre de quinze cents fantassins et de trois cents chevaux. Le colonel Hamilton se posta dans les haies et maisons de Pennibom, et nous envoya avertir de venir promptement à son secours : malheureusement notre cavalerie étoit au fourrage, de manière que nous ne pûmes nous servir que d'une garde de quarante maîtres, avec lesquels nous allâmes au grand galop à Pennibom. Nous trouvâmes que l'infanterie des ennemis s'étoit mise en bataille vis-à-vis de la nôtre, et que leur cavalerie étoit à leur droite, sur l'Estran : nous formâmes dans l'instant notre cavalerie, qui, par l'arrivée de quelques dragons, se trouva de deux troupes de quarante maîtres chacune ; nous chargeâmes la cavalerie ennemie, que nous culbutâmes, et que nous poursuivîmes le long de l'Estran, jusque fort près de la place. L'infanterie ennemie voyant cette déroute, se retira, et nous ne les inquiétâmes que de loin par quelques coups de fusil. Notre perte ne fut pas considérable, quoiqu'en allant à la charge nous eussions essuyé tout le feu de l'infanterie ennemie. Maumont y fut tué, aussi bien que le major Taaff, frère du comte de Carlingford et du général Taaff, et six ou sept cavaliers ou dragons : de tout ce que nous étions, il n'y en eut pas un qui ne fût, ou lui-même ou son cheval, blessé. Cette action arriva le 21 avril.

Crainte de nouvelle attaque, nous augmentâmes le poste de Pennibom jusqu'à cinq cents hommes de pied : toutefois, le 25, les ennemis sortirent vers les neuf heures du matin avec sept à huit mille hommes, et nous attaquèrent vivement. Le combat dura toute la journée ; mais comme nous avions été chassés de toutes les haies, et réduits aux dernières maisons du village, nous courions risque d'être totalement battus, si Ramsey, à qui nous avions envoyé, ne fût arrivé vers les sept heures du soir avec ses troupes. Il commença d'abord par attaquer les rebelles par derrière ; ce qui les fit retirer avec précipitation dans la ville. Nous ne perdîmes pas beaucoup de monde dans cette action, quoique très-longue. Pusignan, maréchal de camp, y fut blessé, et mourut peu de jours après ; Pointy, brigadier français, y fut blessé, mais il en guérit. Je reçus une grosse contusion à l'épine du dos, qui me fit grand mal : j'en fus quitte pour quelques incisions. C'est l'unique blessure que j'aie eue de ma vie.

Les ennemis continuèrent à faire des sorties considérables, et il ne se passoit pas de jour que nous n'eussions quelque action.

Comme on nous avoit mandé de Dublin qu'on nous envoyoit de l'artillerie, nous crûmes qu'il étoit à propos de prendre à l'avance les postes près de la ville qui pourroient en faciliter le siége. Pour cet effet, le 6 mai, Ramsey attaqua avec ses troupes un moulin à vent qui étoit sur une hauteur à demi portée du canon de la place, derrière laquelle étoit un fond où il devoit se camper. Les ennemis se défendirent avec une grande bravoure; et à la fin toute la ville étant sortie sur lui, il fut poussé, et obligé de se retirer. Ramsey y fut tué avec environ deux cents hommes; plusieurs officiers de distinction furent pris. Wauchop prit le commandement des troupes de Ramsey, et résolut de tenter encore de s'emparer du moulin. Les ennemis, qui en voyoient la conséquence, l'avoient enveloppé d'un grand retranchement : nos troupes ne purent jamais le forcer, et nous y perdîmes encore plusieurs officiers, et au moins cent soldats.

Voyant l'opiniâtreté, le nombre et la bravoure des rebelles, nous rassemblâmes toutes nos troupes, consistant en douze bataillons et quinze ou seize escadrons. Nous nous campâmes vis-à-vis du front de la place, derrière un rideau à une bonne portée de carabine, et nous laissâmes de l'autre côté de la rivière les deux bataillons qui y étoient. Quelques jours après, arrivèrent six pièces de gros canon; il y en avoit trente dans la ville. Nous n'avions en tout que cinq à six mille hommes ; les assiégés en avoient plus de dix mille, bien armés.

M. de Rosen arriva pareillement avec des ingénieurs et artilleurs français, pour commencer les attaques. Comme la besogne ne me plaisoit pas, non plus que le nouveau général, et que l'on avoit dessein d'envoyer un détachement pour observer les rebelles d'Inniskillin, dont le nombre s'augmentoit, j'en demandai le commandement, et l'obtins. Je partis le 21 juin du camp avec quatre cents chevaux ou dragons, et me rendis à Cavanparck sur la rivière de Shabane : de là ayant appris qu'il y avoit à Donnegal trois cents rebelles qui faisoient des magasins, j'y marchai de nuit, et les attaquai à la petite pointe du jour : ils y furent battus, et contraints de se sauver dans le château. Je brûlai les magasins et la ville, et me retirai à mon camp avec quinze cents bœufs, vaches ou moutons.

Ayant été joint quelque temps après par un régiment de cavalerie, par un de dragons, et par quatre bataillons venus de Dublin, je résolus de m'approcher d'Inniskillin, afin de mieux observer les mouvemens des rebelles. J'allai donc le 6 de juillet camper à Trelick, à neuf milles d'Inniskillin ; le 13, je m'avançai avec un détachement, pour reconnoître le pays et la ville. Les ennemis sortirent sur moi avec deux cents hommes de pied et cent chevaux : je les attaquai, et poussai la cavalerie jusqu'aux retranchemens qu'ils avoient faits auprès de la ville, et même sous le feu du canon d'un fort qu'ils avoient bâti. Nous fîmes main-basse sur l'infanterie, dont il ne s'échappa que cinq ou six hommes : nous prîmes un capitaine, un lieutenant, et deux drapeaux.

Peu de temps après, je fus fait lieutenant général.

Le général Kirck étant arrivé avec une petite flotte dans le lac Foyle, où la rivière de Derry se décharge, M. de Rosen m'ordonna de revenir, tant pour être plus à portée de le renforcer, que pour m'opposer aux entreprises de Kirck. Etant donc revenu à Cavanparck, j'eus avis par M. de Rosen que Kirck avoit fait une descente à Ramulton avec huit cents fantassins : sur quoi je m'y transportai diligemment avec ma cavalerie et mes dragons, faisant pour lors douze cents chevaux. Je fis tâter l'infanterie ennemie par les dragons; mais il n'y eut pas moyen de la déposter, d'autant qu'elle étoit soutenue par des frégates qui tiroient continuellement sur nous. Ainsi l'affaire se passa en escarmouches toute la journée, et le lendemain je me retirai à Cavanparck.

Le 28 juillet, les vaisseaux ennemis remontèrent la rivière, malgré l'estacade que l'on avoit faite auprès du fort de Cullmore, et qui fut brisée par le premier bâtiment qui passa. M. de Rosen voyant le secours entré dans la place, jugea à propos de lever le siége, d'autant que le Roi pouvoit avoir besoin de son armée pour faire tête à M. de Schomberg, qui étoit sur le point d'arriver en Irlande avec des forces considérables. L'armée décampa dans le commencement d'août, et retourna du côté de Dublin. Le Roi avoit ordonné qu'on me donnât partie des troupes, et l'artillerie, pour aller prendre Inniskillin; mais Rosen n'y voulut point consentir, disant que je n'avois pas de quoi réussir dans cette expédition. Il est vrai que nous avions peu ou point de boulets pour notre canon, ni presque aucune sorte de munitions de guerre ; mais pourtant comme le fort d'Inniskillin n'étoit que de terre, nous aurions pu l'emporter ; de plus, la ville d'Inniskillin étoit ouverte : ainsi nous nous en serions emparés, et par là aurions peut-être obligé le fort à se rendre. Rosen me dit que s'il avoit trouvé l'affaire praticable, il y auroit été lui-même.

En revenant du nord, nous laissâmes une bonne garnison dans Charlemont. A peine fus-je arrivé à Dublin, que le Roi ayant eu avis que Schomberg étoit débarqué dans le nord, m'ordonna de m'y avancer avec mille hommes de pied, et six cents chevaux ou dragons : il étoit question de retarder sa marche le plus qu'il se pourroit, afin de donner au Roi le temps de former une nouvelle armée, car celle qui venoit de Derry étoit réduite à peu de chose. Je me portai à Newry, où je restai pendant que Schomberg fit le siége de Carick-Fergus ; en quoi nous lui eûmes grande obligation, car s'il eût marché tout droit en avant sans s'amuser, il seroit arrivé à Dublin avant que le Roi eût été en état de s'opposer à lui. Je fis travailler à Newry, publiant que je voulois défendre ce poste. En effet, Schomberg ne s'imaginant point que j'osasse rester dans cet endroit avec si peu de troupes, ne douta point, ou que je n'eusse beaucoup de monde, ou que mon poste ne fût excellent. Etant donc venu avec son armée camper à deux milles de Newry, il vint me reconnoître avec quatorze escadrons. Je fis occuper tous les petits monticules (car le pays en étoit plein) par des vedettes, et me tins au milieu sur une hauteur avec deux troupes seulement, faisant jouer des fanfares par les trompettes. Cette contenance confirma Schomberg dans son opinion, et il se retira à son camp, jusqu'où je le suivis à une certaine distance. Il fit distribuer des munitions à son infanterie, dans l'intention de m'attaquer le lendemain avec toute son armée ; mais la nuit je me retirai à Dundalk, d'où deux jours après, par ordre, je me rendis à Drogheda. Le Roi y étoit arrivé, et par les soins du duc de Tirconel il avoit ramassé une armée de vingt-deux mille hommes assez mal armés : il résolut de se porter en avant; et en effet nous marchâmes à Affane, à trois milles de Dundalk, où Schomberg étoit campé avec toute son armée, composée de vingt mille hommes. Peu de jours après, le Roi mit l'armée en bataille dans une plaine à la vue des ennemis, pour leur offrir le combat; mais ils demeurèrent dans leur poste, et nous dans notre camp, jusqu'à la fin d'octobre, que nous nous retirâmes en quartiers d'hiver. Schomberg en fit autant, et abandonna Dundalk, où, par les maladies que causoit le mauvais air, il avoit perdu la moitié de ses troupes. Nous y établîmes un quartier considérable, aux ordres d'un maréchal de camp.

M. de Rosen s'en retourna en France, à son grand contentement, aussi bien qu'à celui de tous les officiers de l'armée, qui ne pouvoient le souffrir. Il étoit de Livonie ; il avoit commencé à servir en France dans le régiment du vieux général Rosen. Son colonel lui trouvant du courage et de l'esprit, le fit officier, et enfin lui donna sa fille en mariage ; de là il trouva moyen de se pousser par les degrés, et parvint à être lieutenant général, et ensuite mestre de camp général de la cavalerie française. C'étoit un excellent officier, fort brave et fort appliqué, très-propre pour être à la tête d'une aile, mais incapable de commander une armée, par la raison qu'il craignoit toujours les événemens ; et quoique très-civil dans la société, et très-noble dans sa manière de vivre, il étoit fort sujet à se mettre en colère, et même à un tel point qu'il en devenoit furieux ; et alors il n'étoit plus capable de rien écouter que sa passion. Il fut fait maréchal de France en 1703 ; et voyant qu'on ne vouloit pas le mettre à la tête d'une armée, il se retira à une terre qu'il avoit en Alsace, et y mourut en 1714, âgé de quatre-vingt-sept ans.

M. d'Avaux, ambassadeur de France, fut aussi rappelé. Le Roi n'étoit pas content de ses manières hautes et peu respectueuses : c'étoit d'ailleurs un homme d'esprit, et qui avoit acquis de la réputation dans les différentes ambassades qu'il avoit eues.

A la prière de la reine d'Angleterre, le roi Très-Chrétien envoya à sa place le duc de Lauzun, à qui il donna aussi le commandement des sept bataillons français qu'il avoit résolu de faire passer en Irlande. Le Roi avoit demandé au roi Très-Chrétien un secours de troupes, à cause que le prince d'Orange se préparoit à y venir en personne avec une armée considérable ; mais ce petit nombre n'étoit pas suffisant, et fut cause que le prince d'Orange en mena plus qu'il n'avoit d'abord projeté. Milord Montcassel passa en France sur les mêmes bâtimens qui avoient porté les troupes françaises, et y conduisit cinq régimens d'infanterie irlandaise, que le Roi envoyoit en échange des troupes qu'avoit emmenées le duc de Lauzun.

[1690] Vers le commencement de cette année, le Roi ayant eu avis que, dans la vue d'étendre ses quartiers, M. de Schomberg avoit détaché le brigadier Woosely pour se saisir de Belturbet, petit bourg dans un pays abondant et très-propre à son dessein, m'envoya de ces côtés-là avec quinze cents hommes de pied et deux cents chevaux, afin d'observer les ennemis, et de les déloger s'il étoit possible. J'arrivai à Cavan, à cinq milles de Belturbet, le soir fort tard, et le temps étant fort mauvais : les troupes furent logées dans la ville. Je chargeai le brigadier Wauchop, qui y avoit commandé pendant l'hiver, du soin d'avoir des partis en campagne; ce qu'il m'assura avoir déjà fait, et qu'il seroit averti du moindre mouvement des ennemis. Toutefois le lendemain, à la pointe du jour, nous fûmes fort surpris d'entendre crier aux armes : en effet, les ennemis ayant marché la nuit étoient déjà à la vue des postes avancés. Je fis incontinent monter mes troupes sur une hauteur à la droite de la ville, et les rangeai en bataille un peu en avant d'une espèce de fort de terre où nous avions une garnison. Le dessein des ennemis, qui ignoroient pareillement mon arrivée, étoit de s'emparer de cette hauteur, et d'attaquer le fort; mais ayant aperçu plus de troupes qu'une simple garnison, ils se mirent en bataille. Ils étoient au nombre de trois mille hommes de pied, et de trois cents chevaux. Je marchai à eux, je les attaquai, et les poussai de haies en haies jusqu'au penchant de la hauteur, qu'ils commençoient déjà à descendre assez en désordre : mais malheureusement le brigadier Nugent et beaucoup d'officiers de son régiment ayant été blessés, et se retirant, une terreur panique saisit toutes mes troupes, et dans un instant de vainqueurs nous devînmes vaincus. Toute mon infanterie s'enfuit dans le fort, sans qu'il me fût possible de la rallier au dehors. Les ennemis ne poursuivirent point ma cavalerie, qui se retira à douze milles en arrière : ils ne restèrent qu'une demi-heure sur le champ de bataille, et se retirèrent à Belturbet. Dans cette occasion ils perdirent environ deux à trois cents hommes, et nous cinq cents. Je restai quelques jours à Cavan, pour y donner des ordres nécessaires à la sûreté de cette frontière, et puis je retournai à Dublin.

Le prince d'Orange débarqua au printemps dans le nord de l'Irlande ; sur quoi le Roi ayant rassemblé son armée, s'avança au mois de juin à Dundalk. Les ennemis avoient quarante-cinq mille hommes, et nous n'étions que vingt-trois mille. Cette grande disproportion nous détermina à tâcher d'occuper quelque poste pour arrêter le prince d'Orange, ou du moins le combattre avec moins de désavantage. Il fut proposé de se camper sur les hauteurs au-delà de Dundalk, attendu que le pays étoit assez difficile ; mais comme les ennemis, en faisant un petit détour, pouvoient descendre dans la plaine derrière nous, il fut résolu de se placer derrière la rivière de Boyne, près de Drogheda. Le prince d'Orange nous suivit, et se campa vis-à-vis de nous le 29 juin. Le lendemain, les ennemis partagèrent leur armée : le prince d'Orange, avec la moitié, remonta la rivière jusqu'à Slane, d'où ayant chassé deux régimens de dragons qui gardoient ce passage, il s'avança vers nous. Le Roi, qui vit cette manœuvre, marcha aussi de ce côté-là avec la plus grande partie de l'armée, et laissa, pour garder le

passage d'Old-Bridge, huit bataillons aux ordres de
M. d'Hamilton, lieutenant général, et l'aile droite de
cavalerie aux miens. Schomberg, qui étoit resté vis-
à-vis de nous, attaqua Old-Bridge, et s'en empara,
malgré la résistance du régiment qui y étoit, et qui y
perdit cent cinquante hommes tués sur la place; sur
quoi Hamilton descendit avec les sept autres bataillons pour rechasser les ennemis. Deux bataillons des
gardes les enfoncèrent; mais leur cavalerie ayant
trouvé moyen de passer à un autre gué, et s'avançant
pour tomber sur notre infanterie, j'y fis marcher notre
cavalerie, ce qui donna le moyen à nos bataillons de
se retirer; mais aussi il fallut que nous commenças-
sions un combat fort inégal, tant par le nombre d'escadrons que par le terrain, qui étoit fort coupé, et
où les ennemis avoient fait glisser de l'infanterie.
Nous ne laissâmes pas de charger et recharger dix
fois; et à la fin les ennemis, étourdis de notre audace, firent halte : nous nous reformâmes devant
eux, et puis nous nous remîmes en marche au petit
pas pour aller joindre le Roi, lequel, après avoir
mis l'armée en bataille pour charger le prince d'O-
range, en fut empêché par un marais qui se trouva
entre les deux armées : sur quoi, pour n'être pas enveloppé par cette partie des ennemis qui venoient de
forcer le passage d'Old-Bridge, il fit marcher par la
gauche pour gagner le ruisseau de Duleck. J'arrivai
avec ma cavalerie justement comme les dernières
troupes du Roi passoient le ruisseau; mais celles du
prince d'Orange, qui s'avançoient toujours, y arrivèrent presque en même temps; de manière que je fus
obligé de passer le défilé au grand galop, et en con-

fusion. Nous nous ralliâmes de l'autre côté, et toute notre armée s'y rangea en bataille. Les ennemis en firent autant vis-à-vis de nous, mais n'osèrent nous attaquer. Après quelque peu de temps, nous nous remîmes en marche, et fûmes suivis par partie de l'armée ennemie : toutes les fois qu'à quelque défilé nous faisions halte, ils en faisoient de même, et je crois qu'ils étoient bien aises de nous faire un pont d'or. A la vérité cette inaction pouvoit venir de la mort de Schomberg, qui avoit été tué dans la mêlée du côté d'Old-Bridge, dans une des charges que nous y fîmes ; et l'on peut, sans faire tort au prince d'Orange, assurer que Schomberg étoit meilleur général que lui. Quoi qu'il en soit, les ennemis nous laissèrent aller tranquillement. La nuit venue, nous reçûmes ordre de marcher à Dublin ; ce que nous fîmes le matin. De là le duc de Tirconel nous ordonna de gagner Limerick, qui en étoit au moins à soixante milles : chaque colonel fut chargé d'y conduire son régiment par où il jugeroit à propos ; ce qui fut exécuté, sans qu'il y eût que fort peu de désordre commis dans le pays. Les Français faisoient l'arrière-garde, commandée par M. de Surlaube, brigadier ; car tous les autres Français avoient pris le chemin de Cork et de Kinsale, à dessein de s'embarquer. Le duc de Tirconel et le duc de Lauzun se rendirent aussi à Limerick. Le Roi ayant vu que, par le malheureux succès de la journée de la Boyne, il ne pouvoit conserver Dublin, crut qu'il convenoit mieux de laisser le commandement à Tirconel, et de s'en retourner en France, tant pour y solliciter des secours, que pour voir même s'il ne trouveroit pas jour à profiter de l'absence du prince d'Orange pour faire une entreprise sur l'Angleterre. L'occasion se trouvoit favorable, car le maréchal de Luxembourg avoit gagné en Flandre la bataille de Fleurus, et le comte de Tourville, qui venoit de battre les flottes ennemies, étoit actuellement à l'ancre aux Dunes; de manière que le passage en Angleterre étant sans difficulté ni opposition, il y avoit lieu de présumer que le Roi pourroit aisément se rendre maître de ce royaume. Cela auroit aussi obligé le prince d'Orange à abandonner l'Irlande, pour accourir au plus pressé : mais M. de Louvois, ministre de la guerre, qui, par opposition à M. de Seignelay, ministre de la marine, étoit contraire en tout au roi d'Angleterre, s'opposa si fortement à ce projet, que le roi Très-Chrétien, persuadé par ses raisons, n'y voulut pas consentir.

Je reviens à l'Irlande. Dans le combat de la Boyne nous ne perdîmes qu'environ mille hommes, et il n'y eut que les troupes de M. d'Hamilton et les miennes qui combattirent : Hamilton y fut pris; milord Dongan, le chevalier de Vaudray (1), le comte d'Hocquincourt, fils du maréchal du même nom, et milord Carlingford, y furent tués. La perte des ennemis n'y fut que très-médiocre : La Caillemotte, frère du marquis de Ruvigny, créé depuis vicomte de Galloway, fut tué au passage d'Old-Bridge; Schomberg fut tué par un exempt et quelques gardes du corps, lesquels le prirent, à cause de son cordon bleu, pour le prince d'Orange.

Les ennemis furent plusieurs jours sans venir à Dublin; ce qui fit courir le bruit en Flandre, et même dans toute l'Europe, que le prince d'Orange

(1) Il avoit été mon gouverneur. (*Note du maréchal de Berwick.*)

avoit été tué. Il est vrai que, la veille du combat de la Boyne, il avoit été frappé légèrement d'un coup de canon qui lui effleura le haut de l'épaule. A la fin les ennemis se mirent en marche, et de Dublin ils vinrent à Limerick. Le même jour qu'ils y parurent, les troupes françaises se retirèrent à Galloway. Nous laissâmes M. de Boisselot, français, capitaine aux gardes du roi Très-Chrétien, et maréchal de camp, pour commander dans la ville avec toute notre infanterie irlandaise, qui montoit à environ vingt mille hommes, dont pourtant il n'y avoit pas plus de la moitié qui fût armée. Nous tînmes la campagne avec notre cavalerie, qui pouvoit faire trois mille cinq cents chevaux. Nous campâmes d'abord à cinq milles de Limerick, en deçà de la rivière de Shannon qui la traverse, afin de garder la communication libre avec la ville. Cela nous réussit parfaitement, et jamais les ennemis n'osèrent tenter de l'investir de notre côté, ni même d'envoyer aucun parti en deçà de cette rivière, qui n'est guéable qu'en quelques endroits. La place n'avoit pour toute fortification qu'un mur non terrassé, avec quelques méchantes petites tours sans fossés. Nous avions fait une sorte de chemin couvert tout autour, et une espèce d'ouvrage à corne palissadé devers la grande porte; mais les ennemis ne l'attaquèrent point par là : ils ouvrirent la tranchée au loin sur la gauche, ils dressèrent des batteries, firent une brèche de cent toises, et puis sommèrent la garnison de se rendre. Les Irlandais n'y voulurent point entendre; de manière que le prince d'Orange fit donner l'assaut général par dix mille hommes. La tranchée n'étant qu'à deux toises des palissades, et n'y ayant point de fossés, les ennemis furent sur le haut de la brèche avant que l'on eût l'alarme de l'attaque. La décharge d'une batterie que Boisselot avoit pratiquée en dedans les arrêta un peu; mais bientôt ils descendirent dans la ville. Les troupes irlandaises s'avancèrent de tous côtés, et ensuite chargèrent les ennemis avec tant de bravoure dans les rues, qu'ils les rechassèrent jusque sur le haut de la brèche, où ils voulurent se loger. Le brigadier Talbot, qui se trouvoit alors dans l'ouvrage à corne avec cinq cents hommes, accourut par dehors le long du mur, et les chargeant par derrière les chassa, et puis rentra par la brèche, où il se posta. Dans cette action les ennemis eurent deux mille hommes tués sur la place; de notre côté, il n'y en eut pas quatre cents.

Le prince d'Orange voyant le mauvais succès de cette attaque, et que l'élite de ses troupes y avoit péri, se détermina à lever le siége. Il publia en Europe que les pluies continuelles en avoient été la cause; mais je peux certifier qu'il n'étoit pas tombé une goutte d'eau de plus d'un mois auparavant, et qu'il ne plut pas de trois semaines après.

Il ne restoit dans Limerick que cinquante barils de poudre lors de la levée du siége, et nous n'avions pas, dans toute la partie de l'Irlande qui nous étoit soumise, de quoi y en mettre encore autant.

J'avois proposé au duc de Tirconel, dès que les ennemis furent placés et établis devant Limerick, de passer le Shannon avec nos trois mille cinq cents chevaux, dans l'intention d'aller détruire tous les magasins qu'ils avoient sur leurs derrières, surtout à Dublin; ce qui les auroit indubitablement obligés de décamper. Comme les villes de ce pays étoient tout ouvertes et sans défenses, j'étois moralement sûr de réussir dans mon projet; et quant au retour, qu'on m'objectoit devoir être difficile, la connoissance que j'avois du pays m'y avoit fait pourvoir; car, outre l'avance que j'aurois eue sur les ennemis, je comptois gagner le nord, et rentrer dans nos quartiers par Sligo. Le duc de Tirconel, devenu pesant et craintif, ne voulut point consentir à ma proposition, et peut-être y entra-t-il un peu de jalousie de sa part; car comme il ne convenoit pas à sa dignité de vice-roi de devenir partisan, et que d'ailleurs il n'étoit pas d'un âge ni d'une taille à faire cette course, le tout auroit roulé sur moi.

Peu de temps après, ayant su qu'un grand convoi d'artillerie et de munitions de guerre alloit au camp devant Limerick, il détacha le brigadier Sarsfield, avec huit cents chevaux ou dragons, pour l'attaquer: celui-ci tomba dessus, battit l'escorte, et brûla le convoi. Cette expédition pouvoit avoir été la cause du manque de poudre et de boulets où se trouvèrent les ennemis, et ce qui, joint à l'obstination et à la bravoure des Irlandais, détermina sans doute la retraite du prince d'Orange, qui repassa bientôt après en Angleterre.

Le duc de Tirconel crut qu'il étoit nécessaire qu'il allât en France pour y représenter le mauvais état des affaires, et faire sentir que, sans des secours très-considérables, on ne pouvoit soutenir l'Irlande. M. de

Lauzun partit avec lui, et ramena en même temps les troupes françaises.

Il ne sera pas hors de propos de parler ici de M. de Lauzun, d'autant qu'il n'en sera plus question dans ces Mémoires. Son caractère est aussi extraordinaire que sa vie a été romanesque. Il étoit né gascon, et d'une très-grande maison. Il trouva moyen de se pousser à la cour, et d'y devenir favori du roi Louis XIV, qui le fit capitaine des gardes du corps, et créa pour lui la charge de colonel général des dragons. Non-seulement il traita les ministres et les courtisans avec la dernière hauteur, mais il poussa ses prétentions jusqu'à ne vouloir pas se contenter d'épouser en secret Mademoiselle, fille de Monsieur (Gaston de France), à quoi le Roi avoit consenti ; il vouloit absolument qu'il lui fût permis de célébrer le mariage publiquement, avec pompe, et en présence du Roi et de toute la famille royale. Les princes du sang firent leurs représentations, sur quoi le Roi lui défendit de plus songer à ce mariage : mais Lauzun, loin d'avoir pour son maître et son bienfaiteur les égards convenables, s'emporta jusqu'au point de reprocher au Roi son manque de parole, et même de casser son épée en sa présence, lui disant qu'il ne méritoit plus qu'il la tirât pour son service. Le Roi, malgré cette impertinence, lui offrit d'oublier le passé, et même de le faire duc, maréchal de France et gouverneur de province, pourvu qu'il voulût ne plus prétendre à Mademoiselle ; mais il refusa tout : de manière que le Roi, irrité contre lui, le fit enfermer dans le château de Pignerol, où il a resté pendant nombre d'années, jusqu'à ce que Mademoiselle, qui l'avoit épousé secrètement, donna, pour le tirer de prison, à M. le duc du Maine, la principauté de Dombes (1). Il passa ensuite en Angleterre, d'où en 1688 il revint en France avec la Reine et le prince de Galles, ainsi que je l'ai marqué ci-devant. Le roi Très-Chrétien, à la prière de la Reine, le fit duc, et lui redonna toutes les entrées qu'il avoit eues auparavant. Etant passé en Irlande à la tête des troupes auxiliaires, il y fit voir que si jamais il avoit su quelque chose du métier de la guerre, il l'avoit alors totalement oublié. Le jour de la Boyne, étant avec lui le matin, lorsque les ennemis passèrent la rivière à Slane, il me dit qu'il falloit les attaquer; mais, à force de chercher un champ de bataille, il donna le temps aux ennemis de déboucher, et de se former dans la plaine; après quoi j'ai marqué qu'il ne fut plus possible de les charger. Il ne montra en Irlande ni capacité ni résolution, quoique d'ailleurs on assurât qu'il étoit très-brave de sa personne. Il avoit une sorte d'esprit qui ne consistoit pourtant qu'à tourner tout en ridicule, à s'ingérer partout, *à tirer les vers du nez, et à donner des godens.* Il étoit noble dans ses manières, généreux, et vivant très-honorablement. Il aimoit le gros jeu, et jouoit très-noblement. Sa figure étoit fort mince, et l'on ne peut comprendre comment il a pu être un homme à bonnes fortunes. Après la mort de Mademoiselle, il s'est marié avec la fille du maréchal de Lorges, dont il n'eut pas d'enfans. Le roi d'Angleterre lui avoit donné la Jarretière.

Tirconel m'avoit laissé le commandement général

(1) *Voyez* les Mémoires de mademoiselle de Montpensier, tome 40 à 43 de cette série.

du royaume en son absence : sur quoi ayant envie d'étendre mes quartiers au-delà de la rivière de Shannon, je passai au pont de Banaker avec toute ma cavalerie, sept bataillons, et quatre pièces de canon. J'attaquai le château de Blir : mais, par la maladresse de mes canonniers, qui ne purent jamais attraper le château, je me vis obligé de lever le siège ; car le général Douglas ayant rassemblé un très-gros corps des ennemis, vint au secours, et je ne crus pas devoir hasarder une action avec des forces si inégales. Je me retirai donc à deux milles en arrière, dans un très-bon poste, d'où ensuite je repassai le Shannon.

Peu de temps après j'eus avis que milord Churchill avoit débarqué près de Kinsale avec huit mille hommes : il assiégea cette place, la prit en peu de jours, et de là marcha à Cork. J'avois cependant ramassé sept à huit mille hommes, et je m'avançai du côté de Kilmalock pour tenter le secours ; mais toutes les troupes ennemies de ce côté-là l'ayant joint, je me trouvai si inférieur en nombre, que je me contentai de l'observer ; et quand son expédition fut finie, nous nous retirâmes tous dans nos quartiers. Le duc de Grafton, fils du roi Charles II, vice-amiral d'Angleterre, qui étoit venu volontaire avec Churchill, fut tué à Cork.

Pour ne point interrompre les faits militaires, j'ai omis plusieurs particularités d'intrigues et de cabales que je vais ici présentement dire en deux mots.

Dès l'arrivée du Roi à Dublin, plusieurs Irlandais conçurent de la haine pour milord Melford, écossais, premier ministre et secrétaire d'Etat : le duc de Tirconel, qui voyoit avec peine le grand crédit de ce favori, contribua sous main à faire éclater les murmures publics, et enfin fit présenter au Roi un placet au nom de la nation irlandaise, pour demander l'éloignement de Melford. Le Roi, dans les circonstances présentes, ne crut pas pouvoir le refuser à une nation qui soutenoit si noblement ses intérêts, et à laquelle il espéroit alors avoir l'obligation de son rétablissement sur le trône d'Angleterre. Melford fut donc envoyé en France, et de là à Rome, pour y résider auprès du Pape, comme ministre du Roi. Le chevalier Nagle, irlandais, et procureur général, eut, à la sollicitation de Tirconel, la charge de secrétaire d'Etat. C'étoit un très-honnête homme, de bon sens, et très-habile dans son métier, mais nullement versé dans les affaires d'Etat. Le brigadier Luttrel avoit été un des principaux boute-feux dans toute cette affaire, et montra dans la suite de quoi il étoit capable; car après la bataille de la Boyne le duc de Tirconel étant redevenu vice-roi d'Irlande par la retraite du Roi, Luttrel ne cessa de parler contre Tirconel, et d'exciter tout le monde contre lui : il sut si bien animer les principaux de la nation, qu'un jour Sarsfield me vint trouver de leur part; et après m'avoir fait promettre le secret il me dit qu'étant convaincus de la perfidie de Tirconel, ils avoient résolu de l'arrêter, et qu'ainsi il me proposoit de leur part de prendre sur moi le commandement du royaume. Ma réponse fut courte : je lui dis que je m'étonnois qu'ils osassent me faire une telle proposition; que tout ce que l'on pouvoit faire contre le vice-roi étoit crime de lèse-majesté, et que par conséquent s'ils ne cessoient de cabaler je serois leur ennemi, et en avertirois le Roi et Tirconel. Mon discours fit impression, et empêcha l'exécution de leurs desseins. Après le départ de Tirconel pour la France, Sarsfield, Simon Luttrel, frère du brigadier, et le brigadier Dorington, me vinrent trouver à Limerick de la part de l'assemblée générale de la nation, pour me dire qu'ils avoient lieu de soupçonner que Tirconel ne représenteroit pas suffisamment à la cour de France leurs besoins, et qu'ainsi ils me prioient de vouloir bien prendre des mesures pour le faire moi-même. Je leur répondis que je m'étonnois qu'ils osassent faire de pareilles assemblées sans ma permission ; que je leur défendois d'en faire à l'avenir, et que le lendemain je leur ferois savoir mes intentions sur ce dont ils m'avoient parlé. En effet je convoquai chez moi tous les principaux seigneurs, tant ecclésiastiques que laïques, et tous les officiers militaires, jusqu'aux colonels inclus. Je leur fis un discours à peu près comme la veille; mais, pour montrer que je ne désirois que le bien, je dis que je voulois bien avoir la complaisance pour eux d'envoyer en France des personnes de leur goût, pour représenter au vrai leur état et leurs besoins : je proposai l'évêque de Cork, les deux frères Luttrel, et le colonel Purcell. Tout le monde approuva dans l'instant mon choix, et dans peu de jours je fis partir mes députés : j'envoyai aussi le brigadier Maxwell, écossais, pour expliquer au Roi les raisons que j'avois eues pour faire cette députation, et pour le supplier de vouloir bien ne pas laisser revenir le brigadier Luttrel ni le colonel Purcell, les deux plus dangereux brouillons, que j'avois choisis exprès pour les éloigner. Ces messieurs étant à bord soupçonnèrent que Maxwell pouvoit être chargé d'instructions sur leur sujet, et proposèrent de le jeter dans la mer ; mais ils en furent empêchés par l'évêque et l'aîné Luttrel : le premier étoit un prélat d'une piété distinguée ; et le second, d'un esprit liant, m'a toujours paru un honnête homme. Malgré ce que Maxwell put représenter, le Roi permit à ces messieurs de retourner en Irlande. Tirconel y consentit, mais il eut dans la suite lieu de s'en repentir. Comme ils craignoient d'être mis en prison, ils firent insinuer au Roi que les Irlandais s'en prendroient à moi du traitement qu'on leur feroit ; et ce fut cette considération qui détermina le Roi à leur permettre de s'en retourner en Irlande.

[1691] Pendant cet hiver il ne se passa rien de considérable, et je ne fus occupé que de la visite du pays et des postes, du rétablissement des troupes, et de l'approvisionnement des magasins.

Vers le milieu de janvier, le duc de Tirconel revint en Irlande ; et le Roi ne voulant point me laisser dans un pays si plein de troubles, m'ordonna de repasser en France ; ce que je fis au mois de février. A peine fus-je arrivé, que le roi Très-Chrétien partit pour le siége de Mons : j'eus l'honneur de l'accompagner comme volontaire. Le Roi souhaitoit fort aussi d'y aller, mais on le fit prier sous main de ne le pas proposer. Dans ce même temps le prince d'Orange étoit à La Haye, où il y avoit un congrès de nombre de princes des plus considérables de la ligue, lesquels concertoient les moyens de pousser plus vigoureusement la guerre : cette entreprise, faite pour ainsi dire à leur barbe, les surprit et les mortifia. Le prince d'Orange assembla aussitôt son armée ; mais comme elle étoit de beaucoup inférieure à la nôtre, il n'osa s'avancer que jusqu'à Notre-Dame de Hall. Le roi Très-Chrétien délibéra avec ses généraux sur ce qu'il y avoit à faire en cas que les ennemis s'approchassent pour secourir la place : l'avis du maréchal de Luxembourg fut de rester dans ses lignes, et ce fut celui qui fut suivi.

Il dit pour raison que lorsqu'on n'a qu'une petite armée, et que par conséquent on ne peut être également en force dans tout le tour de la circonvallation, il vaut mieux, à l'approche de l'ennemi, sortir de ses lignes pour aller combattre ; mais que lorsqu'on a suffisamment de troupes pour être campé sur deux lignes tout autour de la place qu'on assiége, il vaut mieux profiter de l'avantage que donne un bon retranchement, d'autant que par là le siége n'est point interrompu ni ralenti.

Le siége ne dura que trois semaines de tranchée ouverte ; l'on y perdit peu de monde, et il n'y eut que deux actions un peu remarquables, toutes deux à l'ouvrage à corne. L'envie de faire plaisir au comte de Boufflers, lieutenant général, détermina M. de Vauban, chef des ingénieurs, à consentir qu'on fît l'attaque de cet ouvrage lorsqu'il étoit de tranchée. Je m'y trouvai : nous entrâmes dans l'ouvrage assez facilement, quoique la brèche ne fût pas encore fort bonne ; mais au bout d'un gros quart-d'heure, et avant que notre logement pût être en état, les ennemis sortirent sur nous, et nous chassèrent : Boufflers y fut blessé légèrement. Deux jours après, le canon ayant perfectionné la brèche, on s'y logea et on s'y maintint. Le prince de Bergues, gouverneur de la place, ayant demandé à capituler le 9 avril, obtint une capitulation très-honorable. Le roi Très-Chrétien s'en retourna ensuite à Versailles, et renvoya toutes les troupes dans leurs quartiers.

L'armée commandée par le maréchal de Luxembourg se rassembla au mois de mai, et j'y servis en qualité de volontaire. Il n'y eut rien de considérable durant le cours de cette campagne ; tout se passa à s'observer, et à consommer les fourrages. Vers le mois de septembre le prince d'Orange quitta l'armée, et en laissa le commandement au prince de Waldeck. Le 18 de septembre, M. de Luxembourg ayant appris que l'armée ennemie décampoit de Leuze, s'y porta diligemment avec vingt-et-un escadrons de la maison du Roi et de la gendarmerie ; il ordonna à M. de Rosen de suivre avec trente autres escadrons : il mena aussi trois régimens de dragons, commandés par le marquis d'Alègre, brigadier. En arrivant, il trouva que l'armée ennemie avoit déjà passé le ruisseau de Lacatoire, et qu'il ne restoit que dix escadrons en deçà de l'eau, et quelques bataillons dans les censes de Lacatoire. Les ennemis, qui croyoient que les troupes qui paroissoient n'étoient que le détachement du marquis de Villars, maréchal de camp, firent repasser toute leur aile droite de cavalerie, qui faisoit leur arrière-garde, pour attaquer Villars ; mais voyant qu'ils s'étoient mépris, ils se mirent en bataille, la droite au ruisseau de Leuze, et la gauche à celui de Lacatoire. Ils avoient environ soixante-dix escadrons ; et le terrain se trouvant fort serré, ils furent obligés de se mettre sur trois lignes. Le maréchal de Luxembourg commença par jeter les dragons dans les haies, pour contenir et amuser l'infanterie ennemie ; puis ayant formé une première ligne et mis la gendarmerie en seconde, il donna ordre de charger. La première ligne des ennemis fit des merveilles, et nos troupes se mêlèrent; mais enfin après une vive résistance les ennemis plièrent. Notre première ligne s'étant reformée, partie avec la gendarmerie et partie en seconde ligne, nous marchâmes à la seconde ligne des ennemis, qui dès qu'on fut près firent leur décharge et s'enfuirent : ce que voyant leur troisième ligne, elle tourna le dos, et s'en alla aussi. Nous ne poursuivîmes les ennemis que jusqu'au ruisseau, car toute leur armée, qui revenoit, se formoit à mesure de l'autre côté ; presque toute leur infanterie avoit été témoin de l'action. Les ennemis y eurent quinze cents hommes de tués sur la place. Notre perte ne monta qu'à quatre cents hommes; mais nombre d'officiers principaux, Ogier, lieutenant général, Neuchal, maréchal de camp, et Thoiras, brigadier, furent tués. M. de Rosen s'avançoit au petit pas pour nous joindre; mais comme il étoit encore loin lorsque l'action finit, M. de Luxembourg lui envoya ordre de faire halte; et, crainte que toute l'armée ennemie ne revînt sur nous, l'on se remit au plus tôt en marche, et l'on retourna le soir à Tournay : de là nous allâmes ensuite finir la campagne à Courtray.

Quoique je ne veuille mettre dans mes Mémoires que ce que j'ai vu, néanmoins, attendu que ce qui se passa cette année en Irlande regardoit le roi d'Angleterre, je crois devoir en faire mention.

A la prière du Roi, Sa Majesté Très-Chrétienne y avoit envoyé le sieur de Saint-Ruth, lieutenant général, pour commander l'armée sous le vice-roi; et il avoit avec lui messieurs d'Usson et chevalier de Tessé, maréchaux de camp.

Les armées étant assemblées, le sieur Ginckle, général des ennemis, marcha vis-à-vis d'Athlone; et s'étant emparé facilement d'un faubourg qui y étoit, résolut d'attaquer la place, la rivière de Shannon entre deux : projet d'autant plus chimérique que cette rivière est fort large, qu'il n'y avoit qu'un gué très-profond, près du pont, à passer environ six hommes de front, et que l'armée du Roi étoit campée à deux milles d'Athlone du même côté de la rivière, par conséquent à portée d'y envoyer tel nombre de troupes qu'il seroit nécessaire. Comme les fortifications de la place du côté de l'armée du Roi n'étoient que de terre, l'on avoit proposé à Saint-Ruth de faire ouvrir les courtines, afin d'être en état d'y entrer en bataille s'il en étoit question; mais il n'en fit rien : de manière que Ginckle ayant dressé des batteries sur le bord de la rivière, et ayant fait brèche à la muraille, il fit donner l'assaut. Maxwell, maréchal de camp de jour, qui s'y trouvoit alors commandant à son tour, eut beau avertir Saint-Ruth des préparatifs qu'il voyoit faire, et demander un renfort de troupes, n'ayant que deux bataillons de nouvelles troupes (car on y relevoit la garde comme dans une tranchée), on lui répondit que s'il avoit peur on y enverroit un autre officier général. Les ennemis donc se jetèrent dans l'eau, et attaquèrent la brèche, que nos troupes abandonnèrent après une décharge. Maxwell y fit ferme avec quelques officiers; mais la plupart ayant été tués à ses côtés, il fut pris, et alors les ennemis coulèrent le long du rempart. Saint-Ruth entendant l'attaque et craignant quelque malheur, y envoya le major général Jean Hamilton, avec deux brigades d'infanterie; mais il étoit trop tard, car il trouva le rempart bordé des troupes ennemies, et ainsi il fut obligé de retourner au camp. Saint-Ruth décampa d'où il étoit, et se retira à Aghrim : en quoi il fit encore une grande faute, car les ennemis, quoique maîtres d'Athlone, n'auroient pu en déboucher à cause d'un grand marais.

Quoique le vice-roi eût pour Saint-Ruth tous les égards imaginables, et qu'il le laissât le maître de tout faire, celui-ci étant naturellement fort vain, supportoit impatiemment d'avoir un supérieur à l'armée : ainsi, se servant de ces mêmes brouillons dont j'ai parlé, il se mit à déclamer contre Tirconel, et fit tant qu'il l'obligea à quitter l'armée, et à se retirer à Limerick; après quoi, étant fâché et honteux du mauvais succès qu'il avoit eu à Athlone, il se détermina à combattre. Il eut bientôt ce qu'il souhaitoit; car les ennemis voyant que le débouché d'Athlone étoit libre, marchèrent droit à lui. Il étoit fort bien posté, ayant à quelque distance en avant un marais impraticable à la cavalerie, hors sur les chaussées qui le traversoient. Il eût pu aisément les empêcher de passer; mais il avoit tant d'envie de batailler, qu'il répéta le même dicton du maréchal de Créqui : *Que plus il en passeroit, plus il en battroit;* et cela lui réussit aussi de même. Les ennemis passèrent tous, et se mirent en bataille sans être inquiétés : alors il les attaqua. Son infanterie d'abord poussa celle des ennemis, mais bientôt elle fut ramenée à son tour; ses deux ailes de cavalerie furent aussi battues : sur quoi voulant aller chercher son corps de réserve, qui n'étoit composé que de six escadrons, il fut emporté d'un coup de canon, et l'armée du Roi ne songea plus qu'à se sauver. Plusieurs personnes ont publié que s'il n'avoit pas été tué il auroit gagné la bataille; mais j'en fais juge le lecteur : lui auroit-il été possible, avec six escadrons, de rétablir une affaire déjà perdue? Tout ce qu'il auroit pu faire, c'eût été de faciliter un peu la retraite; ce que firent les officiers généraux après sa mort. La perte du côté des ennemis fut très-considérable; celle des Irlandais le fut aussi. Le débris de l'armée se retira partie à Galloway, et partie à Limerick : la première place se rendit sans coup férir à l'approche des ennemis; et quant à la seconde, comme c'étoit la seule dans toute l'Irlande qui restât sous l'obéissance du Roi, les ennemis la bloquèrent de toutes parts, et au mois de septembre le duc de Tirconel y mourut.

Vers la fin de l'année, les provisions manquant absolument, les Irlandais demandèrent à capituler. Le général ennemi offrit de leur restituer tous leurs biens, et de leur permettre l'exercice de leur religion ainsi qu'ils l'avoient sous le règne de Charles II, à condition qu'ils missent bas les armes, et s'en retournassent vivre chez eux tranquillement : mais les Irlandais ne voulurent pas accepter ces conditions, et enfin il fut arrêté qu'il seroit permis à tous ceux qui étoient alors dans Limerick de retourner chez eux et de jouir de leurs biens, et qu'on fourniroit à ceux qui voudroient passer en France les vaisseaux suffisans. On eut grand tort de ne pas faire insérer dans les articles : *tous les Irlandais en général*, car les généraux ennemis auroient consenti à tout pour mettre fin à cette guerre;

mais l'imbécillité des députés que la garnison avoit chargés de la capitulation, et peut-être la crainte que cette proposition ne fût un obstacle au transport des troupes que quelques personnes, par des vues d'intérêt particulier, souhaitoient, fut cause que l'on n'en fit pas seulement mention. Nombre de seigneurs et d'officiers prisonniers en furent ruinés, car ils perdirent totalement leurs biens, sans être assurés de recouvrer leur liberté.

Pour finir ce qui regarde la guerre d'Irlande, il sera bon de dire ici quelque chose des principales personnes qui y ont eu part.

Richard Talbot, duc de Tirconel, étoit natif d'Irlande, et de bonne maison; il étoit d'une taille au-dessus de l'ordinaire; il avoit une grande expérience des affaires du monde, ayant été de bonne heure dans la meilleure compagnie, et pourvu d'une charge honorable chez le duc d'Yorck. Ce prince, devenu roi, l'éleva à la dignité de comte; et peu après, connoissant son zèle et son attachement, il le fit vice-roi d'Irlande. Il avoit un très-bon sens; il étoit très-civil, mais infiniment vain, et fort rusé. Quoiqu'il eût acquis de grands biens, on ne peut dire que ce fut par de mauvaises voies, car il n'a jamais paru avide d'argent. Il n'avoit point de génie pour la guerre, mais beaucoup de valeur. Sa fermeté conserva l'Irlande après l'invasion du prince d'Orange, et il refusa noblement toutes les offres qu'on lui fit pour se soumettre. Après la bataille de la Boyne, il baissa prodigieusement, étant devenu aussi irrésolu d'esprit que pesant de corps.

Patrice Sarsfield étoit né gentilhomme, et avoit hérité de son frère aîné d'environ deux mille livres sterlings de rente. C'étoit un homme d'une taille prodigieuse, sans esprit, de très-bon naturel, et très-brave. Il avoit été enseigne en France dans le régiment de Monmouth, lieutenant des gardes du corps en Angleterre; et quand le Roi passa en Irlande il y eut un régiment de cavalerie, et fut fait brigadier. L'aventure du convoi battu, dont j'ai parlé ci-devant, l'enfla tellement, qu'il se crut le plus grand général du monde. Henri Luttrel ne cessoit de lui tourner la tête, et de le vanter partout, non par une véritable estime qu'il en eût, mais afin de le rendre populaire, et par là s'en servir à ses propres desseins. En effet, la plupart des Irlandais conçurent une telle opinion de lui, que le Roi, pour leur plaire, le créa comte de Lucan, et à la prochaine promotion il fut fait maréchal de camp. Etant passé en France après la capitulation de Limerick, le Roi lui donna une compagnie des gardes du corps, et le roi Très-Chrétien le fit maréchal de camp. Il fut tué en 1693, à la bataille de Nerwinde.

Henri Luttrel étoit gentilhomme irlandais, et avoit servi subalterne en France quelques campagnes. Il avoit beaucoup d'esprit, beaucoup de manége, beaucoup de courage, et étoit bon officier, capable de tout pour venir à bout de ses fins. Depuis la prise de Galloway, il fut soupçonné d'intelligence avec les ennemis; si bien que milord Lucan, son ami intime, l'arrêta à Limerick par ordre du duc de Tirconel. Après la capitulation, le prince d'Orange lui donna le bien de son frère aîné, et même une pension de deux mille écus. Il a été assassiné à Dublin en 1717; l'on n'a pu découvrir par qui.

[1692] Vers le commencement de cette année les troupes irlandaises arrivèrent de Limerick à Brest, au nombre d'environ vingt mille hommes. On les mit d'abord en quartiers dans la Bretagne, et le Roi y alla lui-même en faire la revue. Il en forma neuf régimens d'infanterie de deux bataillons chacun, deux de dragons à pied, deux de cavalerie, et deux compagnies des gardes du corps, dont j'eus la première, et milord Lucan la seconde. Toutes ces troupes étoient à la commission du Roi, mais payées par les trésoriers de la cour de France.

Cet hiver, le roi Très-Chrétien, convaincu que le plus court moyen de finir la guerre seroit de rétablir le Roi en Angleterre, et de plus poussé à cette belle action par l'amitié qu'il avoit naturellement pour ce prince, donna ordre d'équiper une grande flotte, dont quarante-quatre vaisseaux s'armoient à Brest, et trente-cinq à Toulon. Toutes les troupes irlandaises, avec quelques bataillons et quelques escadrons français, furent disposées à portée de La Hogue et du Havre-de-Grâce, où se devoit faire l'embarquement; et le Roi se rendit auprès de La Hogue à la fin d'avril.

Le rendez-vous de la flotte étoit, au mois de mai, à la hauteur d'Ouessant; mais les vents contraires empêchèrent le comte d'Estrées, pendant six semaines, de sortir de la Méditerranée avec les vaisseaux de Toulon : de manière que le roi Très-Chrétien, impatient d'exécuter son projet, envoya ordre au chevalier de Tourville, amiral de la flotte, d'entrer dans la Manche avec les vaisseaux de Brest, sans attendre l'escadre du comte d'Estrées, et de combattre les ennemis, forts ou foibles, s'il les trouvoit. Cet amiral, le plus habile homme de mer qu'il y eût en France, et peut-être même dans le monde entier, étoit piqué de ce que, la campagne précédente, on avoit voulu lui rendre de mauvais offices à la cour, et même l'accuser de ne pas aimer les batailles : ainsi il ne balança pas à exécuter l'ordre qu'il avoit reçu. Il entra dans la Manche avec ses quarante-quatre vaisseaux de ligne ; et ayant su que les flottes combinées d'Angleterre et de Hollande, au nombre de quatre-vingt-cinq vaisseaux de ligne, étoient à Spithead, il y fit voile. Les Hollandais le voyant venir à pleines voiles, et avec des forces si inférieures, craignirent d'abord quelque trahison, et se tinrent au vent ; mais bientôt ils reconnurent la fausseté de leurs soupçons. Tourville attaqua vivement les Anglais ; le combat dura jusqu'à la nuit, et jamais action ne fut plus brillante, plus hardie ni plus glorieuse pour la marine française. Tourville, quoique environné d'ennemis, se battoit en lion, sans que les ennemis lui prissent aucun vaisseau, ni osassent l'entamer. Toutefois voyant qu'il ne pouvoit pas soutenir un combat si inégal, et qu'il avoit perdu beaucoup de monde, il crut que la prudence exigeoit qu'il se retirât la nuit vers les côtes de France ; ce qu'il exécuta, suivi de la flotte ennemie.

Nous avions entendu très-distinctement le combat, et le lendemain nous vîmes arriver sur nos côtes nombre de vaisseaux. Comme d'abord nous ne voyions que des pavillons français, nous crûmes que notre flotte victorieuse venoit pour nous transporter en Angleterre ; mais notre joie fut courte, car bientôt nous découvrîmes les pavillons anglais, par où nous ne connûmes que trop que nos vaisseaux étoient poursuivis par les alliés.

Tourville espéroit avoir assez de marée pour passer le Ratz-Blanchart, et en effet partie de ses vaisseaux le passèrent : toutefois la marée manquant, il mouilla avec le reste à l'entrée ; mais les gros courans faisant chasser ses ancres, il fut obligé de couper ses cables, et de percer au travers de la ligne des ennemis, qui avoient pareillement mouillé auprès de lui. Quatre de ses vaisseaux des plus endommagés entrèrent à Cherbourg, où les ennemis quelques jours après les brûlèrent ; et lui, avec treize vaisseaux, entra dans la baie de La Hogue. Il s'y mit d'abord à l'ancre en ligne, le plus près de terre qu'il put, et ensuite vint trouver le roi d'Angleterre, qui logeoit sur la côte, pour recevoir ses ordres, et le consulter sur ce qu'il y avoit à faire.

Le maréchal de Bellefond, qui devoit être le général du débarquement, et tous les officiers généraux tant de terre que de mer, furent appelés au conseil. Tourville proposa tous les différens partis qu'il y avoit à prendre ; mais en même temps il fit voir que, selon les apparences, il n'y en avoit aucun qui pût sauver les vaisseaux, et qu'en cas que l'on voulût les défendre tous ceux qui s'y trouveroient seroient infailliblement perdus, si les ennemis y mettoient le feu. Il fut donc résolu qu'on feroit échouer les vaisseaux après en avoir retiré tout ce que l'on pourroit, et qu'on tâcheroit par le moyen des chaloupes, dont nous avions nombre destinées pour le débarquement, d'empêcher qu'on y mît le feu. Les ennemis, qui étoient en bataille à l'entrée de la baie, détachèrent quelques vaisseaux de guerre pour canonner le fort de La Hogue, et pour soutenir leurs chaloupes, qui s'avancèrent en bon ordre avec des brûlots : les nôtres voulurent aller au devant d'eux; mais dès que l'on vint à la portée des coups de fusil, les ennemis, plus accoutumés et plus adroits que nos gens à ces sortes de manœuvres, les firent plier, et regagner la terre; après quoi ils s'emparèrent des vaisseaux, qu'ils brûlèrent, ne les pouvant emmener.

Après cette malheureuse aventure, nous demeurâmes encore quelque temps sur la côte, jusqu'à ce que, par les ordres de la cour de France, l'on fit marcher les troupes pour aller grossir les armées sur les frontières. Alors le Roi retourna à Saint-Germain, et au mois de juin je pris le chemin de Flandre.

J'arrivai au camp devant Namur, le lendemain que la place s'étoit rendue (1). Le prince d'Orange étoit venu avec son armée pour la secourir; mais le maréchal de Luxembourg, qui commandoit l'armée d'observation, s'étant présenté sur la Méhaigne, les ennemis n'osèrent en tenter le passage. Namur pris, le roi Très-Chrétien s'en retourna à Versailles.

Le prince d'Orange, fâché de n'avoir servi par sa présence qu'à donner un plus grand lustre à la conquête de Namur, résolut de chercher à combattre.

Après quelques camps et marches faites de part et d'autre, nous vînmes le premier du mois d'août camper à Steinkerque, près d'Enghien; et les ennemis auprès de Hall, à Tubize.

Le prince d'Orange ayant découvert qu'un secré-

---

(1) *S'étoit rendue :* La ville fut prise le 5 juin, et le château le 30.

taire de l'électeur de Bavière donnoit avis au maréchal de Luxembourg de tout ce qui se passoit, voulut en profiter pour tâcher de surprendre notre armée. Il obligea cet homme à mander que le lendemain les ennemis devoient fourrager. En effet, comme on vint à la pointe du jour avertir M. de Luxembourg que les ennemis paroissoient, il n'y fit d'abord aucune attention : toutefois, sur les avis réitérés qu'on lui donna, il monta à cheval, et s'étant porté un peu en avant du camp, il vit les colonnes d'infanterie. Sur quoi d'abord il ordonna de faire repasser le ruisseau d'Enghien aux troupes qui étoient campées du côté d'où venoient les ennemis ; mais peu après il se détermina à ne faire aucun mouvement, et à se soutenir dans la situation où il étoit, quoique le ruisseau coupât notre armée en deux, et qu'ainsi la communication n'en fût pas commode pour les mouvemens à faire dans une action générale. Il fit donc avancer des troupes, tant pour renforcer que pour soutenir celles qui étoient campées en avant : le tout fut exécuté avant onze heures du matin. Les ennemis arrivoient cependant en colonnes, et se formoient; mais à cause du pays, très-coupé, ils ne purent être en bataille, et leurs dispositions faites, que vers une heure après midi : alors ils attaquèrent notre droite avec furie ; et, malgré la résistance des troupes, ils nous chassèrent du terrain que nous occupions, et se rendirent maîtres du canon. Il n'y eut qu'un bataillon d'Orléans qui se maintint toujours dans son terrain : la brigade de Pollier, qu'on fit avancer, s'arrêta tout court à une certaine portée des ennemis, mais toutefois ne s'enfuit pas. Sur cela M. de Luxembourg, qui voyoit l'importance d'un coup de vigueur pour rétablir l'affaire, fit venir la brigade des gardes, qui chargea l'épée à la main, et culbuta tout ce qui se présenta. Plusieurs brigades qui étoient sur la droite et la gauche en firent de même; de manière que nous poussâmes les ennemis un grand quart de lieue jusque hors du bois, avec un prodigieux carnage. Notre troupe dorée, composée de monseigneur le duc d'Orléans, de messieurs les duc de Bourbon, prince de Conti, duc de Vendôme, grand prieur, et nombre d'autres, fut pendant toute l'action, avec M. de Luxembourg, exposée au plus grand feu. La nuit approchant, on jugea à propos de ne pas pousser l'affaire davantage, quoique quelques-uns proposassent de profiter de l'occasion, et d'attaquer les ennemis. M. de Luxembourg soutint que ce seroit perdre beaucoup de monde, sans pouvoir espérer d'avoir du jour suffisamment pour en faire une action décisive, d'autant que c'étoit un pays fort coupé, et plein de haies. L'on perdit de part et d'autre, en deux heures de temps que dura le combat, plus de sept mille hommes tués sur le champ de bataille; et M. de Luxembourg assura n'avoir jamais vu une action aussi chaude (1).

L'on a dit communément dans le monde que nous fûmes surpris par le prince d'Orange : toutefois, par ce que j'ai raconté, l'on voit que M. de Luxembourg, trompé par la lettre de l'espion, ne se doutoit pas que les ennemis eussent intention de marcher à lui; mais cela ne conclut pas qu'il fut surpris : et en effet il n'est pas facile à une grande armée d'en surprendre une autre, car comme il faut nécessairement marcher

(1) Le combat de Steinkerque fut livré le 3 août.

de nuit et en colonnes, quand la tête paroît la queue est encore bien loin, et par conséquent on a tout le temps de prendre les armes, et de faire les dispositions nécessaires pour recevoir l'ennemi.

Le prince d'Orange commit deux grandes fautes dans cette journée : la première, c'est qu'il auroit dû attaquer notre gauche en même temps que notre droite, n'étant pas dans l'ordre de s'imaginer battre une armée par une pointe; la seconde, c'est de n'avoir pas fait soutenir par des troupes fraîches celles qui commencèrent l'attaque : s'il l'avoit fait, je ne sais ce qui en seroit arrivé. Mais l'on m'a assuré que pendant l'action ce prince resta fort loin, immobile, et sans donner le moindre ordre, quoique les officiers généraux envoyassent à chaque instant lui demander du secours.

Le reste de cette campagne se passa tranquillement.

[1693] Je servis encore cette année en Flandre, en qualité de lieutenant général, dans l'armée du maréchal de Luxembourg. Le roi Très-Chrétien ayant projeté de se rendre maître de la Flandre, y avoit assemblé une armée prodigieuse, qu'il partagea en deux. Il en commandoit une, ayant sous lui le Dauphin et le maréchal de Boufflers. Le maréchal de Luxembourg étoit à la tête de l'autre. Nous marchâmes d'auprès de Mons, et nous avançâmes à Gembloux, où étoit le quartier du Roi. On y resta quelques jours, pour y attendre, à ce que l'on croyoit, des convois; mais nous fûmes fort surpris quand tout à coup l'on déclara la résolution du Roi de s'en retourner à Versailles, et d'envoyer le Dauphin en

Allemagne avec une partie de l'armée. Le prince d'Orange, qui n'avoit au plus que cinquante mille hommes, s'étoit campé à l'abbaye du Parc, auprès de Louvain, pour nous observer, et tâcher de couvrir Bruxelles; mais avec six-vingt mille hommes nous l'aurions attaqué et écrasé, s'il avoit osé nous attendre; nous nous serions rendus maîtres de tout le pays; nous aurions pris Liége, et même Maëstricht : rien ne pouvoit s'opposer à nos entreprises, et c'est ce qui rendoit la retraite du Roi d'autant plus incompréhensible. Ne pouvant y avoir de bonnes raisons, et même n'en ayant jamais pu apprendre ni des ministres ni des généraux, il faut conclure que Dieu ne vouloit pas l'exécution de tous ces beaux projets. Quelques gens ont voulu en rejeter la cause sur madame de Maintenon, laquelle avoit accompagné le Roi sur la frontière, où elle étoit restée : c'est ce que je ne puis pourtant ni affirmer ni nier (1).

La séparation des armées étant faite, nous marchâmes à Melder, qui n'étoit qu'à une lieue de l'armée ennemie. Nous la trouvâmes si bien postée, que nous ne crûmes pas à propos de l'y attaquer. Le maréchal de Luxembourg fit plusieurs marches et contre-marches pour tâcher d'attirer les ennemis, sans que cela réussît d'abord. Il surprit à Tongres une trentaine d'escadrons que commandoit M. de Tilly; ensuite il vint camper à Vignamont, d'où il fit faire le siége d'Huy par le maréchal de Villeroy. Les ennemis, qui craignoient pour Liége, y avoient placé trente bataillons dans un bon camp retranché. Nous allâmes

(1) On lit dans plusieurs Mémoires du temps que le Roi ne fit pas la campagne, parce qu'il tomba malade au Quesnoy.

les reconnoître, et nous eûmes ordre de faire des fascines, comme si nous eussions voulu les attaquer. Le prince d'Orange cependant étoit venu se camper entre les deux Gettes, à sept lieues de Vignamont, ne doutant pas d'être assez éloigné de nous pour n'avoir rien à craindre ; en quoi il se trompa très-fort, car le maréchal de Luxembourg, dont le principal objet étoit de combattre, fit tout d'un coup une marche forcée, et arriva avec toute sa cavalerie en présence des ennemis le 28 juillet. L'infanterie ne put y arriver que très-tard ; ainsi il fallut différer le combat jusqu'au lendemain 29 de juillet. Le prince d'Orange auroit pu la nuit se retirer de l'autre côté de la Gette, au moyen de nombre de ponts qu'il y avoit ; mais les discours qu'on avoit tenus sur son compte la campagne précédente le déterminèrent à la bataille, malgré la représentation de l'électeur de Bavière et des principaux de son armée. Il n'avoit que soixante-cinq bataillons et cent cinquante escadrons ; nous avions quatre-vingt-seize bataillons et deux cent dix escadrons : il espéroit, par le moyen d'un retranchement, suppléer à notre supériorité. En effet, toute la nuit les ennemis travaillèrent si vivement, qu'à la pointe du jour leurs retranchemens étoient fort élevés. Leur flanc gauche étoit appuyé à un bon ruisseau, et la droite au village de Nerwinde, d'où il y avoit près d'un quart de lieue jusqu'à l'autre ruisseau ; à la vérité le terrain y étoit coupé de haies, mais c'étoit toujours une grande faute de ne l'avoir occupé qu'avec un très-petit nombre de troupes : de manière que si nous les eussions tournées par là, la bataille auroit été décidée en peu de temps, attendu que nous aurions pris toute leur armée en flanc : mais nous fîmes en cela une faute aussi bien qu'eux.

M. de Luxembourg ayant reconnu la situation des ennemis, fit sa disposition (1). Il ordonna à la droite de contenir seulement les ennemis sans attaquer, à cause qu'il y avoit de ce côté-là un ravin très-profond, difficile à passer. Il étendit au centre la plus grande partie de sa cavalerie, et poussa sur la gauche le gros de son infanterie.

M. de Rubentel, M. de Montchevreuil, lieutenans généraux, et moi, eûmes ordre de commencer l'attaque : savoir, Rubentel, avec deux brigades, les retranchemens à la droite de Nerwinde ; Montchevreuil, avec le même nombre de troupes, à la gauche ; et le village fut mon lot, avec deux autres brigades.

Ce village faisoit un ventre dans la plaine, de manière que comme nous marchions tous trois de front, et que j'étois dans le centre, j'attaquai le premier : je poussai les ennemis, et les chassai de haies en haies jusque dans la plaine, au bord de laquelle je me remis en bataille. Les troupes, qui devoient attaquer sur ma droite et ma gauche, au lieu de le faire jugèrent qu'ils essuieroient moins de feu en se jetant dans le village : ainsi tout à coup ils se trouvèrent derrière moi. Les ennemis, voyant cette mauvaise manœuvre, rentrèrent par la droite et la gauche dans le village : ce fut alors un feu terrible; la confusion se mit dans les quatre brigades que commandoient de Rubentel et de Montchevreuil, de manière qu'ils furent rechassés, et par là je me trouvai attaqué de tous côtés. Après avoir perdu un monde infini, mes troupes abandonnèrent

(1) La bataille de Nerwinde fut livrée le 29 juillet.

pareillement la tête du village; et comme je tâchois de m'y maintenir, dans l'espérance que M. de Luxembourg, à qui j'avois envoyé, feroit avancer du secours, je me trouvai à la fin totalement coupé. Alors je voulus tâcher de me sauver par la plaine; et ayant ôté ma cocarde blanche, l'on me prenoit pour un officier des ennemis : malheureusement le brigadier Churchill, frère de milord Churchill, présentement duc de Marlborough, et mon oncle, passa auprès de moi, et reconnut un seul aide de camp qui m'étoit resté; sur quoi, se doutant dans l'instant que j'y pourrois bien être, il vint à moi, et me fit son prisonnier. Après nous être embrassés, il me dit qu'il étoit obligé de me mener au prince d'Orange. Nous galopâmes long-temps sans le pouvoir trouver; à la fin nous le rencontrâmes fort éloigné de l'action, dans un fond où l'on ne voyoit ni amis ni ennemis. Ce prince me fit un compliment fort poli, à quoi je ne répondis que par une profonde révérence : après m'avoir considéré un moment, il remit son chapeau, et moi le mien; puis il ordonna qu'on me menât à Lewe. J'ai raconté toutes ces circonstances, à cause que dans le monde on les avoit tournées tout autrement, et qu'on avoit fait sur cela des contes fort éloignés de la vérité.

Après ma prise, le maréchal de Luxembourg rattaqua, et se rendit maître de la plus grande partie du village, d'où il pensa néanmoins être encore rechassé; mais enfin à force de troupes il vint à bout d'en chasser totalement les ennemis, et alors, moyennant le feu de notre infanterie, il fit entrer sa cavalerie dans les retranchemens. Après nombre de charges, les ennemis furent entièrement battus et mis en fuite. Le prince d'Orange et l'électeur de Bavière se retirèrent avec partie du débris à Tirlemont et Louvain. Le prince de Nassau, stathouder de Frise, les généraux Ginckle et Talmash, passèrent par Lewe, et gagnèrent la Hagueland. Je marchai avec ces derniers jusqu'à Sichem, d'où l'on m'envoya à Malines, et puis à Anvers.

Les ennemis perdirent à cette bataille près de vingt mille hommes, et nous au moins huit mille. Montchevreuil, lieutenant général, milord Lucan et Ligneville, maréchaux de camp, sept brigadiers de cavalerie, et nombre d'autres officiers, furent tués de notre côté.

On ne doutoit pas qu'après une victoire si complète le maréchal de Luxembourg ne se rendît maître de tous les Pays-Bas; mais on fut surpris de voir qu'il ne fit aucun mouvement : il prétendoit n'être pas en état, faute de vivres, de pouvoir marcher en avant. Mais il étoit facile de répondre que le pays étoit plein de subsistances, et que la consternation étoit si grande, que s'il eût seulement fait avancer un corps considérable, on auroit de toutes parts apporté les clefs et des provisions. Bruxelles, Louvain, Malines, Lierre, n'attendoient que de le voir paroître, ou une semonce, pour se soumettre. Je puis l'assurer, car pendant que j'y étois l'on venoit me demander ma protection.

Cette inaction des Français donna le temps au prince d'Orange de rassembler une armée, tant du débris de la sienne que d'un renfort d'Allemagne et des troupes de M. de Wirtemberg, qu'il fit revenir de Flandre. Avec cette armée il vint se poster auprès de Bruxelles; et M. de Luxembourg avec la sienne ne s'occupa, pendant le mois d'août, qu'à donner à ses troupes abondance de vivres et de fourrages dans le Brabant et le pays de Liége.

Après la bataille M. de Luxembourg m'avoit répété, afin que, selon le cartel, on me renvoyât au bout de quinze jours; mais quoique de son côté il eût relâché sur leur parole tous les officiers généraux ennemis qui étoient prisonniers, toutefois on me gardoit à Anvers : sur quoi la fortune ayant voulu que le duc d'Ormont ne pût, à cause de ses blessures, profiter du congé comme les autres, M. de Luxembourg fit déclarer aux ennemis qu'il retiendroit ce duc jusqu'à ce qu'on m'eût renvoyé; il somma aussi le lieutenant général Scravemore et le reste des officiers de revenir à Namur. Cela produisit son effet, et je retournai joindre notre armée au camp de Nivelle. Le prince d'Orange avoit certainement dessein de m'envoyer prisonnier en Angleterre, où l'on m'auroit gardé étroitement à la tour de Londres, quoique cela eût été contre toutes les règles de la guerre; car quoiqu'il prétendît que j'étois son sujet, et par conséquent rebelle, il ne pouvoit me traiter comme tel du moment que je n'avois pas été pris sur les terres de son obéissance : nous étions sur les Etats du roi d'Espagne, et j'avois l'honneur de servir de lieutenant général dans l'armée du roi Très-Chrétien; ainsi le prince d'Orange ne pouvoit jamais y être regardé que comme auxiliaire.

Au mois de septembre, le maréchal de Luxembourg, pressé par les ordres de la cour, résolut d'attaquer Charleroi. Il vint pour cet effet se camper dans les plaines de Fleurus, et le maréchal de Villeroy fut détaché pour en faire le siége : M. de Vauban y arriva, et en eut la direction. Après la tranchée ouverte, M. de Luxembourg me détacha avec dix-sept bataillons et quelque cavalerie pour aller camper auprès de Mons, non-seulement pour couvrir le pays, mais aussi dans la vue d'avoir une tête d'armée à portée de se rendre diligemment en Flandre, si les ennemis y vouloient marcher.

Charleroi fut pris dans un mois de temps (1), malgré la belle défense que fit M. de Castillo, depuis marquis de Villadarias; et nous allâmes finir notre campagne à Courtray.

[1694] Je servis en Flandre dans l'armée de monseigneur le Dauphin, qui avoit sous lui les maréchaux de Luxembourg, de Villeroy, de Joyeuse et de Boufflers. Mais le premier, par une distinction particulière, commandoit aux trois autres, lesquels prenoient le mot de lui chacun à son tour, comme nous le faisions d'eux. Nous passâmes la campagne à consommer les fourrages aux camps de Saint-Tron, de Tongres et de Vignamont; les ennemis en faisoient autant de leur côté.

Vers le mois de septembre, les ennemis ne craignant plus d'entreprise de notre part, vu la saison avancée, formèrent le dessein de profiter de la position où ils se trouvoient, et de se porter en Flandre; ils n'avoient que seize lieues à faire pour gagner l'Escaut entre Tournay et Oudenarde, au lieu que, par le tour qu'il nous falloit faire, nous en avions le double : cela leur faisoit juger avec raison qu'y arrivant plus tôt que nous, ils forceroient aisément nos

(1) Le 11 octobre.

lignes de Comines, et se plaçant au milieu de notre pays, ils en tireroient de grosses subsistances et contributions. La confiance qu'ils avoient dans ce projet, qui ne pouvoit naturellement manquer de réussir, fut cause qu'il échoua ; car, se croyant sûrs de leur fait, ils marchèrent fort lentement. Dès que nous apprîmes qu'ils avoient décampé, nous passâmes la Sambre auprès de Namur; nous la repassâmes à Mierbe-Poitrine, et par les marches les plus vives nous arrivâmes à Tournay avec toute notre infanterie, ou du moins tous nos drapeaux, en même temps que les ennemis arrivoient à Port et Escanaffe, où ils avoient dessein de faire leurs ponts sur l'Escaut.

Monseigneur le Dauphin, qui avoit pris les devants avec la cavalerie et huit ou dix bataillons, avoit été joint au pont d'Espierre par M. de La Valette, lieutenant général, qui commandoit dans les lignes avec une douzaine de bataillons. Il se mit en bataille à la vue des ennemis, et mit contre eux en batterie quelques pièces de campagne. La surprise du prince d'Orange, qui croyoit ne trouver que M. de La Valette, fut si grande, qu'il ne jugea pas à propos de rien hasarder ce jour-là. Le lendemain, nous allions joindre monseigneur le Dauphin, qui n'étoit qu'à trois lieues de nous; mais les ennemis s'étant remis en marche pour Oudenarde, nous allâmes camper à Courtray. Le prince d'Orange fit un détachement qui prit Huy; et ainsi finit cette campagne.

[1695] Cet hiver, mourut le maréchal duc de Luxembourg (1), universellement regretté des gens de guerre. Jamais homme n'eut plus de courage, de

(1) *Luxembourg* : Il mourut le 4 janvier, à l'âge de soixante-sept ans.

vivacité, de prudence et d'habileté; jamais homme n'eut plus la confiance des troupes qui étoient à ses ordres : mais l'inaction dans laquelle on l'avoit vu rester après plusieurs de ses victoires l'a fait soupçonner de n'avoir point envie de finir la guerre, ne croyant pas pouvoir faire la même figure à la cour qu'à la tête de cent mille hommes. Quand il étoit question d'ennemis, nul général plus brillant que lui; mais du moment que l'action étoit finie il vouloit prendre ses aises, et paroissoit s'occuper plus de ses plaisirs que des opérations de la campagne. Sa figure étoit aussi extraordinaire que son humeur et sa conversation étoient agréables. Sa grande familiarité lui avoit attiré l'amitié des officiers; et son indulgence à ne point trop se soucier d'empêcher la maraude l'avoit fait adorer des soldats, qui, de leur côté, se piquoient d'être toujours à leur devoir quand il avoit besoin de leurs bras.

Le maréchal de Villeroy fut nommé général de l'armée de Flandre, à la place de M. de Luxembourg; et je servis avec lui. Notre armée étant inférieure à celle des ennemis, M. de Villeroy resta avec une partie derrière les lignes de Comines; et le maréchal de Boufflers, avec le reste, derrière les lignes entre la Lys et l'Escaut. Le prince d'Orange laissa auprès d'Oudenarde l'électeur de Bavière avec moitié de son armée, et s'avança avec le reste à Rousselaer, à une lieue de Comines. Son intention étoit de nous faire croire qu'il vouloit nous attaquer, afin que nous nous fissions rejoindre par Boufflers; et alors, par une contre-marche, de se porter diligemment sur Namur.

Lorsque le maréchal de Villeroy vit arriver le prince

d'Orange à Rousselaer, il proposa au Roi de l'attaquer : ce qui se pouvoit exécuter facilement, et avec apparence de succès ; car pendant que nous l'aurions attaqué de front le maréchal de Boufflers pouvoit, en une marche de nuit, passer la Lys auprès de Courtray, et se trouver à la pointe du jour sur les derrières des ennemis. Le comte de La Mothe, qui étoit à Ypres avec un corps de troupes, devoit arriver en même temps sur leur droite ; de manière qu'il y avoit apparence que nous les aurions écrasés dans ce trou, où ils s'étoient fort mal à propos enfournés, et d'où il ne s'en seroit échappé aucun s'ils eussent été battus.

La cour, persistant dans la résolution de demeurer sur la défensive, ne voulut point consentir à la proposition. Le prince d'Orange, étant resté quelque temps à Rousselaer, décampa au mois de juin, et se porta tout d'un coup devant Namur, qu'il avoit fait investir par le comte d'Athlone. Le maréchal de Boufflers eut toutefois le temps de s'y jeter avec quelques régimens de dragons. Nous restâmes avec l'armée entre Tournay et Courtray, jusqu'à ce que le siége fût entièrement formé ; après quoi le prince de Vaudemont étant demeuré auprès de Deinse, avec trente bataillons et soixante escadrons, pour nous observer, le maréchal de Villeroy résolut de l'attaquer. Pour cet effet, nous marchâmes de nuit ; et quoique nous eussions la Lys à passer, et huit lieues à faire, nous arrivâmes sur lui presque avant qu'il en fût informé : on attaqua et prit deux bataillons prussiens qui se trouvèrent campés en avant. Le prince de Vaudemont ne jugeant pas la partie soutenable, se détermina à la retraite : elle lui eût été très-difficile, j'ose même dire impossible, d'autant que toute notre gauche étoit déjà arrivée sur son flanc droit, et qu'avec l'infanterie j'étois déjà à mille pas des ennemis, derrière le village d'Arselle. J'avois détaché M. de Surville, brigadier, avec tous les grenadiers, et je le suivois avec quarante bataillons, quand tout à coup un ordre supérieur me fit faire halte; et par là les ennemis, que nous pouvions joindre et charger, nous échappèrent. La conséquence de les avoir battus auroit été la levée du siége, qu'ils n'auroient pu continuer; car, outre que nous serions devenus supérieurs en nombre, surtout lorsque les secours qui nous venoient d'Allemagne nous auroient joints, nous pouvions sans coup férir obliger le prince d'Orange à abandonner son entreprise, en nous mettant entre Bruxelles et Namur, et par là lui coupant les vivres.

Vaudemont retiré à Gand, nous fûmes attaquer Dixmude, qui ne tint que peu de jours : la garnison, composée de huit bataillons, fut prisonnière (1). De là nous fûmes à Deinse, où il y avoit deux bataillons, qui se rendit sans résistance (2). Le commandant de la première de ces villes eut la tête coupée, et celui de la dernière fut cassé avec infamie : ce que tous deux méritoient, pour ne s'être pas défendus autant qu'ils le devoient.

Ces expéditions faites, nous marchâmes à Bruxelles, derrière laquelle ville le prince de Vaudemont se plaça. Le maréchal de Villeroy écrivit à l'électeur de Bavière, qui y étoit arrivé du camp devant Namur, pour lui faire savoir qu'il avoit ordre du Roi de bombarder cette capitale des Pays-Bas, en représailles de

(1) Le 28 juin. — (2) Le 29 juin.

ce que la flotte des alliés faisoit sur les côtes de France; mais que si Son Altesse Electorale vouloit promettre qu'à l'avenir on ne feroit plus rien de pareil, il n'exécuteroit pas les ordres qu'il avoit. L'électeur fit d'abord réponse qu'il enverroit au prince d'Orange pour savoir ses volontés; mais comme le maréchal de Villeroy lui manda qu'il ne pouvoit accorder de délai, et qu'il falloit sur-le-champ une réponse positive, l'électeur déclara qu'il n'étoit pas en son pouvoir de donner sa parole sur cette affaire : sur quoi, les batteries étant faites, nous bombardâmes la ville pendant deux fois vingt-quatre heures (1), et nous y jetâmes force boulets rouges. Jamais on ne vit un spectacle plus affreux, et rien ne ressembloit mieux à ce que l'on nous raconte de l'embrasement de Troie. On estime que le dommage causé par cet incendie montoit à vingt millions.

De Bruxelles, nous nous mîmes en marche pour tenter le secours de Namur; et ayant été joints par les détachemens venus d'Allemagne, nous allâmes par la grande chaussée.

Après avoir passé le défilé des Cinq-Etoiles, comme nous commencions à camper sur la Méhaigne, nous vîmes paroître de l'autre côté un gros corps de cavalerie. D'abord nous crûmes que ce pouvoit être l'armée d'observation du prince d'Orange, qui vouloit nous disputer le passage de la rivière; mais nous aperçûmes bientôt que cela n'étoit point suivi. C'étoit M. de La Forest, qui venoit avec trente escadrons nous reconnoître. M. le maréchal de Villeroy prit tout ce qui se trouva de cavalerie dans le camp, car la plus

(1) Le bombardement commença le 13 août.

grande partie étoit allée au fourrage; et passant à Boneff, il attaqua La Forest, qui songeoit déjà à se retirer. Il fut poussé et suivi jusqu'auprès du camp ennemi, d'où il sortit beaucoup d'infanterie pour faciliter la retraite de La Forest : sur quoi nous jugeâmes aussi à propos de nous retirer à notre camp, crainte que toute l'armée ennemie ne sortît sur nous, ayant plus de deux lieues de chemin à faire. Nous ne fûmes pas suivis. Dans cette action nous ne perdîmes qu'une centaine d'hommes, et M. de La Forest en perdit au moins quatre cents.

Le lendemain, nous allâmes reconnoître le camp des ennemis, que nous trouvâmes de toutes parts bien postés et retranchés; de manière qu'il fut déterminé qu'on ne pouvoit les attaquer avec espérance de réussir. Nous ne restâmes que trois jours dans ce camp; car ayant appris que Namur s'étoit rendu (1), nous décampâmes aussitôt, et regagnâmes nos frontières. A la fin d'octobre, les ennemis ayant commencé à se séparer pour entrer en quartiers d'hiver, nous en fîmes autant. Le maréchal de Boufflers avoit fait une belle défense, tant dans la ville que dans le château. Ce dernier étant entièrement ouvert, il soutint l'assaut général; et quoique les ennemis fussent déjà entrés dans la place, il les rechassa avec une perte considérable de leur part : mais à la fin, ne voyant plus d'espérance d'être secouru, et ne croyant pas qu'il fût raisonnable d'exposer à un second assaut la garnison fatiguée et diminuée considérablement, il demanda à capituler. Le prince d'Orange lui accorda volontiers toutes les

---

(1) *S'étoit rendu* : La ville fut prise le 4 août, et le château le 2 septembre.

conditions les plus honorables, telles que méritoient sa dignité, son mérite personnel, et ce qu'il venoit de faire : mais après que la garnison fut sortie il fit arrêter le maréchal, sous prétexte que, contre le droit des gens, on retenoit les huit bataillons pris à Dixmude, au lieu de les renvoyer, selon le cartel, au bout de quinze jours après qu'ils eurent été réclamés. A la vérité nous avions tort, et le tout venoit de la faute de M. de Montal, qui avoit fait la capitulation de Dixmude; car s'il y avoit stipulé le mot d'*à discrétion*, au lieu de celui de *prisonniers de guerre*, il n'y auroit eu aucune difficulté. Le maréchal de Boufflers fut mené à Maëstricht, où on le garda jusqu'à ce que le Roi eût promis de relâcher les susdits huit bataillons : sa détention lui donna occasion d'entamer quelques propositions de paix, qui deux ans après produisirent les conférences publiques qu'il tint avec milord Portland.

[1696] Le roi Jacques avoit sous main concerté un soulèvement en Angleterre, où il avoit fait passer nombre d'officiers : ses amis y avoient trouvé le moyen de lever deux mille chevaux bien équipés, et même enrégimentés, prêts à se mettre en campagne au premier ordre; plusieurs personnes de la première distinction s'étoient aussi engagées dans l'affaire; mais tous unanimement avoient résolu de ne point lever le masque, qu'un corps de troupes n'eût premièrement débarqué dans l'île. Le roi Très-Chrétien consentoit volontiers à le fournir; mais il insistoit qu'avant de faire l'embarquement les Anglais prissent les armes, ne voulant point risquer ses troupes sans être sûr d'y trouver un parti pour les recevoir.

Ni les uns ni les autres ne voulant se relâcher de leurs résolutions, de si belles dispositions ne pouvoient rien produire : ce qui détermina le roi d'Angleterre à m'envoyer sur les lieux, pour tâcher de convaincre les Anglais de la sincérité des intentions de la cour de France, et les engager à prendre les armes sans attendre la descente, leur promettant que dans l'instant le marquis d'Harcourt, nommé général de cette expédition, feroit embarquer ses troupes. Je passai donc déguisé en Angleterre. Je me rendis à Londres, où j'eus plusieurs conversations avec quelques-uns des principaux seigneurs : mais j'eus beau leur dire tout ce que je pus imaginer de plus fort, et leur représenter la nécessité de ne pas perdre une si belle occasion, ils demeurèrent fermes à vouloir qu'avant que de se soulever le roi d'Angleterre mît pied à terre avec une armée. Pour dire la vérité, leurs raisons étoient bonnes; car il étoit certain que dès que le prince d'Orange auroit vu la révolte, ou qu'il auroit eu avis du projet (ce qui ne pouvoit demeurer long-temps caché, attendu les préparatifs qu'il étoit nécessaire de faire pour le transport), il auroit dans l'instant mis une flotte en mer, et auroit fait bloquer les ports de France ; au moyen de quoi les soulevés se trouvant obligés de combattre, avec leurs troupes levées à la hâte, contre une bonne armée composée de soldats aguerris et disciplinés, il étoit certain qu'ils auroient été bientôt écrasés.

Ne voyant pas d'apparence de pouvoir faire changer de sentiment à ces seigneurs, et ayant d'ailleurs été informé, pendant mon séjour à Londres, qu'il s'y tramoit une conspiration contre la personne du prince d'Orange, je crus que ma principale mission étant finie, je ne devois pas perdre de temps à regagner la France, pour ne point me trouver confondu avec les conjurés, dont le dessein me paroissoit difficile à exécuter. Je retournai par le même chemin que j'étois venu; et étant arrivé à une maison près de la mer, où je devois avoir nouvelles de mon bâtiment, je me couchai sur un banc, et m'endormis. Au bout de deux heures, je fus éveillé en sursaut par un grand bruit que j'entendis à la porte; et me levant, je vis entrer nombre de soldats armés de fusils. J'avoue que d'abord ma surprise et mon inquiétude furent grandes; mais bientôt j'en fus quitte pour un peu de peur, car, à la lueur d'une lampe, je reconnus le maître de mon bâtiment, qui, crainte d'accident, avoit par précaution mené avec lui une douzaine de matelots bien armés.

Je m'embarquai tout de suite, et j'arrivai à Calais en trois heures de temps.

Ayant de là pris le chemin de Saint-Germain, je rencontrai le roi d'Angleterre, que la cour de France avoit fait partir un peu trop précipitamment, nonobstant ce dont on étoit convenu avec moi, savoir, qu'il ne bougeroit pas jusqu'à ce qu'il eût de mes nouvelles. Ce prince continua sa route pour Calais, et m'envoya à Marly rendre compte de l'affaire dont j'étois chargé. Le roi Très-Chrétien demeurant ferme dans sa première résolution de ne point faire d'embarquement jusqu'à ce qu'il eût appris un soulèvement formel en Angleterre, conclut que l'entreprise ne se feroit pas : toutefois, comme je lui fis part du projet qu'on m'avoit communiqué contre la personne du prince d'Orange, il ordonna que tout resteroit dans le même état, afin d'être prêt à passer en Angleterre, en cas que l'on eût la nouvelle que depuis mon départ il y fût arrivé quelque événement. Ainsi j'allai à Calais rejoindre le Roi : nous y apprîmes bientôt que la conspiration avoit été découverte, beaucoup de coupables arrêtés, et que tous les vaisseaux de guerre qui se trouvoient dans la Tamise avoient ordre de venir aux dunes. La cour de France ne laissa pas de prier le roi d'Angleterre de rester encore quelque temps sur les côtes, quoiqu'il n'y eût plus de possibilité de rien entreprendre.

Il sera utile de dire en peu de mots ce qui regarde cette conspiration, que le prince d'Orange a voulu imputer à son beau-père et au roi Très-Chrétien.

J'ai déjà dit qu'il y avoit deux mille chevaux de prêts à se mettre en campagne pour joindre le Roi à son arrivée. Le chevalier Fenwick, maréchal de camp, devoit se mettre à leur tête ; et on lui avoit envoyé de France nombre d'officiers pour qu'il s'en servît. Le chevalier Barkley, brigadier, lieutenant de ma compagnie des gardes du corps, qui étoit du nombre, se trouvant un jour au cabaret à Londres avec le sieur Porter, gentilhomme catholique, celui-ci lui dit que, pour faciliter le soulèvement prémédité, il avoit imaginé un projet qu'il croyoit devoir rendre la chose presque sûre. Il lui expliqua toutes les allées et venues du prince d'Orange, et dit qu'il se feroit fort, avec une cinquantaine d'hommes, de battre les gardes, et de se saisir de sa personne. Barkley goûta la proposition ; tout fut réglé entre eux, les hommes choisis, et le jour même pris pour l'exécution : de manière qu'ils ne doutoient plus de la réussite. Barkley, que je vis trois jours après mon arrivée à Londres, m'en fit confidence; et quoique je ne trouvasse pas la chose aussi sûre qu'ils la faisoient, je ne crus pas être obligé en honneur de l'en détourner : mais Pendergras, un des conjurés, effrayé du danger, ou, pour mieux dire, dans la vue de la récompense, alla découvrir le tout à milord Portland. Ainsi cette affaire manqua précisément sur le point qu'elle alloit s'exécuter. Le prince d'Orange étoit prêt à sortir, ses carrosses arrivés; mais dans l'instant tout fut renvoyé, et les ordres furent donnés pour tâcher de saisir les coupables, dont on prit plusieurs, qui furent condamnés et exécutés à mort. Porter, qui avoit tout imaginé et proposé, se voyant arrêté, et attiré par la promesse du pardon, servit de témoin contre ses camarades et ses amis; tant il est vrai que la crainte de mourir peut quelquefois déterminer des gens jusqu'alors honnêtes à commettre des actions indignes.

Barkley se sauva; et si j'avois tardé plus long-temps à partir de Londres, j'aurois couru grand risque, car de tous côtés on arrêtoit les passans. Le chevalier Fenwick, qui ignoroit totalement la conspiration, fut arrêté; et quoiqu'il n'y eût pas de preuves suffisantes pour le convaincre d'avoir eu intention de se soulever, le parlement ne laissa pas de le condamner à mort, déclarant que cette manière de procès et de jugement ne pourroit servir d'exemple à l'avenir. La vérité est que le prince d'Orange avoit une haine personnelle contre Fenwick, et se servit de la disposition des esprits et de la conjoncture pour les déterminer, malgré les lois, à sacrifier cet homme à son ressentiment. La noblesse du comté de Lancastre fut plus heureuse; car quoiqu'ils fussent tous dans le projet du soulèvement, et que pour cet effet ils eussent actuellement armé hommes et chevaux prêts à s'en servir, on ne put jamais les condamner, faute de témoins. Le Roi demeura environ six semaines à Calais ou à Boulogne, après quoi il retourna à Saint-Germain; et j'allai servir en Flandre, dans l'armée de M. le maréchal de Villeroy.

Il ne se passa rien de considérable pendant toute la campagne. On ne songea de part et d'autre qu'à subsister; et l'arrière-saison venue, on entra en quartiers d'hiver.

[1697] Je servis encore cette année dans l'armée de M. le maréchal de Villeroy. La paix ayant été faite en Italie, la cour en avoit fait venir toutes les troupes en Flandre, où elle en forma trois armées, sous les ordres des maréchaux de Villeroy, de Boufflers et de Catinat. Les trois faisoient cent trente-trois bataillons et trois cent cinquante escadrons. Catinat fit le siége d'Ath : la défense en fut très-médiocre; de manière qu'il ne dura pas un mois (1). Après cette conquête, nos armées marchèrent en avant du côté de Ninove; mais le prince d'Orange, qui étoit beaucoup inférieur, demeura toujours clos et couvert auprès de Bruxelles. Le maréchal de Boufflers eut plusieurs conférences avec milord Portland, et enfin la paix générale fut réglée; ce qui mit fin et à la campagne et à cette guerre (2). La prise de Barcelone par M. de

---

(1) La ville fut prise le 5 juin. — (2) *A cette guerre :* La paix fut signée à Riswick avec la Hollande le 20 septembre, avec l'Espagne et l'Angleterre le 21, et avec l'Empereur le 4 octobre.

Vendôme, au mois d'août, détermina les Espagnols à signer; et l'Empereur, qui, selon la coutume ordinaire de la cour de Vienne, ne se décidoit jamais qu'après ses alliés, accepta pareillement, après quelques contestations, les conditions que le prince d'Orange avoit réglées pour lui.

Le roi d'Angleterre eut la mortification de voir l'usurpateur reconnu pour roi; mais il ne s'en prenoit qu'à son mauvais sort, et au besoin que la France avoit de la paix, sans en conserver aucun ressentiment contre le roi Très-Chrétien, dont il avoit reçu tant de marques d'amitié. Par le traité de paix, il avoit été stipulé que le prince d'Orange paieroit régulièrement à la reine d'Angleterre son douaire : mais quand la France en demanda l'exécution, milord Portland soutint que le maréchal de Boufflers lui avoit promis qu'en faveur de cet article le roi d'Angleterre sortiroit de France. Boufflers avoua que Portland lui en avoit parlé, mais qu'il ne s'étoit engagé à rien. Quoi qu'il en soit, la France ne crut pas devoir recommencer la guerre pour ce douaire; et la Reine n'en a jamais rien touché.

L'on fit une grande réforme dans les troupes irlandaises, que l'on réduisit à huit régimens d'infanterie et un de cavalerie. Les gardes du corps furent réformés; et l'on me donna un régiment d'infanterie, dans lequel cent cinq gardes furent incorporés comme cadets, avec haute paie.

[1698] Ma femme, que j'avois épousée en 1695, mourut au mois de janvier de cette année. Elle étoit attaquée de la poitrine; et je l'avois menée à Pezénas en Languedoc, dans l'espérance que l'air de ce pays pourroit rétablir sa santé. Elle étoit fille du comte de Clanricard, de l'ancienne et illustre famille des Bourke en Irlande (1).

[1699] Je fis un voyage en Italie, pour mon plaisir uniquement : j'allai à Turin ; de là, par la Lombardie, à Venise ; et ensuite, par Lorette, à Rome. Le cardinal de Bouillon, qui y étoit chargé des affaires de la France, me logea chez lui.

La duchesse de Bracciano, qui depuis a pris le nom de princesse des Ursins (2), étoit aussi alors à Rome, et j'allois tous les jours la voir, l'ayant connue en France. Elle étoit brouillée à outrance avec le cardinal de Bouillon : j'en dirai en peu de mots l'origine, afin de faire voir que souvent les plus grandes querelles ne viennent que de sujets très-légers. Le duc de Bracciano étant mort, le cardinal, qui étoit fort ami de la duchesse, courut chez elle, afin d'empêcher que la justice n'y pût mettre le scellé ; car c'est à Rome un privilége des cardinaux que les gens de justice ne peuvent entrer dans les maisons où ils sont. Madame de Bracciano fit servir un grand dîner dans son antichambre pour le cardinal, lequel n'en voulut pas, prétendant devoir manger avec elle au chevet de son lit. Elle eut beau représenter que, le corps de son mari étant encore dans la maison, ce seroit contre la bienséance, il s'en tint très-offensé, et le soir s'en retourna chez lui à jeun. Peu de jours après, madame

(1) Il m'en reste un fils, qui naquit le 21 octobre 1696, et à qui en 1716 j'ai cédé la duché de Liria en Espagne. Il s'est marié la même année à dona Catharina de Portugal, sœur et unique héritière du duc de Veraguas. (*Note du maréchal de Berwick.*) — (2) *Des Ursins*: Anne de La Trémouille, veuve du prince de Chalais, avoit épousé le duc de Bracciano, chef de la maison des Ursins.

de Bracciano voulut faire tendre ses appartemens de violet, ainsi qu'elle prétendoit qu'il étoit permis à la maison des Ursins : le cardinal, piqué de ce qui s'étoit passé auparavant, s'y opposa fortement, soutenant que c'étoit une distinction uniquement réservée aux cardinaux. L'affaire fut décidée en faveur de madame de Bracciano; et depuis non-seulement ils ne se sont plus vus, mais ils ont cherché l'un et l'autre à se faire tout le mal possible.

Comme ami commun, je crus que je pourrois peut-être les raccommoder, d'autant qu'il n'y avoit réellement aucun sujet valable d'être ennemis irréconciliables. J'en parlai à l'abbé de La Trémouille, depuis cardinal, et frère de la duchesse. Il me témoigna que cela lui feroit grand plaisir, d'autant que, malgré la brouillerie de sa sœur, il ne laissoit pas que d'aller très-souvent chez le cardinal. Je n'eus pas grande peine à faire convenir les parties de se raccommoder et de se voir, à condition de n'entrer dans aucun éclaircissement. Il n'étoit donc plus question que de la première visite. Le cardinal, qui naturellement étoit l'homme du monde le plus glorieux, et qui se targuoit encore plus de sa naissance que de sa dignité, insista sur ce que la duchesse eût à lui faire la première visite. Malgré tout ce que je lui pus dire, l'assurant que je ne pouvois proposer pareille chose; que les démarches de civilité envers les dames ne tiroient jamais à conséquence, et que les hommes se faisoient honneur de commencer à leur égard, il n'en voulut point démordre, et je cessai de travailler davantage à leur réconciliation.

La duchesse, plus brouillée que jamais avec le cardinal, remua ciel et terre pour lui nuire; et il n'y donna que trop d'occasion par sa conduite dans l'affaire de l'archevêque de Cambray, qu'il soutint hautement, quoique le roi Très-Chrétien ne l'eût envoyé à Rome que pour en solliciter la condamnation. Le Roi, fâché de son procédé, y envoya le prince de Monaco à sa place, et le rappela. Il ne voulut pas obéir, sous prétexte qu'étant absent de Rome, il perdroit le décanat du sacré collége, prêt à vaquer. Le Roi, irrité de sa désobéissance, lui fit faire son procès, fit saisir tous ses revenus, disposa de la charge de grand aumônier de France, et lui ordonna de remettre le cordon de l'ordre. Mais comme tout le reste n'est pas de mon sujet, je n'en dirai pas davantage, sinon que la duchesse de Bracciano eut plus de part que personne à échauffer la cour contre le cardinal, qui ne cessa depuis de faire des folies. Au reste, son apologie a été imprimée; on peut la consulter.

Ma curiosité ne me porta pas à aller à Naples : ainsi, après avoir resté six semaines à Rome, je retournai en France par les Etats du grand duc, par Gênes et par Turin.

[1700] Je me remariai au mois d'avril avec mademoiselle de Bulkeley, fille de madame de Bulkeley, dame d'honneur de la reine d'Angleterre, et de M. Bulkeley, frère de milord Bulkeley. Je restai tranquille cette année.

Charles II, roi d'Espagne, mourut le premier du mois de novembre, et déclara par son testament le duc d'Anjou, second fils du Dauphin, son seul et unique héritier. Il avoit depuis long-temps consulté en secret la cour de Rome sur cette affaire; et ce fut de l'avis d'Innocent XII qu'il se détermina, espérant par là empêcher les guerres, et conserver en son entier toute la monarchie d'Espagne; car il ne pouvoit s'imaginer que toute l'Europe réunie pût ou voulût même empêcher ou troubler cette succession, du moment que la France la soutiendroit; et d'autant plus que, par le choix qu'il faisoit d'un cadet de la maison de France, et par la dénomination des autres successeurs en cas que celui-ci mourût sans enfans, il prévenoit la jonction des deux royaumes sous un seul chef.

Dès que l'ambassadeur d'Espagne eut reçu ordre de la régence de porter ce testament au roi Très-Chrétien, il courut à Versailles; mais il fut bien surpris de n'avoir pour réponse qu'un *Je verrai*. En effet, le Roi balançoit fort sur le parti qu'il avoit à prendre, ou d'accepter le testament, ou de s'en tenir au traité de partage qu'il avoit peu auparavant conclu avec le roi Guillaume et la Hollande : le premier flattoit plus sa gloire, et la tendresse d'un grand-père; mais le dernier étoit plus avantageux pour la France, attendu que, moyennant la cession de l'Espagne, des Indes, des Pays-Bas et du Milanais à l'archiduc, le Guipuscoa devoit appartenir à la France, et les royaumes de Naples et Sicile au duc d'Anjou et à ses héritiers. Enfin, après quelques jours de conseil, le Roi déclara à l'ambassadeur d'Espagne qu'il acceptoit le testament, et aussitôt le duc d'Anjou fut salué roi : tous les Etats de la monarchie d'Espagne le reconnurent, et ce nouveau monarque partit à la fin de l'année pour Madrid.

Les Hollandais faisoient difficulté de le reconnoître.

Le Roi son grand-père, de concert avec l'électeur de Bavière, oncle du jeune roi, et gouverneur des Pays-Bas, fit entrer, à même heure et à même jour, les troupes de France dans toutes les places de Flandre, et se saisit des troupes hollandaises qui y étoient en garnison. Le Roi déclara en même temps qu'il les relâcheroit dès l'instant que les Etats-généraux reconnoîtroient le roi d'Espagne; ce qu'ils firent au plus tôt, aussi bien que le roi Guillaume : et alors le Roi fit relâcher les troupes hollandaises, faute des plus grandes, car par là il mettoit les ennemis en état de lui faire la guerre; au lieu que s'il les avoit gardées jusqu'à ce qu'il eût eu d'autres sûretés que des paroles, il auroit prévenu tout le sang que cette fameuse querelle a fait verser dans les quatre coins de l'Europe.

L'Empereur, qui avoit publiquement protesté contre le testament du feu roi d'Espagne, se préparoit à la guerre : il résolut de la commencer par l'Italie, dont la possession l'a toujours beaucoup plus flatté qu'aucune autre partie de l'Europe. Le roi Très-Chrétien, pour s'opposer à ses desseins, envoya au secours du Milanais quarante bataillons et autant d'escadrons, commandés par le comte de Tessé, et le tout aux ordres du prince de Vaudemont, gouverneur du pays. Il engagea le duc de Savoie à joindre ses troupes avec celles des deux couronnes, dont il fut déclaré généralissime; il fit en même temps solliciter les princes d'Italie de faire entre eux une ligue pour le maintien de la tranquillité de leur patrie, contre tous ceux qui entreprendroient de la troubler. Dans ces entrefaites, le roi d'Angleterre [1] résolut de m'envoyer à Rome pour y faire un compliment au nouveau pape Clément XI, qui avoit succédé cette année à Innocent XII, et veiller à ses intérêts dans cette nouvelle scène des affaires de l'Europe. J'avois aussi ordre principalement d'offrir, de la part du roi d'Angleterre, mes services au Saint-Père, pour commander l'armée que la France le pressoit de lever; et le roi Très-Chrétien souhaitant fort que mon offre fût acceptée, ordonna au cardinal de Janson de faire sur cela tout ce qu'il pourroit.

[1701] Je partis de Saint-Germain au mois de janvier, et me rendis d'abord à Turin, où j'eus plusieurs conférences avec le duc de Savoie sur les affaires d'Angleterre. Le prince d'Orange venoit de proposer un acte au parlement pour exclure de la couronne tout catholique, et établir la succession dans la famille d'Hanovre. C'étoit un tort manifeste que l'on faisoit à plus de quarante princes dont le droit étoit antérieur; et la duchesse de Savoie étoit la première lésée, comme héritière immédiate de cette couronne, après les enfans du roi d'Angleterre. Je représentai au duc de Savoie que son silence dans cette occasion pourroit être regardé comme un consentement, et qu'il ne pouvoit convenir ni à son honneur ni à ses intérêts d'acquiescer à un acte qui détruisoit les droits incontestables de sa famille. D'abord il me fit de grandes difficultés, tant sur ce qu'il s'attiroit par là de très-puissans ennemis, que sur l'inutilité de la chose en soi-même : mais lui ayant repré-

---

[1] *Roi d'Angleterre :* Jacques II.

senté que le roi Très-Chrétien approuveroit fort les démarches qu'il feroit sur cela, et que j'avois ordre de le lui dire de sa part, il consentit à ma proposition, et ordonna à son ministre à Londres de faire une protestation publique contre cet acte. En effet, ce ministre alla au parlement avec un notaire, et en fit la signification. Cela n'empêcha pourtant pas l'acte de passer; et la princesse Sophie, douairière d'Hanovre, fut déclarée héritière de la couronne, en cas que le prince d'Orange et la princesse de Danemarck mourussent sans enfans.

De Turin, j'allai à Modène, où j'eus plusieurs conversations avec le duc de ce nom sur les affaires présentes. Je lui fis voir le danger évident pour l'Italie, si la guerre s'y allumoit; car, outre les petits désordres et les dégâts inévitables, les petits souverains se trouveroient à la merci du vainqueur, quel qu'il fût ; qu'ainsi il étoit de leur intérêt commun de s'unir ensemble, pour tâcher de prévenir la guerre. A la fin, après lui avoir fait naître beaucoup de crainte, je l'engageai à me dire qu'il feroit ce que le Pape voudroit, et qu'il me prioit d'en assurer Sa Sainteté de sa part. De là je me rendis à Rome, où d'abord j'eus quelque difficulté sur le cérémonial, car je prétendois qu'on me donnât un tabouret à l'audience du Pape, ainsi qu'on l'avoit fait à feu M. de Turenne, et ainsi que le prétendoient les grands d'Espagne, à qui pour le moins je ne me croyois point inférieur. Après quinze jours de négociation, j'acceptai un *mezzo termine* : savoir, qu'après avoir fait mes génuflexions ordinaires et baisé la mule du Pape, il m'embrasseroit, et, se levant de son fauteuil, il se promeneroit avec moi dans sa galerie et dans ses appartemens. A la première audience que j'eus, après l'avoir assuré du respect et du zèle du roi d'Angleterre pour le Saint-Siége, je lui dis que pour en donner une preuve ce prince m'avoit chargé de lui offrir mes services, et que même il trouveroit moyen de lui envoyer des troupes irlandaises. Le Pape me répondit par beaucoup de complimens et de marques de tendresse, mais il n'entra nullement dans la proposition que je lui fis. Il étoit timide, et naturellement irrésolu; il voyoit bien la nécessité d'avoir des troupes, pour n'être pas exposé aux insultes des deux parties ; mais il craignoit d'irriter l'Empereur, pour qui les Italiens ont toujours de grands égards : et quoiqu'on ne lui proposât pas de se déclarer contre ce prince, mais seulement contre l'agresseur, il ne voulut jamais prendre d'autre parti que celui de lever quelques mauvais régimens, qui lui coûtèrent beaucoup d'argent, sans aucun profit. Il trouva même moyen, par cette conduite, de désobliger la France et l'Empire, et dans la suite de le payer bien cher. Il me dit plusieurs fois, en plaisantant, que les prêtres n'étoient guère capables de régler les affaires militaires; il me pria même de vouloir examiner si les deux généraux qu'il venoit de nommer étoient habiles : en effet, ces deux messieurs vinrent me trouver, et j'appris d'eux leurs services. Le premier se nommoit le comte Massimo, gouverneur du château Saint-Ange : il avoit autrefois servi en Flandre dans un emploi subalterne; mais depuis le siége de Dunkerque il s'étoit retiré en Italie. Le second étoit le comte Paulucci, frère du cardinal du même nom, qui ne put se vanter que d'avoir été capitaine de cavalerie pendant un an ou deux dans l'Etat de Milan, en temps de paix.

Le cardinal de Janson, qui étoit chargé des affaires de France à Rome, fit de son côté tout ce qu'il put pour déterminer le Pape; mais il n'en put jamais venir à bout. Après six semaines de séjour, j'appris que le roi d'Angleterre avoit eu une attaque d'apoplexie, et qu'il devoit aller aux eaux de Bourbon; sur quoi je pris incontinent congé du Saint-Père, et m'en retournai en toute diligence en France.

Je trouvai le Roi un peu mieux, et l'accompagnai à Bourbon; mais ces eaux, au lieu de lui faire du bien, lui ayant causé un crachement de sang, il fut obligé de les quitter, et de regagner Saint-Germain.

La guerre paroissant inévitable en Italie, le Roi y envoya le maréchal de Catinat, avec une augmentation de troupes; mais cela n'empêcha pas le prince Eugène, général de l'Empereur, d'y descendre par le Trentin, à la tête d'une armée de soixante mille hommes.

Tout étoit tranquille sur les frontières d'Alsace; mais comme les Hollandais faisoient de grands préparatifs en Flandre, le maréchal de Villeroy fut nommé pour commander sur la Sarre et la Moselle, et le maréchal de Boufflers fut envoyé en Flandre, où j'eus ordre d'aller servir. De part et d'autre, on ne fit aucun acte d'hostilité; chacun ne songeoit qu'à voiturer du canon et des munitions de guerre dans les places, et à y faire des magasins de vivres : quand nos partis se rencontroient, les officiers se faisoient de grands complimens, car le Roi ne vouloit point absolument être l'agresseur.

Au commencement de septembre, le roi d'Angleterre eut encore une attaque; et je retournai au plus tôt à Saint-Germain, où je le trouvai dans un état désespéré. Les remèdes le tirèrent de la léthargie, mais sans donner plus d'espérance : il s'affoiblissoit à vue d'œil; son bon sens et la connoissance lui restèrent presque jusqu'au dernier soupir. Il employa tout ce temps en prières et en méditations. Jamais on ne vit plus de patience, plus de tranquillité, plus de joie même lorsqu'il songeoit à la mort, ou qu'il en parloit. Il prit congé de la Reine avec une fermeté extraordinaire, et les pleurs de cette princesse désolée ne firent sur lui aucune impression, quoiqu'il l'aimât tendrement; tout ce qu'il lui dit pour retenir ses larmes fut : « Songez, madame, que je vais être heu-« reux à jamais. » Le roi Très-Chrétien étant venu le voir, l'assura qu'il auroit pour son fils les mêmes égards que pour lui, et qu'il lui rendroit les mêmes honneurs. Le roi d'Angleterre le remercia en peu de mots des marques passées de son amitié, et de ce qu'il venoit de lui promettre; puis l'ayant embrassé, le pria de ne pas rester plus long-temps dans un endroit si triste. Toute la cour de France vint aussi à Saint-Germain, et fut témoin de la piété et de la sainteté de ce héros chrétien. Le prince de Conti voulut y rester tout le temps, et m'avoua que cette mort le surprenoit et le touchoit infiniment. Il sembloit que Dieu vouloit qu'on n'en pût ignorer toutes les circonstances, car pendant tout le temps de sa maladie les portes de sa chambre ne furent plus gardées, de manière que tout le monde y entroit; et comme ses rideaux furent toujours ouverts, on le voyoit dans son lit, où d'ordinaire il tenoit les yeux fermés, pour être plus recueilli. Enfin le 16 septembre, à trois heures après midi, il expira; et dans l'instant nous allâmes chez le prince de Galles le saluer roi. Les rois de France et d'Espagne le reconnurent comme tel, et ce fut un des motifs dont le prince d'Orange se servit pour engager le parlement d'Angleterre dans la guerre contre les deux couronnes.

[1702] Vers le commencement de cette année, le prince d'Orange mourut (1); et la dernière chose qu'il fit avant que d'expirer fut de signer l'acte d'abjuration (2) du jeune roi d'Angleterre.

Quelque raison que j'aie pour ne point aimer la mémoire de ce prince, je ne puis pourtant lui refuser la qualité de grand homme, et s'il n'avoit pas été usurpateur, celle de grand roi. Il avoit su dès sa jeunesse se rendre presque le maître de sa république, malgré le crédit et l'autorité des de Witt. Il avoit infiniment d'esprit, étoit habile politique, et ne se rebutoit jamais dans ses projets, quelque obstacle qui se présentât. Il étoit très-sévère, mais naturellement point cruel; il étoit très-entreprenant, mais point général. On le soupçonnoit de n'avoir pas beaucoup de courage : toutefois on peut dire que du moins il étoit brave jusqu'au dégaîner. Son ambition a paru dans tous les manéges qu'il a faits pour détrôner un prince qui étoit son oncle et son beau-père; et cela ne peut avoir réussi que par nombre de voies aussi opposées

---

(1) *Le prince d'Orange mourut* : Il mourut le 9 mars, à l'âge de cinquante-deux ans. — (2) *L'acte d'abjuration* : L'acte qui excluoit du trône le fils de Jacques II, qu'on appela depuis *le chevalier de Saint-Georges*.

au devoir d'un honnête homme que contraires au christianisme.

Peu de temps après la paix de Riswick, le roi Très-Chrétien avoit proposé au roi d'Angleterre, que s'il vouloit laisser le prince d'Orange jouir tranquillement du royaume, il en assureroit la possession après sa mort au prince de Galles. La Reine, qui étoit présente à la conversation, ne donna pas au Roi son mari le temps de répondre, et dit qu'elle aimeroit mieux voir son fils mort que possesseur de la couronne au préjudice de son père : ainsi le roi Très-Chrétien changea de discours. Il y a apparence que ce qu'il en disoit avoit été concerté avec le prince d'Orange ; et ce fut, si je l'ose dire, une grande imprudence de refuser une pareille offre.

Dès que le prince d'Orange fut mort, la princesse de Danemarck (1) fut proclamée reine sans aucune opposition. Le roi Jacques se contenta de publier un manifeste par voie de protestation, pour établir ses droits contre ceux de la reine Anne sa sœur.

L'on trouvera le reste de ces Mémoires plus détaillé, à cause que j'ai commencé cette année à écrire régulièrement tout ce qui se passoit.

Monseigneur le duc de Bourgogne fut nommé pour commander l'armée de Flandre, ayant sous lui le maréchal de Boufflers. J'eus ordre d'y servir, et me rendis à Bruxelles en même temps que ce prince. Nous y apprîmes que le maréchal de Boufflers ayant assemblé partie de l'armée de l'autre côté de la Meuse, avoit marché pour attaquer le comte de Tilly à Santen. Dès

(1) *De Danemarck :* Anne, fille de Jacques II, avoit épousé le prince de Danemarck.

que les ennemis virent arriver l'armée de France, ils décampèrent avec précipitation, et eurent le bonheur de faire leur retraite sans être en aucune façon inquiétés ni suivis. On blâma fort le maréchal, car il auroit pu aisément battre Tilly, qui étoit de la moitié plus foible que lui. Il est facile d'imaginer quelle auroit été la conséquence d'un heureux succès au commencement de la campagne et de la guerre : outre que la levée du siége de Kayserswerth s'en seroit infailliblement ensuivie, cela auroit donné aux troupes de France une supériorité et une réputation infinie.

Ce coup manqué, et monseigneur le duc de Bourgogne arrivé à Santen avec quelques troupes d'augmentation, tout le monde s'attendoit avec raison que nous ne demeurerions pas les bras croisés, vu que partie de l'armée ennemie étoit occupée au siége de Kayserswerth de l'autre côté du Rhin, et que le reste étoit en trop petit nombre pour s'opposer à nos entreprises (car pour ce qui étoit des troupes allemandes, elles ne pouvoient joindre les alliés de plus de six semaines); mais, par la timidité du maréchal, ou par une fatalité malheureuse, nous demeurâmes tranquilles à Santen pendant presque tout le siége de Kayserswerth. Il n'est pas fort difficile de dire quelles entreprises on auroit pu former : la commodité de la Meuse offroit d'un côté le siége de Grave, si l'on ne vouloit pas attaquer Maëstricht; Cologne étoit une ville en deçà du Rhin, sans autres fortifications qu'une simple muraille (la conquête en eût été aussi facile qu'utile et éclatante); Juliers se pouvoit attaquer, et nous auroit été très-commode pour la communication de la Meuse au Rhin : outre cela, on auroit pu passer le Rhin, soit à

Bonn ou près de Rhinberg, et marcher au secours de Kayserswerth. La seule objection qu'on eût pu faire à cette dernière proposition étoit que le Roi ne vouloit pas que les armées passassent le Rhin, crainte de donner un prétexte à l'Empire de se déclarer contre la France ; mais pour les autres projets, il ne tenoit qu'à nous de les exécuter.

Le comte de Tallard étoit sur les bords du Rhin avec dix-huit bataillons et trente escadrons. Il eut ordre d'incommoder les ennemis dans leur siége, et de rafraîchir la place de temps à autre, d'autant qu'elle n'étoit point investie de notre côté du Rhin; et par conséquent on y entroit par eau tant que l'on vouloit. Le comte de Nassau-Saarbruck, qui commandoit au siége avec dix-huit mille hommes, trouva beaucoup de difficultés, tant par rapport à la vigoureuse défense des assiégés que par rapport au mauvais temps. Il avoit ouvert la tranchée du côté du Rhin : la pluie inonda partie de sa tranchée, et la garnison nettoya le reste ; de manière qu'il fut obligé de recommencer de nouveau ses attaques. M. de Tallard mit quelques pièces de canon en batterie, pour incommoder leur nouvelle tranchée ; mais l'éloignement étoit trop grand pour faire beaucoup de mal.

Pendant que nous étions à Santen, l'on trouva moyen de faire sonder l'électeur de Brandebourg, qui se trouvoit alors à Wesel. On lui envoya plusieurs fois le sieur Bielk, colonel allemand ; et l'électeur parut assez porté à faire un traité avec la France. Nous l'espérions d'autant plus qu'il avoit tout lieu d'être mécontent des Hollandais au sujet de la succession du prince d'Orange, et qu'il avoit fort à cœur de se faire reconnoître roi de Prusse, titre qu'il venoit de prendre du consentement de l'Empereur, mais que beaucoup de princes refusoient de lui donner. Nous comptions qu'en cas que le traité avec le Brandebourg réussît, il joindroit trente mille hommes de ses troupes avec l'électeur de Bavière, qui en avoit vingt-cinq mille; et que par là l'Empereur se trouvant fort embarrassé, et l'Empire n'osant prendre parti, nous passerions en même temps le Rhin, et, portant la guerre en Hollande, nous obligerions les Etats-généraux à demander la paix aux conditions qu'il nous plairoit. Ces vues étoient grandes, et il étoit fort raisonnable de les suivre; mais malheureusement l'électeur de Brandebourg n'agissoit pas de bonne foi, et dans les négociations il n'avoit d'autre but que celui de nous amuser pendant que nous étions dans son duché de Clèves, et par là nous obliger à avoir des ménagemens pour son pays. Nous lui fîmes offrir toutes les conquêtes que nous ferions sur le Rhin, sur le Wahal en Hollande, ou dans le pays de Juliers, laissant au roi d'Espagne celles dont nous ferions la conquête en Flandre. Il parut être flatté de ces espérances, mais ne se détermina pas, avouant que s'il n'étoit question que des Hollandais, il ne balanceroit pas; mais qu'à l'égard de l'Empereur il ne savoit comment manquer aux paroles données et aux traités faits avec lui, tant que ce monarque en exécuteroit de son côté toutes les conditions.

Pendant que tout ceci se passoit en allées et venues, le maréchal de Boufflers résolut d'attaquer le comte d'Athlone, général des Hollandais, qui se trouvoit campé à Clerebeck, derrière Clèves. Pour cet effet, nous nous mîmes en marche le 18 de juin, et allâmes à Nogernock, où l'on passa la nuit sans camper. Notre armée étoit composée de trente-sept bataillons et de cinquante-neuf escadrons, outre le corps de M. de Tallard, qui n'étoit plus que de dix bataillons et de trente escadrons, et celui de Caraman, qui avoit neuf bataillons et onze escadrons. Athlone n'avoit que vingt-sept bataillons et soixante-deux escadrons. Le marquis d'Alègre fut détaché avec quelque cavalerie pour reconnoître la situation des ennemis, et en les amusant nous donner le temps d'arriver sur eux. Ils ignoroient totalement notre marche, et s'imaginoient que c'étoit tout au plus un gros parti qui rôdoit; mais le soir ils furent informés de la vérité par un courrier que leur dépêcha l'électeur de Brandebourg. Ils résolurent aussitôt de se retirer vers Grave, et décampèrent à huit heures du soir; mais comme il y avoit des défilés pour sortir de leur camp, qu'il falloit que leurs troupes, leur artillerie et équipages passassent tous par le même chemin, et que c'étoit la nuit, leur marche fut lente et fort embarrassée.

Le marquis d'Alègre se trouva en présence à cinq heures du matin, et fit ce qu'il put pour les amuser; mais ils continuèrent toujours leur marche. A six heures, notre aile gauche arriva, et fut bientôt jointe au grand galop par l'aile droite. Les ennemis ne voyant pas de possibilité à gagner Grave (car nous arrivions sur le flanc de leur marche), et ne trouvant d'autre retraite que Nimègue, ils en prirent le chemin, et avec une telle diligence que notre cavalerie ne put ni les arrêter ni les charger, d'autant que leur infanterie étoit mêlée avec leur cavalerie, et que notre infanterie n'étoit pas encore arrivée. Il n'y eut que cinq escadrons de battus par les régimens du Roi et de Duras, qui prirent un étendard, un lieutenant colonel, et quelques cavaliers. De cette manière, les ennemis se retirèrent en bon ordre jusqu'à environ une portée de canon de Nimègue, où ils firent mine de tenir ferme, à l'abri de quelque infanterie qu'ils jetèrent dans des maisons, et derrière des haies qui s'y trouvèrent. Notre cavalerie alors se mit en bataille; et cependant les bataillons ennemis s'étant jetés dans le chemin couvert, leur cavalerie se mit sur le glacis, la croupe des chevaux aux palissades : notre infanterie arriva, nous nous approchâmes d'eux à portée du mousquet, et l'on auroit pu charger la cavalerie dans cet instant; mais on ne le fit pas : j'en ignore la raison. L'on fit avancer du canon qui tira dessus, sans qu'elle fît aucun mouvement; mais enfin nos grenadiers s'étant approchés à la portée du pistolet, elle se débanda; partie se jeta dans le chemin couvert comme elle put, et partie, en longeant le glacis, gagna les bords du Wahal, et par là entra dans la ville. Cependant le canon de la place tiroit sur nous, et commençoit à nous incommoder beaucoup : ainsi on se retira hors de la portée. Nous eûmes environ trois cents hommes de tués ou de blessés. On jugea que la perte des ennemis montoit à mille. Nous prîmes deux cents charrettes d'artillerie, trois cents autres charrettes, et mille chevaux.

Cette action, quoique peu considérable, ne laissa pas d'être aussi brillante que singulière; car c'est une chose sans exemple qu'une armée en ait couru une autre pendant deux lieues, et l'ait culbutée dans le chemin couvert d'une place, presque sans coup férir. L'on s'étonnera peut-être qu'on ne les ait point chargés, ayant été si long-temps en présence; mais les gens du métier comprendront aisément que dans un pays de plaine, sans fossé, ravine ni ruisseau, il n'est pas facile de joindre un ennemi qui a mille pas d'avance, que lorsqu'il arrive au défilé; et de plus notre infanterie n'étoit pas encore arrivée. A la vérité, si de Norguenow, où nous passâmes la nuit, nous nous étions mis en marche deux heures plus tôt, nous aurions trouvé l'armée ennemie sortant du défilé de Cranenbourg, et elle n'auroit pu nous gagner du pied, ni par conséquent éviter la bataille. Quelques personnes proposèrent d'attaquer l'armée ennemie dans le chemin couvert, attendu que de la place on n'oseroit tirer sur nous, crainte de tuer également amis et ennemis, et que si nous les y battions ils auroient tous été tués ou pris; peut-être même que dans la confusion nous eussions entré pêle-mêle avec eux dans la place: mais on fut si long-temps à délibérer sur cette proposition, qu'il n'y eut plus moyen de l'exécuter; car de pareils coups se doivent faire dans l'instant, et sans donner le temps à l'ennemi de se reconnoître.

Nos soldats se répandirent dans tout le pays, où ils trouvèrent un butin considérable; car les habitans se croyant en sûreté, n'avoient rien emporté.

Le lendemain 12, nous vînmes camper à Donsbruck, auprès de Clèves. Le comte de Tallard et Caraman, qui n'auroient pu arriver à temps si nous avions eu bataille, campèrent dans notre voisinage, et Athlone se plaça de l'autre côté du Wahal. Peu de jours après, Kayserswerth se rendit, après avoir fait une très-belle défense, et coûté beaucoup de monde aux ennemis. L'électeur de Brandebourg, qui étoit allé à La Haye, nous voyant encore plus avant dans son pays, nous fit sonder par deux gentilshommes, qui se rendirent à Clèves pour savoir si on étoit toujours dans l'intention de traiter avec lui, et qu'en ce cas il consentiroit à une neutralité. Quoique nous dussions avoir pour suspect tout ce qui venoit de sa part après ce qui s'étoit passé, on ne laissa pas de répondre affirmativement; sur quoi les deux émissaires envoyèrent un courrier à La Haye, et eurent, par le retour, des lettres de créance. La cour de France envoya aussi un plein pouvoir à M. le maréchal de Boufflers; mais tout cela n'aboutit à rien, car dès qu'on tomboit d'accord de quelque article l'électeur proposoit quelque chose de nouveau : aussi, ne cherchant qu'à nous amuser, il alongea la négociation jusqu'à ce que nous fussions sortis de son duché de Clèves, et alors il rompit tout-à-fait avec nous.

Les fourrages devenant rares, et voulant d'ailleurs être plus à portée d'observer les mouvemens des ennemis, qui se rassembloient derrière Nimègue, nous allâmes camper dans la plaine de Goch; nous fîmes aussi faire deux ponts sur la Meuse, afin de fourrager de l'autre côté, et de pouvoir passer s'il en étoit besoin.

Vers le 15 de juillet, M. de Marlborough, à qui les Hollandais avoient donné le commandement de leurs armées, ainsi qu'il l'avoit des troupes anglaises, vint camper auprès de Grave, d'où le 26 il passa la Meuse; sur quoi nous décampâmes de Goch, passâmes la Meuse à Ruremonde, et allâmes camper à Bray. Nous avions, par ordre de la cour, envoyé un détachement en Alsace; de manière que, le comte de Tallard compris, et tous les autres corps ayant rejoint, nous n'avions que soixante-six bataillons et cent quatorze escadrons. Les ennemis avoient soixante-cinq bataillons et cent trente escadrons, outre une douzaine de bataillons et une vingtaine d'escadrons à portée de les joindre en vingt-quatre heures. De Bray, nous nous avançâmes à Lonoven, d'où nous allâmes à Beringhen. M. de Marlborough proposa de marcher à nous en passant le défilé de Peer, moyennant quoi la bataille étoit inévitable sur les bruyères; mais les députés des Etats-généraux n'y voulurent jamais consentir, non plus qu'à nous attaquer dans notre camp de Lonoven : ce qui fut fort heureux pour nous, car nous étions postés de manière que nous aurions été battus sans pouvoir nous remuer, notre gauche étant en l'air, et notre droite enfoncée dans un cul-de-sac entre deux ruisseaux.

Après avoir passé la Meuse, nous aurions dû rester du côté de Bray ou d'Ath, au lieu de nous aller promener dans les bruyères : par là nous aurions mis Ruremonde et le Brabant à couvert, d'autant que les ennemis ne pouvoient rien entreprendre ni sur l'un ni sur l'autre sans nous avoir auparavant battus ou chassés de là. Notre unique intention étoit donc d'empêcher les ennemis de tirer des convois de Bois-le-Duc, et par là les obliger de se rapprocher de leur pays, faute de vivres, parce que nous ne comptions pas qu'ils pussent en tirer suffisamment de Maëstricht. Ainsi nous allâmes camper à Rythouen, d'où je fus détaché avec six bataillons, six cents grenadiers, treize escadrons et douze pièces de canon, pour occuper Endouen, à deux lieues de notre gauche, sur la Domel. J'appris à mon arrivée qu'il étoit parti un convoi considérable de Bois-le-Duc, et je vis M. de Tilly qui venoit de l'armée des alliés pour aller à sa rencontre. Au lieu de faire passer le convoi par l'autre côté de la rivière d'Aa, il se campa à la franquette sur la bruyère à Geldrop, à cinq quarts de lieue de mon camp : il avoit environ trente escadrons et une douzaine de bataillons.

J'envoyai à dix heures du soir en avertir le maréchal de Boufflers, et lui proposai en même temps de me faire joindre par l'aile gauche de l'armée ; moyennant quoi nous pourrions à la pointe du jour tomber sur M. de Tilly. Le courrier ne rendit ma lettre qu'à quatre heures du matin, de manière que l'aile gauche ne put se mettre en marche qu'à six. Le maréchal me manda que monseigneur le duc de Bourgogne et lui seroient aussi de la partie, et que je pouvois toujours m'avancer avec mes troupes sur l'ennemi : ce que je fis aussitôt en passant la Domel et le ruisseau de Tongrelope, et me mis sur le bord de la bruyère à une petite demi-lieue de M. de Tilly. Le maréchal étant arrivé, ne jugea pas à propos d'attaquer, craignant que l'armée ennemie ne vînt droit sur Endouen pendant que nous serions aux prises avec M. de Tilly, et ne coupât notre retraite ; mais cette appréhension étoit frivole, vu qu'il y avoit trois lieues de là à l'armée ennemie, et que nous aurions eu le temps de battre M. de Tilly, détruire le convoi, et repasser la Tongrelope et la Domel, avant qu'il fût possible à M. de Marlborough d'arriver ; et quand même il auroit pu arriver, notre retraite se pouvoit faire en longeant de l'autre côté de la Tongrelope, et puis passant la Domel au-dessous d'Endouen. De plus, comme nous cherchions les occasions de batailler, il n'y avoit qu'à faire marcher toute l'armée; et si l'ennemi s'avançoit, le combattre dans ces belles plaines. J'eus donc ordre de repasser la Tongrelope, et de me mettre en bataille sur la bruyère, de l'autre côté du pont d'Endouen; ce que j'exécutai. Tilly se mit en marche, et se plaça à couvert de l'Aa. L'armée ennemie ayant appris ce qui se passoit, se mit d'abord en mouvement pour venir au secours du convoi; mais, sur la nouvelle de notre rétrogradation, elle rentra dans son camp, d'où quelques jours après elle alla à Peer. Nous prîmes le même chemin par la bruyère; et ayant su que M. de Marlborough se portoit vers Helectren, nous marchâmes à lui à dessein de l'attaquer. Dès qu'il nous vit paroître, il fit halte, et se mit en bataille; mais comme nous avions nombre de défilés à passer, il étoit près de quatre heures après midi avant que nous pussions également nous y mettre : ainsi, comme il ne nous restoit pas assez de jour pour reconnoître la situation des ennemis et les attaquer, le reste de la journée se passa en canonnade de part et d'autre. Nous eûmes une trentaine d'officiers et deux cents soldats de tués : les ennemis en perdirent, je crois, plus; car leur droite étoit fort exposée, et notre artillerie mieux servie que la leur. Le lendemain 24 août, dès la pointe du jour, monseigneur le duc de Bourgogne fit appeler tous les lieutenans généraux, pour savoir leur sentiment. Nous avions tous été la veille reconnoître la position des ennemis. Leur droite étoit appuyée à des haies où ils avoient mis un très-gros corps d'infanterie, et étoit couverte en avant par un ruisseau marécageux; leur gauche étoit appuyée au ruisseau de Beringhem, et couverte par les censes de Sphippelback, qu'ils avoient pareillement farcies d'infanterie : leur front étoit sur une hauteur qui régnoit de la droite à la gauche, et en avant, à la demi-portée du canon, se trouvoient plusieurs marais et flaques d'eau; ce qui nous auroit obligés à défiler, et il ne nous auroit pas été facile de nous reformer si près de l'ennemi, qui pouvoit tomber en bataille sur nous.

Derrière leur armée se trouvoit le ruisseau d'Helectren, lequel étant bon, nous ne pouvions les tourner. Les choses ainsi reconnues et expliquées, tout le monde décida que le poste des ennemis étoit inattaquable; et ainsi il fut décidé que ne pouvant, faute de pain et de fourrages, rester où nous étions, l'on se retireroit à l'entrée de la nuit par le même chemin par où nous étions venus; ce qui fut exécuté sans que les ennemis nous inquiétassent. Le lendemain, ils nous firent suivre par quelques troupes; mais le tout se passa en escarmouches. L'armée de monseigneur le duc de Bourgogne étoit alors de soixante-dix bataillons et de cent quatorze escadrons; celle des ennemis, de quatre-vingt-douze bataillons et de cent cinquante escadrons.

Le duc de Marlborough, après toutes ces marches et contre-marches, se trouvant entre nous et les places de la Gueldre, ne songea plus qu'à en faire la conquête. Il commença par le siége de Venloo; sur quoi le duc de Bourgogne fit encore assembler les officiers généraux, pour voir ce qu'il y avoit à faire. Il fut résolu qu'on ne pouvoit présentement s'opposer aux progrès des ennemis de ce côté-là ; et voici les raisons qu'on eut.

Pour secourir la Gueldre, il falloit ou battre les ennemis, ou arriver auprès des places : à l'égard du premier point, tout homme de guerre sait que ce n'est pas chose facile de battre des gens qui ont eu le temps de se placer, et qui ont des postes excellens. Si l'on avoit voulu tourner les ennemis, ils n'auroient aussi qu'à se tourner par leur droite à couvert de la Nèze, qui tombe dans la Meuse, entre Ruremonde et Venloo ; ou par leur gauche s'appuyer au château de Stacken d'un côté, et à des marais et bois de l'autre. A l'égard du second, savoir, d'arriver aux places de la Gueldre, il n'y avoit que deux chemins à prendre, celui de Ruremonde et de Steventwert, ou celui de Liége, pour y passer la Meuse, et se porter par l'autre côté. Pour ce qui étoit d'aller à Ruremonde ou Steventwert, les ennemis nous en barroient le chemin, par la position qu'ils avoient prise. Reste donc à aller à Liége : le tour étoit si grand, qu'il falloit presque autant de temps pour le faire que pour prendre Venloo ; mais quand même cela n'auroit pas été, dès que nous aurions eu passé la Meuse les ennemis en auroient fait autant, et se seroient mis toujours entre nous et la place assiégée ; ou, s'ils eussent voulu, ils n'avoient qu'à quitter leurs entreprises sur la Gueldre, et marcher droit à Bruxelles, Louvain et Malines, en un mot prendre tout le Brabant : de plus, nous étions si fort gênés par nos vivres, que nous ne pouvions nous en écarter sans courir risque de faire périr l'armée ; outre que les ennemis avoient vingt bataillons de plus que nous, et que chacun de leurs bataillons avoit au moins cent hommes de plus que les nôtres. Il fut donc déterminé que nous ne songerions pas au secours de la Gueldre, mais qu'on tâcheroit de faire quelque diversion en Flandre.

Pour cet effet, M. d'Usson, lieutenant général, fut détaché avec quelques troupes pour aller joindre le marquis de Bedmar, gouverneur des armes dans les Pays-Bas. Celui-ci marcha à Hultz, et d'abord il se rendit maître de quelques redoutes; mais le commandant de la place ayant lâché les eaux, il fallut abandonner l'entreprise. On auroit dû l'avoir prévu, et ne point exposer les troupes des deux couronnes à une retraite honteuse et précipitée. Il nous en coûta cinq cents hommes.

Le Roi, voyant le mauvais train que prenoit cette campagne, fit revenir de l'armée monseigneur le duc de Bourgogne, afin qu'il n'eût pas le déshonneur d'être uniquement spectateur des conquêtes de M. de Marlborough.

Les ennemis ayant ouvert la tranchée, et fait brèche au fort de Saint-Michel, le prirent d'assaut. Venloo se rendit (1) au bout de dix jours de tranchée ouverte; Steventwert dura très-peu, et Ruremonde capitula (2) le cinquième jour de tranchée. Nous nous étions avancés à Tongres pour observer les ennemis, et faire semblant de vouloir les empêcher de s'avancer davantage. Le comte de Tallard avoit été détaché avec dix-sept bataillons et vingt-cinq escadrons, pour aller retirer de Bonn l'électeur de Cologne. Il le fit, et laissa dans la place onze bataillons et quelques escadrons, aux ordres de M. d'Alègre. Ensuite l'électeur s'approcha

(1) *Se rendit :* Le 23 septembre. — (2) *Capitula :* Le 7 octobre.

de Cologne : cette ville, craignant le bombardement, fit un traité de neutralité, et s'engagea à n'avoir que huit mille deux cents hommes de garnison, et cela seulement des troupes de Westphalie; à permettre le commerce, et à chasser un officier qui avoit fait tirer du canon contre l'électeur. Pour montrer leur bonne foi, les magistrats firent dans l'instant sortir de la ville deux bataillons hollandais qui y étoient en garnison. De Cologne, Tallard marcha à Luxembourg, puis à Trèves, et prit ensuite Traërback. M. de Marlborough nous voyant si foibles, et si peu d'humeur à nous opposer à ses entreprises, résolut de profiter du temps et de l'occasion, et proposa aux députés des Etats-généraux le siége de Liége. D'abord ils s'y opposèrent; car les Hollandais naturellement ne vouloient point d'action dont le sort pouvoit être douteux, sachant que les batailles décident des Etats, et les peuvent dans un instant culbuter. Ils craignoient donc que, rassemblant toutes nos forces, nous ne vinssions les attaquer : mais Marlborough leur ayant fait voir clairement que le détachement que nous avions envoyé en Allemagne, et celui de M. de Tallard, qui étoit allé sur la Moselle, nous avoient tellement affoiblis que nous n'oserions hasarder un combat, les députés enfin consentirent à l'entreprise.

Cependant le maréchal de Boufflers se trouvoit dans un embarras terrible : quoique brave de sa personne, il craignoit les ennemis; et d'un autre côté il savoit les discours qu'à la cour et à l'armée on tenoit sur son compte. Il n'avoit pas assez de troupes pour chercher à livrer bataille, n'ayant que soixante-deux bataillons et quatre-vingt-six escadrons; d'un autre côté, il ne lui étoit plus possible maintenant de couvrir Liége et le Brabant. Il falloit donc opter, et c'est ce qui l'affligeoit. En effet, quelque parti qu'il prît, il étoit toujours sûr de faire quelque perte considérable, et par conséquent d'être blâmé : à la vérité, s'il avoit voulu prendre ses mesures dès qu'il eut abandonné la Gueldre, il auroit pu faire un bon camp retranché sous Liége, ainsi que les ennemis l'avoient pratiqué la dernière guerre ; moyennant quoi, en y laissant trente ou trente-cinq bataillons, la place auroit été en sûreté : avec le reste, il se seroit tenu derrière les Gettes, ce qui auroit couvert le Brabant ; mais il n'en avoit plus le temps : ainsi il se contenta de jeter huit bataillons dans les châteaux et citadelle de Liége. Le 13 octobre, les ennemis arrivèrent devant la ville, qui leur ouvrit les portes ; les batteries commencèrent à tirer le 20 contre la citadelle. Ils en attaquèrent le 23 le chemin couvert, et y trouvèrent si peu de résistance, que voyant une brèche faite au corps de la place, et le fossé peu profond, ils montèrent à l'assaut, et emportèrent la citadelle. Le sieur de Violaine, qui y commandoit, ne put jamais excuser sa négligence : il n'avoit fait aucune disposition, et ne parut à la tête des troupes que lorsque les ennemis étoient déjà maîtres de la place. Dès que nous apprîmes cette triste nouvelle, nous rentrâmes dans nos lignes à Jandrin, mettant notre droite près de Boneff sur la Méhaigne, et notre gauche au ruisseau de Josse.

La Chartreuse de Liége ne fit pas une plus longue défense que le reste. Dès que le canon commença à tirer, la garnison capitula ; après quoi les ennemis ne songèrent plus qu'à se séparer, ce qu'ils firent dans les premiers jours de novembre, à notre grand contentement; car, dans le train où nous étions de laisser tout faire, ils n'auroient trouvé de notre part aucun obstacle à leurs entreprises. Notre armée fut aussi renvoyée dans les quartiers d'hiver.

Le maréchal de Villeroy, qui étoit prisonnier en Allemagne, revint cet hiver à la cour. Voici son aventure en peu de mots. Vers la fin de la campagne de 1701, le Roi, peu content de la conduite du maréchal de Catinat, l'avoit envoyé commander l'armée d'Italie, sous les ordres du duc de Savoie, généralissime des deux couronnes. Il y donna le combat de Chiari, où nos troupes furent repoussées, et très-malmenées; ensuite ayant mis pendant l'hiver son quartier général à Crémone, et cette ville ayant été surprise par le prince Eugène, il y fut pris, et emmené en Allemagne. Jamais peut-être il n'est rien arrivé à la guerre de plus singulier : une armée surprend une ville, y prend le général; et toutefois les troupes qui s'y trouvent, quoique beaucoup inférieures en nombre, dispersées dans différens quartiers, sans chef et sans ordre, ont la fermeté de courir de toute part sur les ennemis, et enfin de les rechasser totalement de la ville.

[1703] Le Roi, qui aimoit tendrement le maréchal de Villeroy, fit tant solliciter l'Empereur, que celui-ci le relâcha; et aussitôt il fut nommé pour général de l'armée de Flandre, ayant sous lui le maréchal de Boufflers, dont la cour n'étoit que médiocrement satisfaite. Je resservis encore dans cette armée.

Dès les premiers jours de mai, les troupes commencèrent à s'assembler; et le septième, nous campâmes en front de bandière à Tirlemont, avec cinquante bataillons et cent escadrons. Le dessein du maréchal de Villeroy étoit de tâcher de surprendre quelques quartiers des ennemis dispersés le long du Demer et du Jarre, et de profiter de l'absence du duc de Marlborough, qui dans ce temps-là faisoit le siége de Bonn.

Nous marchâmes le 9 mai par la grande chaussée, et investîmes tout à coup Tongres, où il y avoit deux bataillons.

M. d'Owerkerque, général des Hollandais, qui commandoit dans l'absence de M. de Marlborough, ayant appris que nous nous assemblions, avoit résolu de venir se camper, avec ce qu'il pourroit ramasser de troupes, sur les hauteurs de Tongres, mettant sa gauche à la ville, et la droite tirant vers Hasselt, moyennant quoi il auroit été dans un poste excellent, et nous auroit barré l'entre-deux du Demer et du Jarre; mais notre diligence rompit ses mesures: ainsi il fut obligé de se camper auprès de Maëstricht, pendant que nous attaquâmes Tongres. Nous n'y observâmes pas grande cérémonie, la ville n'ayant pour toute défense qu'une muraille, flanquée de quelques méchantes tours. On planta du canon, qui tira le même jour. Le lendemain, comme il commençoit à y avoir brèche, la garnison se rendit à discrétion (1): nous y prîmes les équipages du duc de Wurtemberg, général des Danois, et du major général Herbo. Nous nous campâmes ensuite, la droite à Bedoé sur le Jarre, et la gauche sur les hauteurs tirant vers Hasselt; et nous laissâmes Borkloën derrière nous.

Le maréchal de Villeroy voulut ensuite faire une

(1) Le 10 mai.

tentative sur les ennemis. Pour cet effet, nous fîmes une marche de nuit, et arrivâmes le 14 à huit heures du matin en présence; nous les trouvâmes en bataille, la droite à Petersem, et la gauche à Maëstricht : mais peu de temps après, avant que notre infanterie fût arrivée, ils rehaussèrent leur droite. Nous reconnûmes leur situation, pour voir la manière dont il faudroit faire les dispositions de la bataille; mais, après avoir bien examiné, nous jugeâmes que le poste étoit inattaquable. Leur droite étoit appuyée à Lonaken, village très-fort, situé sur une hauteur qui dominoit toute la plaine; et leur front étoit couvert par un chemin creux qui va de Lonaken à Maëstricht. Leur armée étoit de trente-cinq à quarante bataillons, et d'environ soixante-dix escadrons. Le maréchal de Villeroy ayant trouvé les avis de messieurs les officiers généraux conformes aux siens, remarcha le même jour à son camp, près de Tongres.

Le duc de Marlborough ayant pris Bonn (1), où le marquis d'Alègre fit une très-belle défense, revint joindre Owerkerque. Son armée se trouva composée de soixante-cinq bataillons et de cent vingt escadrons. Il passa le Jarre auprès de Maëstricht, et se campa à Outem; sur quoi nous mîmes notre gauche près de Tongres, et la droite vers le bois d'Hernous, nous étendant le long du Jarre. Les ennemis marchèrent ensuite par leur gauche, et nous par notre droite; et cette manœuvre dura le reste du mois. Mais, avant que de continuer à faire le détail de cette campagne, il est à propos de faire quelques raisonnemens sur les projets et desseins des ennemis. Ayant vu que l'année

(1) Le 15 mai.

précédente nous nous étions opposés aussi foiblement qu'inutilement à leurs entreprises, et sachant d'ailleurs que pendant l'hiver nous avions envoyé sur le Rhin un nombre considérable de troupes, ils ne doutèrent pas que leur supériorité sur cette frontière ne fût si grande, qu'ils n'auroient qu'à se déterminer sur le choix des conquêtes; et sur ce pied ils firent les préparatifs nécessaires pour l'exécution de leurs projets : dès que Bonn seroit pris, Anvers et Ostende devoient être les premières villes attaquées, la première au profit des Hollandais, et l'autre pour les Anglais, qui avoient fort insisté sur cela pendant l'hiver, et qui n'avoient même consenti au siége de Bonn qu'à cette condition. Ils étoient tous persuadés que nous ne pouvions mettre vingt mille hommes ensemble : aussi furent-ils bien surpris quand ils nous virent enlever Tongres, et leur présenter la bataille auprès de Maëstricht. Toutefois ils ne furent pas encore détrompés, s'imaginant à la vérité que nous avions plus de troupes qu'ils n'avoient cru, mais aussi qu'excepté ce qu'ils voyoient nous n'avions plus rien dans tout le pays. C'est sur ce principe que M. de Marlborough, dès qu'il fut arrivé, passa le Jarre, afin de nous attirer sur la Méhaigne, et par là nous éloigner de la Flandre, vers où il faisoit par les derrières filer des troupes, ne doutant point qu'en nous tenant de ce côté-ci en échec il ne pût sans obstacle faire exécuter les desseins projetés. Sa surprise fut des plus grandes quand il sut que le marquis de Bedmar assembloit un corps considérable près d'Anvers, et qu'on formoit encore deux camps près de Gand et de Bruges. Résolu de voir s'il ne nous embarrasseroit pas, il fit embarquer du canon à Maëstricht, comme pour attaquer Huy; il en fit autant à Berg-op-Zoom, et même en Hollande : il fit descendre des troupes par eau à Lillo, au Sas de Gand et à L'Ecluse, afin de nous donner jalousie pour toutes les places de Flandre. Mais voyant que rien ne nous ébranloit, il fut à son tour assez embarrassé; car d'un côté il avoit fort envie de faire quelque chose, et ne voyoit pas trop jour à le pouvoir; et de l'autre côté il étoit fort pressé par l'Empereur de lui envoyer un secours considérable, sans quoi ce prince déclaroit qu'il ne pouvoit résister aux Français et Bavarois, qui venoient se joindre au centre de l'Allemagne. Ce dernier motif le détermina à faire marcher au-delà du Rhin quelques troupes, et à continuer de voir s'il pourroit nous entamer de quelque côté.

Il faut observer qu'outre les soixante-cinq bataillons et les cent vingt escadrons que les ennemis avoient dans leur camp, ils avoient une trentaine de bataillons et autant d'escadrons dispersés depuis Breda jusqu'à L'Ecluse, indépendamment de dix bataillons, et quelque cavalerie, qui bloquoient la ville de Gueldre. Nous avions alors dans notre armée soixante-trois bataillons et cent un escadrons; le marquis de Bedmar avoit à ses ordres, tant auprès d'Anvers que du côté de Gand, Bruges, Ostende et Damm, quarante bataillons et vingt-sept escadrons. Je ne comprends ni ce qui étoit dans nos garnisons, ni dans celles de nos ennemis.

Pour revenir aux mouvemens qui se firent de part et d'autre, le 9 juin, les ennemis remarchant par leur gauche, se vinrent camper la droite à Timecourt, et la gauche près de Warfusé; sur quoi nous remontâmes par notre droite jusqu'au-delà des sources du Jarre, et nous nous plaçâmes dans l'entre-deux du Jarre et de la Méhaigne, afin de barrer le chemin aux ennemis : notre droite étoit près de Breff sur la Méhaigne, et notre gauche à Drion sur le Jarre. Comme il n'y avoit plus de ruisseau qui séparât les deux armées, qui n'étoient éloignées que d'une lieue et demie, nous mîmes beaucoup d'infanterie dans Tourine, village situé très-avantageusement au centre de notre camp : l'on fit aussi quelques redoutes le long de notre front, et l'on retrancha Drion. Les ennemis ne jugèrent pas à propos de nous attaquer : ainsi il n'arriva aucune action considérable, seulement quelques petites escarmouches, à l'occasion des fourrages que nous fîmes près de leur camp.

Le duc de Marlborough, qui voyoit qu'il ne pouvoit rien entreprendre de considérable qu'en déplaçant notre armée, ou du moins les différens corps que nous avions à portée de nos principales places, ordonna à M. de Cohorn de tenter une irruption dans le pays de Waës, afin d'y attirer le marquis de Bedmar, qui se tenoit campé sous Anvers. Si Bedmar quittoit son poste, Obdam, qui étoit avec un gros corps près de Lillo, auroit dans l'instant marché sur Anvers, et se seroit placé derrière la Skene; Cohorn l'auroit joint en diligence, et toute l'armée y auroit marché à tire d'aile. Selon les apparences, ayant leur dessein formé, ils y seroient arrivés avant nous, et en ce cas Anvers étoit perdu.

Cohorn fit quelques mouvemens, et prit même quelques postes dans le pays de Waës.

Marlborough décampa le 27 juin, passa le Jarre

au-dessus de Tongres, étendant sa droite vers Borckloën. Comme nous jugions qu'il avoit dessein de passer le Demer, nous nous portâmes entre Avesnes et Lewes.

Les ennemis le lendemain s'étendirent à Bilsen; sur quoi nous nous rapprochâmes de Diest, afin de pouvoir nous placer derrière le ruisseau de Beneguen, et barrer aux ennemis le chemin de Lierre et d'Anvers : mais comme nous vîmes que les ennemis n'avoient pas encore passé le Demer, et que nous apprîmes que M. d'Obdam étoit venu camper à Ekeren à une lieue d'Anvers, en deçà de Lillo, le maréchal de Boufflers fut détaché avec trente escadrons, dont la moitié étoit de dragons, et trente compagnies de grenadiers, pour aller, conjointement avec le marquis de Bedmar, attaquer Obdam. Ce général ennemi ne fut en aucune façon averti de cette marche, de manière que la première nouvelle qu'il en eut fut lorsque ses gardes avancées lui annoncèrent l'arrivée de nos troupes sur eux : ce qui est encore fort surprenant, c'est que nos gens eurent toutes les peines du monde à trouver l'armée ennemie, quoiqu'on sût qu'elle étoit campée à Ekeren; l'on fut très-long-temps à la chercher avant que de la pouvoir découvrir, tout comme quand un piqueur cherche à détourner dans un bois un cerf ou un sanglier : ce qui fut cause qu'on n'arriva que vers les quatre heures après midi. D'abord notre cavalerie et nos dragons, qui avoient pris les devants, poussèrent quelques troupes ennemies jusqu'auprès de leur camp; mais leur infanterie les fit retirer. La nôtre étant ensuite arrivée, on chassa les ennemis du village d'Ekeren, et alors ils ne songèrent plus qu'à se retirer à Lillo : cela ne se pouvoit que par une chaussée, à cause que tout le pays est coupé par des watergans, des fossés et des haies. On essaya d'inquiéter leur retraite ; mais ils la firent en bon ordre, et repoussèrent vivement ceux qui les approchoient. Quelques brigades de nos troupes ayant chargé, furent battues à plate couture, et se retirèrent même en désordre dans les lignes d'Anvers. Durant que cela se passoit à la gauche, nos dragons et quelques bataillons s'étoient emparés d'un village qui se trouvoit vers le milieu de la digue, entre Ekeren et Lillo; de manière que si nos gens s'y étoient maintenus (chose très-facile au moyen d'une coupure ou retranchement sur la digue qu'on auroit pu faire en un quart-d'heure), les ennemis eussent été obligés de se rendre, n'y ayant point moyen de se sauver par ailleurs : mais ceux qui se trouvèrent chargés de cette commission ne firent rien du tout; en sorte que les ennemis, qui n'avoient d'autre ressource, attaquèrent avec tant de furie, que nos gens leur laissèrent le passage libre. Quelques troupes les suivirent; mais le grand feu qu'ils firent, le bon ordre qu'ils observèrent, et la nuit, mirent fin au combat. Cependant la plus grande partie de nos gens croyoient avoir perdu la bataille; si bien que durant l'obscurité l'on se retira sur la bruyère, auprès de la cavalerie qui y étoit restée. Le jour venu, on envoya reconnoître; et comme l'on vit que les ennemis s'étoient entièrement retirés, on fit retourner les troupes sur le champ de bataille, avec un grand bruit de tambours, timbales et trompettes. L'on prit quatre pièces de canon, deux gros mortiers et quarante petits, toutes les munitions de guerre, tout le bagage, quelques drapeaux; et l'on fit environ huit à neuf cents prisonniers, avec la comtesse de Tilly habillée en amazone, laquelle étoit venue ce jour-là dîner au camp. M. d'Obdam, général de cette armée, voyant qu'on marchoit pour l'attaquer, se crut si bien battu, qu'il se sauva à toutes jambes à Berg-op-Zoom, où il annonça tout perdu. Le lieutenant général Schulembourg resta avec les troupes, et acquit par sa belle manœuvre autant de réputation que son chef en recueillit de honte. L'on ne put dire combien les ennemis perdirent de monde; mais de notre côté la perte montoit au moins à deux mille hommes.

Autre chose extraordinaire, c'est que quoiqu'il n'y eût que neuf lieues de Diest à Ekeren, et que l'action se fût passée le 30, nous n'eûmes avis de cette affaire que le 2 de juillet. L'on peut juger de l'inquiétude où nous étions tous, et surtout le maréchal de Villeroy, dont le fils aîné, lieutenant général, étoit du détachement. Nous avions entendu le feu du combat; et le silence de M. le maréchal de Boufflers et du marquis de Bedmar, joint aux mauvais rapports de quelques officiers blessés, nous faisoit avec raison appréhender quelque catastrophe.

Ayant appris que les ennemis avoient passé le Demer à Hasselt, et étoient venus camper à Beringhen, nous ne jugeâmes pas à propos, attendu le détachement que nous avions fait, de nous exposer en plaine : ainsi, au lieu d'aller à Beverlo, comme d'abord nous en avions eu intention, nous passâmes le Demer une demi-lieue au-dessous de Sickem, et allâmes le premier de juillet nous camper auprès d'Arscot, derrière les lignes qui alloient d'Arscot à Lierre. Quelques jours après le maréchal de Boufflers nous ayant rejoints, comme aussi quelques autres troupes du marquis de Bedmar, nous sortîmes de nos lignes, afin de faire croire aux ennemis que nous ne demandions pas mieux que de nous battre; mais nous n'avions pourtant intention que de faire bonne contenance, de tâcher de différer la jonction des troupes de Cohorn avec celles d'Obdam (sans quoi nous étions bien assurés que le duc de Marlborough ne nous attaqueroit pas), et d'être toujours en situation de couvrir toutes nos places, tant en deçà qu'au-delà de l'Escaut. Après plusieurs marches et contre-marches faites de part et d'autre, enfin nous nous campâmes à Saint-Job, la droite à la Skene, et la gauche dans la plus belle plaine du monde.

Le 23, les ennemis vinrent camper à une lieue et demie de nous. L'après-dînée, le duc de Marlborough vint avec tous les officiers généraux pour nous reconnoître; sur quoi plusieurs personnes qui avoient déjà proposé au maréchal de Villeroy de se retirer dans ses lignes le pressèrent de le faire dès le soir même, pour ne point s'exposer à y entrer trop précipitamment, manœuvre toujours dangereuse et peu honorable : mais le maréchal n'y voulut point consentir; alléguant pour raison qu'il falloit cacher le plus long-temps qu'on pourroit l'ordre qu'il avoit de ne point combattre; et qu'ainsi, tant que le camp de Lillo ne seroit pas à portée de joindre les ennemis, il falloit faire mine de les attendre de pied ferme, d'autant que lorsque nous verrions la jonction prête à se faire, et même les ennemis commencer à déboucher sur la bruyère, nous serions encore à temps de rentrer dans nos lignes, dont nous n'étions qu'à une lieue. Nous avions fait un si grand nombre d'ouvertures pour y arriver, que dans une heure de temps nous y aurions été. Le terrain étoit aussi très-favorable pour la retraite, y ayant force haies que nous aurions farcies d'infanterie, de manière que la cavalerie ennemie n'eût osé nous inquiéter; et pour ce qui est de leur infanterie, elle ne pouvoit jamais arriver à temps, ayant une lieue et demie de bruyère à traverser : on se contenta donc de renvoyer les gros bagages. Le lendemain 24, nous apprîmes par nos partis que le camp de Lillo, fort de vingt-six bataillons et d'autant d'escadrons, ayant marché de nuit, étoit arrivé le matin à Capelle, à une lieue et demie de notre gauche; nous entendîmes même le signal de son arrivée par un coup de canon qu'on y tira. Nous vîmes peu après l'armée ennemie commencer à déboucher sur la bruyère, auprès de Westwesel; sur quoi nous nous mîmes en marche, et en moins de trois heures l'armée et les bagages furent dans nos lignes, sans qu'il parût personne à notre arrière-garde. Les ennemis campèrent la gauche à Westwesel, et la droite en arrière de Capelle; et nous la droite à Oleghem, et la gauche à Durem, avec soixante-six bataillons et cent six escadrons. M. de Guiscard fut envoyé de l'autre côté de l'Escaut à Bork, avec dix-huit bataillons et dix escadrons, pour couvrir le fort Sainte-Marie, et garder la digue de Calo, dans le pays de Waës.

Il seroit difficile de dire si les ennemis avoient véritablement intention de combattre. L'on peut dire qu'ils y auroient moins risqué que nous; car s'ils eussent perdu la bataille, nous n'aurions pu attaquer que Liége; au lieu qu'en la gagnant ils nous auroient enlevé Anvers et tout le Brabant. Peut-être toutefois que, vu la répugnance qu'ont toujours eue les Etats-généraux à risquer une action décisive, le mouvement de M. de Marlborough n'étoit que pour se joindre à Cohorn, et de là s'étendre sur l'Escaut, afin de porter la guerre en Flandre, où, à cause de leur infanterie, ils espéroient avoir plus beau jeu. Quoi qu'il en soit, dès que nous fûmes dans nos lignes, ils ne firent aucun mouvement de douze jours. Le maréchal de Villeroy, attentif à ne se point laisser gagner de marche d'aucun côté, et ayant pourvu à l'autre côté de l'Escaut par le corps de M. de Guiscard, me détacha avec trente-huit escadrons pour Lierre. Au commencement d'août, les ennemis, ne voyant aucune possibilité de pouvoir rien faire du côté de Flandre, remarchèrent vers la Meuse : nous les côtoyâmes toujours par dedans nos lignes, observant par nos alongemens d'être en état de ne pouvoir être devancés d'aucune part par une contre-marche; car, quoiqu'ils publiassent qu'ils alloient assiéger Huy, et qu'ils avoient pour cela tous les préparatifs nécessaires, ils espéroient que pour les en empêcher nous irions nous placer à Vignamont; auquel cas ils s'en seroient retournés en diligence pour attaquer nos lignes, et auroient tenté d'exécuter leurs premiers projets sur Anvers. Nous ne nous avançâmes donc qu'à mesure que les ennemis s'avançoient; et ainsi s'étant eux-mêmes campés à Vignamont, nous nous mîmes la droite à Vasiège sur la Méhaigne, et la gauche à Josse. Alors le siége de Huy se fit tout de bon, pendant lequel je fus détaché avec quinze bataillons et vingt-six escadrons, pour continuer nos lignes de Vasiège à la Meuse. M. de Tzerclaës fut envoyé dans le Condros pour contenir les ennemis de ce côté-là, et être à portée de pousser des troupes sur la Moselle, en cas qu'ils y en fissent marcher après la prise d'Huy. Ce château se rendit le 25 août. Les ennemis vinrent ensuite se camper à Hannuye, à deux petites lieues de nous : ils nous reconnurent plusieurs fois; mais, ne jugeant pas à propos de nous attaquer, ils marchèrent à Saint-Tron, d'où ils envoyèrent vingt-cinq bataillons et quarante escadrons assiéger Limbourg.

M. de Pracontal eut ordre, avec dix-huit bataillons et quinze escadrons, de les observer, d'autant que dans ce temps-là le maréchal de Tallard, qui commandoit l'armée sur le Rhin, faisoit le siége de Landau; et la cour avoit ordonné qu'en cas que les ennemis envoyassent un détachement de Flandre pour le Rhin, Pracontal y marcheroit aussi. Pour cet effet il se campa à Marche dans les Ardennes; la garnison de Limbourg fut obligée de se rendre prisonnière de guerre le 27 septembre. Le duc de Marlborough, qui y étoit allé lui-même, revint ensuite à Saint-Tron rejoindre son armée; mais dans les premiers jours d'octobre il se retira à Tongres, et nous étendîmes notre armée à Diest, et le long du Demer. Le reste du mois l'on ne songea de part et d'autre qu'à s'amuser, pour s'empêcher d'envoyer des troupes en Allemagne : nous fîmes même embarquer du canon à Namur, où les maréchaux se rendirent de leurs personnes, pour y faire accroire que nous voulions rassiéger Huy. Mais enfin un détachement des ennemis étant parti pour aller au secours de Landau, et M. de Pracontal le côtoyant, notre campagne prit fin le 2 de novembre.

Au retour de l'armée, je me fis naturaliser Français, en ayant demandé et obtenu la permission du roi d'Angleterre.

TABLE DES MATIÈRES

CONTENUES

DANS LE SOIXANTE-CINQUIÈME VOLUME.

Mémoires de la cour de France pour les années 1688 et 1689, par madame de La Fayette. Page 3

MÉMOIRES DU MARQUIS DE LA FARE.

Notice sur le marquis de La Fare et sur ses Mémoires. 123
Avertissement de l'Editeur de 1716. 131
Mémoires du marquis de La Fare. 133

MÉMOIRES DU MARÉCHAL DE BERWICK.

Avertissement sur les Mémoires du maréchal de Berwick. 283
Portrait du maréchal de Berwick. 289
Ebauche de l'Eloge historique du maréchal de Berwick. 294
Mémoires du maréchal de Berwick. — Première partie. 311

FIN DU TOME SOIXANTE-CINQUIÈME.

Paris, imprimerie de A. BELIN, rue des Mathurins S.-J., n°. 14.

www.ingramcontent.com/pod-product-compliance
Lightning Source LLC
Chambersburg PA
CBHW071111230426
43666CB00009B/1913